Das
Undenkbare denken

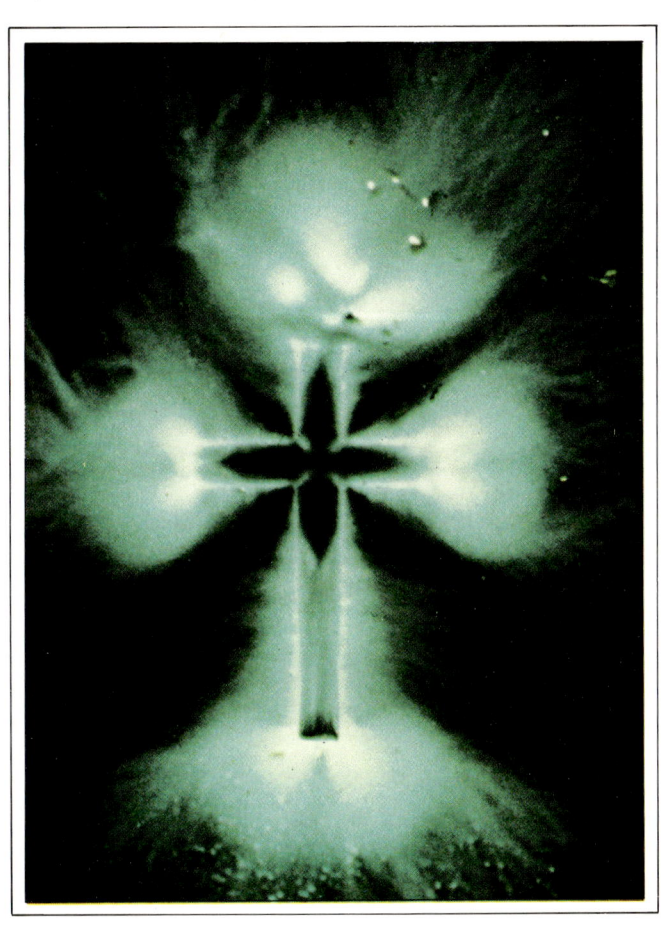

Das Undenkbare denken

Vom Ursprung des Lebens bis zum Weltuntergang

mit 304 Abbildungen

Einführung von
Professor Dr. Hans Biedermann

Prisma Verlag Gütersloh

BIOGRAPHIE

Prof. Dr. phil. Hans Biedermann, geboren 1930 in Wien, war jahrzehntelang im Verlagswesen tätig. Er unternahm Forschungsreisen in Südostafrika, nach Mexiko und in die Westsahara; widmete sich Studien über prähistorische Kulte und ungeklärte Phänomene aller Art. Publikationen: Medicina Magica (1973, 3. Aufl. 1987); Altmexikos heilige Bücher (1971); Materia Prima (1973); Hexen – Auf den Spuren eines Phänomens (1974); Bildsymbole der Vorzeit (1977); Lexikon der Felsbildkunst (1977); Wellenkreise (1977); Die versunkenen Länder (2. Aufl. 1980); Die Spur der Alt-Kanarier (1983); Höhlenkunst der Eiszeit (1984), Handlexikon der magischen Künste (3. Aufl. 1987); Das verlorene Meisterwort (1986); Die großen Mütter (1987) u.a.; Prof. Biedermann ist derzeit als Lektor an der Universität Graz tätig.

Titel des englischen Originals:
„In the Face of Reason"

Übertragung aus dem Englischen:
Ralph Tegtmeier und Ursula Rumpf

Die deutsche Ausgabe wurde von der
Motovun ‹Schweiz› Verlagsgesellschaft AG,
Luzern, realisiert.
Redaktion: Dr. Wilhelm Ziehr
Gestaltung: Hannes Opitz

ISBN 3-570-09888-5

Inhalt

Magie und Naturforschung – eine undenkbare Verbindung?

Das in diesem Band diskutierte, interessante Forschungsmaterial hat nichts mit Fabeln und Mythen zu tun, nichts mit Wundern und Legenden. Dennoch besitzt es eine unleugbare Faszination für jeden aufgeschlossenen Leser. Es geht um Phänomene, die es nach der Ansicht orthodoxer Vertreter der Naturwissenschaft gar nicht geben dürfte, die aber unter bestimmten Versuchsbedingungen doch zumindest einen Hauch von Realität annehmen. Wir befassen uns hier mit dem schillernden Grenzbereich zwischen der Natur und dem Unerklärlichen, ohne daß uns hier gespenstische Wesen oder Fabeltiere begegnen würden. Es geht um jenen Bereich, der in alten Büchern mit dem Ausdruck Naturmagie, *Magia naturalis*, umschrieben wurde.

Die Grenzen unseres Wissens sind keineswegs so klar definiert, wie ältere Schulbücher dies vorspiegeln möchten. Was vor hundert Jahren als utopisches Gaukelwerk galt, ist inzwischen längst anerkanntes Gut der Forschung. Der Schluß liegt nahe, daß auch manches „Hirngespinst" von heute in einiger Zeit mit anderen Augen betrachtet werden und zum Lehrmaterial der Fachbücher aufrücken wird. Die Grenzen der Wissenschaft sind glücklicherweise fließend und rücken immer weiter in Bereiche vor, die einst unbekannt, *terra incognita*, waren. Zwar gibt es auf ihre alten Lehrbücher eingeschworene Wissenschaftler, die sich gern mit dem jeweils erarbeiteten Status begnügen und leugnen, daß es jenseits der Grenzen des gegenwärtigen Wissens noch riesige unerforschte Landstriche gibt. „Es gibt einfach gewisse Grenzen", heißt es da etwa, „innerhalb derer sich der Forscher bewegen muß, wenn er ernstgenommen werden will – eine ‚Grenzwissenschaft', die zwischen dieser und der ‚anderen' Welt oszilliert, ist keine Wissenschaft, sondern grober und naiver Unfug" (so O. Prokop und W. Wimmer, „Der moderne Okkultismus", Stuttgart 1976). Wer so argumentiert, steckt sich gewissermaßen selbst in den Käfig des beschränkten Wissensgutes der Gegenwart und leugnet die ideengeschichtlich unbestreitbare Tatsache, daß Grenzen sich verschieben können – und im Interesse des Fortschritts und der Erweiterung des Horizontes sogar müssen. Ein starres Beharren auf einmal als richtig erkannten Meinungen (die unter ihren speziellen Bedingungen auch völlig richtig gewesen sein mögen, aber eben nur unter diesen Bedingungen) würde eine Stagnation des Geisteslebens mit sich bringen.

Daß spekulative Persönlichkeiten sich oft auf Irr- und Holzwege begeben, ist freilich ebenso wenig zu leugnen. Oft verführen Scheinresultate zu weitreichenden spekulativen Überlegungen und Hypothesen; sie werden einseitig oder irrtümlich gedeutet und sollen dann die Basis von gewaltigen Lehrgebäuden bilden. Naive Beobachter halten häufig die Kritik seitens der Wissenschaft für eine böswillige Verunglimpfung der pseudowissenschaftlichen „Gurus". Auch dies ist nicht verwunderlich, da manchmal auch in scheinbar abstrusen Theorien ein Körnchen Wahrheit steckt, das die orthodoxe Wissenschaft nicht beachtet hat. Es fragt sich daher, ob es der Mühe wert ist, sich mit „wilden Theorien" überhaupt ernsthaft auseinanderzusetzen. Meist wird auf akademischem Boden die Meinung vertreten, all dies wäre bloß Zeitverschwendung und eines Gelehrten unwürdig. Wenn dies auch manchmal zutrifft, soll diese Grundhaltung dennoch nicht zu unreflektierter Arroganz allen Außenseitern gegenüber führen – denn Amateure haben nicht selten zu belebenden Impulsen des wissenschaftlichen Forschens geführt. Es ist sicherlich klüger, auch zunächst als absurd erscheinende Denkgebäude ohne feindliche Ablehnung von vornherein zu untersuchen und zu überlegen, was daran überlegenswürdig sein könnte. Ein Heruntersteigen vom Podest der akademischen Würde ist sicherlich richtiger als das überhebliche Vertreten vorgefaßter Meinungen. Vielfach ist es so, daß nur die Ausdrucksweise geändert werden müßte, um aus einer als phantastisch empfundenen Hypothese einen wissenschaftlich erwägenswerten Denkansatz zu machen.

Wer etwa beobachtet, wie streng die Maßstäbe sind, die der japanische Forscher Omura an die Brauchbarkeit der Kirlian-„Aurafotografien" anlegt, wird kaum wie die erwähnten Autoren Prokop und Wimmer die Meinung vertreten, es handle sich um „Schnurren", über die man sich nur amüsieren könne, „weil der Blödsinn ewig blüht", und er wird auch kaum zu dem Schluß kommen, Beobachtungen dieser Art beruhten auf Hirngespinsten der Abergläubischen aller Zeiten, gedeutet als „Symptome krankhafter Denkstörung"; Schizophrene, Epileptiker, Manische und Depressive, also genuine Geisteskranke, wüßten davon eindrucksvoll zu berichten. Beruht es nicht andererseits auf einer Art von Denkstörung, hartnäckig abzuleugnen, was experimentell sauber erarbeitet und vorgeführt werden kann, „weil nicht sein kann, was nicht sein darf", da es nicht in das enge naturwissenschaftlich-materialistische Weltbild der Gegenwart hineinpaßt? Ein Diamant bleibt schließlich auch dann ein Diamant, wenn er unter einem Haufen von Gerümpel verborgen liegt und erst mühsam ausgegraben werden muß.

Die Forscherfreude von Außenseitern der Wissenschaft, die sich nicht mit Kleinarbeit begnügen, sondern frohgemut nach den Sternen greifen und unser gesamtes Denksystem umstürzen möchten, nötigt dem Betrachter oft mitleidiges Lächeln ab. Der übertriebene Anspruch, von einer vielleicht richtigen und bemerkenswerten, vielleicht auch irrtümlichen Einzelbeobachtung aus gleich das gesamte Weltbild erneuern zu wollen, ist für solche Exzentriker der Forschung charakteristisch. Methodische Mängel und nicht genügend beachtete Denkdisziplin spielen da mit, und vielfach finden sich dann auch bald begeisterte Anhänger in Laienkreisen, die argwöhnisch beobachten, wie ihr „Meister" von der verpönten „Schulwissenschaft" behandelt wird. Diese wieder hüllt sich oft in arrogantes Schweigen oder äußert nur Spott und Hohn, wenn Schwächen des Systems augenscheinlich werden. Gutwillige, objektive Kritik auch absonderlich erscheinenden Außenseiterforschungen gegenüber wird leider nur selten vorgebracht, der erwähnte (vielleicht vorhandene!) „Diamant unter dem Gerümpel" weggeworfen und das Kind mit dem Bade ausgeschüttet.

Bedenken wir etwa, daß zahllose Naturphänomene, die uns als in keiner Weise okkult oder bemerkenswert erscheinen, in früheren Jahrhunderten mit großer Verwunderung betrachtet und als Folgeerscheinungen geheimer Kräfte eingestuft wurden. Der Magnet etwa, auch mit dem mythologischen Namen „Hercules" bezeichnet, erschien den Gelehrten des Mittelalters und der Renaissance als der leibhaftige Beweis für das, was sie mit dem Ausdruck „Sympathie" umschrieben. Er bedeutet wörtlich das Mit-Leiden oder Mit-Empfinden von räumlich getrennten Dingen oder Personen, die in einer geheimen Analogiebeziehung zueinander stehen: also etwa des „Planeten" Sonne mit dem Herzen des Menschen oder dem Edelstein Rubin und dem Tierkreiszeichen Löwe. Kausale oder sonstwie definierbare Verbindungen zwischen den Einzelgebilden solcher Entsprechungsketten gibt es für unsere Begriffe nicht – bloß das „wie hier, so dort". Wenn nun, so wurde gefolgert, der Magnet auf ein Stück Eisen seinen Einfluß ausüben und es

heranziehen kann, so ist dies eine Parallelerscheinung zu anderen „Sympathien" im Bereich der Materie. Über seine Natur wurde viel gerätselt. Ein Lexikon aus dem Jahr 1739 stellt die Frage, ob es wahr sei, daß seine Kraft sich stärke, wenn er in das Blut eines Widders gelegt werde, aber durch Bestreichen mit Knoblauchsaft schwächer werden müsse. Paracelsus, so wird an dieser Stelle auch berichtet, schreibt die Kraft des Magneten einem besonderen Geist zu, der in dem geheimnisvollen Eisen stecke und anderes Eisen an sich locke. Die anziehende Wirkung wurde auch dazu ausgenützt, Magneteisenstücke als Liebeszauber-Talismane zu verwenden; Dioskurides, einer der großen Naturforscher der Antike, hatte bereits geschrieben, ein Magnet unter dem Kopfkissen zwinge untreue Ehefrauen, in Panik aus dem Ehebett zu springen.

Der Magnet ist somit ein einfaches Beispiel für die Naturmagie, die sich letztlich mit noch unerforschten Naturkräften befaßt – zunächst in tastend-naiver Weise, im Laufe der Zeit aber immer folgerichtiger. Wenn wir uns heute mit dem Phänomen der Kirlian-Aura oder der dubiosen Vitalenergie „Orgon" eines Wilhelm Reich auseinandersetzen, so kann es sein, daß künftige Generationen über unsere unbeholfenen Experimente ebenso lächeln wie wir über jene Naturforscher, die Magneten mit Widderblut und Knoblauchsaft beeinflussen wollten. Sicherlich aber hätten wir „Weise" mit noch größerer Berechtigung belächelt, die damals behauptet hätten: Magneten gibt es nicht, und der Glaube an solche Dinge sei grober und naiver Unfug geisteskranker Menschen ... Es gab damals unerklärliche oder nur teilweise erklärliche Phänomene, und ebenso gibt es sie noch heute. Es ist sicherlich besser, ein abschließendes Urteil für sich zu behalten und abzuwarten, was die sich verfeinernde Wissenschaft im Laufe der Zeit dazu zu sagen haben wird.

Um beim Beispiel des Magnetismus zu bleiben – als geheimnisvolle Kraft fand er bald Eingang in weitreichende Spekulationen. Der Universalgelehrte Athanasius Kircher (1601–1680) faßte ihn als „Fluidum" auf, als einen Kraftstrom, der das Universum durchzieht und auch vom menschlichen Körper abgestrahlt wird, was vor allem zu Heilzwecken ausgenützt werden sollte. In dieser Form spielte er dann in der Lehre vom „animalischen Magnetismus" Franz von Mesmers (1733–1815) eine Rolle, der ab 1771 mit P. Hell die angebliche Heilkraft der mineralischen

Magnete untersucht hatte. Das noch unerklärliche Phänomen des Ferromagnetismus wurde also zunächst zu medizinischen Zwecken ausgenützt, um (zumindest subjektive) Heilerfolge zu erzielen. Erinnert dies nicht an die heutigen Versuche, die Art der Kirlian-Auren zu diagnostischen Zwecken zu verwenden? „Magnetismus" wurde in der Folge zu einem illegitimen Etikett für alle möglichen Kuren der „Magnetiseure", die wir heute eher als Suggestivtherapien ansprechen würden. Damit befaßten sich im vorigen Jahrhundert nicht nur medizinische Laien wie die „Magnetopathen" Deleuze und Puységur, sondern auch Ärzte wie Gmelin, Hufeland und Kerner. Das rein physikalische Phänomen des Magnetismus, besser des Ferromagnetismus, wurde durch diesen Wildwuchs am Baum der Wissenschaft aber nicht entwertet, und es ist schön, daß sich Physiker wie Michael Faraday (1791–1867) durch phantastische Theorien seiner Zeitgenossen nicht entmutigen ließen, sich mit dem Magnetismus mit wissenschaftlicher Akribie auseinanderzusetzen, ohne erst „groben und naiven Unfug" zu vermuten. Vielleicht hatte Faraday das Beispiel des großen Antoine Laurent de Lavoisier (1743–1794) vor Augen, der der Pariser Akademie der Wissenschaft klipp und klar erklärt hatte: „Am Himmel gibt es keine Steine. Daher können keine Steine vom Himmel fallen."

Diese Äußerung bezog sich auf Meteoriten, über deren kosmischen Ursprung es heute keinen Zweifel mehr gibt. Als im Jahr 1768 ein Meteoritenfall beobachtet wurde und Augenzeugen darüber ihre Beobachtungen beschrieben, untersuchte Lavoisier den kosmischen Irrgast und erklärte nunmehr: Der Stein sei eindeutig irdischen Ursprungs, und wahrscheinlich sei er durch ein Blitzschlag freigelegt worden. „Echte Physiker", so Lavoisier, „hätten trotz der Meinung der Alten immer ihre Zweifel hinsichtlich des Ursprungs dieser Steine geäußert" ... Die Meinung des aufgeklärten Gelehrten erwies sich als blanker Unsinn, der „grobe und naive Unfug" des Glaubens an den kosmischen Ursprung der Geschosse aus dem Weltall hat sich als richtig erwiesen.

Das bedeutet natürlich nicht, daß jeglicher pseudowissenschaftliche Unfug dadurch mit einem Freibrief versehen werden sollte. Es müssen gewisse Spielregeln beachtet werden, wenn eine Theorie darauf Anspruch erhebt, ernsthaft gemessen und gewogen zu werden. Wurden diese Spielregeln von Wilhelm Reich oder von den Anhängern der Kirlian-Theorien wirklich ernstgenommen? Weiter: Ist es nicht denkbar, daß trotz gröblicher Mißachtung der bewährten Vorsichtsmaßregeln der kritischen Wissenschaftstheorie von einem Außenseiter ein Problem angerührt wurde, das genauere Untersuchung verdient?

Manchmal ist, um ein bekanntes Aperçu zu zitieren, eine neue und unerwartete Beobachtung nicht mehr „wert" als ein neugeborenes Baby. Gerade dieses aber wollen wir nicht mit dem Bade ausschütten, sondern erst einmal abwarten, wohin es sich im Laufe der Zeit entwickelt. Wir sollten nicht vorschnell verdammen und von „Symptomen krankhafter Denkstörung" reden, sondern den Mut haben, auch das Undenkbare zu denken, und das eigentlich nicht in unser Weltbild Passende zumindest in Erwägung zu ziehen!

PROF. DR. HANS BIEDERMANN

Die Aura des Lebens

Es gibt in der Welt des Geistes nicht nur Phänomene paranormaler Art, sondern auch an die Kraft des Geistes gebundene Erscheinungen, die jeden erstaunen lassen, der sie sich vor Augen führt. Ist die Tatsache, daß ein heutiger Mensch das nach-denken kann, was ein Platon vor rund 2 500 Jahren gedacht hat, nicht ungeheuerlich? Ist es deshalb nicht leichter akzeptierbar, daß es auch Dinge geben muß, die ein noch nicht bekanntes „Eigenleben" außerhalb unserer Körperlichkeit führen könnte?

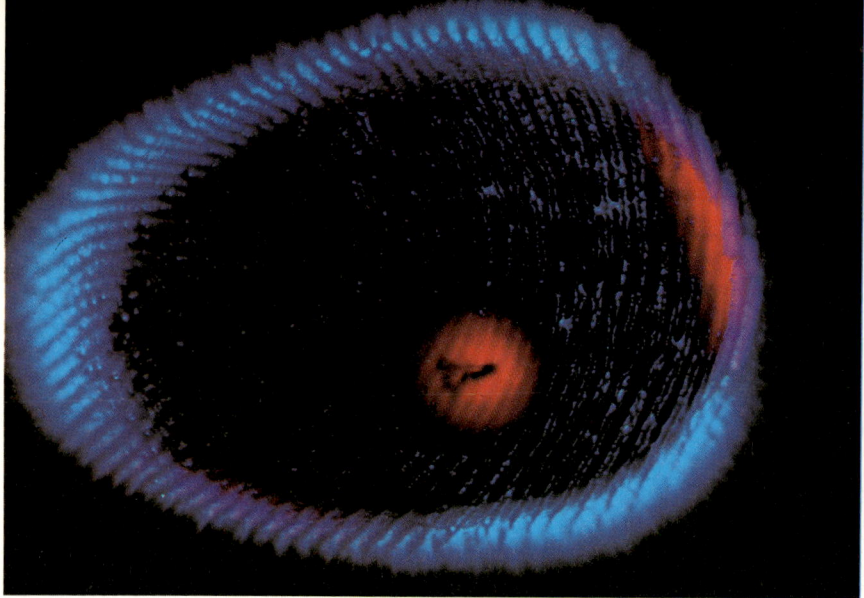

Bilder von Unsichtbaren

Gibt es einen spirituellen Körper, der getrennt von unserem eigentlichen Körper existiert? Schon seit Jahrhunderten behaupten Mystiker und Hellseher nämlich, daß eine Art Heiligenschein den menschlichen Körper umrahme. Dann, im Jahr 1970, wurde behauptet, daß russische Wissenschaftler diese „Aura" fotografiert hätten.

Im Jahre 1939 reparierte der russische Ingenieur Semjon Davidowitsch Kirlian ein Elektro-Therapiegerät in einem Forschungslabor in Krasnodar in der Ukraine. Rein zufällig stieß er dabei mit seiner Hand an eine glühende Elektrode. Er erhielt einen Schock, und gleichzeitig entwickelte sich ein heller Lichtbogen. Dadurch wurde Kirlian auf die Idee gebracht, ein Blättchen aus leichtem, empfindlichem Material dort anzubringen, wo er die Funken erwartete. Er hielt seine Hand hinter ein lichtempfindliches Papier. Als Kirlian dann den auf diese Weise entstandenen Film entwickelte, entdeckte er ungewöhnliche Strahlen, die seine Fingerspitzen umgaben. Bei genauerem Betrachten bemerkte er, daß jeder ein eigenes Muster aufwies. Auf diese Entdeckung hin richtete sich Kirlian in seiner 2-Zimmerwohnung ein Labor ein und brachte dort seine ganze Freizeit zu, um dieses Phänomen näher zu untersuchen.

In den darauffolgenden 40 Jahren führte Kirlians wissenschaftliche Tätigkeit auf dem Gebiet der Hochspannungsfotografie zu enormen wissenschaftlichen Spekulationen und löste auch heftige Diskussionen aus, vor allem auf die Behauptung hin, daß diese Strahlung ein Beweis für einen „Astralkörper" sei.

Seit Jahrhunderten hatten Mystiker und Hellseher behauptet, sie hätten einen grellen „Lichtschein" sehen können, der alle Lebewesen umgeben sollte. Sie betrachteten ihn als Beweis für die Existenz unseres ätherischen Doppels, das den Tod unseres Körpers zu überleben vermag.

War Kirlians Bild das eines „Astralkörpers"? Manchen schien das schon einzuleuchten. Zur Zeit ist es aber ganz und gar nicht klar, was den hellen Schein verursacht, der die Hände,

Füße, Blätter von Pflanzen und andere Objekte umrahmt, die mit dem Kirlianschen Verfahren fotografiert wurden.

Die Erkenntnisse, die er aus seinen Experimenten gewonnen hatte, waren jedoch nicht mehr ganz unbekannt. Schon in den neunziger Jahren des 18. Jahrhunderts war Nikola Tesla, ein serbischer Wissenschaftler, zu fast gleichen Ergebnisse wie Kirlian gekommen.

In den frühen dreißiger Jahren entdeckte der englische Forscher George de la Warr die Existenz von schwachen, elektromagnetischen

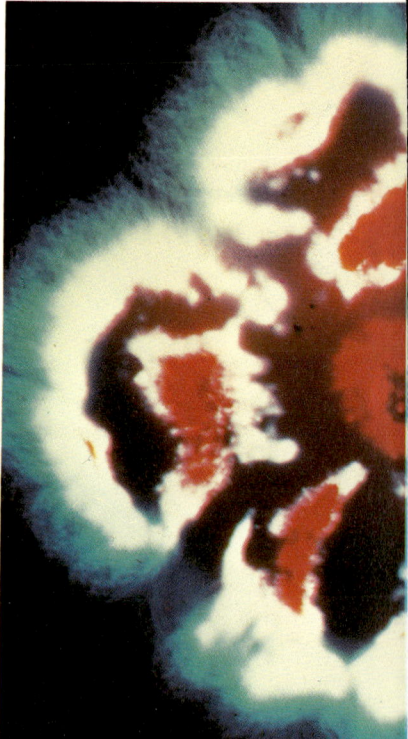

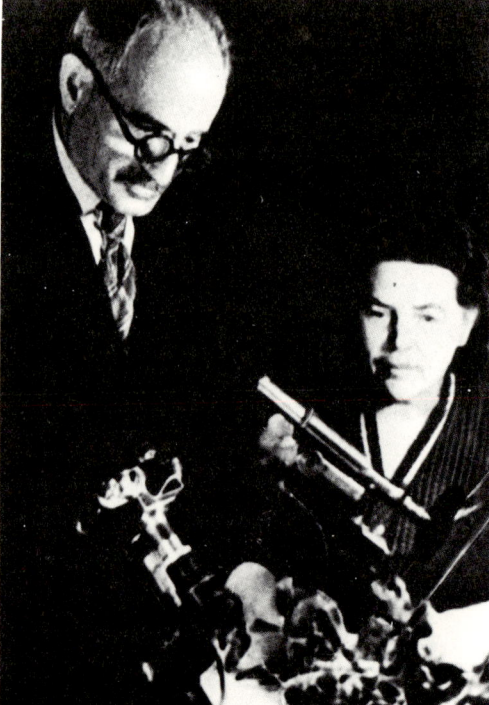

Links oben:
Eine Fingerspitze, mit der Kirlianmethode fotografiert, läßt das umkränzende Strahlenmuster erkennen. Die kräftige Farbe hat nichts zu sagen, sie variiert, je nachdem, welcher Film verwendet wird.

Links:
Das russische Forscherpaar Semjon und Walentina Kirlian, das 40 Jahre damit verbrachte, ein Verfahren zu entwickeln, um die eigenartigen Erscheinungen auf einem Film festzuhalten, die in unterschiedlicher Intensität fast alle Objekte umgeben.

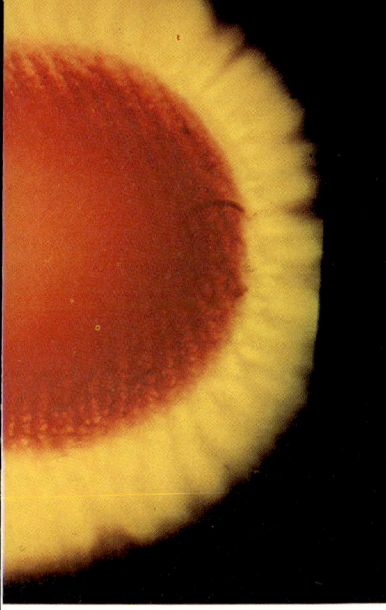

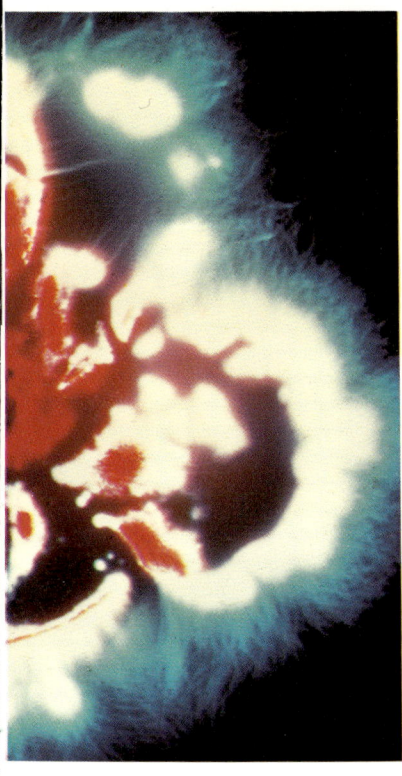

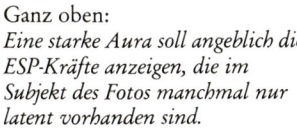

Ein erstaunlicher Erfinder

Nicola Tesla, am 9. Juli 1856 in Smiljan (heute Jugoslawien) geboren, war so etwas wie eine treibende Kraft in der Erfindung elektrischer Einrichtungen und Apparate.

Da es Tesla nicht gelang, europäische Ingenieure für seinen Wechsel-Drehstrommotor zu gewinnen, ging er 1884 in die Vereinigten Staaten, um bei der Konstruktion der Lichtmaschine durch Thomas Edison mitzuwirken. Doch die beiden zerstritten sich bald. Tesla richtete sich ein eigenes Labor ein, um die Durchführbarkeit und Entwicklung von Wechselstrom aufzuzeigen.

Im Jahre 1891 präsentierte Tesla seine berühmte Spule, die heute noch in elektrischen Geräten wie Fernsehapparat und Radio verwendet wird. Die Spule ist eine elektrische Einrichtung, um einen hochgespannten Wechselstrom zu erzeugen. Sie besteht aus einer Induktionsspule mit einem zylindrischen Kernstück aus weichem Eisen, über das zwei isolierte Spulen gewickelt sind, eine innere Spule mit wenigen und eine Sekundärspule mit vielen Windungen aus Kupferdraht, welche die innere Spule umgibt. Ein Unterbrecher dient zur automatischen Herstellung und Unterbrechung des Stroms in der Hauptspule. Dieser magnetisiert den eisernen Kern und erzeugt ein großes Magnetfeld durch die Induktionsspule. Um mit der hohen Starkstromleistung zu experimentieren, stellte Tesla ein gasgefülltes und mit Phosphor überzogenes Röhrenlicht her, der Vorläufer unserer Neonröhre.

Die Erfindungsgabe Teslas kann auch noch in dem 1898 konstruierten teleautomatischen Boot gezeigt werden, das mit Fernbedienung gesteuert wurde. Dann, im Jahre 1900, entdeckte er das stationäre Magnetfeld der Erde, was viele für seine bedeutendste Leistung halten. Mit dieser Arbeit bewies er, daß die Erde als Leiter dienen könnte und sich so verhalten würde wie eine Stimmgabel bei einer bestimmten Frequenz. Weiter beleuchtete er 200 elektrische Lampen, die keine Kabelanschlüsse hatten, und aus 40 Kilometer Entfernung stellte er künstliche Blitze von ungefähr 41 Metern Reichweite her. Manche seiner Behauptungen, wie der Empfang von Signalen von anderen Planeten, stießen bei wissenschaftlichen Fachleuten auf große Skepsis. Später wurden seine Ideen immer spekulativer. So erklärte er etwa, er könne die Erde in zwei Teile spalten wie einen Apfel, er hätte einen Todesstrahl erfunden, mit dem er Flugzeuge aus 400 Kilometer Entfernung vernichten könnte und einiges mehr. Seine Vorstellung, in seinem Laboratorium in Colorado mit anderen Planeten kommunizieren zu können, wurde ins Lächerliche gezogen.

Ganz oben:
Eine starke Aura soll angeblich die ESP-Kräfte anzeigen, die im Subjekt des Fotos manchmal nur latent vorhanden sind.

Oben:
Wie dieses Bild eines Oleanderblattes erkennen läßt, tritt die Kirliansche Erscheinung auch bei Pflanzen auf. Für manche galt dies als Beweis, daß jegliches Leben im Grunde genommen spirituell sei.

Spannungsfeldern, die den menschlichen Körper sowie seine nähere Umgebung umgaben. Diese dehnten sich in einer gitterähnlichen Formation aus und erreichten Spannungsspitzen bis zu 70 Millivolt. Er stellte fest, daß die Leuchtkraft dieser Felder je nach dem körperlichen oder auch dem inneren Zustand des fotografierten Objekts Schwankungen unterworfen war.

Die größten Fortschritte auf dem Gebiet der Hochspannungsfotografie wurden aber zweifelsohne von Kirlian gemacht. Manche seiner Entdeckungen basierten jedoch auf reinem Zufall. Einmal war Kirlian dabei, seine Ausrüstung für eine Demonstration vorzubereiten, die er einem bedeutenden Besucher vorzuführen gedachte. Zu seiner Bestürzung brachte das Gerät gerade an diesem Tag nicht die erwarteten Resultate. Kirlian zerlegte es und stellte weitere Tests an, aber ohne Erfolg. Total entmutigt machte er seine Frau Walentina Krisa-

nowa zum Versuchsobjekt. Zu seiner Überraschung gelang ihnen ein perfektes Bild. Wenige Stunden später glaubte Kirlian den Grund für den vorangegangenen Mißerfolg gefunden zu haben. Er litt zu dieser Zeit an einer besonders starken Grippe. Er behauptete, das Bild hätte auf diese Krankheit reagiert.

Eine weitere Möglichkeit für die Anwendung des Kirlianverfahrens zeigte sich beim Zusammentreffen mit dem Vorsitzenden eines großen wissenschaftlichen Forschungsinstitutes. Dieser brachte zwei anscheinend identische Blätter zum Fotografieren mit, die er von derselben Pflanzenart zur selben Zeit abgerissen hatte. Das eine Blatt wurde vom charakteristischen Leuchtmuster umrahmt, aber beim zweiten konnte das Ehepaar Kirlian keine Veränderung in der Korona erkennen. Am nächsten Tag berichteten sie ihrem Gast davon. Zu ihrer Überraschung war dieser erfreut, denn er hatte das Blatt mit dem schwa-

Die Steuerung der kirlianschen Aura

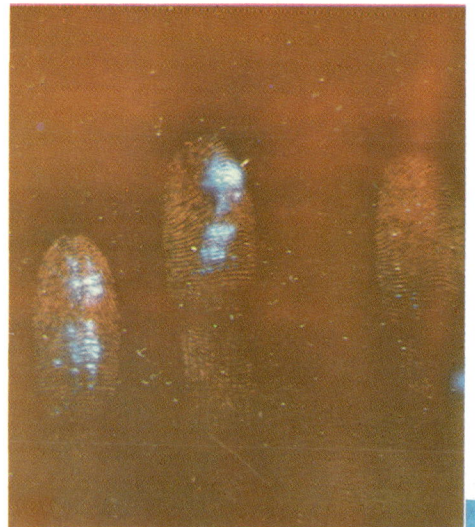

Ab seinem 11. Lebensjahr war sich Matthew Manning (Bild links unten) seiner enormen übernatürlichen Kräfte bewußt. Diese konnte er mit etwas Übung nach Wunsch einsetzen. Im Jahre 1974 fand sich eine Gruppe von 21 Wissenschaftlern zusammen, um dieses Phänomen zu untersuchen. Stand Matthew im Dienste übernatürlicher Kräfte, oder konnte sein Talent wissenschaftlich erklärt werden? Das Beweismaterial führte jedoch zu keinem schlüssigen Ergebnis. Die Kirlianfotos von Matthews Fingerspitzen waren aber sensationell. Das Bild zeigt seine normale Korona. Das Bild unten, das entstand, als er seine Kräfte einsetzte, läßt eine bedeutend hellere Aura erkennen.

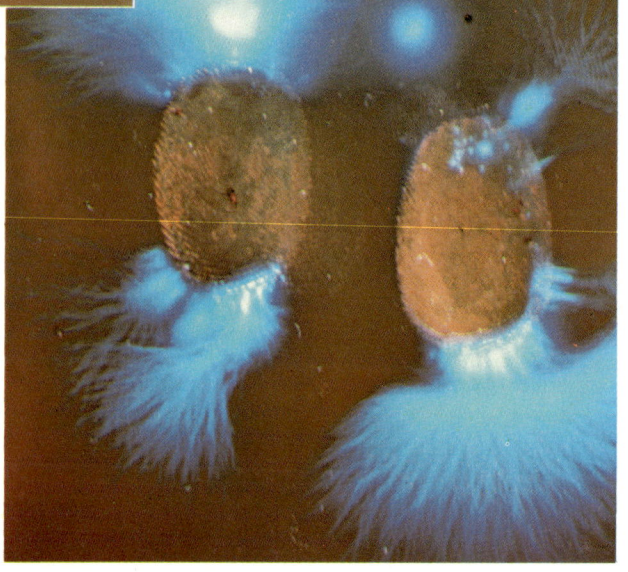

Rechte Seite:
Das Bild eines Blütenblattes einer Rose (oben) weist eine charakteristische Aura auf. Aber obwohl ein Stück weggeschnitten wurde (unten), sieht man auf dem Kirlian-Foto noch ganz deutlich den Teil, der entfernt wurde. Dies ist unter dem Terminus „Phantomblatt" bekannt und sowjetische Forscher sagen, daß es ein Beweis dafür ist, daß „Bioplasma" alle Lebewesen umgibt.

Unten:
Eine 50-Pence-Münze mit dem charakteristischen Leuchten außen. Wenn dieses wirklich die Aura ist, dann scheinen sogar leblose Dinge irgendeine Form von spiritueller Existenz zu haben.

Ganz unten:
Das Bild der selben Münze. Hier haben jedoch zwei Testpersonen, die sich auf ihre Heilkräfte konzentrierten, für 5 Minuten ihre Hände 10 Zentimeter über der Münze gehalten. Eine augenfällige Vergrößerung der Aura läßt sich erkennen.

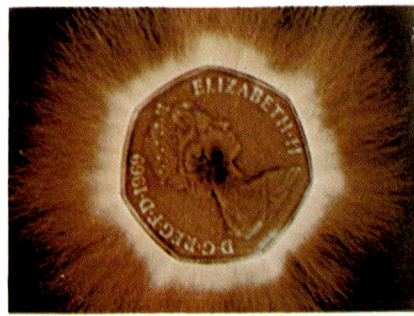

chen Muster von einer kranken Pflanze abgerissen, das Blatt, das von einem gesunden klar zu unterscheiden war. Dies schien nun die Hypothese Kirlians zu bestätigen: sein Gerät konnte Krankheiten erkennen.

Die Hochspannungsfotografie hatte die Krankheit wahrgenommen, noch bevor durch eine medizinische Diagnose irgendwelche Symptome festgestellt werden konnten.

Weitere Exemplare erbrachten ebenso sensationelle Ergebnisse. Als zum Beispiel ein Teil eines Blattes abgeschnitten und fotografiert wurde, wies das Bild noch immer die Umrisse des ursprünglichen Blattes auf. Dieses Phänomen, unter der Bezeichnung „Phantomblatt" bekannt, schien die Behauptungen einiger Hellseher zu bestätigen, sie könnten das Phantombein von beinamputierten Leuten sehen, die in diesem noch Schmerzen verspürten.

Obwohl die Kirlians die Ergebnisse ihrer Untersuchungen nicht als Beweis für die Existenz eines Astralkörpers betrachteten, gab es doch andere, die sich fragten, warum es Kirlian

gelungen sei, derart sensationelle Fotografien zu machen. Aber auch die Hellseher waren in gewisser Hinsicht enttäuscht, denn seine farbenprächtigen Bilder weisen nicht die Feinheit bei der Ausbildung der Aura auf, mit der sie die Hellseher wahrnehmen.

Als der Arzt Dr. Walter Kilner (1847 – 1920) um die Jahrhundertwende am St. Thomas-Spital in London arbeitete, stellte er fest, daß er, wenn er seine Patienten durch eine blau gefärbte Glaswand (sogenannter Kilner-Schirm) beobachte, eine sie umgebende „schwache Wolke" sehen konnte, die sich, dem jeweiligen körperlichen und geistigen Zustand des Patienten entsprechend, zu verändern schien. Der Farbstoff hatte, wie Kilner später selbst zur Überzeugung kam, stimulierend auf seine angeborene Fähigkeit gewirkt, „das Leuchten" wahrnehmen zu können. Die Fähigkeit von Menschen wie Kilner – diese Aura zu sehen – ist jedoch für die Wissenschaftler kaum von Nutzen. Denn es handelt sich dabei um ein rein persönliches Erlebnis, das man weder

gungen wiederholen lassen. Weiter argumentieren sie auch, daß die Experimente jedes Mal unterschiedliche Ergebnisse erbracht haben, die nämlich nicht auf unterschwellige körperliche als auch psychologische Ursachen zurückzuführen sind, wie es Kirlians Überzeugung war, sondern auf Faktoren wie Schweißsekretion und das Fehlen eines hochentwickelten Instrumentariums beim Kirlian-Verfahren.

Die Diskussionen hören nicht auf. Niemand weiß sicher, was die Kirlian-Fotos wirklich zeigen. Obwohl manche die spirituellen Aspekte total verwerfen, akzeptieren sie auf der anderen Seite, daß die Kirlian-Fotografie zur Feststellung der körperlichen und seelischen Zustände der Objekte verwendet werden kann. Aber in einem Punkt waren sich alle einig – nämlich darin, daß die Kirlians eine unsichtbare Welt, die früher nur einigen wenigen vorbehalten war, nun auch für jeden von uns zugänglich gemacht haben.

messen, steuern, analysieren noch einer wissenschaftlichen Untersuchung in einem Labor unterziehen kann.

Im Westen steckt der gegenwärtige Forschungsstand auf dem Gebiet der Kirlian-Fotografie noch immer in den Kinderschuhen. Bis jetzt sind keine schlüssigen Antworten auf ihre Ursache hin gefunden worden. Sowjetische Forscher haben sich schon länger mit diesem Phänomen beschäftigt und interessante Theorien aufgestellt. Dr. Victor Injuschin von der Universität Alma Ata, Kasachstan, hat sich einige Zeit mit der Kirlian-Fotografie auseinandergesetzt. Nach seiner Auffassung ist der „Aura-Effekt" ein Beweis für das, was er „Bioplasma" nennt, und nicht das Resultat des elektrischen Zustandes des fotografierten Objektes. Er beschreibt das Bioplasma ähnlich wie Hellseher den Astralkörper beschreiben. „Alle Lebewesen" – so schreibt Dr. Injuschin – „Pflanzen, Tiere als auch Menschen, verfügen nicht nur über einen Körper aus Atomen und Molekülen, sondern auch über einen Gegenkörper aus Energie."

Es gibt schon genügend Beweismaterial, um die Injuschin-Theorie zu erhärten, meinen Enthusiasten. Und auch dafür, daß die Natur und die Größe dieser Energiefelder, die jeden lebenden Organismus umgeben, der Aura auf einem Kirlian-Foto entsprechen. Kritiker bekunden allerdings, daß die Kirlian-Fotografie wissenschaftlich nicht fundiert sei, da ihre Erfolge sich nicht unter strengen Laborbedin-

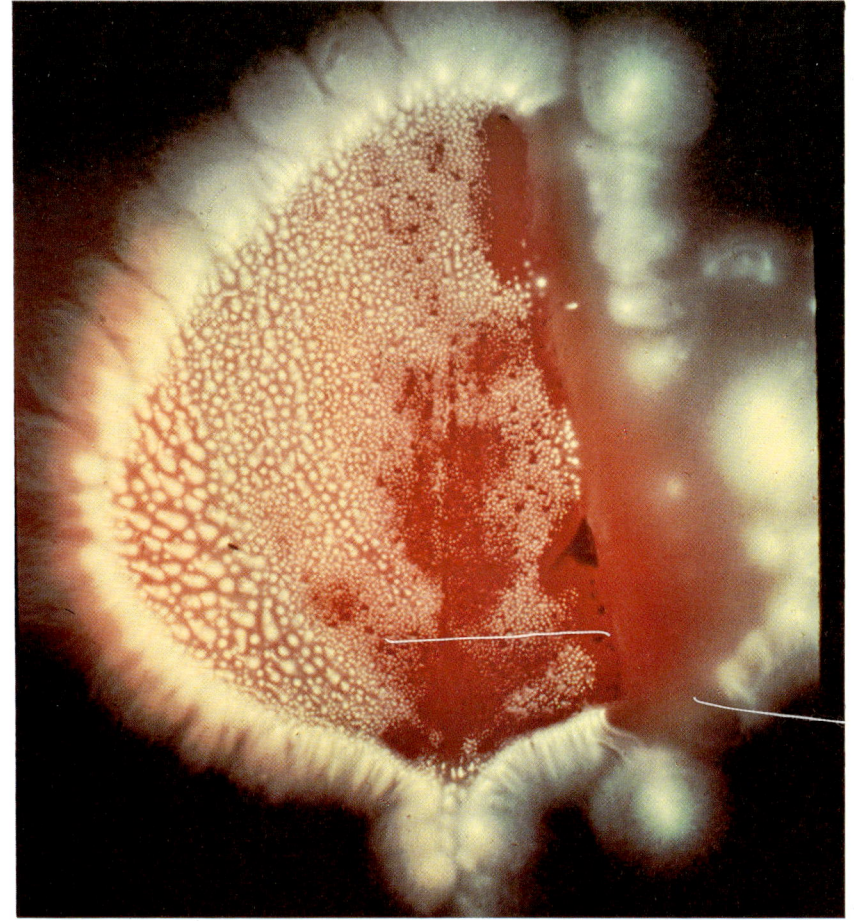

Oben:
Der Autor Brian Snellgrove bei der Betätigung eines Kirlian-Apparates. Die Regelmäßigkeit einer Korona von der Hand eines Objektes kann Aufschluß über dessen Persönlichkeit und Gesundheitszustand geben.

Links:
Das helle Leuchten, das das goldene Kreuz umgibt, wird dem Einfluß der ‚Aura' des Trägers zugeschrieben. Gold kann die ‚Aura' unbegrenzt beibehalten.

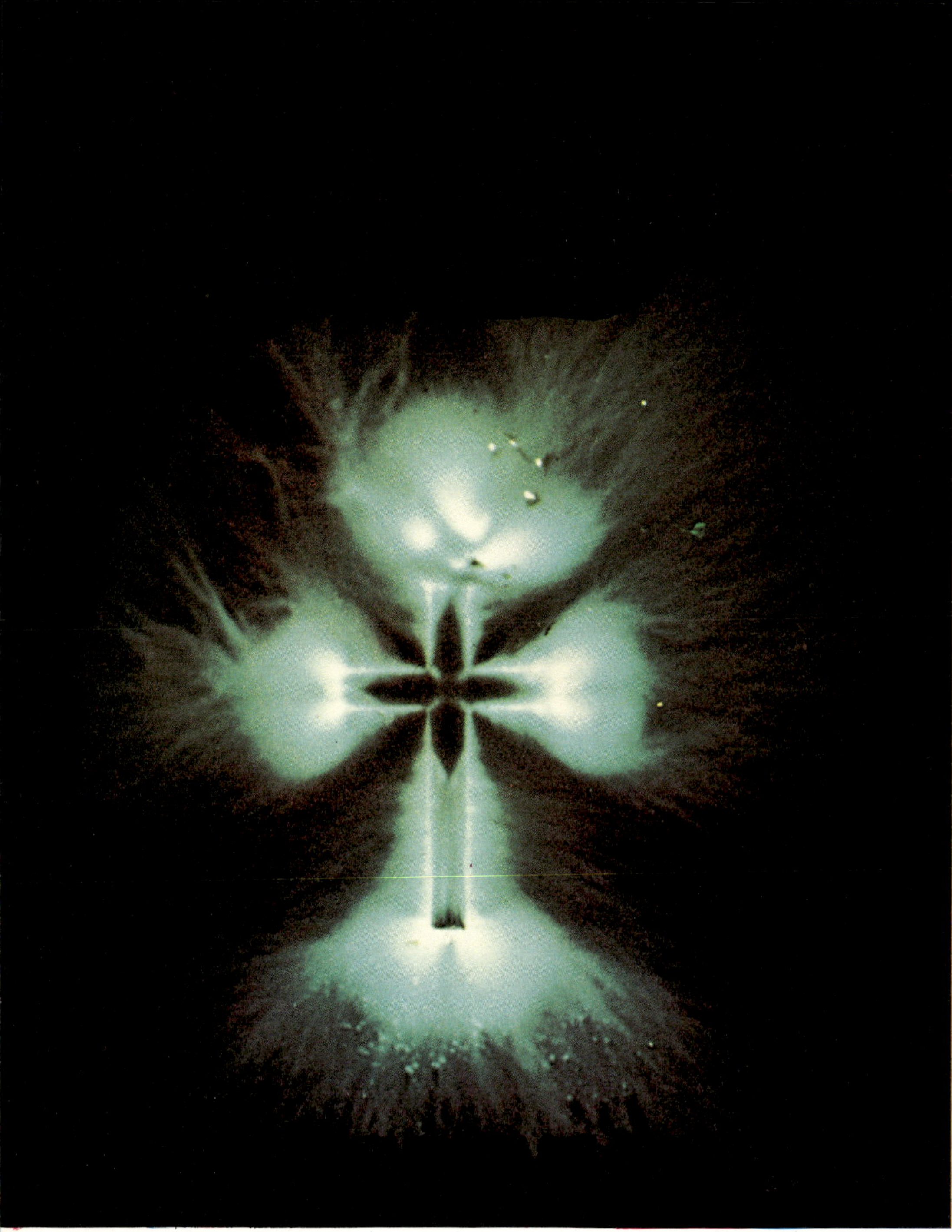

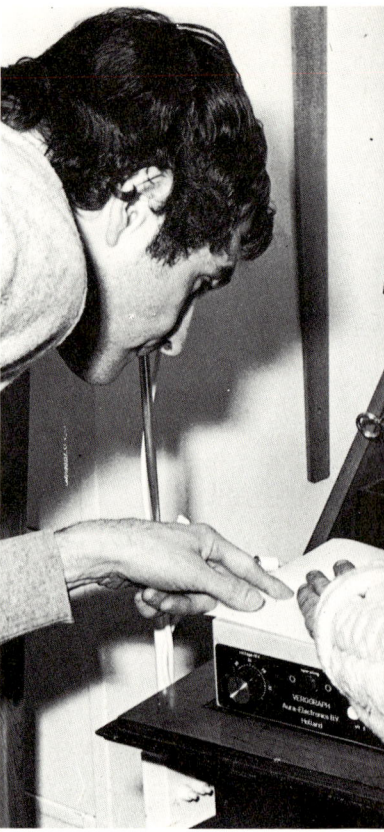

Zwischen den Zeilen lesen

Können die Kirlian-Fotografien frühe Stadien von Krebs aufdecken? Weist eine bestimmte Veränderung in der Kirlian-Korona auf Streß oder Angstgefühle hin? Was kann man sonst noch feststellen?

Als russische Forscher die Entdeckung eines „Energiekörpers" bekanntgaben, der ihrer Meinung nach aus Bioplasma besteht und unabhängig von unserem Körper existiert, wurden sie nur von wenigen westlichen Wissenschaftlern ernst genommen. Sie verlangten Beweise.

Und trotz eingehender wissenschaftlicher Untersuchungen hat sich noch keine schlüssige Antwort auf das Geheimnis des Kirlian-Verfahrens gefunden. Was die Russen als den „Energiekörper" bezeichneten, stellte sich als die eigenartige Korona heraus, die auf den Kirlian-Fotografien beinahe alle Lebewesen umgibt. Aber dann wurden einige Zweifel im Westen laut: Was genau ist der eigenartige Korona-Effekt, den die Kirlian-Fotografie auf einem Film festzuhalten vermag? Bestätigt er wirklich im wissenschaftlichen Sinn die Existenz eines Energiekörpers? Handelt es sich vielleicht um eine Abbildung der Aura, wie sie von Mystikern und Hellsehern beschrieben worden ist? Oder gibt es irgendeine andere, ganz einfache Erklärung?

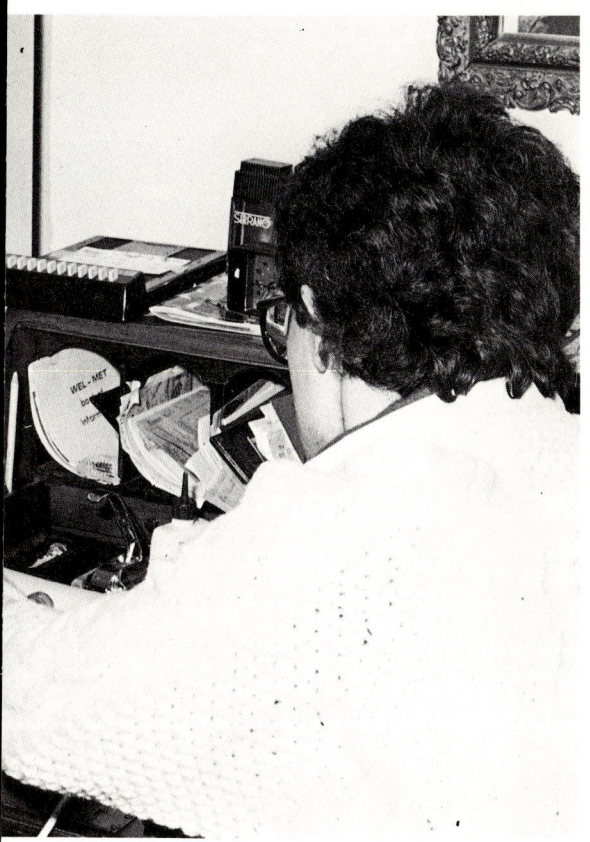

Oben:
Eine Kirlian-Fotografie von einem Weizenbrot. Man sagt, daß russische Nahrungsfachleute das Kirlian-Verfahren verwendet haben um die Getreidequalität und auch die Qualität anderer Nahrungsmittel zu verbessern.

Unabhängig davon, was die Kirlian-Fotografien wirklich aussagen, ist es der jüngsten Forschung ein großes Anliegen, ihre praktische Seite aufzuzeigen – sei es, daß man sie zur medizinischen Diagnostik heranzieht oder um Einblick in den menschlichen Geist zu gewinnen. Zum Beispiel hat man einen Zusammenhang zwischen den unterschiedlichen Mustern auf den Kirlian-Fotos einer menschlichen Hand und dem physiologischen Zustand des fotografierten Objektes festgestellt.

Der linken Hirnhemisphäre ist die rechte Hand zugeordnet, und ihre Ausstrahlung auf einer Kirlian-Fotografie gibt Aufschluß über das analytische Denkvermögen des fotografierten Objektes. Wenn man den Korona-Effekt der linken Hand interpretiert, die der rechten Hemisphäre des Gehirns zugeordnet ist, kann man das intuitive Potential eines Objektes entdecken. Beide Hände in einem Zustand der Ausgeglichenheit lassen auf eine ausgeglichene Persönlichkeit schließen.

Charakteristika, die durch diese Analyse festgestellt werden können – von denen der Betroffene vielleicht selbst nicht weiß, daß er sie besitzt – beinhalten Heilfähigkeiten, künstlerische Fähigkeiten und Führungsqualitäten. Man behauptet auch, daß die Kirlian-Fotografien das Wesen und das Ausmaß von Konflikten, die im Berufs- und Privatleben auftauchen, als auch körperliche Spannungen anzeigen.

Anfängliche Untersuchungen nach den diagnostischen Möglichkeiten haben ein breites Spektrum für Anwendungen eröffnet. Beobachtungen an Ratten, die von Dr. Thelma Moss und Dr. Margaret Armstrong (Universi-

tät von Rochester, New York) angestellt wurden, lassen erkennen, daß deutliche Veränderungen bei der koronalen Entladung auf den Schwänzen der krebserkrankten Ratten vorkommen, im Vergleich zu jenen, die gesund sind. Ähnliche Korona-Muster hat man sowohl bei krebserkrankten Pflanzen als auch bei krebskranken Menschen gefunden. Praktisch alle Körperteile, die mit dem Kirilan-Verfahren fotografiert wurden, haben zumindest einigen Einblick in den körperlichen und geistigen Zustand des Objektes gegeben. Die eindeutigsten Aufnahmen stammen jedoch von Händen und Füßen.

Das Grundinstrumentarium besteht aus einer hochfrequenten Tesla-Spule, die an eine Metallplatte angeschlossen und gegen das zu fotografierende Objekt durch eine isolierte Platte abgeschirmt ist; im weiteren aus einem Blättchen leicht sensibilisierten Materials – zum Beispiel Bromsilberpapier oder einen Film –, das man zwischen dem Objekt und dem Apparat anbringt.

Das Gerät erzeugt ein hochfrequentes elektrisches Feld. Der Energiekörper der Hand oder des Objektes stößt dieses ab und bewirkt, daß ein Interferenzmuster entsteht. Dieser Energiekörper, oder was immer es auch ist, variiert allerdings. Wenn er sich in einem ausgeglichenen Zustand befindet, kommt es zu einem regelmäßigen Interferenzmuster, vorausgesetzt, daß das Feld des Apparates und des Objektes in Wechselwirkung stehen. Bei einem Zustand der Unausgeglichenheit im Feld des Objektes weist die Korona Unregelmäßigkeiten auf. Und es sind diese Unregelmäßigkeiten, wie die Forschung bewiesen

16

Rechts:
Ein Foto eines gesunden Geranienblattes, das mit einer normalen Kamera aufgenommen wurde.

Ganz rechts:
Dasselbe Blatt, mit dem Kirlian-Verfahren aufgenommen. Die Korona, die das Blatt umgibt, ist deutlich zu sehen.

Unten rechts:
Ein Kirlian-Foto desselben Geranienblattes, nachdem es verwelkt ist. Der Korona-Effekt ist fast völlig verschwunden, es ist nur noch ein Abdruck des Blattes zu sehen.

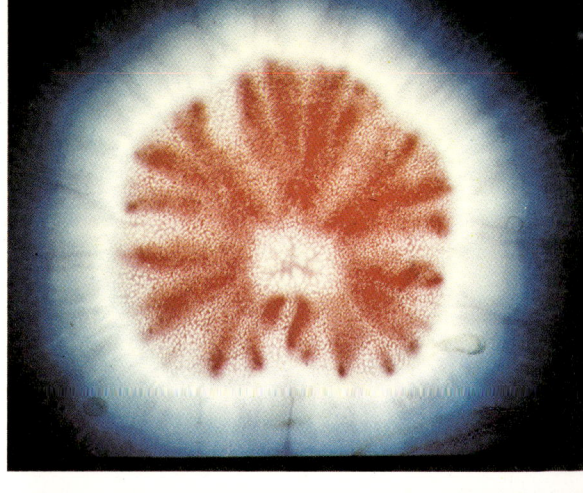

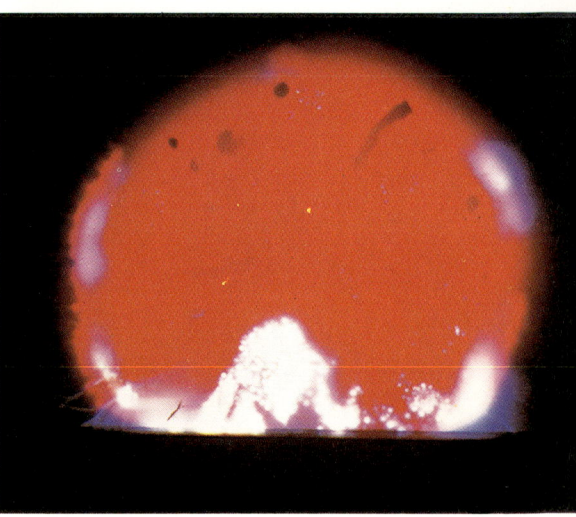

Unten:
Die intensive Korona, die den Fuß dieses Objektes umgibt, läßt auf einen guten Gesundheitsstand schließen. Aber beachten Sie das fehlende Stück der Korona um die große Zehe. Dies deutet darauf hin, daß das fotografierte Objekt unter Kopfschmerzen leidet. Wenn man die Zehe massiert, sollen die Schmerzen nachlassen.

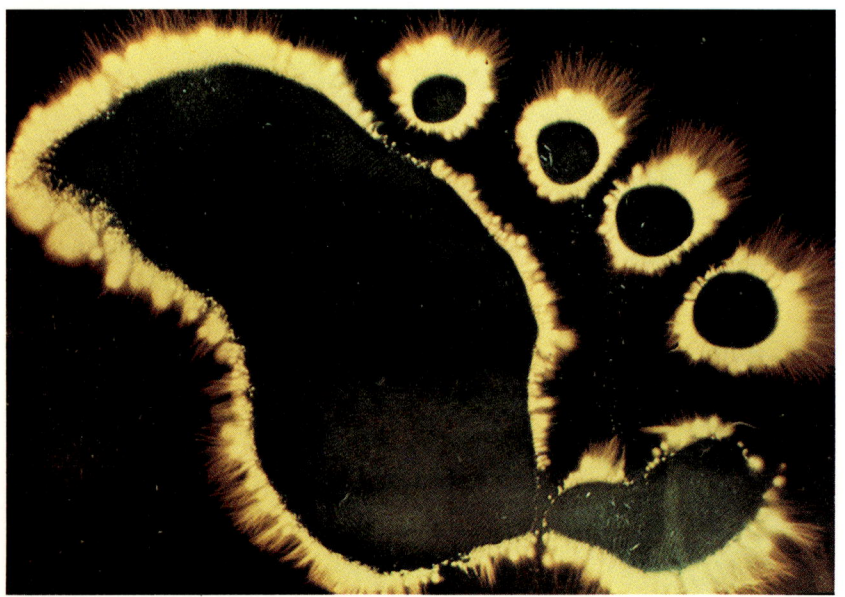

hat, die oft mit einem körperlichen oder geistigen Leiden Hand in Hand gehen können.

Die Energie der Seele?
Trotz des praktischen Gesichtspunktes der Kirlian-Fotografie steht man hier heute noch immer vielen theoretischen und praktischen Problemen gegenüber. Der umstrittendste Punkt ist höchst wahrscheinlich die Auswertung ihrer Ergebnisse.

Zur Zeit sind vier Ansichten im Umlauf. Nach skeptisch-nüchterner Betrachtungsweise ist der Kirlian-Effekt bloß das Resultat einer üblichen elektrischen Entladung zwischen dem Objekt, dem Film und dem Apparat. Irgendwelche genauere Diagnosen basierten auf reinem Zufall und sind nur der Intuition des Forschers zuzuschreiben. Da es einige Skeptiker als Tatsache hinnehmen, daß die Methode Symptome, wie die Tätigkeit der Schweißdrüsen und des Temperaturgangs, überwachen kann, meinten wohlgesinnte Kritiker, daß es notwendig sei – bevor überhaupt eine genaue Diagnose gemacht werden kann – aufzuzeigen, daß diese Veränderungen den körperlichen und auch seelischen Zustand des Objektes widerspiegeln.

Parapsychologen bestehen jedoch darauf, daß, obwohl rein körperliche Gründe – wie Schweiß – für die Entstehung des Korona-Effektes wichtig sein können, diese alleine für eine vollständige Erklärung nicht ausreichen. Ihrer Meinung nach kann die Kirlian-Fotografie nur dann ganz verstanden werden, wenn die Existenz eines Energiekörpers, einer Aura, eines Bioplasma-Körpers oder sonst irgendein paranormales Phänomen akzeptiert wird.

Die radikalste Auffassung vertritt der „Enthusiast", der behauptet, daß die Kirlian-Fotografie nichts mit solchen banalen Äußerlichkeiten, wie Schweiß, zu tun hat. Er meint, sie zeige ganz deutlich die Energie der Seele. Die Kirlian-Fotos lassen Farben und Formen erkennen, die genau den Beschreibungen der Mystiker und Hellseher über Jahrhunderte hinweg entsprechen.

Bevor man nun wissenschaftlich entscheiden kann, welche dieser vier Ansichten die richtige ist, müssen noch eine Reihe von Faktoren in Betracht gezogen werden. Das Kirlian-Instrumentarium hat einem gewissen Standard zu entsprechen, um sicher zu gehen, daß nicht der Widerstand der Haut, Schweiß und andere körperliche Anzeichen mit der Korona interferieren. Das zu untersuchende Objekt muß entspannt sein. Es wurde festgestellt, daß, wenn der Großteil der Versuchspersonen sich

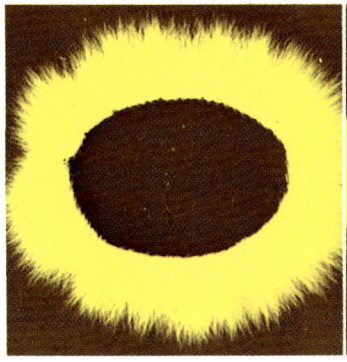 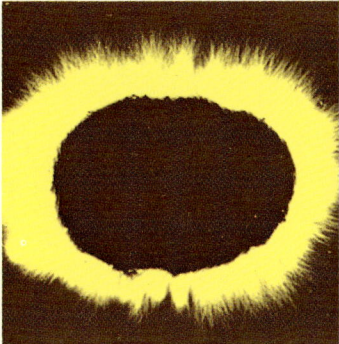 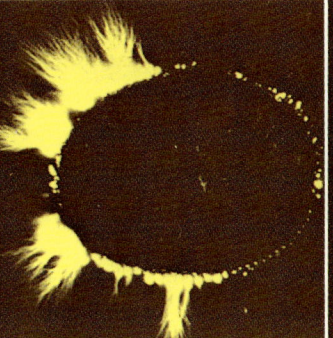 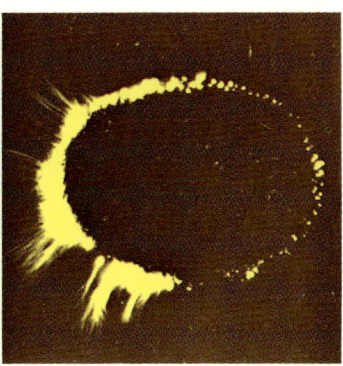

1　　　　　　2　　　　　　3　　　　　　4

bewußt bemühte, die eigene Aura zu projizieren, das Ergebnis eine viel schwächere und unregelmäßigere Ausstrahlung ist. Der gleiche Effekt wird durch Angstgefühle hervorgerufen. Aber auf der anderen Seite muß der Forscher erfahren genug sein, um zwischen Fällen unterscheiden zu können, wo das Ergebnis sowohl auf Angst, Schweiß oder sonstige vorübergehende körperliche Anzeichen nervöser Natur zurückgeht als auch auf die Effekte mit tiefen körperlichen oder seelischen Auswirkungen. Zusätzlich muß der Kirlian-Fotograf bei sechs Körperteilen besondere Vorsicht walten lassen, um den weitverbreiteten Kritiken entgehen zu können.

Der zu fotografierende Körperteil muß mit großer Sorgfalt ausgewählt werden. Ein Kirlian-Foto von einer Fingerspitze allein zeigt etwas anderes als eines, wo der Finger als Teil der Hand fotografiert wurde. Im ersten Fall werden nur ganz akute Anomalien deutlich; daher ist die Fingerspitzen-Fotografie nur beschränkt in der medizinischen Diagnostik anzuwenden. Für die psychologische Diagnostik ist es günstiger, wenn möglichst große Körperpartien fotografiert werden.

Man ist versucht, die Farben der Korona auf den emotionellen Zustand des Objektes zurückzuführen. Das Farbenspektrum hängt ganz allein vom verwendeten Film ab. Der Ektakchrome 35 mm-Film erzeugt mehr ins Rötliche und Gelbe gehende Farben, während der Polaroid-Film eine rote Korona mit einem weißen Inneren bewirkt. Harzüberzogenes Papier hat eine bläuliche Färbung zur Folge. Die Farben selbst sind nicht ausschlaggebend, sondern wichtig ist die Regelmäßigkeit und das Ausmaß aller Farbeffekte und das, was sie auslöst.

Der „Operator-Effekt" darf auch nicht unerwähnt bleiben. Die Fähigkeit des Geistes, strukturelle und emotionale Veränderungen sowohl bei Lebewesen als auch bei materiellen Dingen auszulösen, ist schon mehrmals beobachtet worden. Eine aggressive Einstellung von seiten des Beobachters kann die Leistung der ESP-Testpersonen erheblich beeinträchtigen; Spannungsmuster von Pflanzen, die an den elektrischen Strom angeschlossen sind, ändern sich, sobald disharmonische Gedanken projiziert werden. Um jeden möglichen Effekt auszuschließen, sollte derjenige, der das Gerät bedient, mindestens 1,5 Meter Abstand vom

Oben:
Eine Serie von vier Kirlian-Fotografien derselben Fingerspitzen, zu verschiedenen Tageszeiten aufgenommen. Die erste: um 9.15 Uhr gleich nach dem Frühstück. Achten Sie auf die stark luminöse Korona. Die zweite: um 12.30 Uhr vor dem Mittagessen – die Korona ist merklich schwächer. Die dritte: in der Zeit vor 15.45 Uhr aufgenommen; nach dem Mittagessen von nur einem Sandwich hat die Korona sehr von ihrer Intensität eingebüßt. Die vierte: entstand um 19 Uhr vor dem Abendessen.

Objekt halten, und das in einer möglichst entspannten, heiteren Verfassung.

Übermäßige Spannung bewirkt eine überaus helle Korona, und der Forscher sollte dies erkennen können. Die goldene Regel besagt, daß nur eine Minimalspannung notwendig ist, um ein leserliches Muster zu erhalten.

Der Energiekörper braucht Zeit – manchmal ist es eine Angelegenheit von Tagen –, um sich wieder beruhigen zu können. Die Ergebnisse können auch irreführend sein, wenn das Objekt nach einer Meditation fotografiert wird. In den meisten Fällen wird dann die Korona überhaupt nicht sichtbar sein.

Eine zu lange und eine zu kurze Belichtungszeit kann zu dem selben Resultat führen. Langsame Aktivitätszyklen können verloren gehen, wenn die Belichtungszeit zu kurz ist. Für Fingerspitzen-Fotografien reicht eine Sekunde aus; für die ganze Hand 2 Sekunden.

In jüngster Zeit wurde die Kirlian-Fotografie erfolgreich in verschiedenen Bereichen angewendet. In einer Studie, die von einer Handelsfirma in Auftrag gegeben wurde, konnte zum Beispiel Dr. Thelma Moss die Keimfähigkeit von Sojabohnensaatgut mit 100-prozentiger Sicherheit vorhersagen. Die Auswirkungen auf die Landwirtschaft waren ungeheuer. Andere Bereiche, wo das Kirlian-Verfahren zur Auswertung verwendet werden könnte, sind die Personalauswahl und die Beurteilung der zukünftigen Arbeitgeber für die Arbeitnehmer, die Einschätzung des Kampfgeistes und die Bewertung der Auswirkungen elterlicher Konflikte, besonders auf ihre Kinder. Wenn die Kirlian-Fotografie im Zusammenhang mit der Akupunktur, Beratung oder Homöopathie eingesetzt wird, kann sie genaue medizinische Diagnostik bewirken.

Während die praktischen Anwendungsmöglichkeiten aufgezeigt wurden, konnten die Zweifel – ob sie nun die Existenz der Aura beweisen – nicht zerstreut werden. Anscheinend umgibt ein Energiefluß fast alle Lebewesen. Aber was diese Energie ist, bleibt noch unbekannt.

Ein Knacks in Kirlians Heiligenschein

Die Verteidiger der Kirlian-Fotografie behaupten, daß diese paranormale Aufnahme den Charakter, den Gefühl- und Gesundheitszustand – ja sogar das Innerste eines Menschen – zum Ausdruck bringen kann.

In der Mitte der sechziger Jahre erhielt ich von einem wissenschaftlichen Mitglied einer bestimmten Universität eine Serie von den sogenannten Kirlian-Fotografien. Eine zeigte ein frisch abgeschnittenes Blatt, die zweite ein Blatt, von dem ein Stück abgetrennt wurde, und die dritte Fotografie ein abgestorbenes Blatt. Er erklärte mir das Verfahren, wie diese Bilder gemacht werden. Aus einem Begleitbrief ging dann hervor, daß er mich auf einige Phänomene besonders aufmerksam machen wollte und um Stellungnahme bat: Erstens auf die Ausdrucksweise der „Lebenskräfte", die sich durch helle Bahnen, Lichtpunkte und durch die das lebende Blatt umgebende Strahlung äußerten, weiter auf die nur ungefähren Umrisse eines „ätherischen Körpers" bei dem zuvor entfernten Blatteil, und schließlich auf das Fehlen jeglicher Ausstrahlung beim toten Blatt, aus dem alle „Lebenskräfte" mit seinem Absterben gewichen waren. Er wollte wissen, da ich als Elektroingenieur etwas mit der elektrischen Entladung vertraut sei und mir auch als Theosoph über Jahre ein Background-Wissen über „ätherische und astrale Körper", über Prana und dergleichen angeeignet habe, ob ich ihm nicht zustimme, daß die elektrische Entladung unwahrscheinlich klar diese „subtilen Kräfte" aufzeige. Nach kritischer Betrachtung schien für mich das Urteil festzustehen. Um eine unvoreingenommene Stellungnahme zu hören, zog ich einen Kollegen zu Rate, der auf dem Spezialgebiet der Hochspannungstechnik einen hervorragenden Ruf genießt. Auch für ihn schien die Erklärung auf der Hand zu liegen. Die Unterschiede zwischen den Fotos mit den lebenden und abgestorbenen Blättern waren ganz allein auf den in den lebenden Blättern enthaltenen Lebenssaft zurückzuführen.

Die Erklärung eines „Ätherkörpers"

Aber was war nun mit dem ätherischen Körper des Blattes, von dem ein Stück abgeschnitten wurde? Die wahrscheinlichste Erklärung dafür war, daß die Elektroden – während die Bilder von dem ganzen und von dem teilweise abgeschnittenen Blatt gemacht wurden – nicht sorgfältig gereinigt worden waren. Also habe ich dafür Beweise gesucht (wofür sich die Gelegenheit später ergab). Jedermann, der Erfahrung mit Experimenten hat, wüßte nämlich, daß die Elektroden nach jedem Foto sorgfältig gereinigt werden müssen, um etwaige Rückstände vom vorigen Bild zu entfernen, und er hätte in seinem Report ausdrücklich ihre Reinigung und Inspektion angeführt. Nichts dergleichen wurde jedoch gefunden.

Oben:
Arthur J. Ellison machte eine außergewöhnliche Karriere als Wissenschaftler und Parapsychologe. Ellison, früherer Präsident der „Society for Psychical Research", ist Professor für Elektronik und Elektrotechnik an der City University in London.

Oben rechts:
Eine Detailaufnahme des berühmten Grünewald-Altars aus Isenheim im Elsaß. Es zeigt Maria mit einem Heiligenschein. Schon seit langem haben Künstler ihre Heiligen so dargestellt, als würde von ihnen eine göttliche Strahlung (Nimbus) ausgehen, die später mit der menschlichen Aura oder dem „ätherischen Körper" gleichgesetzt wurde. Einige sensible Menschen können anscheinend die menschliche Aura sehen, und nun wird behauptet, daß das Kirlian-Verfahren dies auf einem Film festhalten könne.

Rechts:
Das Kirlian-Foto zeigt ein Rosenblatt, von dem ein kleines Stück weggeschnitten wurde, trotzdem ist sein „Geist" sichtbar. Dies soll als wissenschaftlicher Beweis für eine körperlose Lebensdimension gelten; aber der „Blattgeist" geht vielleicht darauf zurück, daß sich die Umrisse des ganzen Blattes beim Fotografieren auf der Elektrode manifestiert haben.

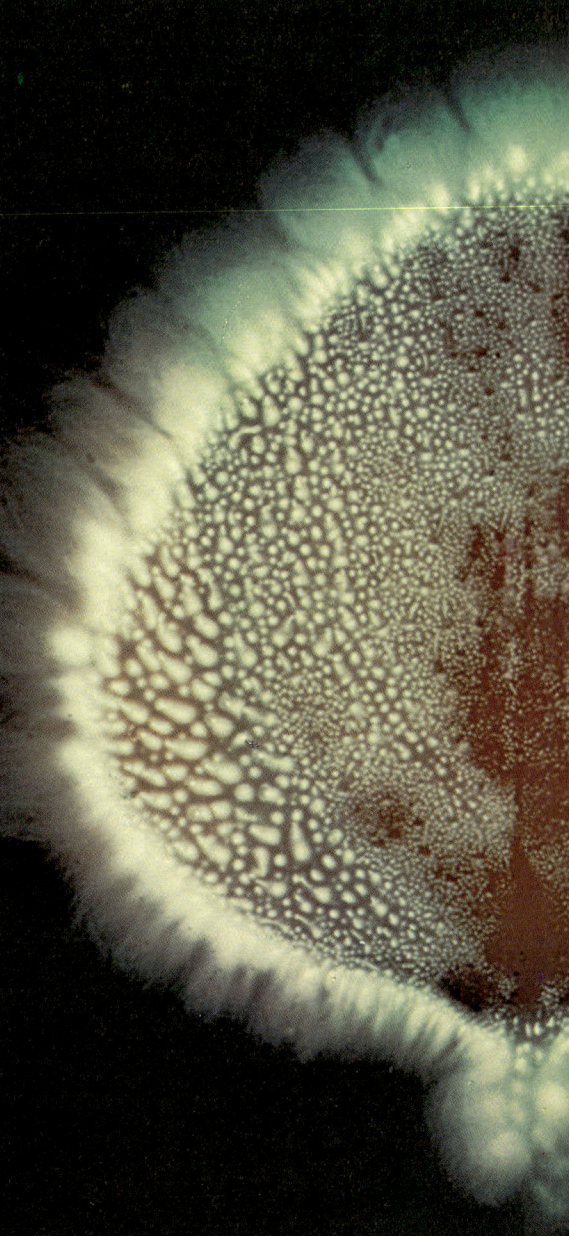

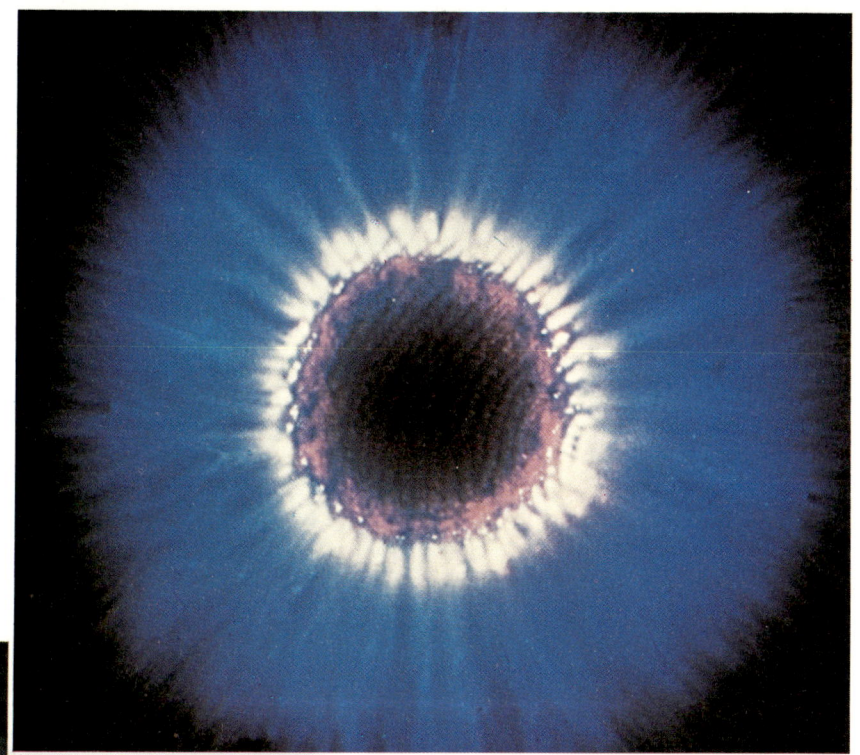

Die meisten, wenn nicht alle Autoren, die über die Kirlian-Fotografie schreiben und dabei ihre eigenen „Untersuchungen" oder die anderer beschreiben und auswerten, sind nicht kompetent. Wie könnten sie auch? Es handelt sich dabei um ein Spezialgebiet, das eine lange Berufserfahrung voraussetzt. Es liegt somit auf der Hand, warum solchen Schreibern elektrische Felder und Entladungen genauso mysteriös sind wie der ätherische Körper einem Wissenschaftler, der sich mit solchen Dingen nicht auseinandersetzt.

Und darüber hinaus haben sich solche Autoren nicht mit wissenschaftlicher Literatur über die „feinstofflichen Körper" auseinandergesetzt. Parapsychologen verwenden den Begriff des „Feinstoffkörpers", um damit etwas Gegensätzliches von unserem Körper, das auf verschiedenen Bewußtseinsebenen existiert, zu beschreiben. Am Anfang steht der Ätherkörper, der von der herkömmlichen Wissenschaft nicht anerkannt ist und angeblich verschiedene Arten von „Lebensenergie" in sich vereinigt. Er fungiert als eine Brücke zwischen dem materiellen und dem subtiler ausgebildeten Astralkörper. Noch zarter ist der „geistige

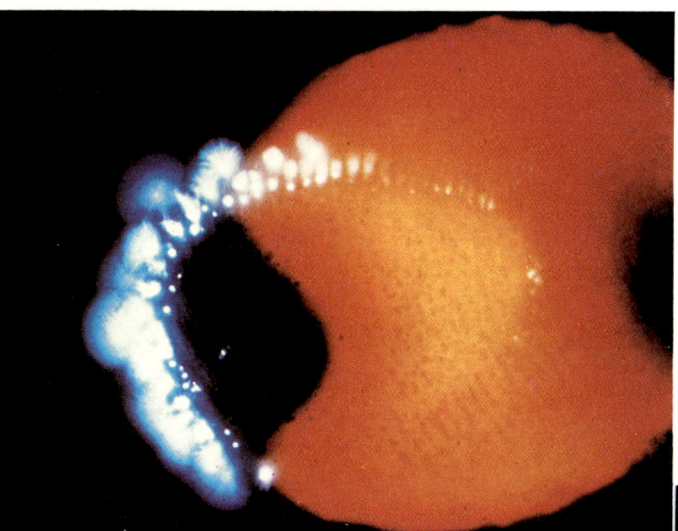

Einige anschauliche Beispiele der Kirlian-Fotografie von Thelma Moss, einer angesehenen amerikanischen Schauspielerin, die sich der Parapsychologie zuwandte.

Oben: Die hochfrequente koronale Ladung eines Fingers von einer ruhigen, entspannten Versuchsperson.

Mitte: Die Aufnahme desselben Fingers derselben Person, die aber unter emotionellem Streß steht.

Unten: Die Fingerspitze einer Versuchsperson, die unter dem Einfluß von Marihuana steht.

So hatten wir eine absolut einleuchtende Erklärung für die Bilder, die sich mit der Beschreibung des Aufnahmevorganges deckte. Wir hatten auch allen Grund, die Kompetenz des Urhebers dieser Bilder bezüglich der Durchführung von Experimenten anzuzweifeln.

Im Antwortschreiben an meinen Kollegen wurde empfohlen, daß er bei weiteren Untersuchungen der Kirlian-Fotografie besser die Zusammenarbeit mit einem kompeteten Elektroingenieur, der mit hochfrequenten Entladungen vertraut wäre, anstreben sollte. Und weiter schlug ich ihm vor, erst dann „subtile Kräfte, die der Wissenschaft bis jetzt noch unbekannt sind", für alle ungeklärten Phänomene verantwortlich zu machen, bis alle normalen Erklärungen dafür durchgespielt wurden. Sie waren natürlich nur für einen erfahrenen Elektroingenieur „normal".

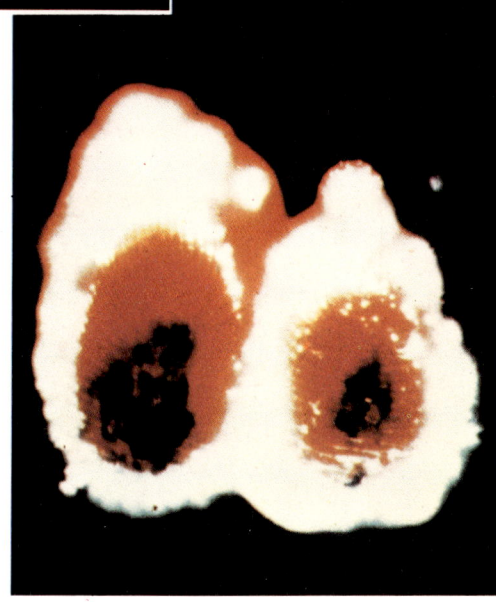

Körper" oder kurz „Geist" genannt; und man nimmt an, daß es noch feinere gibt.

Diese Körper bestehen nicht aus einer Art „subtilen Materials", das den Körper durchdringt und umstrahlt. Das ist die total irrige Ansicht der Parapsychologen. Sie befinden sich auf anderen Ebenen, obwohl sie für Sensitive den materiellen Körper durchdringen.

Ein Vergleich könnte zum Wach-Traumzustand gezogen werden. Man sollte dabei nicht glauben, daß die Versuchsperson in der Traumphase die körperliche Welt durchdringt und dort verbleibt. Das ist für jeden verständlich, und es wurde an Hand von Experimenten gezeigt, wie die Lage eines Körpers überprüft wird, während der Sensitive den Ätherkörper beobachtet. Ein Mensch mit außersinnlicher Wahrnehmung kann nicht durch Beobachtung eines „subtilen Körpers" die Lage des materiellen Körpers angeben. Die Versuche wurden durch die bereitwillige Zusammenarbeit von zirka 20 Parapsychologen durchgeführt und die Ergebnisse stimmten alle überein.

Die populären Autoren schlagen auch deshalb die falsche Richtung ein, weil sie die

Unten:

Das Kirlian-Instrumentarium verwendet diese „Sandwich"-Anordnung. Wenn ein Objekt, wie zum Beispiel ein Blatt, fotografiert werden sollte, wird es zwischen die obere (geerdete) Platte und Filmschicht gelegt. Wenn eine Fingerspitze, eine Hand oder irgendein anderer Körperteil fotografiert wird, ist nur eine Platte nötig, da das Objekt unter normalen Umständen selbst geerdet ist. Falls das jedoch nicht zutrifft – weil derjenige vielleicht Schuhe mit Gummisohlen trägt oder auf einem Teppich mit Gummiunterlage steht –, kann es zu einer Qualitätsminderung bei der Kirlian-Fotografie kommen.

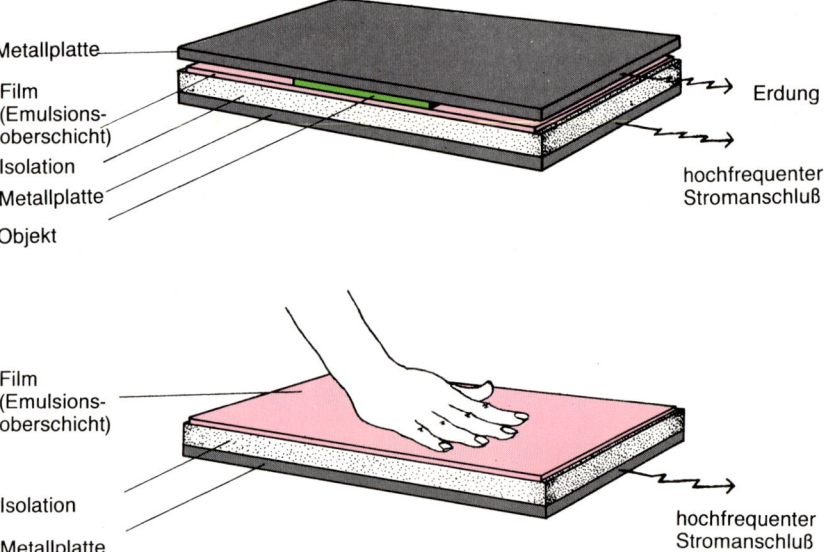

Metallplatte
Film (Emulsionsoberschicht)
Isolation
Metallplatte
Objekt
Erdung
hochfrequenter Stromanschluß

Film (Emulsionsoberschicht)
Isolation
Metallplatte
hochfrequenter Stromanschluß

kritisch-wissenschaftliche Methode nicht beherrschen, besonders wenn es darum geht, die Neigungen und vorgefaßten Meinungen des Beobachters durch die Anwendung des Doppelblind-Verfahrens auszuschalten. Sie führen die Beweise im nachhinein: Wenn zum Beispiel nach einer besonders trüben Aufnahme die Krankheit des Objektes zufällig wirklich eintritt, dann machen sie den Gesundheitszustand für die Unschärfe verantwortlich. Sie wählen oft das Beweismaterial aus, das sich mit ihren Vorstellungen deckt.

Es ist heutzutage üblich, Kirlian-Fotos von Fingerspitzen und sogar größeren Körperteilen zu bekommen. Das Kirlian-Instrumentarium ist wie ein Sandwich aufgebaut und besteht aus einer flachen Metallelektrode, einer Isolationsschicht, einem Stück Farbfilm und aus einer zweiten, geerdeten Elektrode. In diesem Fall fungiert der Finger selbst als zweite Elektrode und wird auf den Film (Emulsions-

Kontrolle des Versuches

Dr. Yoshiaki Omura schlägt vor, daß diese 24 Punkte genau in den Berichten der Kirlian-Experimente angegeben werden sollten.
1. Die Hochspannungsfrequenz, an der Stromquelle und am Objekt gemessen.
2. Ein Oszilloskop-Foto, das die Wellenform des Stromes zeigt.
3. Die ungefähre Toleranz der Stromabweichung.
4. Die ungefähre Maximalspannung oder Voltangabe, und auch die Wellenform, Polarisation, Dauer, Anstiegs- und Abfallzeit und die Wiederholungsrate der Schwingungen.
5. Der Minimal- und Maximalabstand zwischen der Elektrodenplatte und dem Objekt.
6. Die Angaben des Isolators zwischen der Elektrode und dem Objekt; mit der Größenangabe und der geometrischen Anordnung.
7. Die Parameter der hochspannungsgeladenen Elektrodenplatten (Form, Größe und Art des Metalles und Oberflächenbeschaffenheit).
8. Der Typ des Films. Die Elektroden-Film- und Prüfstück-Film-Abstände.
10. Die Belichtungszeit.
11. Die Anordnungsbedingungen und die ungefähre Angabe der Spannung im Objekt.

oberschicht) gelegt; darunter liegt das Isolationsmaterial, das die Sandwich-Füllung ausmacht, zu unterst die Metallplatte, die an den hochgespannten Strom angeschlossen ist. Der Finger der Versuchsperson besitzt das Erdpotential, und die Frequenz ist gerade hoch genug, daß er keinen Schock erleidet.

Wichtige Variablen

Solche Festlegungen ermöglichen einen Vergleich der Kirlian-Fotos untereinander. Ein wesentlicher Grundsatz der wissenschaftlichen Methode ist, daß es sich bei jeder Variablen – mit Ausnahme der, die zum Vergleich herangezogen wird – immer um die selbe handeln muß, oder zumindest kontrolliert, damit die Auswirkungen der Variationen auf diese anderen Variablen bekannt sind. Wenn das Bild nach Beschreibung gemacht wurde, erhebt sich die Frage, welche Variablen im Hinblick auf ihren Einfluß auf das Kirlian-Fingerspitzen-Foto wichtig sind: selbstverständlich zuerst der Druck des Fingers. Dieser würde als die wichtigste Variable erscheinen, da der Freiraum unter und um den Finger und zwischen den anderen Teilen des Kirlian-Sandwiches das Aussehen der Entladung ausschlaggebend beeinflussen kann.

Auch andere Faktoren sind von großer Bedeutung, wie die Temperatur, Luftfeuchtigkeit, die Wellenform und Stetigkeit der Spannung, die Dauer der Entladung mit ihrer Frequenz und die Konsistenz des Filmes. Laut Professor Omura von der International Kirlian Research Association gibt es 24 verschie-

12. Die Höhe der Oberflächentemperatur des Objektes.
13. Die elektrische Leitfähigkeit der Oberflächen des Objektes und die zur Messung verwendete Methode.
14. Ob (und wie) die Oberfläche des Objektes gereinigt wurde.
15. Die Umweltbedingungen, beinhaltend den Atmosphärendruck, die Raumtemperatur, die Luftfeuchtigkeit und den Grad der Luftverschmutzung.
16. Der ungefähre Druck, der auf das Objekt und auf die Kontaktumgebung des Objektes mit der Filmoberfläche ausgeübt wurde.
17. Etwaige Lebenszeichen (biologische Vorgänge) vor und nach der Kirlian-Fotografie.
18. Die Sicherheitsvorkehrungen.
19. Die Versuchsanordnung, als Foto oder schematische Skizze dargestellt.
20. Die Spannungskurven, die während dem Fotografieren von einem Oszilloskop aufgezeichnet wurden.
21. Die Blutzusammensetzung des Objektes.
22. Die Faktoren, welche die Blutzirkulation in den verschiedenen Körperteilen beeinflussen.
23. Die Mikro-Zirkulationszustände auf der Fläche des Körpers, der fotografiert werden soll.
24. Sonstige sachdienliche Informationen über das Objekt und das Verfahren.

dene Variablen, die beachtet werden sollten. Ist das zumindest bei den wichtigeren nicht der Fall, dann wird jeglicher Vergleich der Kirlian-Fotos bedeutungslos.

Einige Experimentatoren, welche die Kirlian-Methode anwenden, messen beziehungsweise regeln nicht einmal den Druck, den der Finger des Objektes auf den Film ausübt. Ihre Ergebnisse sind wertlos, und dementsprechend sind auch die Schlußfolgerungen, die sie aus ihnen ziehen, unbrauchbar.

Nehmen wir ein anderes Beispiel. Vor einigen Jahren wurde die Behauptung aufgestellt, daß, wenn man ein einziges Kirlian-Foto von den Fingerspitzen zweier Leute, die sich vorher nicht gekannt hatten, machen würde, ihre „Auren" (an Hand der Entladung) zumindest stellenweise in einander übergehen würden. Dies konnte durch verblüffende Kirlian-Fotografien bestätigt werden. Es hatte jedoch den Anschein, als hätte man die Fotografien aus einer Sammlung entnommen, von der die meisten Fotos wahrscheinlich nicht den gewünschten Effekt zeigten und daher nicht vorgeführt wurden.

Schauen wir uns einmal die Art und Weise, mit der alle Variablen richtig geregelt werden können, an, so daß die Bilder mit nur einer geänderten Variablen verglichen werden können. Die Kontrollen sollten durch wiederholte Fotografien, bei denen selbst nichts geändert wird, geprüft werden: ein künstlicher Finger müßte verwendet werden, unter Beibehaltung aller anderen Variablen. Die Fotos werden dann nur vom Filmtyp, der Wellenform und

der Größe der Spannung, von der Dicke und vom Material der Sandwich-Schichten sowie von der Anzahl der Entladungen, die bei jedem Versuch verwendet werden, abhängen.

Reaktionen der Haut

Wenn nun alles geregelt und geprüft wurde, kann der Finger des Objektes auf den Filmbelag gelegt werden. Die Veränderungen auf dem Bild hängen nun von den physikalischen elektrischen Parametern des Fingers ab. Der wichtigste ist der Hautwiderstand, der sich mit bestimmten psychologischen Variablen ändert, und der Schweiß wird natürlich auch ein wichtiger Faktor sein. Abweichungen beim elektrischen Hautwiderstand sind Ärzten und Psychologen als die „Psychogalvanische Hautreaktion" (GSR) bekannt. Sie wird auf Veränderungen durch Erregung, aber vielleicht auch eine etwaige Krankheit hinweisen. Sie kann sich durch schweres Atmen (was zu einer übermäßigen Anreicherung von Sauerstoff im Blut führt) ändern aber auch bei großer Entspannung; kommt es dabei zu einem tranceähnlichen Zustand, erhöht sich der Hautwiderstand enorm.

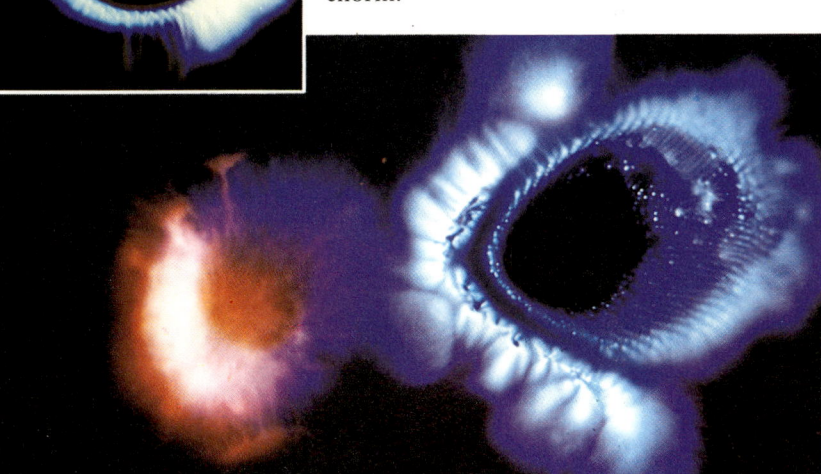

Oben:
Kirlian-Fingerspitzen-Fotos von einem bekannten Sensitiven – nämlich Uri Geller. Das obere Bild wurde aufgenommen, als Geller sich in Ruhestellung befand. Das untere, das angeblich einen Ausbruch von „übernatürlicher Energie" zeigt, wurde gemacht, nachdem er zum Einsatz seiner paranormalen Kräfte aufgefordert wurde. Wahrscheinlicher ist, daß Geller durch Konzentration mehr Druck auf seine Fingerspitzen ausgeübt hat – oder einfach mehr transpirierte – und somit die koronale Entladung seiner Finger änderte.

Es ist einleuchtend, daß wissenschaftliche Experimente, die von kompetenten Forschern geleitet werden, den diagnostischen Wert der Kirlian-Fotografie erkennen lassen und bestätigen. Aber das Schwergewicht muß auf der richtigen Steuerung der Variablen und auf einer ausreichenden Anzahl von Versuchen liegen, um eine statistische Auswertung vornehmen zu können, da sich alle Menschen in fast allen Bereichen stark von einander unterscheiden. So ein Vorhaben setzt die Zusammenarbeit von Forschern sämtlicher Disziplinen voraus – zumindest von der Elektrotechnik und der Physologie –, und das ist nicht leicht. Es zeugt wenigstens von Qualität, wenn Fachleute daran beteiligt waren. Aber es fällt besonders schwer, das viele neue Material ernst zu nehmen, das von Leuten stammt, die anscheinend über keine Qualifikationen verfügen, um so eine schwierige vielseitige Studie vornehmen zu können.

Mehr als das bloße Auge sieht

Lassen sich alle Eigenschaften, die man der Kirlian-Fotografie zuschreibt, unserem Hang zur Übertreibung zuschreiben oder entspringen sie nur unserem Wunschdenken? Hier wird dargestellt, was sich während des Vorgangs abspielt – und was tatsächlich über ein Objekt ausgesagt werden kann.

Im vorangegangenen Beitrag wurde kurz erklärt, warum der „ätherische" Körper auf physischer Ebene nicht erscheint. Experimentatoren mit dem Kirlian-Verfahren wollen nun den Ätherkörper körperliche Form annehmen lassen – mit etwas, das jenen, die keine Elektroingenieure sind, genauso rätselhaft erscheint – nämlich mit elektrischer Entladung. Das entspricht dem Versuch, den Körper, den wir in der Traumphase „wie ein Haus bewohnen", dem wachenden Auge auf ähnliche Weise sichtbar zu machen versuchen.

Es gibt natürlich Spannungsfelder um den menschlichen Körper. Er ist eine elektro-chemische Maschine: elektrische Ströme durchfließen und schwache Magnetfelder und elektrische Felder umgeben ihn. Es gibt auch Temperaturunterschiede zwischen dem Körper und der Umgebung und folglich Wärmestrahlungsfelder; diese bilden die Grundlage für die medizinische Diagnostik mittels Thermografie. Der Körper ist auch noch von einem Feld bewegter Luft umgeben, was auf die Temperaturunterschiede zurückzuführen ist.

Außerdem existiert noch ein Feld von kleinen Partikelchen, welche die Körperoberfläche ständig abgibt. Es setzt die Transpiration auf der Haut ein. Sie enthält verschiedene chemische Substanzen, die in ihrer Zusammensetzung und Konzentration vom Stoffwechsel des Körpers und vom allgemeinen Gesundheitszustand abhängen; dies sind auch die Hauptfaktoren bei der Bestimmung des elektrischen Widerstandes der Haut. Dazu werden Wesen und

Rechts:
Ein Wärmebild oder „Thermogramm" eines menschlichen Körpers, das für medizinische Zwecke verwendet werden kann. Die kühleren Teile sind blau, die wärmsten weiß oder gelb.

Unten:
Menschenhaut, 5000-fach vergrößert. Jede winzige Öffnung wird sich auf dem hochfrequenten Feld der Kirlian-Fotografie auswirken.

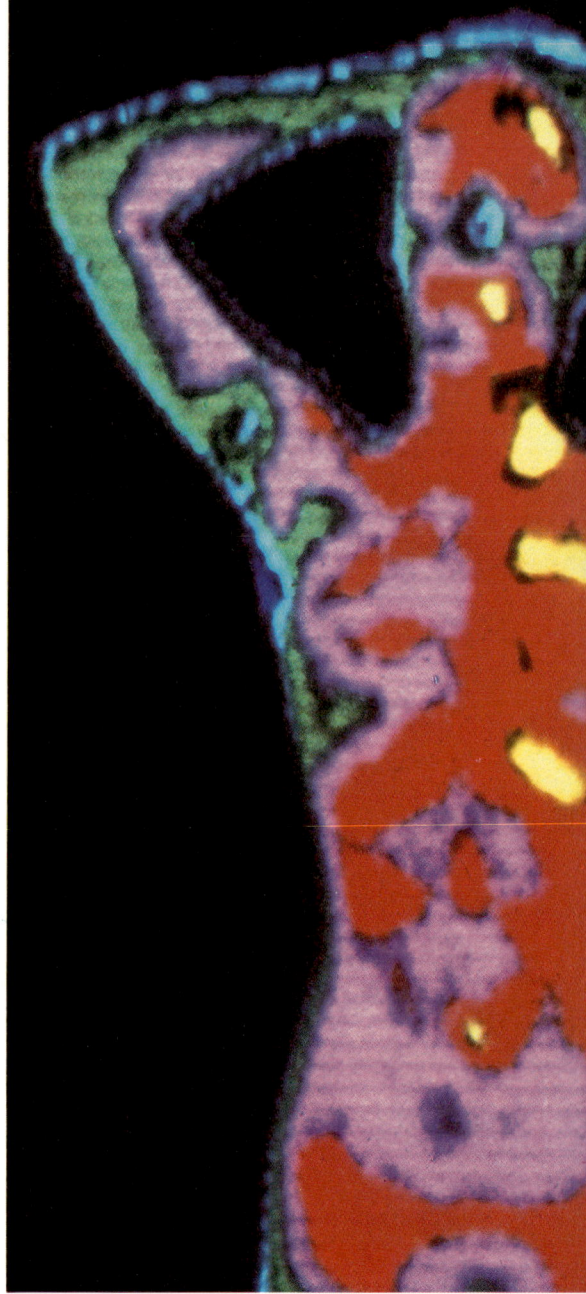

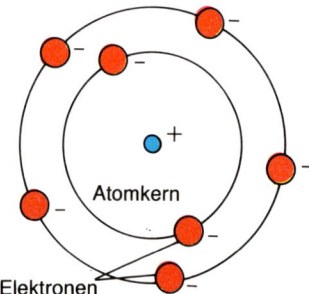

Atomkern

Elektronen

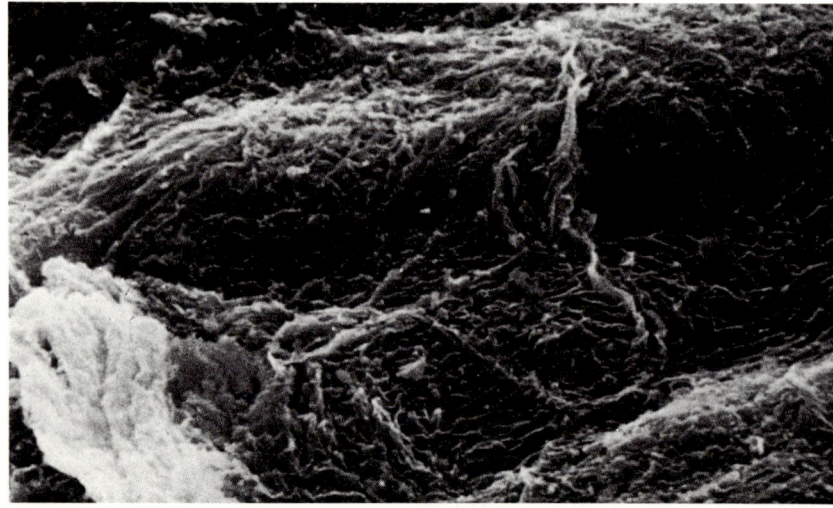

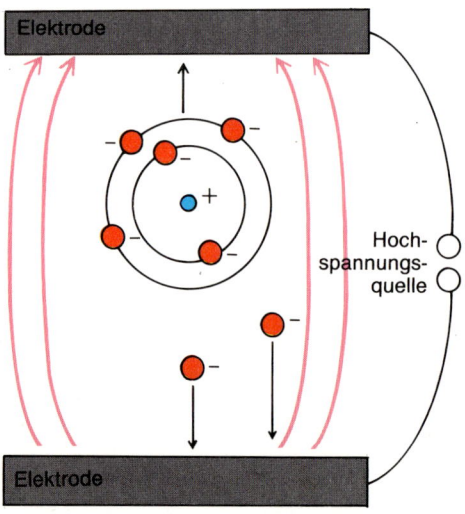

Elektrode

Hochspannungsquelle

Elektrode

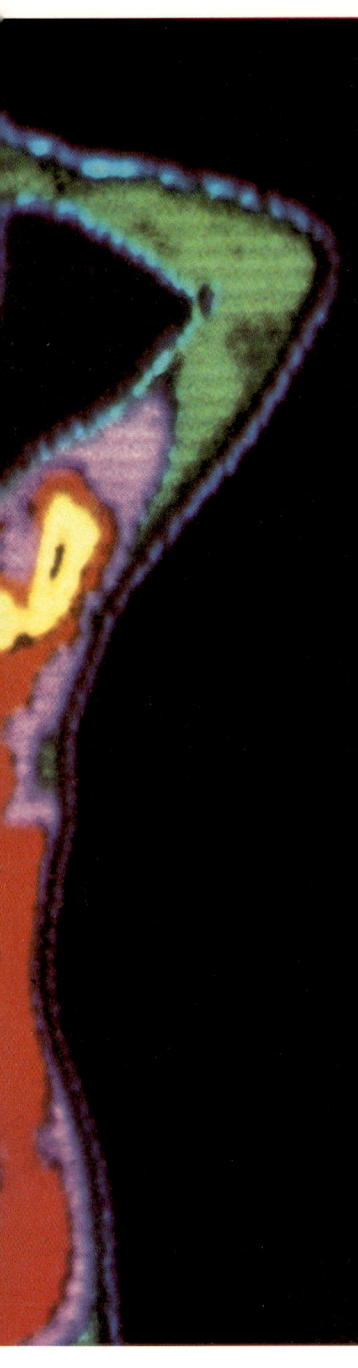

Oben: *Jedes Atom besteht aus einem Atomkern, um den die Elektronen – die negativ geladenen Teilchen – kreisen. Diese stehen mit dem positiv geladenen Atomkern im Gleichgewicht. Ein sehr starkes elektrisches Feld (links, durch rosarote Pfeile angezeigt) kann die Elektronen dem Atom entreißen. Die freien Elektronen und das unvollständige Atom nennt man Ionen, sie bewegen sich in entgegengesetzte Richtungen. In der Kirlian-Fotografie erzeugen die Ionen, wenn sie auf den Film auftreten, Muster. Obwohl es sehr differenziert ist, kann es nicht als mysteriös bezeichnet werden.*

Quantität dieser Substanzen vom psychischen Zustand der jeweiligen Person beeinflußt und können sich rasch ändern; dasselbe ist bei Drogengebrauch zu beobachten.

Nun schauen wir einmal, was geschieht, wenn es zu einer elektrischen Entladung zwischen einem Finger und einer hochfrequenten Elektrode kommt. Das sich darauf einstellende Leuchten ist in der Kirlian-Fotografie als koronale Entladung bekannt und unterscheidet sich sehr stark von einem Funken. Luft ist normalerweise ein guter Isolator, aber wenn die Spannung ausreichend hoch ist, reduziert sich ihre Isolierfähigkeit, und ein einziger oder anhaltender Funke springt über. Wenn der Strom niedrig ist – wie zum Beispiel bei der Erzeugung eines Funkens durch die Induktionsspule –, kann man einen großen Schock bekommen, der aber nicht besonders schädlich ist. Andererseits erzeugt zum Beispiel ein Blitz eine derart hohe Spannung, die für den Menschen sehr gefährlich werden kann.

Form und Farbe

Die koronale Entladung tritt bei niederen Stärken des elektrischen Feldes auf – das heißt im wesentlichen bei niederen Spannungen – als die, welche für einen Funkenzusammenbruch notwendig wäre, und sie besitzt eine niedere Spannung; sie ist deshalb harmlos. Sie wird durch intermittierende Ionisation der die Fingerspitze umgebenden Luft ausgelöst und wird deshalb durch Unregelmäßigkeiten in der Stärke des elektrischen Feldes – aufgrund von Unebenheiten, Falten und anderen Unregelmäßigkeiten auf der Haut – beeinflußt. Andere Faktoren, die das Aussehen der Korona mitprägen, sind das Isolationsmaterial zwischen dem Finger und der Platte, der Druck und die Zusammensetzung der Luft.

Die Farben in der koronalen Entladung gehen auf das Licht, das bei der Ionisation der Atome und Moleküle entstand, und auf die darauffolgende Wiedervereinigung der Ionen und Elektronen zurück; und jede einzelne Substanz ruft eine charakteristische Farbe hervor. Manche haben schon einmal die Farbe einer Natrium-Entladungslampe oder ein Quecksilber-Dumpflicht gesehen. Die charakteristische Farbe einer Natriumentladung ist gelb, die von Quecksilber ist bläulich-violett. Die Luft, die hauptsächlich aus Stickstoff und Sauerstoff besteht, weist normalerweise eine bläulich-lilafarbene Entladungskorona auf; aber es kann auch sein, daß ein Finger aufgrund starker Transpiration gelbliche Strahlen hervorruft, da der Schweiß selbst einen hohen Natrium- und Salzgehalt hat.

Die Farbe der Korona wird weiter von der Variation der Spannung über die Zeit abhängen und auch davon, ob der Finger als negativer oder positiver Entladungspol fungiert. Und schließlich muß auch die chemische Zusammensetzung des fotografischen Filmes berücksichtigt werden. Ein Farbfilm besitzt drei Emulsionsschichten, wobei sich jede als selbständiger Bestandteil des Kirlian-„Sandwiches"

verhalten wird: Der Strom wird die Farben des endgültigen Fotos direkt beeinflussen, seine Stärke und Verteilung wiederum wird durch die Beschaffenheit der Filmschichten bestimmt. Es ist ganz klar, daß sich ein Foto der Korona – mit einer normalen Kamera aufgenommen – sehr stark von einem unterscheidet, das von dem Film stammt, der beim Entladungsprozeß herangezogen wurde.

Da man bei wissenschaftlichen Studien der Kirlian-Entladung auf so viele verschiedene Parameter stößt, die sich allesamt auf die Ergebnisse in unterschiedlicher Größenordnung auswirken, erscheint es notwendig, nur einen zu variieren und die sich daraus ergebenden Folgen zu beobachten.

Allerdings darf die Tatsache nicht außer acht gelassen werden, daß die Tesla-Spule, die so häufig bei Untersuchungen ihre Verwendung findet, eine sehr schwankende Stromversorgung verursacht; dies wirkt sich sowohl auf die Wellenform als auch auf die Frequenz des Stromes aus. Gewissenhaftes wissenschaftliches Vorgehen setzt absolut verläßliche Geräte voraus, wie es zum Beispiel bei einem Oszillator mit regulierbarer, aber auch mit konstanter Frequenz und gleichförmiger Wellenform der Fall wäre. Die Unterschiedlichkeit der Resultate bei der Kirlian-Fotografie von Ost und West, aber auch zwischen den Forschern im Westen, können uns nicht überraschen, da es noch kein standardisiertes Test-Instrumentarium gibt: Sowohl die Frequenz als auch die Wellenform – und die Zeit, die für die Aufnahme einer Entladung benötigt wird – variieren je nach den benutzten Instrumenten.

Kern/Elektronen/Stromquelle

Nehmen wir einmal an, daß eine elektrische Entladung von einer stabilen Fingerkuppe ausgelöst worden ist und alle anderen Parameter entsprechend konstant gehalten wurden und dann Vergleiche zwischen den Fotos von kranken Testpersonen vor und nach ihrem Heilprozeß angestellt werden. Sollte es normalerweise Unterschiede geben? Natürlich, denn der Heilprozeß beeinflußt ganz sicher die Chemikalien, die sich in den Schweißkanälen befinden – das ist der Hauptgrund für die starken Veränderungen beim elektrischen Hautwiderstand, die dann eintreten, wenn eine Testperson immer ruhiger und entspannter wird. Es wird auch zu großen Veränderungen bei chemischen Absonderungen kommen, wenn man nur ruhig dasitzt und die warme Hand von jemanden anderen auf seiner Stirn liegen hat; verstärkt wird das Ganze durch den Glauben, daß „Heilkräfte" durch den Körper fließen. Wenn der Vergleich der Kirlian-Fotografien, die vor und nach dem Heilprozeß gemacht wurden, durch Variationen von schwankender Stromversorgung, Fingerdruck, Umgebungstemperatur und vielleicht auch von der Luftfeuchtigkeit durcheinander gebracht werden, dann ist er wertlos. Daher ist fast kein Vergleich der Kirlian-Fotografien schlüssig.

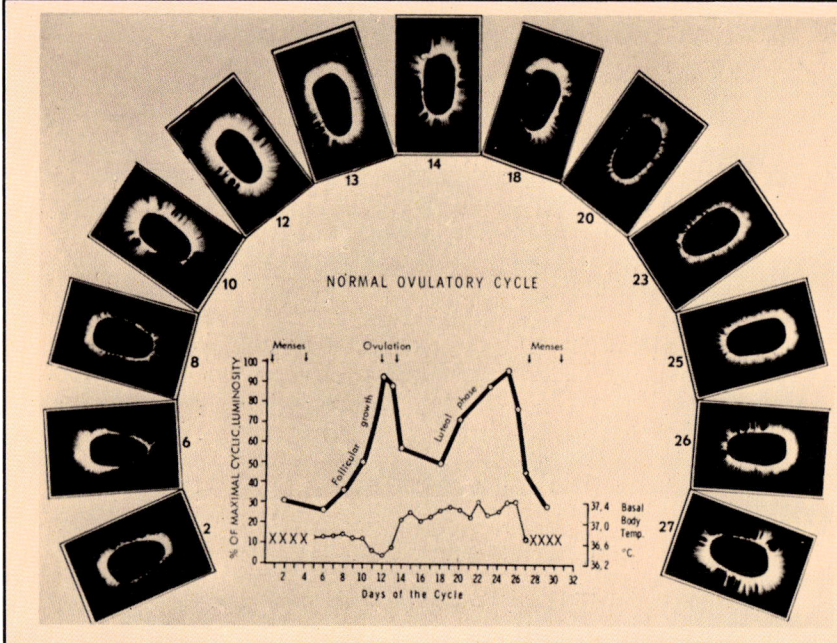

Der Fingerspitzentest

Hier werden einige Ergebnisse über die menstrualen Zyklen, die von Leonard W. Konikiewiczs Team erforscht wurden, aufgeführt. Auf der linken Seite ist eine Serie von Kirlian-Fotos von einer Frau mit einem normalen Monatszyklus zu sehen; rechts von einer Frau, die die Anti-Baby-Pille nimmt. Die starke Linie auf dem Diagramm zeigt die relative Helligkeit der Kirlian-Fotos an, während die Linie auf der linken Seite die Körpertemperatur angibt. Anscheinend besteht keine Korrelation zwischen den Bildern und der Körpertemperatur, aber ein Zusammenhang zwischen der Ovulation und der Intensität der Korona; und dieser beständige Zustand des Körpers, der durch die Funktion der Pille als Ovulationshemmer erhalten bleibt, äußert sich in einer gleichbleibenden Intensität auf den Kirlian-Fotos (rechts).

Einige Forscher haben Ähnlichkeiten zwischen den traditionellen Beschreibungen des Ostens, vom Fließen des „Prana" und den „Energietröpfchen", und der Erscheinung von „Bläschen" und Strömungslinien bei der koronalen Entladung bemerkt. Der Austausch des rosa-gefärbten Pranas zwischen gesunden und kranken Leuten wurde als mögliche Erklärung für die Unterschiede zwischen den Kirlian-Fotos, die sowohl vor, als auch nach der Gesundung der Test-Personen gemacht wurden, angeboten. Es würde jedoch noch viel zu früh sein, solche Spekulationen über etwaige Ähnlichkeiten zu akzeptieren.

Was soll nun geschehen? Um die Kirlian-Fotografie zu einem zuverlässigen, wissenschaftlich anwendbaren Verfahren machen zu können, müßte sich ein Team – im Idealfall – aus einem Elektroingeneur, einem Psychologen, einem Physiker oder Chemiker (ein Experte in der Spektroskopie) und einem Phsychologen zusammentun. Die Experimente müßten eine zuverlässige Kontrolle der Parameter, Doppel-Blind-Vergleiche, und eine statistische Auswertung, die eine ausreichende Anzahl von Testpersonen und deren Ergebnisse verwendet, einschließen. Dieser Forschungsbereich, der ebenso wie viele andere als parapsychologisch bezeichnet wird, muß Experten auf allen Gebieten übertragen werden, da kein Einzelner über ein derartiges Wissen verfügen könnte.

Die Objekte der International Kirlian Research Association in New York scheinen einen gangbaren wissenschaftlichen Weg, der notwendig ist, um diesem äußerst interessanten und vielleicht sehr wichtigen Phänomen auf den Grund zu kommen, eingeschlagen zu haben. Dieser wird bestens durch Studien an der Polyclinic Medical Center in Harrisburg (Pennsylvania) veranschaulicht. Leonhard W. Konikiewicz, Leiter dieser Klinik, hat ein wichtiges Buch und unzählige Zeitschriften veröffentlicht. In seiner Arbeit verwendet er

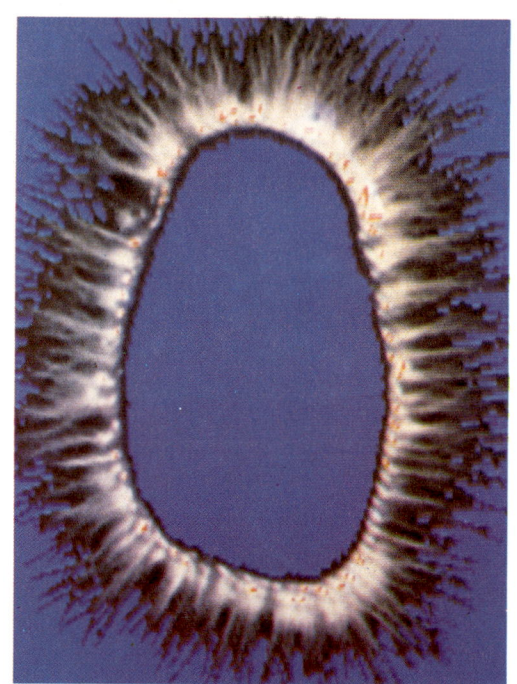

Links und rechts:
Zwei Kirlian-Computerbilder zeigen den Unterschied zwischen einer gesunden Person und einer, die Krebs hat (rechts). Die meisten Krebskranken lassen eine höhere Lichtemission um die Fingerspitzen erkennen – was hier durch den Computer rot angezeigt ist.

Unten:
Ein 3-dimensionales Histogramm, das durch eine Computer-Analyse angefertigt wurde. Als Kontrolle kann man oben auf dem Bild eine Reihe von Unebenheiten erkennen (links), währenddessen ein Patient auf dem Diagramm (rechts) stachelähnliche Formen ausbildet. Diese entsprechen den hohen Schweißemissionen, die sich auf dem Kirlian-Foto durch große Helligkeit auszeichnen.

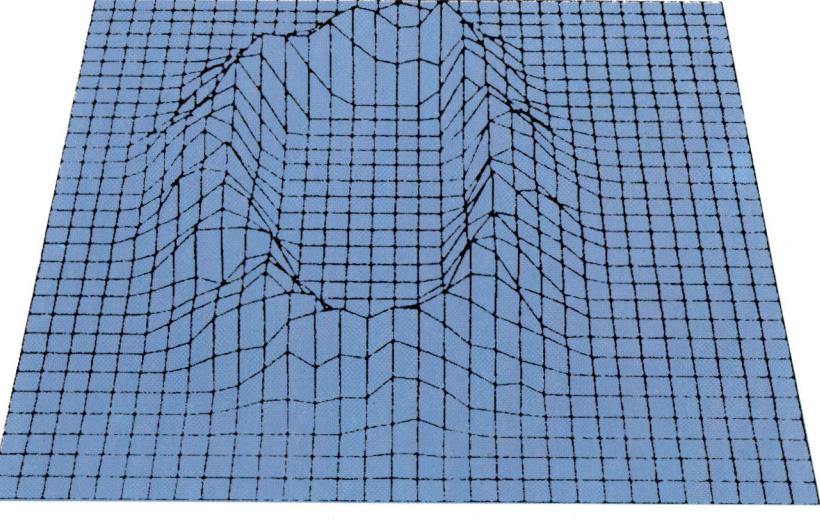

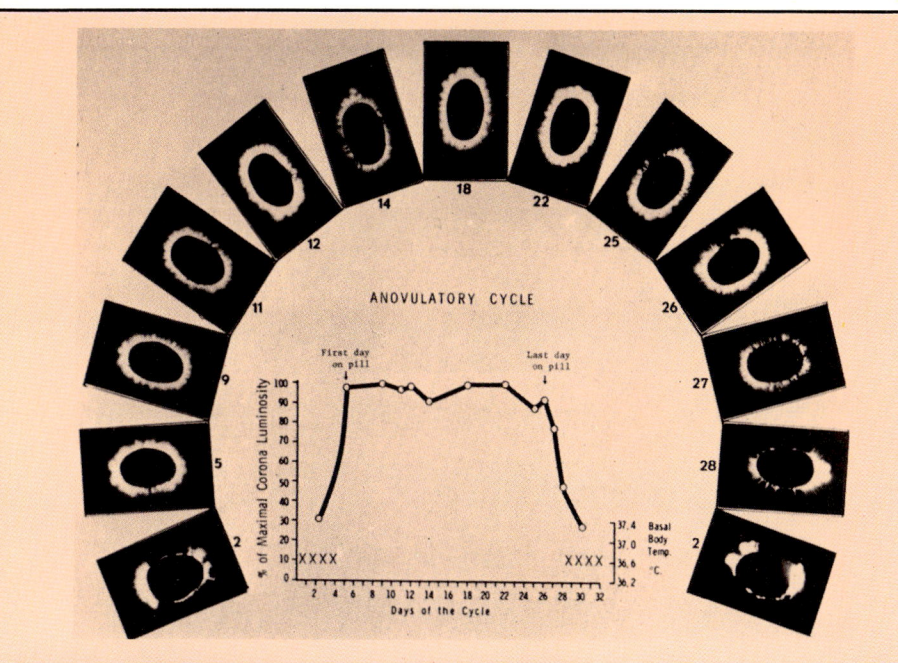

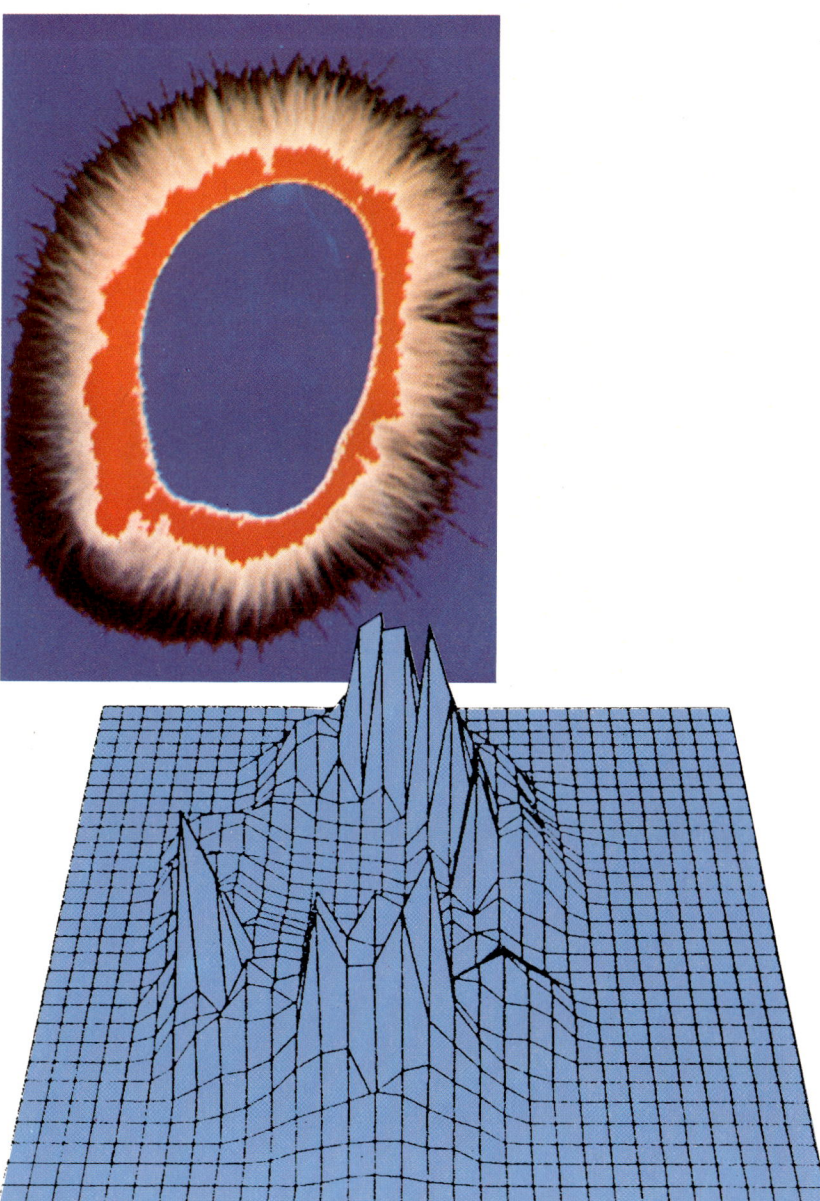

alle Kontrollpunkte, die vorher angeführt wurden, einen Laborraum eingeschlossen. Er hat die Bedeutung einiger Faktoren bestätigt und andere, bis dahin unbekannte, entdeckt. Zum Beispiel: eine Drehbewegung des Fingers vor der Belichtung bewirkt ein Phantom-Bild, das auf eine Änderung in der Elektronenverteilung zurückgeht.

Die Forschung
macht den entscheidenen Schritt

Konikiewicz erachtete es als notwendig, spezielle Befestigungsteile anzuwenden, um den Film flach zu halten. Die Testpersonen müssen den Drogengebrauch unterlassen und zwei Stunden vor den Tests ihre Daumen mit destilliertem Wasser reinigen, sie in der Luft trocknen lassen und in der Zwischenzeit Baumwollhandschuhe anziehen, um eine Kontaminierung zu vermeiden. In 2 Blindstudien, die mit 140 Testpersonen gemacht wurden, erkannte Konikiewicz zystische Fibrosen (F) bei 16 von 18 Patienten und Überträger dieses Erbfaktors bei 37 von 48 Fällen. Er konnte die Kontrollpersonen von den Überträgern nicht unterscheiden, wenn die Relative Luftfeuchtigkeit in seinem Elektroden-„Umweltkabinett" (in das die Hände nur durch eine luftdichte Öffnung hineinkommen) unter 60% sank, aber er konnte noch die CF Patienten wiedererkennen. Frühere Probleme zeigten, wie das ursprüngliche Kirlian-Instrumentarium (das auf dem Verfahren eines Röntgengerätes aufbaute) mit seiner außerordentlich hohen Spannung die Nerven anregte und dabei die Schweißdrüsen der Finger steuerte – was nicht immer wünschenswert war. Konikiewicz löste dieses und auch andere Probleme. In einem weiteren Werk zeigte er auf – was er natürlich statistisch ausgewertet hat –, daß die maximale Leuchtkraft der koronalen Entladung von der Fingerkuppe einer Frau vom jeweiligen Tag ihres menstrualen Zyklus abhängt. Der Tag der Ovulation und auch andere Erscheinungen können klar erkannt werden. Frauen, welche die Pille nehmen, weisen nämlich ganz andere Muster auf.

Es ist eindeutig, daß bei Forschungsarbeiten, die sorgfältig durchgeführt werden, das Kirlian-Verfahren wohl als Werkzeug der Diagnostik betrachtet werden kann. Die Information, die es liefert, ist somit sehr wohl von dieser Welt und keiner anderen. In ähnlicher Weise kann nur die Forschung, die den höchsten fachlichen Standard beizubehalten versucht, von Nutzen sein. Je mehr Einblick man in dieses Gebiet gewinnt, um so unwahrscheinlicher ist es, daß die Kirlian-„Begeisterten", die gar nichts davon verstehen, in die Irre führen werden können.

Geist und Gehirn

*Bevor die Frage gestellt werden kann, was in uns
Denkprozesse auslöst, was die Kraft des Denkens
eigentlich ist, wäre zu untersuchen, wie es mit unserem
Organ, dem Gehirn, eigentlich bestellt ist. In keinem
Bereich der medizinischen Wissenschaft seit hundert
Jahren sind die Erkenntnisse aber so mager wie gerade
auf diesem Gebiet.*

Die Archive der Erinnerung

Die Erfahrung, so glauben die meisten von uns, hinterläßt ihre Spuren in Form der Erinnerung, die im Gehirn archiviert ist. Stimmt das wirklich?

Wir sind daran gewöhnt, uns Erinnerungen im Gehirn gespeichert vorzustellen. Das ist eine so alte und respektable Vorstellung, daß wir kaum daran denken, sie in Frage zu stellen. Dennoch kann sie in Zweifel gezogen werden.

Die Vorstellung der im Gehirn aufbewahrten Erinnerungen ist als Spurentheorie bekannt. Eine ihrer frühesten Versionen geht auf Aristoteles zurück. Er verglich die Erinnerung mit den Einprägungen, welche die Erfahrung wie in weichem Wachs hinterlassen hat. Die dabei zurückbleibenden Eindrücke stellten eine Analogie zu dem Erinnerungsprozeß dar.

Seit Aristoteles wurde die Spurentheorie oft im Einklang mit dem Fortschritt der Technik modifiziert, um modernere Analogien zu finden. Derzeit ist die Ansicht verbreitet, daß Erinnerungen ähnlich archiviert sind wie die Informationen in einem Hologramm, eine Verfeinerung der Spurentheorie, die aber eigentlich nichts Neues enthält.

Wie funktioniert unsere Erinnerung? Bis jetzt haben Untersuchungen des menschlichen Gehirns noch zu keinem Ergebnis geführt, obwohl schon viele Theorien aufgestellt wurden (Bild unten). Eine, die man bis jetzt am ehesten gelten ließ, besagt, daß Erinnerungen im Gehirn genauso festgelegt sind wie die Musik in den Rillen einer Schallplatte (Bild rechts). Durch unzählige Experimente versuchte man diese Erinnerungsspuren, die sogenannten Engramme, ausfindig zu machen; allerdings ist dies bis heute nicht gelungen.

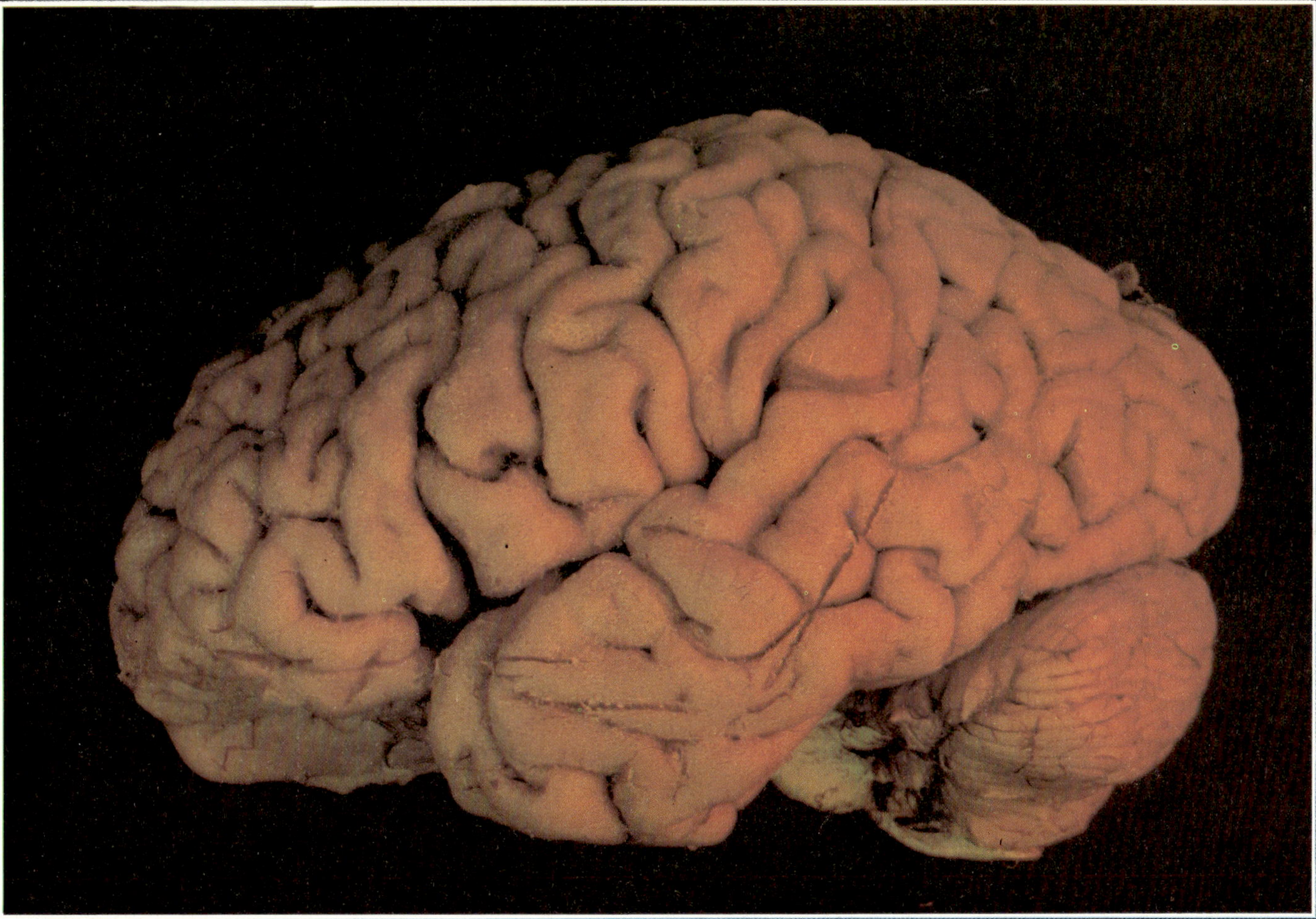

Die Spurentheorie bezieht sich auf Erinnerungen, die einen längeren Zeitraum überbrükken. Es gibt auch Kurzzeit-Erinnerungen, etwa, wenn wir eine Telefonnummer suchen. Diese merken wir uns nur so lange, bis wir sie gewählt haben, und dann vergessen wir sie in der Regel. Man kann sich solche Kurzzeit-Erinnerungen als einen Reflex im Neuronenstrom des Gehirns vorstellen. Viel problematischer ist die Langzeit-Erinnerung.

Die Hypothese der formativen Verursachung könnte eine mögliche Antwort bieten. Danach wird die Entwicklung von Formen in Lebewesen von einem morphogenetischen Feld geleitet; dieses wird durch „formende Resonanz" durch andere Angehörige derselben Art eingestimmt und beeinflußt, so auch ihre Entwicklung. Diese Theorie kann auch Erinnerungen erklären. Wenn Organismen mit vorangegangenen Formen ihrer Art auf Grund von Ähnlichkeiten in den Prozeß der formenden Resonanz treten, dann ergibt sich

zwei Gründe sind für viele maßgebend; sie haben anscheinend einen endgültigen Beweis für Existenz von Erinnerungsspuren und deren Speicherung im Gehirn, und außerdem übernehmen sie diese Vorstellung fast rückhaltlos.

Der wichtigere Grund kann am besten anhand von Gehirnschäden aufgezeigt werden. Verschiedene Arten davon können zu einem Erinnerungsverlust führen. Dabei nimmt man an, daß gerade solche Teile des Gehirngewebes zerstört wurden, welche die Erinnerungsspuren enthielten. Um den Trugschluß dieser Erklärung vor Augen zu führen, stelle man sich eine Analogie zu einem Fernsehgerät vor. Wenn man zum Beispiel einen Teil der elektrischen Leitungen oder einige Transistoren und Kondensatoren aus einem Fernsehgerät herausnimmt und deshalb einen Kanal nicht mehr empfangen kann, würde man nicht automatisch den Beweis darin vermuten, daß alle Leute, die man gerade in diesem Programm gesehen hat, Schauspieler, Musiker und Ansager,

Durch eine krankhafte Bildung eines Wasserkopfes hat Sharon Scruton (im Bild rechts) einen Hohlraum in ihrem Gehirnzentrum; dennoch hat sie ihre Schule erfolgreich abgeschlossen. Durch die Anwendung einer Methode, die unter der Bezeichnung „Positron Emission Tomograph" bekannt ist – kurz PET genannt –, kann man heute bei Ultraschallaufnahmen Gehirnteile bei geistiger Betätigung identifizieren; diese Ultraschallaufnahmen (unten) zeigen das Gehirn im „Ruhestand" und einmal, wenn es Sprache und Musik aufnimmt (unten rechts). Eine PET-Ultraschallaufnahme von Sharon Scrutons Hirn läßt erkennen, daß Aktivitäten, die normalerweise im Hirnzentrum stattfinden, nun in den Randzonen angesiedelt sind.

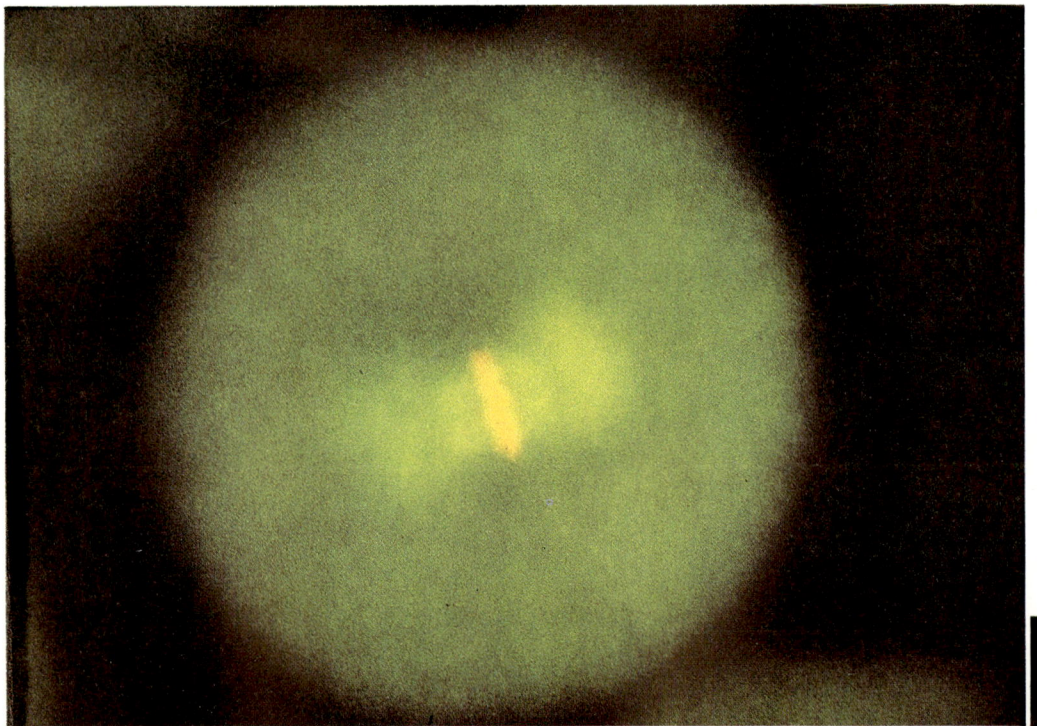

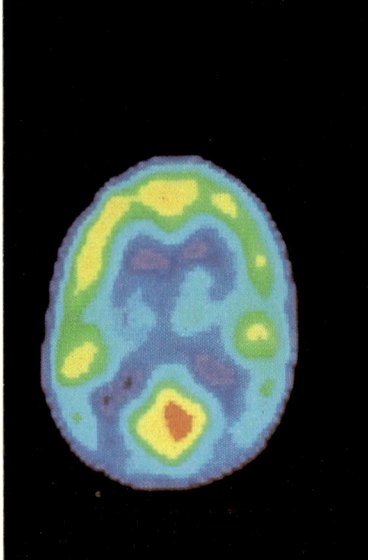

die interessante Tatsache, daß der Gegenstand, dem ein Organismus in der Vergangenheit am ähnlichsten sieht, er selbst ist. Obwohl die Entwicklung lebender Individuen nicht ausschließlich durch ihre eigene Formen aus der Vergangenheit bestimmt wird, bleibt die Möglichkeit dennoch offen, daß Organismen von Anbeginn an diesem Prozeß unterworfen sein könnten.

Erinnerungen bestehen vielleicht aus einer Einstimmung in die einstigen Zustände unserer Organismen mit Hilfe der formenden Resonanz, so daß die Vergangenheit für uns immer gegenwärtig ist. Daher brauchen wir auch nicht anzunehmen, daß Erinnerungsspuren in unserem Gehirn gespeichert sind.

Warum nehmen wir die Spurentheorie aber dennoch als selbstverständlich an? Jeweils

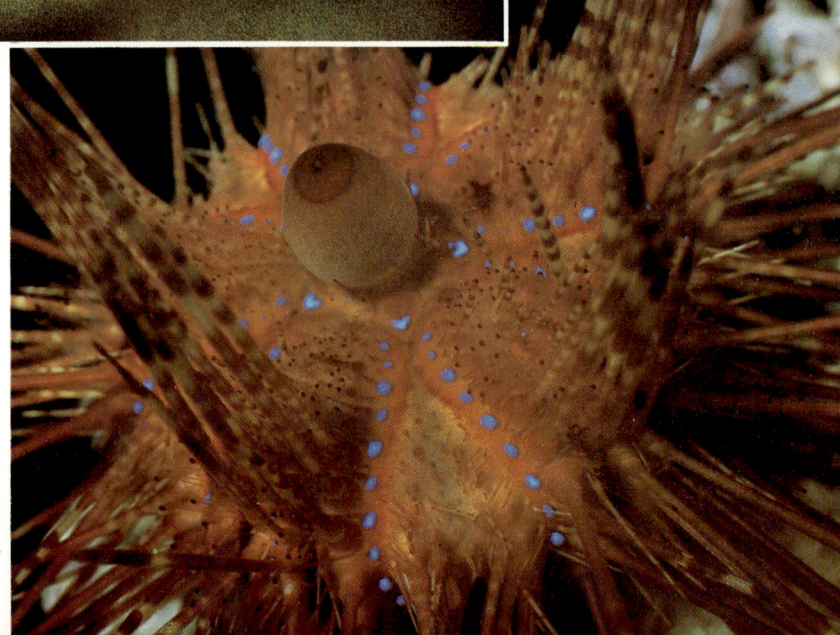

Unten:
Ältere Wissenschaftler, von Aristoteles an, waren der Meinung, daß Erinnerung körperlich im Gehirn zu finden sei. Diese Illustration der „Margarita philosophica" von Gregor Reisch (1504) zeigt den Sitz der Erinnerung gerade über dem Ohr an.

Werk von Wilder Penfield über die Elektro-Stimulation von Gehirngewebe bei Epileptikern. Dieser fand heraus, daß einige seiner Patienten gewisse Begebenheiten aus ihrem vergangenen Leben mit großer Anschaulichkeit wachrufen konnten; die elektrische Stimulation schien die Erinnerungen wieder aufleben zu lassen. Allerdings müssen sie in dem Gewebe eingebettet sein, das angeregt wird, oder zumindest in der Nähe, und durch den elektrischen Strom wieder erwachen. Diese Vorstellung wird sehr oft als Beweis für die Spurentheorie herangezogen, aber es ist nicht überzeugend. Man denke nur an die Analogie mit dem Fernsehgerät. Wenn man zum Beispiel den Schaltkreis eines Fernsehgerätes unter Strom setzt, dann könnte es möglicherweise zum plötzlichen Wechsel von einem zum anderen Programm und zu Bildverzerrungen kommen. Aber auch dies ist kein Beweis dafür, daß die auf der Bild-Fläche sichtbaren Figuren tatsächlich im Fernsehgerät gespeichert wären.

Wie entstehen Schaltungen?

Die gängigste Theorie ist die der synaptischen Modifikation. Und zwar sind Synapsen die Verbindungsstellen zwischen den Nervenzellen. Es wird angenommen, daß sie irgendwie modifiziert werden, sobald elektrische Impulse – Nervensignale – durch sie geschickt werden. Diese Annahme ist der hydraulischen Theorie von René Descartes (1596–1650) sehr ähnlich. Diese besagt, daß die Erinnerung von der Strömung von Flüssigkeiten durch die Poren abhängt. Je öfter die Flüssigkeiten sie durchfließen, desto größer werden die Poren und um so leichter werden sie wieder in dieselbe Richtung strömen.

Die Theorie der synaptischen Modifikation basiert hauptsächlich auf einer Reihe von Experimenten, die an einer Schneckenart, Aplysia genannt, durchgeführt wurden. Diese werden durch die außergewöhnlich großen Nerven der Schnecke erleichtert, und außerdem sind die Reaktionen dieser Schnecke auf ganz gewöhnliche Reize einfacher Natur: Wenn man sie zum Beispiel wiederholt mit einer Nadel berührt, wird sie sich mit der Zeit daran gewöhnen, und anstatt sich in ihr Schneckenhaus zurückzuziehen, diese Berührungen ignorieren – zumindest wenn es sich erwiesen hat, daß dieser Stimulus ihr nichts antun kann. Das ist eine altbekannte Art des Lernens, auch als Gewöhnung bekannt, wobei Tiere einfach nicht auf Reize reagieren, die sie nicht gefährden.

Einige sehr detaillierte Experimente haben ergeben, daß in den Synapsen der APLYSIA während dem Gewöhnungsprozeß Veränderungen stattfinden; die Gründe dafür sind allerdings noch nicht bekannt. Es spricht nichts dafür anzunehmen, daß dieselbe Art einer Veränderung möglicherweise der Grund für die vielen und komplexen Lernarten ist, die in höheren Lebewesen stattfinden. Unter-

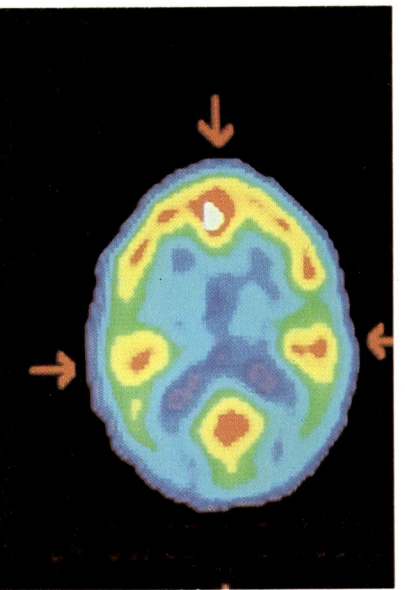

Linke Seite:
Zellteilung in einem Seeigelei und (links) ein ausgewachsener Seeigel. Nach der heute akzeptierten Theorie wird die Entwicklung von Lebewesen durch eine komplexe chemische Substanz bestimmt, die Desoxyribonukleinsäure – (DNS) –, die in jedem Zellkern vorkommt. Aber wie erklärt man die unterschiedlichen Entwicklungen bei den verschiedensten Zellen? Es kommen dabei so mannigfaltige Formen heraus, wie die Stacheln des Seeigels und seine leuchtenden blauen „Augen". Eine neue Hypothese schlägt stattdessen vor, daß die Lebewesen ihre Form durch das Einstimmen auf ein morphogenetisches Feld bekommen, welches Informationen von den vergangenen Artgenossen enthält.

in den von den zuvor entfernten Kondensatoren und Transistoren zu finden seien.

Dennoch könnte man dies annehmen, wenn diese Vorstellung fest verwurzelt wäre, und als Beweis anführen, daß das Programm wieder lief, nachdem die vorher fehlenden Bestandteile im TV-Gerät wieder eingesetzt worden seien. Erinnerungsverlust durch Gehirnschaden ist auf keinen Fall ein Beweis für die Speicherung von Erinnerungen im Gehirn. Tatsache ist nur, daß ein gesundes Gehirn die Grundvoraussetzung für das effektive Abrufen dieser Erinnerungen ist. Man kann die Auswirkungen von Gehirnschäden auf unsere Erinnerung auch so erklären, daß wir dann nicht mehr fähig sind, vergangene Gehirnzustände wachzurufen oder sie einzustimmen. Somit ist der Beweis von den Auswirkungen eines Gehirnschadens auf die Erinnerung nicht eindeutig geliefert.

Ein zweiter Beweisgrund, der oft zugunsten der Spurentheorie angeführt wird, ist das suchungen haben zwar ergeben, daß es beim Lernen zu Veränderungen im Hirn kommt – aber können diese das Phänomen der Erinnerung erklären?

Ein belastender Beweis, der gegen die Spurentheorie spricht, rührt von einer Reihe von Experimenten von K. S. Lashley her. Er begann mit der Hypothese, daß es möglich sein müßte, die Erinnerungsspuren zu orten, wenn sie tatsächlich im Gehirn existierten. So ging er daran, Hirnteile herauszuschneiden und jene Teile der Erinnerung zu identifizieren, die verschwunden waren. Er brachte viel Zeit damit zu und kam nach vielen Jahren völlig frustriert zu folgendem wissenschaftlichen Ergebnis, das er in eine Passage eines Artikels mit dem Titel „Auf der Suche nach dem Engramm" – Engramm gleichbedeutend mit Erinnerungsspuren – zusammenfaßte:

„Es ist nicht möglich, die isolierte Lokalisation der Erinnerungsspur irgendwo innerhalb des Nervensystems zu demonstrieren. Nur bestimmte Teile sind wahrscheinlich für das Lernen oder die Speicherung einer bestimmten Aktivität von Bedeutung, aber innerhalb solcher Regionen sind die Teile funktionell gleichwertig."

Lashley führte Experimente mit Ratten durch und fand dabei heraus, daß es nur dann zu einem Erinnerungsverlust kam, wenn größere Hirnteile ausgeschaltet waren. Der Erinnerungsverlust war eher proportional zu der Menge an entferntem Nervengewebe als zu seiner Lage. Lashley nannte dieses Phänomen das „Gesetz der Massenwirkung"; dabei ist die Masse des entfernten Gewebes von Bedeutung und nicht die speziellen Einheiten. Das gleiche Experiment wurde mit demselben Ergebnis an Tintenfischen ausprobiert.

Das Gehirn als Hologramm?

Alle Versuche, lokalisierte Spuren innerhalb des Gehirns zu finden, sind gescheitert, und das hat die Spurentheorie, die früher sehr einleuchtend schien, ins Schwanken gebracht. Darum hat man die holographische Theorie entwickelt, eine Modifikation, die besagt, daß es tatsächlich Erinnerungsspuren gibt, aber über das ganze Gehirn verstreut. Es ist unerheblich, wenn man Teile davon herausschneidet, da alle Erinnerungen überall zu finden sind. Obwohl diese Überlegung einleuchtend erschien, verschleiert sie vieles: wenn Erinnerungen so im Gehirn gespeichert sind, läßt sich diese Hypothese nicht überprüfen. Das Hirn ist auf jeden Fall kein Hologramm. Dies funktioniert im Prinzip wie Laser-Lichtwellen und Interferenzmuster, die auf einem Fotofilm gespeichert werden. Es gibt nichts dergleichen in der Anordnung in unserem Gehirn.

Somit sind wir beim gegenwärtigen Stand der Forschung angelangt. Die Vorstellung, daß Erinnerungsspuren in unserem Gehirn archiviert sind, ist wirklich ein Aspekt der mechanistischen Lebenstheorie. Das alles geht auf die Annahme zurück, daß alles im Zusammenhang mit dem Geist auf materielle Weise erklärlich ist und auf „Dinge" im Gehirn zurückgeführt werden kann. Wer diese Überzeugung teilt, muß daran glauben, daß Erinnerungen im Gehirn archiviert sind. Wenn man jedoch die Möglichkeit in Betracht zieht, daß das Gehirn vielleicht doch nicht ein Erinnerungsspeicher, sondern eher ein Schaltsystem ist, welches das Aufgreifen von Erinnerungen ermöglicht, dann leuchtet der Fehlschlag, lokalisierte Erinnerungsspuren zu finden, sicher ein. Und was daran überraschend ist: Mehrere bis jetzt ungeklärte Phänomene werden dann vom wissenschaftlichen Standpunkt aus vielleicht weniger überraschend erscheinen.

Im 17. Jahrhundert schlug der Philosoph René Descartes (oben) eine hydraulische Theorie der Erinnerung auf der Basis vor, daß die Erinnerung vom Flüssigkeitsfluß durch die Poren abhängt: je öfter die Flüssigkeit in eine bestimmte Richtung fließt, desto wahrscheinlicher ist es, daß sie immer wieder den gleichen Weg nimmt. Eine moderne Version ist die synaptische Modifikation, derzufolge die Synapsen oder Schaltungen zwischen den Nervenzellen – in den Knoten eingeschlossen und 5000-fach vergrößert auf dem Bild links – sich verändern und Nervensignale dadurch wieder durch sie durchgeschickt werden.

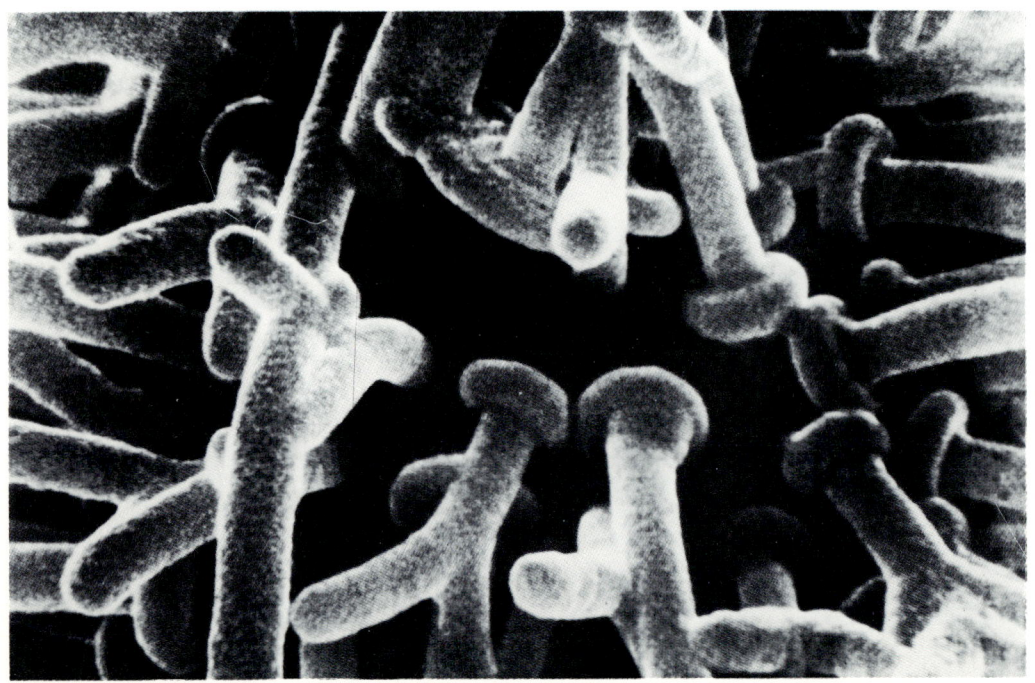

Oben:
*Die Meeresschnecke Aplysia
punctata. Sie lieferte den
Hauptbeweis für die Theorie der
synaptischen Modifikation, indem
sie in ihren Synapsen
Veränderungen aufwies, die auf
einen Lernprozeß zurückgingen.*

Links:
Hoffnung *von Gustav Klimt:
eine Schwangere, umgeben von
beunruhigenden und spukhaften
Gestalten. Ist es möglich, daß
unsere Gedanken und
Handlungen aufgrund unserer
morphogenetischen Felder anderer
Menschen, als auch Ungeborene,
denen wir vielleicht niemals
begegnen werden, beeinflussen?*

Nach der neuen Theorie stimmen wir uns
normalerweise auf unsere Erinnerungen ein –
aber es ist denkbar, daß uns der Prozeß der
formenden Resonanz auch auf die Erinnerungen anderer Leute einzustimmen erlaubt. Telepathie kann als der beinahe unmittelbare
Transfer von Erinnerungen aus jüngster Zeit
erklärt werden; Hellseherei könnte aus der
Fähigkeit mancher Menschen resultieren, sich
auf die Erinnerungen entfernter Personen einzustimmen und natürlich auch auf die der fernen Vergangenheit. Das wäre auch eine Erklärung, daß Menschen Zugang zu Erinnerungen
vergangener Leben haben, oft durch hypnotische Rückführung in diese Zeit. Es könnte sogar darüber aufklären, warum viele der Erinnerungen, die unter hypnotischer Regression
bewirkt werden, lückenhaft sind oder das Resultat einer Überlappung von Erinnerungen
ganz unterschiedlicher Individuen zu sein
scheinen. Wahrscheinlich beruht es auf der
Tatsache, daß die Einstimmung auf mehr als
ein morphogenetisches Feld gleichzeitig erfolgt, was dann die so erworbene Information
durcheinanderbringt.

Die neue Theorie der Erinnerung als ein
Ausdruck der formenden Resonanz baut zum
Teil auf der schon bekannten Vorstellung des
kollektiven Unbewußten von C. G. Jung auf.
Wir werden vielleicht nicht nur von Erinnerungen bestimmter Leute aus der Vergangenheit, sondern auch durch eine Art gemeinsamer oder kollektiver Erinnerung von unzähligen vorangegangenen Menschen – Erinnerung einer ganzen Spezies – beeinflußt. Bevor
jeder sein eigenes Leben lebt, wird sein Geist
wahrscheinlich schon direkt durch die Erinnerungen anderer Menschen beeinflußt, nämlich
dadurch, daß die Erinnerungen unzähliger
Menschen aus der Vergangenheit zusammengeschaltet werden – egal ob man sich dessen
bewußt wird oder nicht. Umgekehrt tragen
vielleicht unsere Gedanken und Erinnerungen
zur kollektiven Erinnerung der Menschheit
bei und werden auch weiterhin auf die in der
Zukunft lebenden Menschen einwirken.

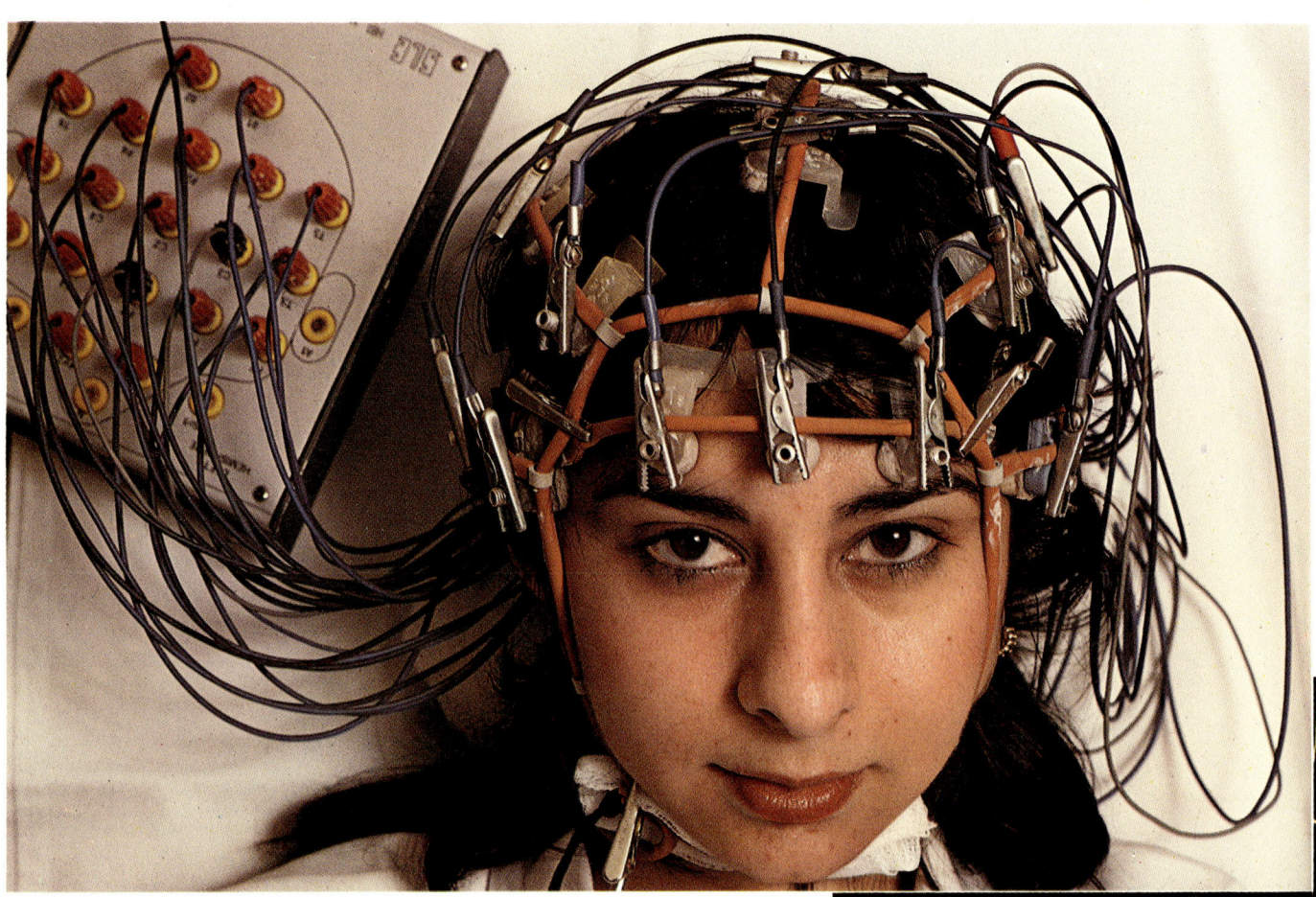

Über das Gehirn hinaus

Viele Wissenschaftler sind der Meinung, daß der Geist nichts als ein Ausdruck für die elektrischen und chemischen Veränderungen in unserem Gehirn ist. Gibt es irgendein Beweismaterial für diesen Standpunkt, oder ist der Geist als selbständiges Phänomen zu betrachten?

Unsere Träume, Wünsche, Erinnerungen, Gefühle und Gedanken, unsere Hoffnungen und Ängste, ja sogar die Art, in der wir die Welt um uns wahrnehmen, sind nur das Produkt chemischer und elektrischer Veränderungen innerhalb unseres Gehirns. Wenn dann bei unserem Tod das Hirn zu arbeiten aufhört, setzt jegliche geistige Aktivität aus; für unser Bewußtsein besteht keine Aussicht, den körperlichen Tod zu überleben.

Das ist auf jeden Fall die Überzeugung die sich aus der materialistischen Philosophie herleitet. Demnach entstand alles Leben zufällig in einem ungeordneten Universum, wobei sich die Tiere und Pflanzen als Resultat von zufälligen genetischen Mutationen und den Kräften der natürlichen Selektion entwickelten und der Mensch nur eine komplizierte Maschine ist. Das ist eine Theorie, die niemals bewiesen werden kann.

Trotzdem tun die Anhänger der materialistischen Philosophie so, als ob sich ihre Vorstel-

Oben:
Eine an einen Elektroencephalographen (EEG) angeschlossene Patientin. Das Gerät überwacht und zeichnet die elektrischen Impulse, die vom Gehirn stammen, auf. Nebenbild: Ein Encephalogramm von einem gesunden Gehirn. Das Diagramm kann die charakteristischen Muster, die mit den verschiedenen Stadien von Hirnaktivität im Zusammenhang stehen, aufzeigen – wie im Wachzustand, im Tiefschlaf, beim Träumen und so weiter – aber es gibt keine Auskunft darüber, welche Gedanken gerade den Geist des Patienten kreuzen.

lung, daß das Leben nur ein komplizierter Apparat von chemischen und physikalischen Mechanismen ist, auf wissenschaftlichen Erkenntnisse gründe. Tatsache ist jedoch, daß sich viele Phänomene bei lebenden Organismen der Erklärung auf rein mechanistischer Ebene entziehen. Das Keimen der Bäume aus Samen und die Entwicklung der Tiere aus befruchteten Eiern, zum Beispiel, geht weit über die bloße Aneinanderreihung der richtigen chemischen Prozesse hinaus.

Die Gestalt und das Verhalten eines Organismus wird durch morphogenetische Felder geprägt, welche den physikalischen Prozessen innerhalb des Gewebes, das Gehirn eingeschlossen, Reihenfolge und Muster auferlegen. Diese Felder entstehen durch einen Prozeß der „formenden Resonanz" aus vergangenen Mitgliedern einer Spezies und repräsentieren eine Art

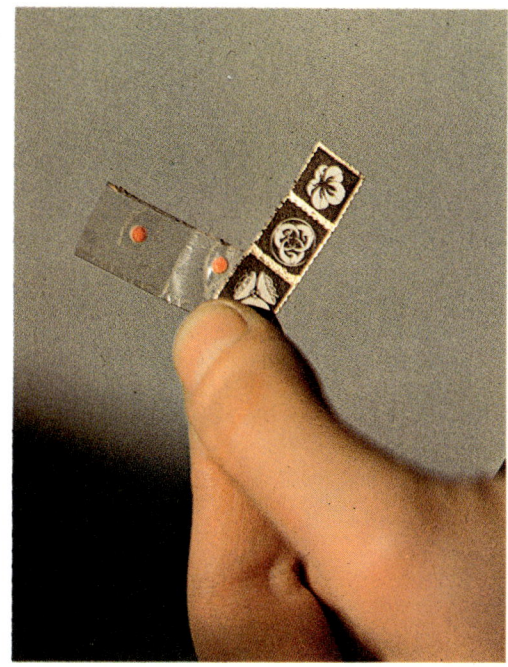

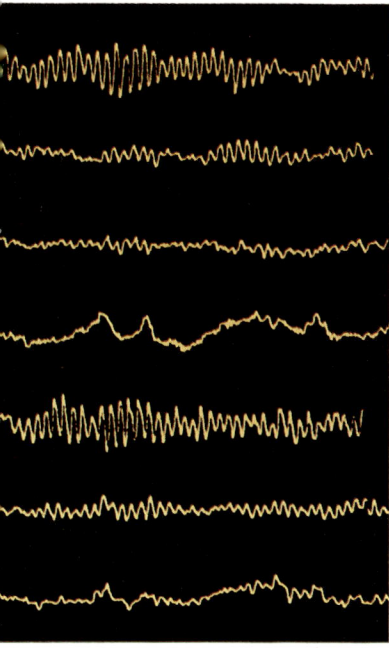

Ganz oben:
Das Foto einer hippurischen Säure in 150-facher Vergrößerung. Die grellen Farben und die abstrakten Muster sind die Charakteristika für von Drogen ausgelöste Halluzinationen. Kleine Mengen von Lysergsäurediäthylamid (LSD) zum Beispiel – eine farblose Flüssigkeit, die man entweder auf einem Löschpapier in einer Flüssigkeit auflöst oder in Tablettenform einnimmt (ganz oben rechts und auch links davon) – können Halluzinationen auslösen, die weit über die normale Reichweite menschlicher Gehirnarbeit hinausgehen.

kollektiver Erinnerung. Die Organismen stimmen sich auf sie und durch sie auf die Gestalt und Erfahrung ihrer Vorfahren ein. Die Erbanlagen, in der DNS der Gene festgelegt, können das Schaltsystem beeinflussen, aber die Gestalt und die Instinkte der Organismen werden nicht in der DNS vererbt – ebensowenig wie die Leute auf den Bildschirmen nicht in den Kabeln und Transistoren eines Fernsehgerätes enthalten sind. Ein Fernsehgerät mit den richtigen Anschlüssen, ist natürlich die Voraussetzung für die Einstimmung; aber die Faktoren, die das Bild entstehen lassen, sind außerhalb des Gerätes zu suchen.

Genauso könnte das Gehirn als ein kompliziertes Schaltsystem betrachtet werden; im speziellen läßt es sich sogar auf die Einflüsse seiner eigenen Vergangenheit einstellen. Diese Vorstellung der Erinnerung weicht ganz von der konventionellen mechanistischen Theorie ab, welche besagt, daß alle geistigen Prozesse von chemisch-physikalischen Veränderungen im Gehirn abhängen müssen: Vielleicht sind Erinnerungen schließlich doch nicht als Spuren im Nervengewebe gespeichert, sondern werden vom Gehirn, wenn es sich auf die formende Resonanz seiner eigenen vergangenen Zustände einstellt, aufgegriffen.

Materialisten argumentieren oft, die Tatsache, daß Geisteszustände durch chemisch-physikalische Veränderungen im Hirn beeinflußt werden können, zeigt auf, daß sie nur eine Folge von Hirnaktivität sind. Wenn man zum Beispiel sehr kleine Mengen an halluzinogenen Drogen, wie LSD zu sich nimmt, kann es sehr dramatische Folgen haben.

Diese Tatsachen schließen nicht ein, daß bewußte Erfahrung nur auf Veränderungen im Körper beruht. Nehmen wir wieder die Analogie mit dem Fernsehgerät: das Bild auf dem Bildschirm kann dadurch beeinträchtigt werden, wenn man die Kabel im Apparat durcheinander bringt – oder in diesem Fall, chemi-

sche Reaktionen auszulösen versucht. Aber das soll nicht heißen, daß die Bilder im Apparat entstehen oder daß die Handlung auf dem Bildschirm nur ein Aspekt von dem ist, was drinnen vor sich geht. Sie sind zwar vom Fernsehgerät abhängig, aber sie sind auch darauf angewiesen, was die Leute im Fernsehstudio machen und von den elektromagnetischen Wellen, durch die das Geschehen im Studio übertragen wird. Wenn der Apparat schwer beschädigt ist und kein Bild mehr auf der Bildfläche zu sehen ist, geht das Geschehen im Studio trotzdem seinen gewohnten Lauf; die Zuschauer am Bildschirm sind deswegen nicht zerstört, nur weil der Fernsehapparat „gestorben" ist.

Um zu zeigen, wie Geisteszustände von den Geschehnissen im Hirn abhängen und umgekehrt, soll eine andere Analogie anhand eines Piloten veranschaulichen. Während dem Flug richtet sich das Verhalten des Piloten dannach, wie er die Angaben auf den vielen Skalen des Cockpits interpretiert, die an Instrumente an den verschiedensten Stellen des Flugzeuges angeschlossen sind. Er ist auch empfänglich für alles, was er um sich am Himmel wahrnimmt und läßt auch nicht die Funkmeldungen der Bodenluft-Verkehrskontrollen außer acht. Umgekehrt bestimmt das Verhalten des Piloten die Triebkraft des Flugzeuges und die Mechanismen, die der Änderung der Flugrichtung und Flughöhe dienen. Aber ungeachtet der Tatsache, daß Veränderungen im Flugzeug das Verhalten des Piloten und ihn selbst beeinflussen und Reaktionen des Piloten sich auf das Flugzeug auswirken, handelt es sich dabei nicht um ein und dasselbe. Wenn der Pilot das Flugzeug zur Landung gebracht hat, kann er unbesorgt aussteigen; und sollte die Maschine aufgrund eines Schadens ins Trudeln kommen und abstürzen, kann der Pilot mit einem Fallschirm abspringen.

Auf ähnliche Weise kann das Bewußtsein den Körper im Wachzustand kontrollieren und wird umgekehrt, von den Vorgängen im Körper, der Außenwelt und von dem, was die anderen Leute sagen, beeinflußt. Aber im Schlaf- und Traumzustand ist der Geist wahrscheinlich nicht so eng mit den Körperzuständen verbunden. Nehmen wir auf die Flugzeug-Analogie Bezug, dann entsprechen dem Schlaf- und Traumzustand das Flugzeug auf dem Boden, wenn die Maschinen vielleicht schon laufen oder noch abgeschaltet sind; unter diesen Umständen kann sich der Pilot vom Cockpit, beziehungsweise von allen Kontrollsystemen entfernen, im Flugzeug herumspazieren oder es sogar verlassen. Aber selbst im Flug braucht der Zustand des Piloten nicht immer eng mit dem des Flugzeuges verbunden zu sein: er könnte die Steuerautomatik einschalten und selbst entweder mit den anderen Crew-Mitgliedern plaudern oder ein Buch lesen. Ähnlich verhält es sich mit dem Wachzustand; da muß der Geist nicht immer so eng – wie normal – mit dem Zustand des Körpers verbunden sein, wie zum Beispiel bei Wachträumen oder bei Gedankenversunkenheit.

Eine zweite Analogie soll für die Behauptung – daß der Geist und das Gehirn eng miteinander verknüpft sind, ohne daß sie ein- und dasselbe Ding sind – hergestellt werden, eine Erklärung bieten. Das Gehirn könnte mit einem komplizierten Computer verglichen werden, wie es die Materialisten selbst gerne tun. Er kann nichts selbständig hervorbringen und nur arbeiten, wenn ihm Programme eingegeben werden. Diese sind nicht Teil seiner elektrischen Leitungen, sondern von einer intelligenten Person geschaffen. Die Handlungen des Programmierers werden von dem, was der Computer ausspuckt, beeinflußt, und dieser wiederum arbeitet nach den eingegebenen Programmen.

Die Vorstellung, daß das bewußte Ich und der Körper miteinander in Wechselbeziehung

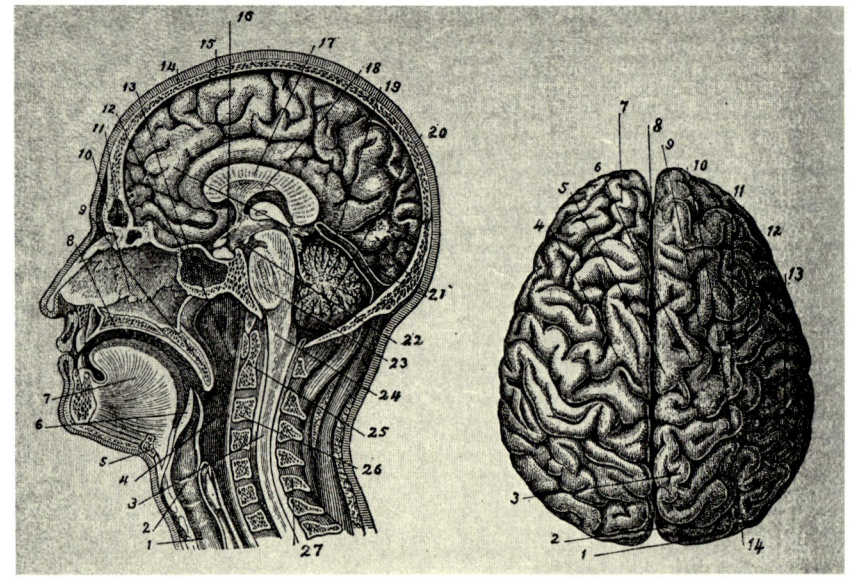

Oben:
Eine Abbildung des menschlichen Gehirns aus dem 19. Jahrhundert. Nach der mechanistischen Lebensanschauung, die von vielen Wissenschaftlern geteilt wird, ist das, was wir als unseren Geist bezeichnen, bloß das Produkt von Prozessen, die sich in unserem Gehirn abspielen.

Unten links:
Ein Pilot. Um die Verbindung zwischen dem Geist und Gehirn verstehen zu können, kann man den Vergleich mit einem fliegenden Flugzeug heranziehen: Obwohl die Handlungen des Piloten und das Verhalten der Maschine eng miteinander verbunden sind, ist unbestritten, daß die Maschine und der Mensch nicht dasselbe ist.

stehen, ohne aber dabei bloß Aspekte desselben Dinges zu sein, ist als Dualismus oder Interaktionismus bekannt. Die meisten großen Philosophen seit Plato haben diese Anschauung vertreten. Sir Karl Popper, eine namhafte Autorität auf dem Gebiet der Wissenschaftsphilosophie, dessen Theorien aber auch angefochten wurden, und Sir John Eccles, ein berühmter Hirnspezialist, waren allerdings mit ihrem gemeinsamen Buch *The self and its brain* richtungsweisend. Gleichzeitig aber verteidigen die materialistischen Philosophen weiterhin ihre Theorie, daß der Geist nur ein Aspekt der Hirnarbeit sei und folglich ist kein Ende der Diskussionen absehbar.

Vielleicht liegt die Anziehungskraft des Materialismus hauptsächlich darin begründet, daß er eine Weltanschauung bietet, die sowohl in ihrem Vokabular als auch was die physikalischen Gesetze betrifft, einfach und ein-

leuchtend erscheint. Demzufolge wird die Behauptung aufgestellt, daß es nur eine Art von Wirklichkeit gäbe: die man mit wissenschaftlichen Instrumenten auf materielle Weise nachweisen und messen kann. Die materialistische Weltanschauung verwirft die Möglichkeit der Existenz Gottes und lehnt alle religiösen Glaubensrichtungen ab, die ein Leben nach dem Tod postulieren. Obwohl diese Philosophie einen gewissen intellektuellen Anstrich hat, erhebt sich die Frage, ob sie sich mit dem, was die Dinge wirklich sind, deckt, oder handelt es sich dabei um eine krasse Vereinfachung?

In bezug auf die Behauptung des Materialismus, daß der Geist und das Gehirn identisch seien oder der Geist ein passiver Schatten der Gehirnarbeit, gibt es kein Beweismaterial für den Materialismus, das nicht auch genauso, wenn nicht besser, mit Hilfe der Interaktionstheorie erklärt werden könnte. Einige sehr peinliche Tatsachen lassen sogar darauf schließen, daß die Rolle des Gehirns weit überschätzt worden sei. Es ist schon lange bekannt, daß Leute mit einem Wasserkopf – mit Wasser in ihren Hirnhöhlen –, eine stark reduzier-

Oben:
Ein Operator gibt eine „Floppy Disk" – welche Informationen speichert – einem Mikrocomputer ein. Materialisten machen uns gerne verständlich, daß das Gehirn mit einem gigantischen Computer verglichen werden könne; aber ein Computer ist nichts ohne sein Programm, das von einem intelligenten Menschen eigens für ihn geschaffen wurde.

Links:
Ein römisches Mosaik der neun Musen. Die Töchter von Zeus und Mnemosyne verkörperten alle Aspekte der schönen Künste. Die alten Griechen und Römer vermeinten den Ursprung für die schöpferische Inspiration in ihren Göttinnen gefunden zu haben – nicht im Kopf des Menschen.

te Masse von Gehirngewebe aufweisen: Der Schädel ist hauptsächlich mit Wasser ausgefüllt. Trotzdem können sie ganz normal sein.

Sind unsere Gehirne notwendig?

Untersuchungen von Menschen, die Professor John Lorber von der Sheffield Universität mit Gewebs-Ultraschall-Methoden durchführte, veranlaßten ihn in der 1982 veröffentlichten Arbeit folgende Frage aufzuwerfen: Ist ihr Gehirn wirklich notwendig? Er berichtete von folgendem Fall: Es gibt einen jungen Studenten an dieser Universität, der einen IQ von 126 hat, seinen akademischen Grad im Bereich der Mathematik mit Auszeichnung erwarb und sich gesellschaftlich auch ganz normal verhält. Und das, obwohl er über fast kein Gehirn verfügt. Der Arzt des jungen Mannes bemerkte, daß er einen etwas größeren Kopf als normal hatte, und verwies ihn aus reinem Interesse an Lorber. „Als wir eine Ultraschallaufnahme von seinem Hirn machten", fuhr Lorber fort, „sahen wir, daß er, anstatt des normalen 4,5 Zentimeter dicken Gehirngewebes zwischen den Hirnkammern und der kortikalen Oberfläche, nur über eine dünne Deckschicht, von ungefähr einem Zentimeter verfügte."

Bezüglich der Frage eines möglichen persönlichen Überlebens des körperlichen Todes steht die materialistische Theorie mit dem Beweismaterial von Spiritistischen Phänomenen, Erinnerungen von vergangenen Leben – was auf alle Fälle auf Reinkarnation hindeutet – und die scheinbare Trennbarkeit des Bewußtseinszentrums vom Körper bei außerkörperlichen Erfahrungen – besonders bei solchen, die Leute knapp vor ihrem Tod machen – im Konflikt. Selbst wenn manche dieser Tatsachen eher durch Telepathie, Hellseherei oder vorherigem Wissen als durch das Überleben des bewußten Ich oder der Seele erklärt werden können, würde es bedeuten, daß, wenn man die Existenz solcher parapsychologischer Kräfte anerkennt, der Geist über Kräfte verfügt, die außerhalb der physikalischen Erkenntnis liegen. Da alle diese Beweise über den Bereich der konventionellen Wissenschaft hinausgehen, bleibt den Materialisten nichts anderes übrig, als sie zu ignorieren oder abzulehnen.

Es gibt keinen überzeugenden logischen, philosophischen oder wissenschaftlichen Grund, warum wir die materialistische Theorie, daß der Geist nur ein Aspekt der Gehirnarbeit sei, annehmen sollten. Die Vorstellung, daß der Geist mit dem Körper in Wechselbeziehung steht, scheint eher von konkreter Erfahrung zu zeugen – und es läßt die Möglichkeit eines bewußten Überlebens des Todes offen.

Ist der Tod nur ein Traum?

Wenn der Geist nur ein Abbild des Gehirns ist, dann kann auch das Bewußtsein nach dem Tod nicht weiterleben. Aber die Menschheit hält eisern an dem Glauben an ein Leben nach dem Tode fest. Ist dieser Glaube wirklich begrenzbar?

Die überwiegende Mehrheit der Menschen hat es immer für selbstverständlich gehalten, daß irgendeine Seite der menschlichen Persönlichkeit den körperlichen Tod überlebt. In vielen Gesellschaften herrscht noch die Vorstellung, daß die Vorfahren in einer ziemlich dunklen Unterwelt nach ihrem Tode weiterleben und nur von Schamanen durch Träume oder Trancezustände kontaktiert werden können. Im Osten sind Millionen Menschen überzeugt, daß die Seele, die den körperlichen Tod überlebt, in irgendeiner anderen Gestalt, entweder durch Wiedergeburt oder durch Reinkarnation, auf die Erde zurückkehrt. Moslems und Christen glauben im großen und ganzen auch an ein Leben nach dem Tod, dessen Art und Weise aber von der inneren Einstellung der jeweiligen Person und deren Verhalten im Leben abhängig ist.

Im Gegensatz dazu stellen die Anhänger der materialistischen Philosophie in Abrede, daß

Von einer Höhle aus überblickten Abbilder der Ahnen die heranwachsenden Feldfrüchte in Toraja (Nebenbild) auf der Insel Sulawesi (früher Celebes) in Indonesien. Die Einwohner der Insel glauben, daß in mancher Hinsicht die Geister ihrer Vorfahren in den Bildnissen weiterleben – und daß sie eine gute Ernte sichern können.

irgendein Aspekt des persönlichen Bewußtseins über den Tod des Körpers hinausgehen kann. Sie glauben, daß der Geist nur ein Aspekt oder eine Art Schatten der Gehirnarbeit ist. Daher können nach dem Tod, wenn das Hirn nicht mehr arbeitet, auch keine geistigen Vorgänge mehr ablaufen. Doch ungeachtet der Tatsache, daß viele Leute daran glauben, liegt dieser Theorie keine überzeugend logische oder wissenschaftliche Basis zugrunde.

Aber wie schaut es aus, wenn es entgegen der materialistischen Auffassung nun doch ein Weiterleben nach dem körperlichen Tod gibt? Die übliche Antwort darauf ist, daß es sich um ein Leben der Seele handelt. Aber was ist die Seele eigentlich? Ist sie vielleicht das, was wir

normalerweise als unseren Geist bezeichnen? Falls dies zutrifft, drängt sich die Frage auf, wie der Geist ohne Körper existieren kann. Wir sind so sehr die Vorstellung gewöhnt, daß das Leben an einen Körper gebunden ist, so daß uns ein Weiterleben ohne irgendwelche körperliche Form unmöglich erscheint. Nun erhebt sich die Frage, was das eigentlich wirklich ist – falls es überhaupt etwas gibt –, das den körperlichen Tod überlebt, obwohl sich unsere Körper nach dem Tod ohne Zweifel auflösen werden.

Eine Antwort auf diese Frage ergibt sich aus unserer Erfahrung mit dem Träumen. Im Traumzustand befinden wir uns an den verschiedensten Orten und in den verschiedensten Situationen. Wir sehen und hören, spre-

chen mit Menschen und können uns auch bewegen. Aber in der Zwischenzeit schläft unser Körper im Bett. Daraus können wir schließen, daß der Körper, in dem wir uns während der Traumphase befinden, nicht unser eigener ist: es muß sich dabei um einen anderen handeln, der aus praktischen Gründen als „Traum-Körper" bezeichnet werden kann. Dieser wird – wie unser körperlicher Körper im Wachzustand – im Traumzustand gewöhnlich als selbstverständlich angesehen und erscheint auch wirklich genug. Normalerweise werden wir uns nur beim Aufwachen bewußt, daß wir geträumt haben und sowohl die Traumwelt als auch der Traumkörper, die wir erlebt und wahrgenommen haben, gar nicht in körperlicher Form vorhanden waren.

Faszinierende Erkenntnisse in die Natur der Traumwelt gewinnt man von Wachträumen; dabei wird sich der Träumer bewußt, daß er gerade träumt. Diese kommen relativ selten vor, aber viele haben schon gelegentlich Erfahrung damit gehabt, zum Beispiel, wenn sie in einem Alptraum daraufgekommen sind, daß die Ereignisse, die sie gerade zu erleben vermeinen, doch nur ein Traum sind. Einige Menschen erleben jedoch ganz regelmäßig Wach-

In vielen frühen Kulturen glaubte man, daß die Toten mit den praktischen Gegenständen, die sie in ihrem Leben nach dem Tod brauchen würden, begraben werden sollten. In den alten ägyptischen Gräbern in der Stadt der Toten (oben), gleich außerhalb von Kairo, fand man zum Beispiel ungewöhnliche Sammlungen von Haushaltsgütern. Und viele Gräber der Wickinger enthalten zusätzlich ein „horn of plenty" (ganz oben), auf das der Besitz gelegt wurde, der dem Toten lieb und teuer war.

träume und haben sie bewußt zu erforschen versucht. Sie fanden heraus, daß die Welt, die sie dann wahrnehmen, normalerweise weitaus realistischer und beständiger ist als die in üblichen Träumen und manchmal von der realen Welt im Wachzustand fast nicht zu unterscheiden ist. Ein wesentlicher Unterschied zu den normalen Träumen ist nur, daß sie bei Wachträumen tun und lassen können, was sie wollen, wenn sie es nur stark wünschen.

Dem Tode nahe

Das faszinierende daran ist, daß solche Zustände in Wachträumen fast das gleiche wie die „Out-of-the-body-experiences" (Erfahrung, außerhalb des Körpers zu sein) sind, die relativ häufig in der Kindheit vorkommen und im Erwachsenenleben unter außergewöhnlichen Zuständen von Streß – zum Beispiel, wenn jemand dem Tod nahe ist – sich ereignen können. Wie bei Wachträumen, haben einige Menschen die Fähigkeit entwickelt, aus ihrem Körper (out-of-the-body) zu gehen, und das mehr oder weniger nach ihrem eigenen Willen. Diejenigen, die sowohl die Wachträume als auch die „Out-of-the-experiences" erlebt haben, stellten fest, daß sie fast identisch sind, mit Ausnahme der Tatsache, daß man in den „Out-of-the-body"-Zustand via Träume in dem einen und direkt vom Wachzustand im anderen Fall eintritt.

Diese Erfahrungen lassen vielleicht auf die Art von Körper schließen, der den körperlichen Tod überdauert. Zahlreiche Menschen, die am Tod schon knapp vorbeigegangen sind, haben beschrieben, wie sie sich außerhalb

ihres Körpers befanden, wenn sie zum Beispiel von der Zimmerdecke eines Krankenzimmers auf ihn hinunter schauten. Mit anderen Worten ausgedrückt, diese todesnahen Erfahrungen bringen einen Out-of-the-body-Zustand mit sich; das Bewußtseinszentrum ist genauso wie in anderen Out-of-the-body-Erfahrungen und bei Wachträumen vom irdischen Körper losgelöst. Somit spricht kein logischer Grund dagegen, daß dieses Zentrum nach der Verwesung des Körpers nicht weiterleben sollte. Und da es der Wissenschaft noch nicht gelungen ist, etwas über die Natur des Bewußtseinszentrum in Erfahrung zu bringen, liegt zur Zeit, genau genommen, kein wissenschaftlicher Einwand vor.

Angenommen, das trifft wirklich zu! Welches Leben könnte nach dem Tod möglich sein? Und wieder ist uns bei dieser Frage unsere eigene konkrete Erfahrung mit der körperlosen Traumwelt behilflich. Die Arten von Träumen, die wir haben, hängen von unseren Erinnerungen, Hoffnungen, Ängsten, Wünschen und Überzeugungen ab, von unserer individuellen Persönlichkeit, das Bewußtsein eingeschlossen. Es gibt auch die Meinung, daß wir in Träumen vielleicht auch telephatischen Einflüssen und vorheriger Kenntnis der Zukunft gegenüber offener sind. Genauso wie normale Träume unsere Persönlichkeit widerspiegeln und von unseren Handlungen und Einstellungen im Wachzustand abhängen, so scheint die Welt, die wir nach unserem Tod betreten, davon geprägt, was wir in unserem Leben getan und geglaubt haben. Einige Menschen erleben vielleicht eine traumähnliche Fortsetzung ihres Daseins vor dem Tod, möglicherweise phantastische Abenteuer. Sie könnten auch von wiederkehrenden Alpträumen geplagt werden, wobei sie in einer Hölle festsitzen, die ihrem eigenen Geist entspringt. Andere wieder leben eine Art paradiesischen Lebens, das sie durch ihre Erwartungen heraufbeschworen haben; Moslems zum Beispiel finden sich gerne in grünen Gärten mit Springbrunnen wieder, wo sie sich, durch tanzende Mädchen und dienende Jungen verwöhnt, dem Vergnügen hingeben – wie es die islamische Literatur lebhaft beschreibt. Die Katholiken treffen vielleicht den heiligen Peter an den Pearly Gates. Diesen Möglichkeiten kann nur durch die Vorstellungskraft eine Grenze gesetzt sein.

„Von der anderen Seite"

Wenn die Phantasie das Leben nach dem Tode regiert, muß es nicht bedeuten, daß wir in unserer persönlichen Phantasiewelt eingesperrt sind und uns nicht mit anderen verständigen können. Obwohl durch das Fehlen eines Körpers, die normalen Arten der Kommunikation durch die Sinnesorgane nicht länger statt-

Links:
Der Traum von Ossian von Jean-Dominique Ingres (1780–1867) mit Kriegern und schläfrigen Frauen, die vom wohltuenden Klang der Musik aus der Unterwelt herbeigerufen wurden.

Rechts:
Eine Miniatur der Mogulzeit von Ram Das aus dem 16. Jahrhundert. Es zeigt den Kaiser Babur, der Uzbeck und Boten in seinem Garten in Agra empfängt. Es wurde dargelegt, daß die Natur der Welt, die wir nach unserem Tod betreten, von unseren eigenen Erwartungen und Erfahrungen abhängt. Für die einen wird das Luxus und Komfort bedeuten, wie auf diesem Gemälde; für die anderen eine alptraumähnliche Fortsetzung ihres Lebens vor dem Tod; oder es entspricht den Erwartungen eines Lebens nach dem Tod, wie es die jeweilige Religion gelehrt hat. Die Natur des Lebens nach dem Tod ist von der Vorstellung des jeweiligen Individuums bestimmt.

Links:
Eine attische Keramik entstanden 430 v. Chr. Er zeigt Pluto und Persephone, gemeinsame Beherrscher des Hades. Es war die Aufgabe Plutos, die Gerichte und Bestrafungen der Seelen nach dem Tod zu überwachen.

Ganz links:
Die Allegorie des Fegefeuers von Giovanni Bellini (ca. 1430–1516). Im Vordergrund sieht man das Paradies mit dem Baum des Wissens im Zentrum. Die Figur mit dem Schwert stellt die Gerechtigkeit und Bestrafung dar.

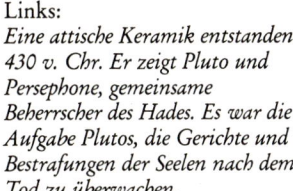

finden kann, ist direkte Kommunikation telepathischer Natur sowohl unter den Verstorbenen als auch zwischen den Verschiedenen und Lebenden möglich. Einige der Verbindungsmöglichkeiten „von der anderen Seite", die von Geister-Medien aufgegriffen werden, sind vielleicht so geartet; und die Beschreibungen von Winterland und Sommerland in solchen Gesprächen würden gut mit der Vorstellung eines persönlichen Weiterlebens in einem Art Traumzustand zusammenpassen, wie auch die Bedingungen hier von jedem Individuum selbst bestimmt werden.

Eine andere Möglichkeit ist, daß die überlebende Persönlichkeit wieder einen Körper betritt, und, wie es einmal war, in einer körperlichen Welt aufwacht. Das Übernehmen eines Körpers einer lebenden Person würde dem entsprechen, was üblicherweise als „Besitz" bezeichnet worden war. Wenn die überlebende Persönlichkeit mit einem Embryo oder einem Neugeborenen in Verbindung gebracht werden sollte, dann würde das zu seiner Reinkarnation führen.

Aber es ist auch denkbar, daß in traumähnlicher Existenz nach dem Tod die Persönlichkeit gegenüber geistigen Einflüssen, die aus einem Bereich kommen, der den menschlichen Geist und Phantasie übersteigt, empfänglicher ist. Wie in dieser Welt, können solche Einflüsse zu einer fortschrittlichen Entwicklung der Persönlichkeit und zu einer größeren Offenheit gegenüber dem Leben des Geistes führen. So eine fortlaufende spirituelle Entwicklung nach dem Tod würde sich mit der traditionellen christlichen Vorstellung des Fegefeuers decken. Diese Entwicklung würde vielleicht über unsere Art, die Dinge in Zeit und Raum zu erleben, hinausgehen – eine Erfahrung, die es gibt, aber in einer abgewandelten Form, im Traumzustand – und tatsächlich alles übertreffen, was wir uns vorstellen können. Das sind alles nur Spekulationen. Wir können solange nicht aus Erfahrung urteilen, bis wir selbst den Tod erleben. Aber selbst dann heißt es noch nicht, daß wir eine von unseren Überzeugungen und Erwartungen unabhängige Anschauung erhalten werden.

Die Macht
der Einbildungskraft

*Der Irrtum, ob auf psychologisch so anfälliger
Grundlage wie dem Selbstbetrug aufbauend oder der
bewußten Irreführung anderer beruhend, ist an den
Menschen genauso gebunden wie der Geistesblitz, der
Geniestreich. Beides schließt sich nicht aus, und leider
sind die Übergänge auch fließend.*

Die unmögliche Maschine

Der Traum, die unmögliche Maschine zu bauen, hat Erfinder schon vor Hunderten von Jahren dazu inspiriert, ein Perpetum Mobile zu konstruieren. War es nun einem Mann gelungen?

In Schloß Weißenstein herrschte große Spannung. Man schrieb den 26. November 1717. Landgraf Karl von Hessen-Kassel beobachtete seine Diener, wie sie die Spiegel an den Türen zu dem abgesperrten Zimmer überprüften. Als jeder überzeugt war, daß sie intakt waren, erbrach man die Türen und stieß sie auf. Die Anwesenden warfen einander kurze Blicke zu, als sie das Geräusch von einem regelmäßigen Klicken vernahmen. Jeder drängte sich hinein. Ehrfürchtig bestaunten sie das große 4-Meter-Rad, das sich noch immer mit 26 Umdrehungen in der Minute bewegte. Auf den Befehl des Herzogs hin überprüften sie die gesicherten Fenster und auch alle anderen denkbaren Möglichkeiten, in den Raum einzudringen. Ihrer Meinung nach bestanden keine Zweifel mehr: Das Rad hatte sich in einem völlig versiegelten Raum 14 Tage lang weitergedreht.

Erneut wurde das Zimmer, mit der gleichen Sorgfalt wie beim ersten Versuch, abgesperrt und versiegelt. Diesmal für eine längere Zeit. Erst am 4. Januar des darauffolgenden Jahres wurde es nach neuerlicher sorgfältiger Überprüfung der Schlösser und Siegel wieder geöffnet. Als die Gruppe den Raum betrat, sah

Unten:
Ein anderes Perpetuum Mobile aus dem 17. Jahrhundert. Dieses ist außergewöhnlich, da es einen Magneten verwendet.

Oben:
Zwei Beispiele, die vom ewigen Bestreben des Menschen – ein Perpetuum Mobile zu konstruieren – zeugen. Das obere stammt aus dem 17., das untere aus dem

18. Jahrhundert. Beide verwenden ein Rad, das am ehesten ewige Bewegung verspricht. Keiner der Erfinder hat jemals ein Patent bekommen.

Was ist nun mit einem Perpetuum Mobile genau gemeint? Es handelt sich dabei um eine Bewegung, die – ohne etwas dazu zu tun – immer fortbesteht und ohne daß dabei Energie zugeführt oder verbraucht werden würde. Ein Perpetuum Mobile würde äußerliche Arbeit verrichten, wie das Heben von Gewichten, und das für eine unbegrenzte Zeitspanne mit Hilfe seiner inneren Energie. So eine Maschine wäre die „reinste" Art von einem Perpetuum Mobile.

Ein erstaunlicher Stoff

Nicht ganz so „rein" ist eine Maschine, die bei Aufhebung der Gravitation unaufhörlich weiterarbeitet. H. G. Wells verblüffte die Welt in seinem Buch *The first men in the moon* (1901), mit seiner gut erdachten Erfindung: Ein Professor Cavor hatte eine Substanz hergestellt, die später nach ihm „Cavorit" genannt wurde. Eine Schicht Cavorit könnte jeden Gegenstand der Anziehungskraft der Erde entziehen. Dank einiger mit Cavorit überzogenen Platten, die an seinem Raumschiff befestigt wurden, gelang es Cavor, zum Mond zu fahren. Wells durchschaute und erforschte offensichtlich die Theorie des Perpetuum Mobile. Denn hielt man eine Schicht einer Substanz wie Cavorit unter eine Masse, würde diese gewichtlos und somit ohne Anstrengung gehoben werden können. Die Entfernung der Schicht würde das Gewicht wieder herstellen und die Masse zu Boden fallen lassen. Das ständige Auf und Ab könnte zur Verrichtung von Arbeit verwendet werden. Leider existiert eine solche Substanz nur in Wells Buch.

Es gibt noch andere Modifikationen des „reinen" Perpetuum Mobile – zum Beispiel solche, die unter Benützung magnetischer oder elektrischer Kräfte oder Flüssigkeiten gebaut werden.

Die meisten Erfinder, die so ein Perpetuum Mobile hervorzubringen versucht haben, taten dies ohne dabei die physikalischen Gesetze zu beachten. Damit wird bewiesen, daß ein Perpetuum Mobile unmöglich zu erschaffen ist, egal was auch immer für eine Kombination von Hebeln, Erdanziehungskraft, Magnetismus, Elektrizität, Flüssigkeiten oder Wärme verwendet wird. Es ist eigenartig, daß diejenigen, welche von der Idee des Perpetuum Mobile besessen waren, eine an Größenwahn grenzende Arroganz an den Tag gelegt haben und entschieden die in jahrhundertelanger Forschung formulierten Gesetze ignorierten. So schrieb Henry Dircks (1866–1873), Ingenieur und Autor zweier maßgebender Werke über das Perpetuum Mobile folgendes:

„Eine eigensinnigere, selbstzufriedenere oder selbstbetrügerische Gesellschaft wäre kaum vorstellbar. Sie hofft, wo nichts mehr zu hoffen ist, und verachtet jeden Widerspruch mit lächerlicher Heftigkeit, obwohl sie schon jahrhundertelang keinen Fortschritt mehr verzeichnen konnte!"

Der Charakter, der vom Perpetuum Mobile

sie, daß sich das Rad mit seiner ursprünglichen Geschwindigkeit bewegte.

Für den Landgrafen und seine Gefolgschaft war der Test aufschlußreich. Der Fürst stellte dem Erfinder des Rades ein Zertifikat – am 27. Mai 1718 datiert – aus, welches bestätigte, daß die getroffenen Vorsichtsmaßnahmen Beweis genug seien, um einen Betrug bei der Vorführung der Maschine auszuschließen.

Der „Erfinder" (viele kritische Kulturhistoriker sind von betrügerischen Manipulationen überzeugt) war Johann Ernst Elias Beszler, besser bekannt als Orffyreus. Er kam zu diesem Pseudonym, indem er das Alphabet im Kreis aufschrieb und den 13. Buchstaben nach jedem von Beszler nahm; daraus entstand dann der Name Offyre, den er dann latinisierte. Seine Erfindung, die sich durch den Test des Landgrafen zu bewahrheiten schien, war anscheinend die Erfüllung von einem Traum: Die Konstruktion des Perpetuum Mobile.

Durch die Geschichte des Westens zieht sich ein Faden, der von menschlichen Bestrebungen zeugt, ein Perpetuum Mobile zu schaffen. Einige wurden von plausiblen Theorien verleitet, andere wurden von Habgier getrieben – nämlich dem Wunsch etwas, sei es Macht oder Geld, ohne etwas zu tun, zu bekommen. Andere sahen in ihren Forschungen eine Möglichkeit, zu Ruhm und Wohlstand zu gelangen, denn viele von ihnen waren der Illusion verfallen, daß der Erfinder eines Perpetuum Mobile – bei dem Energie aus dem Nichts gewonnen werden kann – einen immensen Lohn erhalten würde. Egal ob das sich nun bewahrheitet oder nicht, Tatsache ist, daß so eine Entdeckung die Gesellschaft sicherlich in Aufruhr versetzen würde.

Links:

Professor Cavor und sein Freund machen sich in H. G. Wells Roman zum Mond auf (The first men in the moon, 1901). Der Professor erfindet eine Substanz namens Cavorit, welche, in Schichten angeordnet, die Erdanziehungskraft so weit aufheben kann, daß der Flug in den Weltraum ermöglicht wird. Wells muß etwas von der Theorie des Perpetuum Mobile verstanden haben, denn hielte man eine Schicht einer Substanz wie Cavorit unter eine Masse, würde diese ihr Gewicht verlieren, und man könnte sie ohne Anstrengung aufheben. Nach Entfernung der Schicht erhielte die Masse wieder ihr Gewicht und fiele zu Boden. Das ständige Auf und Ab könnte als Energie genützt werden.

Unten:
Ein Kupferstich eines Perpetuum Mobile, 1673 in Nürnberg veröffentlicht.

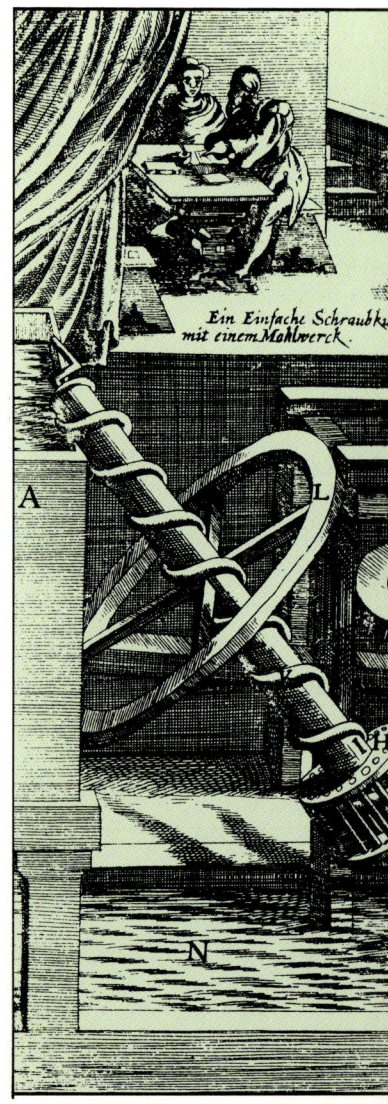

Ein Einfache Schraubku mit einem Mahlwerck.

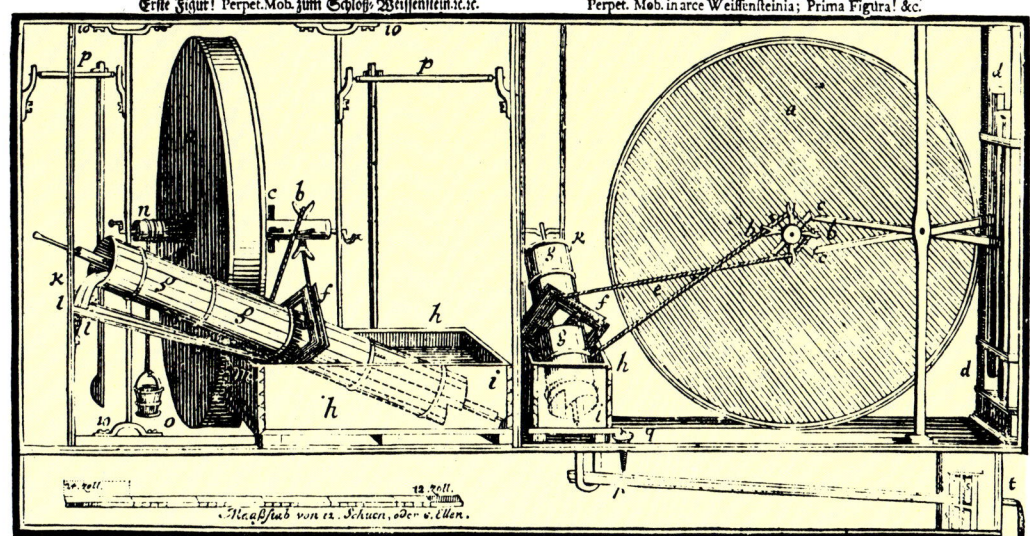

Erſte Figur! Perpet.Mob. zum Schloß Weiſſenſtein.ꝛc.ꝛc. Perpet. Mob. in arce Weiſſenſteinia; Prima Figura! &c.

Orffyreus (unten) und sein berühmtes Rad (rechts). Dieses Perpetuum Mobile wurde vom Landgrafen im Jahre 1718 in seiner Echtheit bestätigt, nachdem es einige Zeit in einem sorgfältig verschlossenen Raum in seinem Schloß gearbeitet hatte. Der Erfinder zerstörte später sein Meisterwerk selbst in einem Wutanfall.

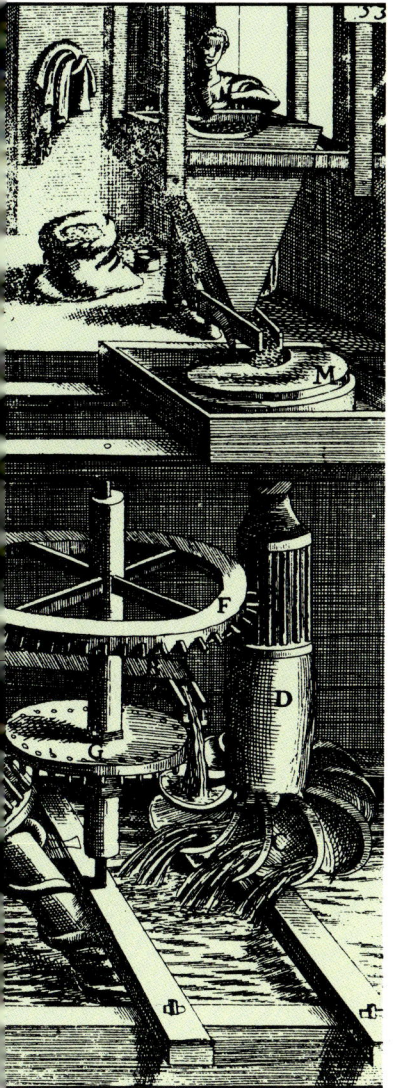

Begeisterten, kommt dann doch im folgenden Gedicht zum Ausdruck:

„Sie sagten ihm, es würde nicht funktionieren. Er lachte und machte sich an die Arbeit. Er nahm das Ding in Angriff, das nicht getan werden konnte. Und es gelang ihm auch nicht!"

Tatsache ist, daß die Theorie des Perpetuum Mobile, welches ohne Energiezufuhr arbeitet, dem Gesetz der Erhaltung der Energie widerspricht. Dieses besagt, daß Energie weder gewonnen noch verloren werden kann. Seit Einsteins Durchbruch wurde dies jedoch etwas abgeändert, da wir jetzt wissen, daß Energie sehr wohl durch die Aufhebung der Masse geschaffen werden kann, laut seiner Gleichung $E = mc^2$, die besagt, daß E die durch die Zerstörung einer Masse (m) entstehende Energie und c die Lichtgeschwindigkeit ist. Aber nur in den Kernen von Sternen, Atombomben und Atomreaktoren kann so ein Vorgang stattfinden. Außerhalb solcher subatomarer Bereiche kann Energie nur von einer in die andere Form umgewandelt aber niemals erzeugt oder zerstört werden.

Das Perpetuum Mobile hat – wie die Alchimie, parapsychologische Phänomene, Gold- und Silberminen, Medizin, Religion und andere einflußreiche und/oder lukrative Bereiche – Schwindler angezogen. Einige Schurken, die im entferntesten Genies sind, haben Leichtgläubigen mit angeblichen Perpetuum Mobiles große Summen Geldes entlockt. Einer dieser Gauner war der Amerikaner John W. Keely, der 1870 mit seiner „pneumatic pulsating-vacuo-engine" operierte. Ein anderer stellte in London ein großes rotierendes Rad zur Schau, dessen Mechanismus von einer darübergespannten Decke verborgen wurde. Unglücklicherweise blies ein Luftzug durch ein Loch in der Seite des trommelförmigen Gebildes, und so glaubte man dann, daß der „Mechanismus" niesen und fluchen könne.

Mit diesen Erwägungen kehren wir zu dem bemerkenswerten Versuch im Jahre 1717 in Herzogs Karls Schloß in Weißenstein zurück. Es war der Höhepunkt in Orffyreus Karriere.

Er wurde im Jahre 1680 in Zittau (Sachsen) geboren und studierte Theologie, Medizin, Malerei und Maschinenbau, eine nicht ungewöhnliche Kombination zu dieser Zeit. Mit 30 Jahren hatte er schon einen gewissen Ruf mit der Erfindung von Maschinen erlangt, die sich ohne Triebkraft bewegten. Diese stellte er auf verschiedenen Plätzen aus; aber er war immer vorsichtig genug, den inneren Mechanismus unter Leinenhülle, die über einen Fachwerksrahmen gespannt war, zu verbergen.

Wir kennen die Details der verschiedenen Erfindungen, die er baute und ausstellte, aus seiner eigenen Flugschrift und Dircks zweibändigem Werk *Search for self-motive power* (1861–1870). Orffyreus erstes Perpetuum Mobile wurde 1712 in Gera vorgestellt. Das Rad hatte einen Durchmesser von zirka 1 Meter und war 10 Zentimeter breit. Einmal in Bewegung, würde es sich mit einer konstanten Geschwindigkeit oder Umdrehungszahl weiterdrehen. Es könnte auch ein Gewicht von einigen Pfund aufheben. Viele Zuschauer bezichtigten Orffyreus des Betrugs, obwohl sie keine Beweise in der Hand hatten. Solche Beschuldigungen richten sich oft gegen Erfinder, aber Orffyreus schien sie mit seiner provokanten und irritierenden Wesensart direkt anzuziehen.

Größer und besser

So arbeitete Orffyreus weiter. Im Jahre 1713 baute er ein zweites und größeres Rad und stellte es in Draschwitz nahe Leipzig aus. Dieses Rad hatte einen Durchmesser von 1,5 Meter und eine Breite von 15 Zentimeter. Es konnte eine Höchstgeschwindigkeit von 50 Umdrehungen pro Minute erreichen und ein Gewicht von 40 Pfund heben.

Sein drittes Rad wurde in Merseburg ausgestellt. Dieses war sogar noch größer, mit zirka 2 Meter Durchmesser und einer Breite von 30 Zentimeter. Von da an war der Ruhm von Orffyreus schon so angewachsen, daß es ihm keine Schwierigkeiten mehr machte, einige Zeugen zu finden, die die Zertifikate unterzeichneten, in denen sie bestätigten, daß sie die

Maschine geprüft hätten und beschwören konnten, daß diese mit keiner äußeren Energiequelle verbunden wäre. Ungeachtet dieser Behauptungen bildete sich eine immer größer werdende Opposition. Das veranlaßte Orffyreus einige Bürger mit großem Ansehen davon zu überzeugen, ein Komitee zur Überprüfung des Rades zu bilden. Ihre Mitglieder durften nicht unter die Hülle auf den Mechanismus blicken, doch es war ihnen gestattet, das Rad in irgendeine Richtung in Bewegung zu setzen. Sie durften außerdem Seile um die Achse schlingen. Auf diese Weise konnte eine Kiste mit Steinen, die 32 kg wog, gehoben werden. Dieselben Zeugen bestätigten auch, daß sie das Rad einen Monat lang ununterbrochen drehen gesehen hatten.

Aus irgendeinem Grund verärgerte der Report des Komitees viele Menschen, und einige von ihnen wetterten sogar gegen diese Erfindung in Zeitungsartikeln. Sie schrieben nicht nur, daß Orffyreus Behauptungen gegen die Naturgesetze verstießen, sondern forderten auch seine Bestrafung. Einige veröffentlichten Pamphlete, die aufzeigten, wie der Betrug sich zugetragen haben könnte, enthielten Erklärungen, die von Skeptikern auf der Stelle dementiert worden wären. (Eine kuriose Parallele zur Geschichte der Parapsychologie ist hier nicht zu übersehen. Allzu oft haben Kritiker langer und sorgfältiger Untersuchungen von sensitiven Personen – ohne jemals mehr als ein paar Minuten über die Phänomene nachzudenken und sie niemals aus erster Quelle zu er-

Viele der Erfindungen zur Herstellung einer immerwährenden Bewegung basierten auf der Vorstellung eines aus dem Gleichgewicht gebrachten Rades. Durch Jahrhunderte hindurch haben Schlauköpfe, auf der Suche nach dem Perpetuum Mobile diese Idee immer wieder entdeckt und sie jedes Mal als eine neue Erfindung hingestellt. Es ist verständlich, daß der Gedanke verlockend erscheint, da er ja so plausibel ist. Er besagt, daß eine Anzahl von Gewichten, die durch Gelenke an einem Rad angebracht werden, eine permanente Dre-

Immer weiter und weiter ...

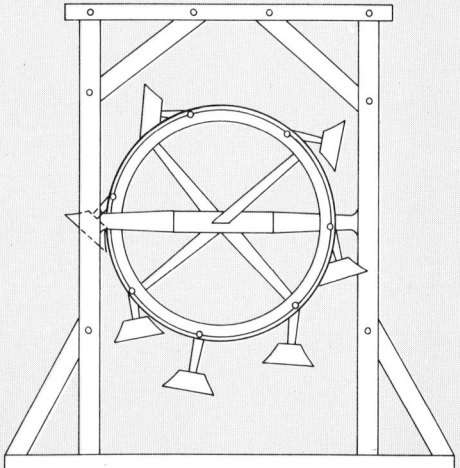

hung hervorrufen, da sie sich, wenn sie die höchste Stelle erreichen, in einem größeren Abstand vom Drehpunkt auf der gegenüberliegenden Seite abwärts bewegen. Tatsächlich besagen aber – wie geschickt auch immer die Gewichte angebracht sind – die mechanischen Grundsätze, daß die Gewichte sich im Gleichgewicht halten werden und das Rad sich nicht weiter drehen kann – wenn es sich überhaupt dreht.

Ein französischer Architekt des 13. Jahrhunderts, Villard de Honnecourt, scheint der erste zu sein, der schriftliche Beweisstücke von seinem aus dem Gleichgewicht gebrachten Rad hinterließ. Eines seiner Skizzenbücher, das in der Nationalbibliothek in Paris aufbewahrt wird, enthält eine einfache Zeichnung einer solchen Erfindung (oben). Hätte Honnecourt die Skizze perspektivisch exakt

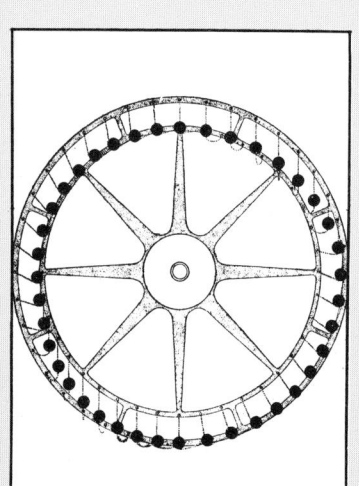

angefertigt, würde das Rad im rechten Winkel zum Rahmen stehen. Ein anderes Rad stammt vom Amateurwissenschaftler Edward Somerset, ein Marquis von Worcester, der dieses zwar umfassend beschrieb, aber nicht skizzierte. In seinem Buch *A century of inventions* (Jahrhundert der Erfindungen, 1633) schildert er Details eines Perpetuum Mobiles, dessen Funktionstüchtigkeit, wie er behauptet, sogar dem englischen König Karl I. und einem Teil seines Hofes vorgeführt wurde. Im 19. Jahrhundert fertigte Henry Dircks, der Autor des klassischen Werkes über das Perpetuum Mobile, eine Rekonstruktion von Worcesters Rad im ersten seiner zwei Bände an (unten). Worcesters Rad ist möglicherweise – abgesehen von Orffyreus Rad – die berühmteste Erfindung auf dem Gebiet des Perpetuum Mobile. Die beiden Erfinder haben etwas gemeinsam, nämlich die Tatsache, daß ihnen zu ihrer Zeit niemand ihre Behauptungen widerlegte.

Dr. Thomas Young, in der Zeit von 1802 bis 1829 für die Royal Society tätig, war sowohl Psychologe als auch Physiker. In einer Vorlesung, wo jeder Gedanke an ein Perpetuum Mobile abgelehnt wurde, führte er ein Rad vor, das er als Muster gebaut hatte (oben rechts). Während er dessen Nutzlosigkeit hervorhob, sagte er: „Nach einer Antriebsquelle in der Konstruktion einer Maschine zu suchen, bedeutet eine grobe Mißachtung der Prinzipien, nach denen alle Maschinen arbeiten!"

Eine Erfindung, die auch funktioniert, ist ein Kinderspielzeug – und als trinkende Ente bekannt. Die Ente, die frei auf einer sie unterstützenden Achse schaukelt, beugt sich kontinuierlich vor, um ihren Schnabel in ein Wasserglas zu tauchen und richtet sich dann wieder auf. Diese Erfindung bedient sich einer leicht verdampfenden Flüssigkeit, wie Äther. Der Äther im Reservoir reicht gerade aus, um die Ente aufrecht stehen zu lassen (A). In der Sonne verdunstet ein wenig der Flüssigkeit und steigt in den Kopf der Ente. Aus dem Gleichgewicht gebracht, kippt sie nun vorne über und taucht ihren Schnabel ins Wasserglas (B). Die niedrigere Temperatur des Wassers kondensiert den Äther und läßt ihn zufahren, und trotz der Tatsache, daß die Ermittler zu den Physikern, Bühnenmagiern, Psychologen, Ärzten und dergleichen zählen – die Gelegenheit sofort genutzt, um zu „erklären", wie sich der Betrug zugetragen haben muß. Wann immer Gefühle und Vorurteile angestachelt werden, neigen die Leute leider immer dazu, zuerst zu reden und dann nachzudenken).

Gegen Ende des Jahres 1716 verließ Orffyreus Merseburg und fand im Schloß von Weißenstein Zuflucht. Landgraf Karl wurde sein Schirmherr und richtete es so ein, daß er zum Stadtrat ernannt wurde. Einige Zeit ging er nun seinen amtlichen Pflichten nach, aber zwangsläufig begann er wieder, ein neues seiner wundervollen Räder zu bauen – wie ein

Schauspieler im Ruhestand, der aber für eine allerletzte Vorstellung auf die Bühne zurückkehrt. Orffyreus glaubte voller Überzeugung daran, daß er früher oder später zu Ruhm und Wohlstand gelangen würde, wenn es ihm nur gelänge, einflußreiche Herrscher, Wissenschaftler und Bankiers davon zu überzeugen, daß er das Geheimnis des Perpetuum Mobile tatsächlich entdeckt hatte. Ihrerseits waren der Landgraf und sein Hof neugierig darauf, eines von den berühmten Rädern zu sehen. So kämpfte Orffyreus um seine Existenz, als er im Jahre 1717 sein Perpetuum Mobile baute.

rück in das Reservoir rinnen. Nach kurzer Zeit ist das Gewicht des Äthers ausreichend, um die Ente zurück in aufrechte Haltung zu bringen (C).

Eine solche Erfindung wird endlos funktionieren. In bezug auf das Perpetuum Mobile ist sie jedoch ein Schwindel, weil die Energie von den Sonnenstrahlen bezogen wird. Aus diesem Gebiet wären auch die Uhren zu nennen, die sich selbst aufziehen. Einige tun es durch die Bewegung des Handgelenkes, andere durch unterschiedlichen Luftdruck oder schwankende Außentemperaturen.

Patentämter wurden von Patentansprüchen auf das Perpetuum Mobile überschwemmt, und die einzelnen Länder behandeln sie auf ihre Art und Weise. Die Engländer sind kompromißlos: Perpetuum Mobiles sind als Patent nicht zulässig, da sie gegen alterprobte physikalische Gesetze verstoßen. Die Vereinigten Staaten schließen die Möglichkeit eines Perpetuum Mobiles nicht aus, verlangen jedoch vom Erfinder, daß er ein funktionierendes Modell mit dem Antrag auf das Patent einreicht. Das erste muß noch abgegeben werden.

Oben:
Sir Thomas Young, ein berühmter Wissenschaftler, Arzt und Mitglied der Royal Society im 19. Jahrhundert. Thomas hielt einmal einen Vortrag, bei dem er die Vorstellung eines Perpetuum Mobile zunichte machte, indem er ein Rad konstruierte, anhand dessen er beweisen konnte, daß es nicht funktionieren könne.

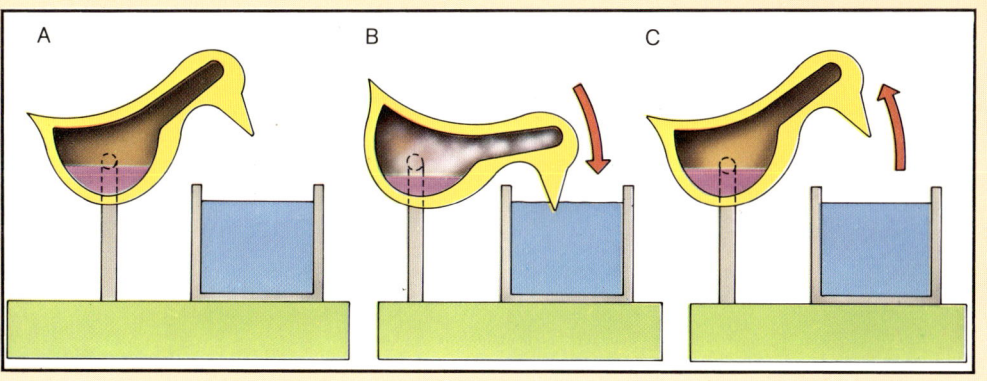

Die Vernichtung eines Traumes

Hätte sich der Lauf der Wissenschaft und Geschichte geändert, wenn Orffyreus sein wundervolles Rad nicht in Stücke geschlagen hätte?

Die phantastische Maschine, die Orffyreus unter dem Patronat des Landgrafen Karl gebaut hatte, verursachte große Aufregung im Schloß von Weißenstein, wo sie stand. War das das Perpetuum Mobile, von dem jeder behauptet hatte, daß es nicht existieren könnte?

Eine Anzahl berühmter Männer der damaligen Zeit – darunter Wissenschaftler, aufmerksame Beobachter und Techniker – untersuchten das großartige Rad. Alle bestätigten schriftlich, daß sie keinen Betrug entdecken konnten. Einige übermittelten anderen Gelehrten Beschreibungen der Maschine. Beispielsweise schrieb Professor W. J. Gravesande, ein bekannter Mathematiker aus Leyden, folgendes an Sir Isaac Newton:

„Es ist ein hohles Rad, eine Art Trommel, ungefähr 35 Zentimeter breit und 3,5 Meter im Durchmesser; es ist sehr leicht, da es aus zusammengefügten hölzernen Querbalken besteht. Das Ganze ist mit Leinen bedeckt, um das Innere verborgen zu halten. Durch das Zentrum dieses Rades, oder dieser Trommel, führt eine Achse von zirka 15 Zentimeter Durchmesser, die an beiden Enden von Eisenbolzen mit einem Durchmesser von 2 Zentimeter festgehalten wird und mittels derer sich die Maschine bewegt. Ich habe diese Achsen überprüft und bin fest davon überzeugt, daß alleine das Rad für die Bewegung verantwortlich ist. Als ich es vorsichtig anstieß, stand es immer still, sobald ich meine Hand entfernte. Aber wenn ich es mit großer Geschwindigkeit in Bewegung setzte, mußte ich es immer mit Gewalt stoppen, aber wenn ich es laufen ließ, erreichte es mit zwei oder drei Drehungen seine größte Geschwindigkeit und drehte sich dann mit 26 Umdrehungen pro Minute."

Fischer von Erlach, ein berühmter Architekt des Barockzeitalters, beschrieb seine Experimente mit Orffyreus Rad in einem Brief an J. T. Desaguliers, der gerade an den ersten Entwürfen der Dampfmaschine arbeitete:

„Ich muß Ihnen versichern, daß ich ziemlich überzeugt davon bin, diese Maschine nicht zu unrecht Perpetuum Mobile zu nennen, und ich habe gute Gründe, sie für ein solches zu halten, dank der Experimente, die mir seine Durchlaucht gestattet hat … der die Geduld aufbrachte, bei dem zweistündigen Versuch anwesend zu sein."

Es ist ein Rad mit drei Meter Durchmesser, das von einer Ölhaut bedeckt wird. Bei jeder Umdrehung kann das sanfte Niederfallen von acht Gewichten in die Drehrichtung gehört werden. Es dreht sich mit erstaunlicher Geschwindigkeit und vollbringt bei freier Bewegung 26 Umdrehungen pro Minute. Nachdem eine Schnur um die Achse gebunden worden war, um durch die Drehung einer Archimedischen Schraube Wasser zu heben, machte das Rad nur mehr 20 Umdrehungen. Ich überprüfte dies einige Male mit meiner Uhr und fand immer die selbe Regelmäßigkeit vor.

Dann stoppte ich das Rad unter Schwierig-
keiten, indem ich es am Umfang mit beiden
Händen hielt. Der Versuch es plötzlich zum
Stehen zu bringen, würde einen Mann vom
Boden heben.

Nachdem ich es auf diese Art angehalten hatte, blieb es unbewegt stehen; und (das Sir, ist
der schlagkräftigste Beweis, daß es sich um ein
Perpetuum Mobile handelt) ich setzte es wieder vorsichtig in Gang, um zu sehen, ob es seine ursprüngliche Geschwindigkeit wieder erlangen würde – was ich bezweifelte, da ich
glaube, wie es auch in London gesagt wurde,
daß die Bewegung nur dann längere Zeit an-
hält, wenn der Impuls, wie zuerst dargestellt,
ausgeführt wird. Aber zu meinem Erstaunen
erhöhte sich die Geschwindigkeit des Rades
langsam, bis es zwei Umdrehungen gemacht
hatte und dann seine normale Geschwindigkeit wieder aufnahm, bis es die Umdrehungszahl von 26 erreicht hatte, wie ich es anhand
meiner Uhr bestätigt sah. Es verzeichnete 20
Umdrehungen, wenn es mit der Schraube verbunden war, um Wasser zu heben.

Dieses Experiment, Sir, welches das Anwachsen der Geschwindigkeit des Rades zeigt,
von dem kleinen Anstoß, den ich ihm gab, bis
zu einer außergewöhnlichen Geschwindigkeit,
überzeugt mich mehr, als hätte ich das Rad ein
Jahr lang drehen gesehen. Das alleine hätte
mich nicht von einem Perpetuum Mobile
überzeugt, weil die Geschwindigkeit sich immer mehr – bis zum völligen Stillstand – hät-

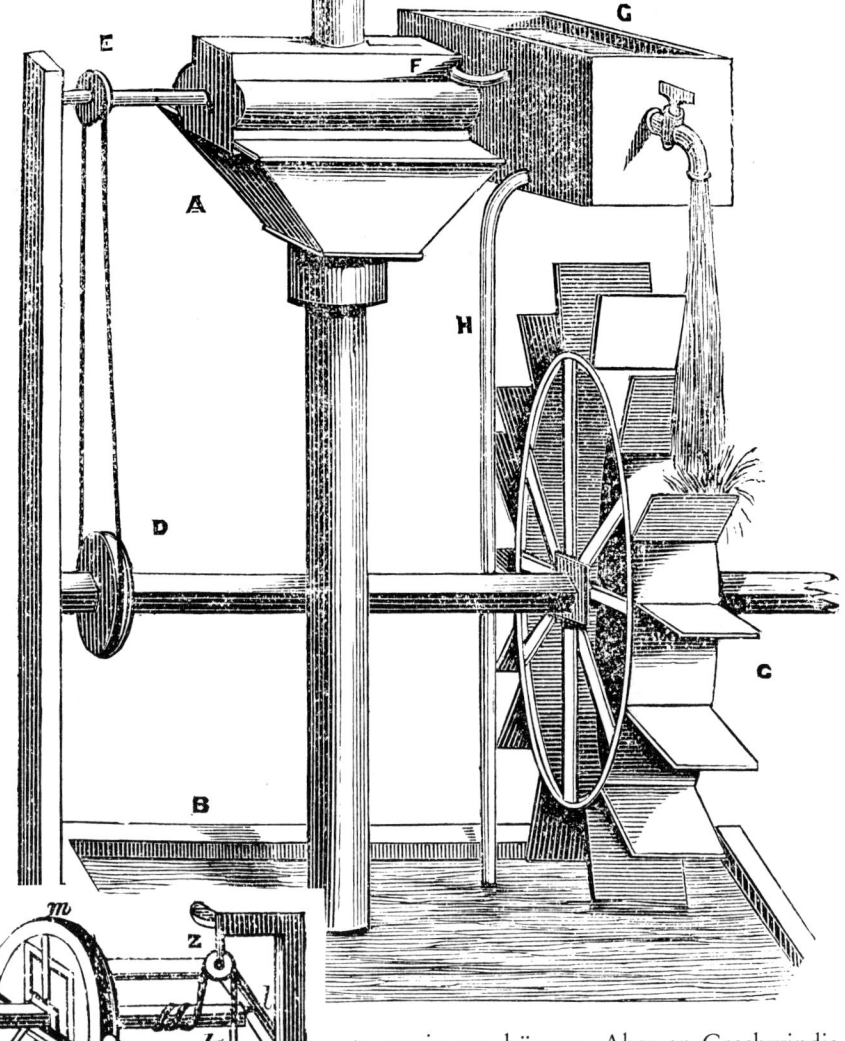

Oben links:
Sir Isaac Newton. Ein Brief an
diesen renomierten Wissen-
schaftler von einem der
Hauptüberprüfer von Orffyreus
Rad lieferte eine detaillierte
Beschreibung des Perpetuum
Mobile.

Links:
Schloß Weißenstein, sein Besitzer
war der Landgraf von Hessen-
Kassel und Gönner von Orffyreus.
Hier wurde auch das spektakuläre
Rad des Erfinders gebaut und
getestet. Viele kompetente Zeugen
bestätigten seine Echtheit.

Oben rechts:
Der Versuch eines Perpetuum
Mobiles aus dem 19. Jahrhundert
und eines aus dem 17. Jahrhundert
(rechts). Unzählige Entwürfe für
solche Erfindungen wurden im
Laufe der Zeit gemacht.

te verringern können. Aber an Geschwindigkeit zu gewinnen, anstatt sie zu verlieren, und
diese dann trotz des Luftwiderstandes und der
Reibung der Achsen zu vergrößern – das
macht mich jenen gegenüber verständnislos,
die die Wahrheit einer solchen Beschreibung
bezweifeln können.

Ich drehte das Rad auch in die entgegengesetzte Richtung, doch es bewegte sich wie
zuvor. Sorgfältig untersuchte ich die Achsen
des Rades, um zu sehen, ob irgendwo ein ver-
borgener Kniff zu finden war. Doch ich sah
nur die zwei Achsen, an denen das Rad in seinem Zentrum aufgehängt war.

Nachdem die Maschine einige Zeit gelaufen
war, machte Baron Fischer den Versuch, Desguliers dafür zu gewinnen, das „Geheimnis"
für England zu kaufen. Aber das Unglück sollte darauf folgen. Während zwischen Orffyreus, Desguliers und Fischer Verhandlungen
abgewickelt wurden, wie diese wundervolle
Maschine ausgenützt werden könnte, bekam
Orffyreus – mit dem nicht leicht auszukom-
men war – einen Wutanfall und schlug das
Rad in Stücke. Dieses außergewöhnliche Be-
tragen scheint seinen Grund im vollkommenen Mißverständnis im Zusammenhang mit
Gravesands Studie über das Rad gehabt zu
haben.

Der unglückselige Professor hatte sich lediglich davon überzeugt, daß die Achsen und die Lager des Rades keine Bewegungsenergie von außen übertragen konnten. Das Ergebnis dieser Untersuchung fiel zugunsten von Orffyreus aus, wie Gravesand später in einem Brief bekundete:

„Mein Herr, der Herzog, in Anwesenheit von Fischer … und anderen Personen, führte die Lagerung der Maschine vor; wir bekamen auch die unbedeckten Achsen zu sehen. Ich untersuchte die Messingplatten, auf die die Achse gelagert war und konnte nicht die geringste Verbindung zum Nebenraum bemerken. Ich erinnere mich noch

ganz genau an die Untersuchung, bei der Orffyreus meinetwegen so sehr in Wut geriet, daß er am nächsten Tag seine Maschine vernichtete und dann an die Wand schrieb, daß meine impertinente Neugier der Grund für diese Verhalten gewesen sei …"

Der letzte Teil der Geschichte über das Rad von Orffyreus ist derart vage und voller Versprechungen, so daß sie sehr der Rede eines Politikers gleichkommt. Es heißt, daß er einige Zeit später ein neues Rad baute; Gravesand und noch andere durften es überprüfen. Dieses Rad aber wurde kein Erfolg – und Orffyreus geht nicht in die Geschichte ein; er stirbt im Jahre 1745.

Was geschieht nun mit diesem außergewöhnlichen Anspruch, ein Perpetuum Mobile erfunden zu haben?

Wird man peinlichen Tatsachen ausgesetzt, besteht das Bedürfnis, diese einfach zu ignorieren. Werden zu viele Tatsachen auf diese Weise abgetan, so häufen sich diese, die eigentlich Beachtung verdienen würden. Der Fall „Orffyreus" bildet ein gutes Beispiel dafür.

Andrerseits wenn wir die Gesetze der Mechanik und Physik beachten, erkennen wir, daß eine sich fortwährend bewegende Maschine nicht funktionieren kann. Es gibt immer wieder Versuche, die sich durch die ganze Geschichte durchziehen; diese verkörpern jedoch nur Ignoranz, Mißverständnis und Arroganz – denn sie haben nie funktioniert, so großartig sie auch erschienen. Da die meisten Maschinen auf der Falltheorie des umkippenden Rades beruhen, kann mit Sicherheit angenommen werden, daß, wenn eine dieser Maschinen

Rechte Seite:
Drei weitere Entwürfe für Maschinen, um immerwährende Bewegung zu erlangen. Kein einziger wurde je in ein funktionierendes Modell umgewandelt – bis auf das von Orffyreus, das für die Welt verloren ist, nachdem er es in einem Wutanfall zerstörte.

Links:
J. T. Desgualiers, von der Royal Society, war mit Informationen über Orffyreus Erfindung verwöhnt. Es bestand die Hoffnung, daß er seine Regierung für den Ankauf des Geheimnisses gewinnen könnte.

Unten:
Die Universität in Leyden. Professor W. J. Gravesande, der eine der gründlichsten Untersuchungen an Orffyreus Rad vornahm, war mit dieser weltbekannten Stätte des Lernens verbunden.

wirklich funktioniert hätte, die Grundlagen jahrhundertealter wissenschaftlicher Arbeiten erschüttert worden wären.

Es gibt jedoch eine stattliche Anzahl von Beweisen, die aus Augenzeugenberichten bestehen. Diese Zeugen, die über ein extrem großes Wissen verfügten, hatten die Erlaubnis, Untersuchungen durchzuführen, um herauszufinden, ob es sich wirklich um ein Perpetuum Mobile handelte. Die Faszination dieser Geschichte besteht darin, daß ungewöhnliche Tatsachen erwähnt werden.

Drei Augenzeugenberichte sprechen von Wundern. Außer Orffyreus soll ein weiterer Mann das Innere des Rades gesehen haben. Dies war Landgraf Karl, sein Gönner. Sowohl Gravesand als auch Fischer haben Aufzeichnungen, die der Landgraf gemacht hat, hinterlassen. Der Professor weiß zu berichten:

„Da der Landgraf bei meiner Überprüfung der Maschine anwesend war, nahm ich mir die Freiheit, ihn – der ja das Innenleben der Maschine kannte – zu fragen, ob an der Maschine, nachdem sie einige Zeit gelaufen war, keine Veränderungen vorgenommen wurden und keine der Teile Anlaß zu Mißtrauen gab; worauf seine Hoheit mich vom Gegenteil überzeugte und daß die Maschine auf einem einfachen Prinzip beruhe."

Darauf erwiderte Fischer von Erlach folgendes: „Seine Hoheit, die ein perfekter Mathematiker ist, versicherte mir, daß die Maschine so simpel ist, daß ein Tischlerlehrling sie verstehen und nachbauen könnte, nachdem er ihr Inneres gesehen hatte."

Die Skeptiker werden zum Schweigen gebracht

Diese Bezeugungen machen es im Extremfall unwahrscheinlich, daß, wie von verschiedenen Skeptikern behauptet wurde, sich ein Gehilfe innen verstecke. Auf jeden Fall boten die früheren und kleineren Räder nicht einmal Platz für einen Zwerg. Aber da besteht noch eine zweite und dritte unangenehme Tatsache.

Die zweite wäre, daß der gute Professor und andere bestätigten, daß bei jeder Umdrehung

das Geräusch von acht sanft fallenden Gewichten gehört werden könnte, die das Rad antrieben.

Und die dritte Tatsache ist Orffyreus eigene Beschreibung. Obwohl er sich aus Angst davor, daß sein Geheimnis gestohlen werden könnte, eher zurückhaltend äußerte, ist das, was er sagte, nicht uninteressant:

Die innere Struktur der Maschine ist derart beschaffen, daß sie sich an die mechanischen Gesetze der immerwährenden Bewegung anlehnt und so ausrichtet, daß verschieden angebrachte Gewichte, die zuerst rotieren, Kraft aus ihrem eigenem Schwung ziehen und sich so lange bewegen müssen, bis sie ihre Position verändern.

Unähnlich allen anderen Automaten, wie Uhren und Triebfedern, hängende Gewichte, die aufgezogen werden müssen, oder deren Haltbarkeit von den Ketten, an denen sie aufgehängt sind, abhängen, diese Gewichte sind

die wichtigsten Teile und stellen das Perpetuum selbst dar; von ihnen stammt die gesamte Bewegung, die vollbracht wird, solange sie nicht der Gravitation unterworfen ist; und wenn sie zusammengestellt und so arrangiert werden, daß sie nie ein Gleichgewicht halten können, oder der „punctum quietus", den sie unermüdlich bei ihrem schnellen Flug suchen, muß stets eines der Gewichte im rechten Winkel zu den Achsen stehen und somit in seiner Bewegung fortfahren.

Es scheint, daß Orffyreus Beweis, die Zeugenaussage des Herzogs – der ein ‚perfekter‘ Mathematiker‘ war – und die Ohren der Beobachter, uns sagen, daß dieses Perpetuum Mobile eine aus der Reihe jener Erfindungen war, die mit der Idee des Übergewichtes arbeiten. Wissenschaftlich gesehen hat dieses Prinzip ebenso große Chancen zu funktionieren, wie ein Bleiballon zu fliegen.

So besteht das Geheimnis bis in unsere Tage. War Orffyreus ein Betrüger, ein gerissener Scharlatan, der seinen Erfolg auf einem unglaublich klugen Trick aufbaute, um Ruhm und Wohlstand zu erlangen? Und waren alle Beobachter, klug, wie sie sicherlich waren, unfähig, den Trick zu durchschauen? Oder ist es möglich, daß diese seltsame, weitschweifige Figur, exzentrisch und ungeliebt, besessen von ihrem Traum, mit der Kenntnis einiger physikalischer Gesetze, mit deren Gesamtheit die Doktrin der Unmöglichkeit, ein Perpetuum Mobile zu bauen, umging? Jahrhunderte der wissenschaftlichen Forschung führen diese Worte ad absurdum.

Ein Geistesblitz

Der Kroate Nicola Tesla, ein oft übergangener Pionier der Elektrotechnik, stieß bei seiner Suche nach Möglichkeiten der drahtlosen Energieübertragung auf die Grundkräfte des Planeten. Teslas Arbeiten könnten auch heute noch revolutionäre Wirkungen haben.

In der Nacht des 7. Januar 1943 starb ein 86jähriger Mann allein in seinem Zimmer im New Yorker Hotel in Manhattan. Bevor sein Leichnam zu *Campbell's Funeral Parlor*, dem Bestattungsinstitut in der 81. Straße und der Madison Avenue gebracht wurde, betraten Agenten des *Federal Bureau of Investigation (FBI)* den Raum, öffneten den kleinen dort eingebauten Safe, und entnahmen alle darin enthaltenen Papiere. Die Begründung dafür war, daß sie Einzelheiten über eine wichtige geheime Waffe enthalten könnten.

Nicola Tesla, ein brillanter Erfinder und tiefgründiger Wissenschaftler, war einer der wenigen, die einen Nobelpreis abgelehnt haben. Neben vielen anderen Dingen erfand er den Wechselstromgenerator.

Der Tote war Nicola Tesla, ein Elektroingenieur; dessen Genius dem von Edison gleichkam. Er ist seltsamerweise außerhalb seines Heimatlandes in Vergessenheit geraten, obwohl sein Name in der Teslaspule fortlebt, eine Erfindung, die einige der eher bizarren Eigenschaften des elektrischen Stromes ausnutzt, die Tesla entdeckte. Aber das ist keineswegs repräsentativ für das breite Spektrum seiner wissenschaftlichen Erfindungen.

Er wurde am 9. Juli 1856 um Mitternacht in Simljan (Kroatien) geboren, das damals Teil der österreichisch-ungarischen Monarchie war. Man sagte ihm in der Schule nach, daß er mogeln würde, weil er mathematische Aufgaben unglaublich schnell beantwortete. Und tatsächlich behauptete Tesla, von seiner Jugend an bis ins hohe Alter sei ihm sein ganzes Verständnis komplexer technischer Probleme, denen er seine Aufmerksamkeit schenkte, in Form von Geistesblitzen gekommen.

Ein Interview, das vom amerikanischen Magazin *The World* am 22. August 1894 veröffentlicht wurde, gibt uns ein eindrucksvolles Bild Teslas in seinen besten Jahren:

„Er hat auffallend tiefliegende Augen, die aber sehr hell sind. Ich fragte ihn, wie er als Slawe so helle Augen haben könne, und er sagte darauf, daß sie früher viel dunkler gewesen seien, aber durch die ständige Benutzung seines Geistes heller geworden wären. Ich habe oft gehört, daß der Verstandesgebrauch das Phänomen erzeugen soll. Teslas Bestätigung dieser Theorie aus seiner eigenen Erfahrung ist wichtig.

Er ist sehr dünn, über 1,80 Meter groß und wiegt knapp 64 Kilogramm, hat sehr große Hände, und seine Daumen sind sogar für solch gewaltige Hände außerordentlich mächtig. Der Daumen ist der intellektuelle Teil der Hand. Affen haben sehr kleine Daumen.

Nikola Tesla hat einen Kopf, der sich nach oben wie ein Fächer ausbreitet, er ist wie ein Keil geformt. Das Kinn ist spitz wie ein Eispickel und sein Mund zu klein. Sein Gesicht kann nicht wie das anderer Menschen studiert und beurteilt werden, denn er ist kein praktischer Mensch. Er lebt nur oben in seinem Kopf, wo die Ideen geboren werden, und dort oben ist Platz genug. Die Haare sind rabenschwarz und lockig. Er geht gebeugt, wie es die meisten Männer tun, die nicht zu hochtrabend sind. Er lebt ganz in sich selbst und hat ein immenses Interesse an seiner Arbeit. Er besitzt jenes Maß an Eigenliebe und Selbstsicherheit, das gewöhnlich mit dem Erfolg einhergeht. Und er unterscheidet sich von den meisten Männern, über die gesprochen und geschrieben wird, dadurch, daß er etwas zu sagen hat."

Auswanderung nach Amerika

Und Tesla hatte sicherlich etwas zu sagen. Er kam 1884 mit einem Kapital von 4 Cents in New York an, und sein Gepäck bestand aus ein paar technischen Artikeln, die er in Belgrad und Paris geschrieben hatte, einem Buch mit selbstgeschriebenen Gedichten und einigen Berechnungen, die er für die Konstruktion einer Flugmaschine angestellt hatte. Aber in seinem Kopf hatte er alle Einzelheiten eines mehrphasigen Wechselstromgenerators gespeichert, der dann die Grundlage des Wasserkraftwerks an den Niagara Fällen werden sollte und seither das Standardmodell industrieller Geräte ist. Wie es der englische Wissenschaftler Lord Kelvin formulierte: „Tesla hat mehr zur Elektrowissenschaft beigetragen als jeder andere zuvor."

Kurz nach seiner Ankunft in New York wurde Tesla von Edison angestellt, für den er 24 Typen eines Dynamos entwickelte. Aber sie konnten ihn nicht absetzen, und im April 1887 ließ sich Tesla mit einem eigenen Labor nieder. Hier zeigte er sehr schnell, daß sein AC-System Edisons DC-System weit überlegen war (AC = Wechselstrom, DC= Gleichstrom), und in weniger als einem Jahr waren ihm über 30 Patente zuerkannt worden.

Innerhalb der nächsten 20 Jahre machte Tesla erstaunlich viele Entdeckungen im Bereich der Elektro- und Radiotechnik. Leider sind durch eine Folge von Unglücken viele seiner Unterlagen zerstört worden; deshalb und wegen der Vernachlässigung seiner Urheberschaftsrechte ist es oft nicht mehr möglich, die genauen Daten seiner Entdeckungen festzustellen. Darum wird er selten als Pionier gewürdigt. Es besteht aber kein Zweifel daran,

Links:
Nicola Tesla 1879, im Alter von 23 Jahren. Schon als Student machte er zahlreiche spekulative Vorschläge für gewagte Erfindungen, hatte aber noch nicht die praktischen Möglichkeiten, sie vorzuführen.

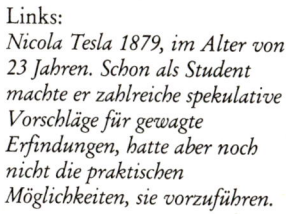
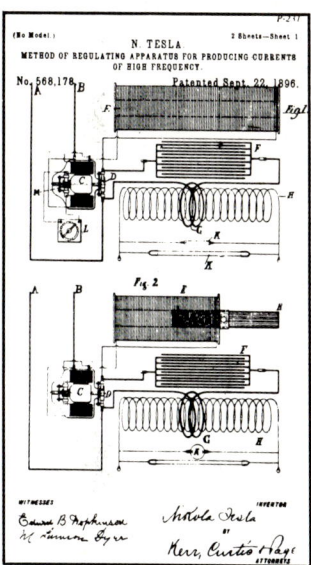

Oben:
Ein Teil von Teslas amerikanischer Patentanmeldung der Vorrichtung, die als Teslaspule (Transformator) bekannt ist. Sie wandelt schwachen Gleichstrom in Wechselstrom mit sehr hoher Spannung um, die, wie Tesla in der Anmeldung schreibt, benutzt werden kann, um Leuchtstofflampen zu betreiben oder Röntgenbilder zu erzeugen.

daß er, und nicht Marconi, der Entdecker des Schwingkreises war, auf welchem der Radioempfang beruht. Diese Tatsache wurde erst in seinem Todesjahr durch den Obersten Gerichtshof der USA bestätigt. Es ist wahrscheinlich, daß er auch der erste war, der Kathoden- und Röntgenstrahlen beobachtete, sowie ultraviolette Strahlung und die heilende Wirkung hochfrequenter Strahlung auf den menschlichen Körper. Er war der erste, der einen Vorläufer der Leuchtstoffröhre entwarf, und es ist durchaus möglich, daß er auch ein laserähnliches Gerät entwickelte.

Tesla lehnte 1912 die Nominierung für den Nobelpreis der Physik ab; weil er der Meinung

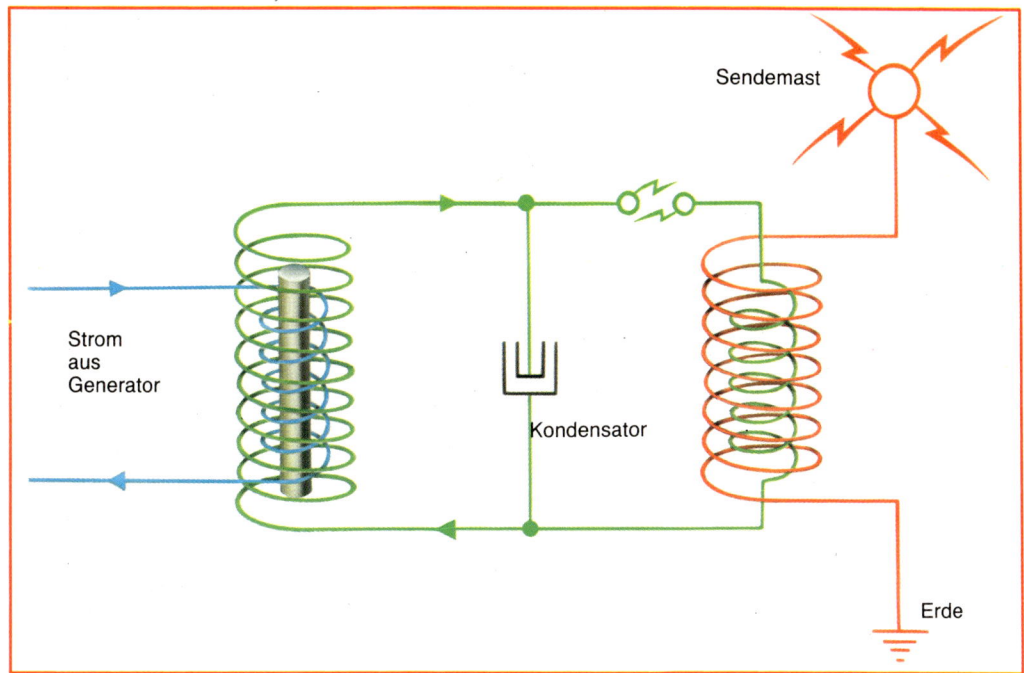

Strom aus Generator

Sendemast

Kondensator

Erde

Links:
Die in Colorado Springs benutzten Stromkreise. Ein schwacher Gleichstrom (blau) wird durch eine riesige, modifizierte Teslaspule (grün) verstärkt. Die Spannung wurde im Endstufenkreis noch weiter gesteigert, wobei der Strom aus dem Boden gezogen und über den Sendemast entladen wurde.

war, daß er ihn schon 1909 anstelle von Marconi hätte bekommen müssen. Er hatte nämlich bereits 1898 im Madison Square Garden, New York, ein funkgesteuertes Boot vorgeführt und 1899 eine starke Übertragungsstation in Colorado Springs gebaut, die auf einem Plateau am Fuße der Rocky Mountains gelegen war.

Im Gegensatz zu Marconi war Tesla jedoch nicht nur an der Übermittlung kleiner Energiemengen in Form von Radiosignalen interessiert, sondern an großen Mengen verfügbarer elektrischer Energie für den industriellen und den Haushaltsgebrauch. 1899 gelang es ihm, Energie im Äquivalent zu vielen Millionen Watt mittels einer Spule, die 10 Millionen Volt generierte, in die Atmosphäre zu pumpen.

Oben:

Die Entladung von Millionen Volt in Colorado Springs. Es war allerdings nicht Teslas Gewohnheit, diese künstlichen Blitze als Leselampen zu benutzen, wie dieses Bild unterstellt. Er wurde zunächst mit Blitzpulver fotografiert und dann in sichere Entfernung gebracht, als der Strom floß und der Film nochmals belichtet wurde.

Unten:

Madison Square Garden in New York, wo Teslas Vorführung eines durch Funk gesteuerten Bootes 1898 die Zuschauer begeisterte.

Die experimentelle Anlage, die Tesla in Colorado Springs aufbaute, war ein scheunenartiges Gebäude von etwa 30 Metern im Quadrat. Vom Zentrum auf dem Dach aus stützte ein Turmgerüst einen Mast von 60 Metern Höhe, auf dessen Spitze sich ein Kupferball von 90 Zentimetern Durchmesser befand. Innerhalb des Gebäudes war eine kreisförmige Einfriedung von 23 Metern Durchmesser, auf welche die Primärspule des Transformators gewickelt war. Die Sekundärspule hatte etwa 3 Meter Durchmesser und war mit dem Mast verbunden.

Abgestimmte Schwingkreise

Das Prinzip eines abgestimmten Resonanzkreises ist einer Kinderschaukel sehr ähnlich. Ein kleiner Stoß startet das Schaukeln, und der gleiche kleine Stoß im richtigen Moment angebracht, läßt die Schaukel bald hoch und weit schwingen. Auf gleiche Weise kann eine Folge elektrischer Impulse, die mit der richtigen Frequenz an die Primärspule gegeben werden, sehr hoch verstärkte Impulse in der Sekundärspule erzeugen.

Die Impulse im Mast, der an Teslas Sekundärspule angeschlossen ist, könnten hochfrequente Radiowellen erzeugen, die ganz um die Erde ausstrahlen und zurückkehren. Genau auf die natürliche Schwingungsfrequenz der elektrischen Ströme in der Erde abgestimmt, würden sie bei der Rückkehr genau die Spannungsimpulse im Mast und den aus der Erde gezogenen Strom verstärken. Eine ständig anwachsende Spannung würde im Mast aufgebaut. Der ganze Planet hätte dabei die Funktion einer zusätzlichen Sekundärspule, um den Strom zu verstärken.

Die Geschichte, wie Tesla, korrekt angezogen mit Ausgehrock und schwarzer Melone,

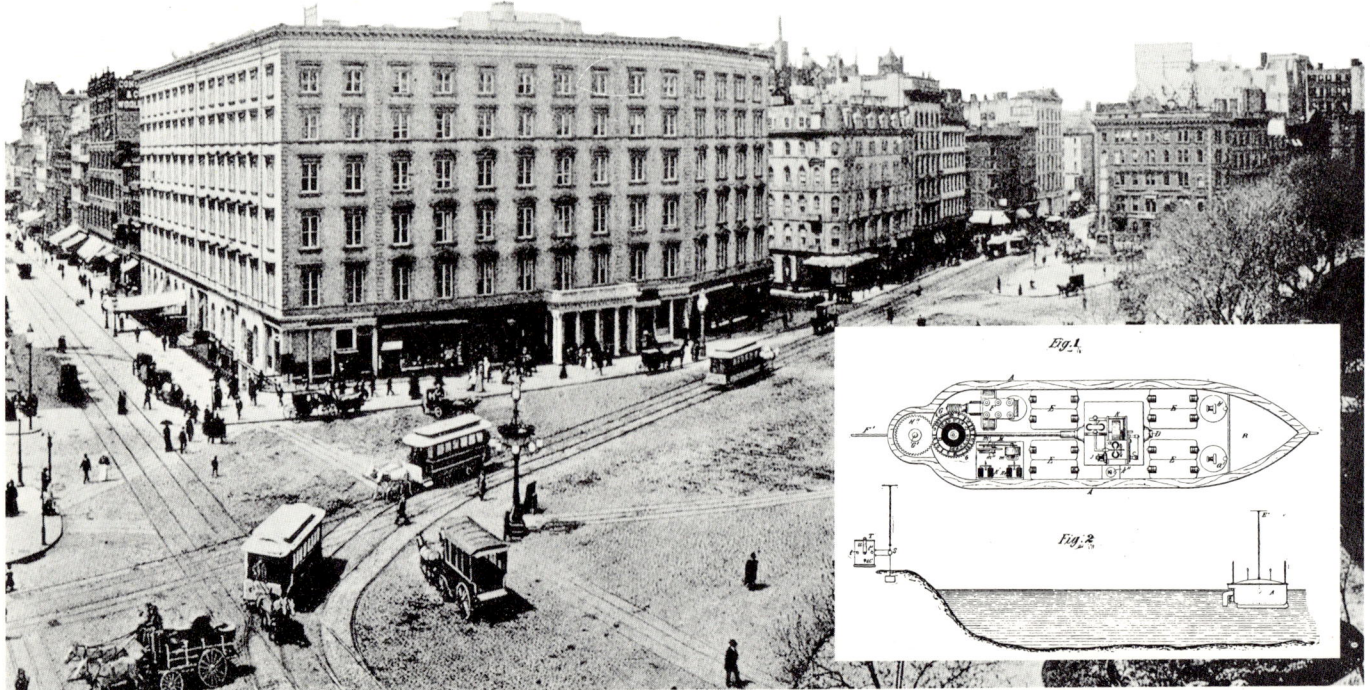

zu dem vielversprechenden Ereignis der Inbetriebnahme seines Apparates erschien, wird sehr dramatisch in John J. O'Neills Buch *Prodigal Genius (Verschwenderisches Genie)* geschildert. Während Tesla die Spitze des Mastes außerhalb des Gebäudes beobachtete, stand sein Assistent Czito ängstlich im Innern am Steuerpult. Als er den Schalter drückte, wurde die Sekundärspule von einem Leuchtkranz elektrischen Feuers umgeben, Funken sprühten überall im Gebäude, und von oben gab es ein scharfes Knacken.

„Darauf folgte ein ungeheures aufwallendes Geräusch. Das Knistern der Spule wuchs zu einem Crescendo an … dem ursprünglichen knackenden Stakkato folgte ein lauteres … Sie hörten sich an wie das Rattern eines Maschinengewehrs. Das Knallen hoch oben in der Luft wurde erheblich lauter; es war jetzt wie das Dröhnen einer Kanone, und die Entladungen folgten so schnell aufeinander, als würde über dem Gebäude ein gewaltiges Artilleriegefecht stattfinden … In der großen, scheunenartigen Hallenstruktur herrschte geisterhaftes blaues Licht. Die Spulen loderten in Massen feuriger Haare. Alles in dem Gebäude spie Flammen …

Draußen stand verzückt Tesla. Von dem Kupferball an der Spitze schossen Blitze hervor, Feuerzacken von fast 40 Meter Länge.

Test bis zur Zerstörung

Plötzlich blieb der menschengemachte Blitz aus. Tesla lief zurück ins Labor und protestierte bei Czito, er habe nicht angeordnet, das Experiment schon abzubrechen. Aber Czito zeigte nur auf die Kontrollanzeigen, an denen zu sehen war, daß die Energiezufuhr unterbrochen war. Das Experiment hatte das Generatorsystem der Elektrizitätsgesellschaft von Colorado Springs völlig ausbrennen lassen.

Glücklicherweise hatte Tesla den Generator selbst konstruiert und konnte ihn binnen einer Woche wieder zum Laufen bringen. Einige Schlußfolgerungen aus den Ergebnissen, die er durch diesen Versuch gewann, deutet er in einer Schrift an, die er im Jahr darauf schrieb:

„Die drahtlose Kommunikation zu jedem Punkt der Erde funktioniert. Solch ein Gerät braucht keine Demonstration, denn ich habe eine Entdeckung gemacht, durch die ich völlige Sicherheit gewann. Allgemein verständlich ausgedrückt handelt es sich dabei um folgendes: Wenn wir die Stimme heben und ein Echo als Antwort bekommen, wissen wir, daß die Stimme eine Wand oder Begrenzung erreicht haben muß und von dort zurückgeworfen wurde. Genau wie ein Ton wird auch eine elektrische Welle reflektiert, und den gleichen Beweis dafür, den das Echo beim Ton bildet, gibt es als elektrisches Phänomen, das als ‚stehende Welle‘ bekannt ist. Das ist eine Welle mit feststehenden Knoten- und Scheitelpunkten. Anstatt Tonschwingungen gegen eine entfernte Wand zu schicken, habe ich elektrische

Wellen gegen die fernen Grenzen der Erde gesandt, und anstelle der Wand hat die Erde geantwortet. Statt eines Echos erhielt ich eine stehende elektrische Welle … aus der Ferne zurückgeworfen."

Eine Standardvorrichtung zur Demonstration des Teslaspulen-Effektes besteht darin, eine Glühbirne ohne Anschluß an eine Stromzufuhr brennen zu lassen. Mit seiner riesigen Einrichtung in Colorado Springs konnte Tesla 200 von Edisons Glühlampen in einer Entfernung von 40 Kilometern zum Leuchten bringen.

78 Jahre später berichtete die Londoner *Evening Standard*, daß merkwürdige elektrische

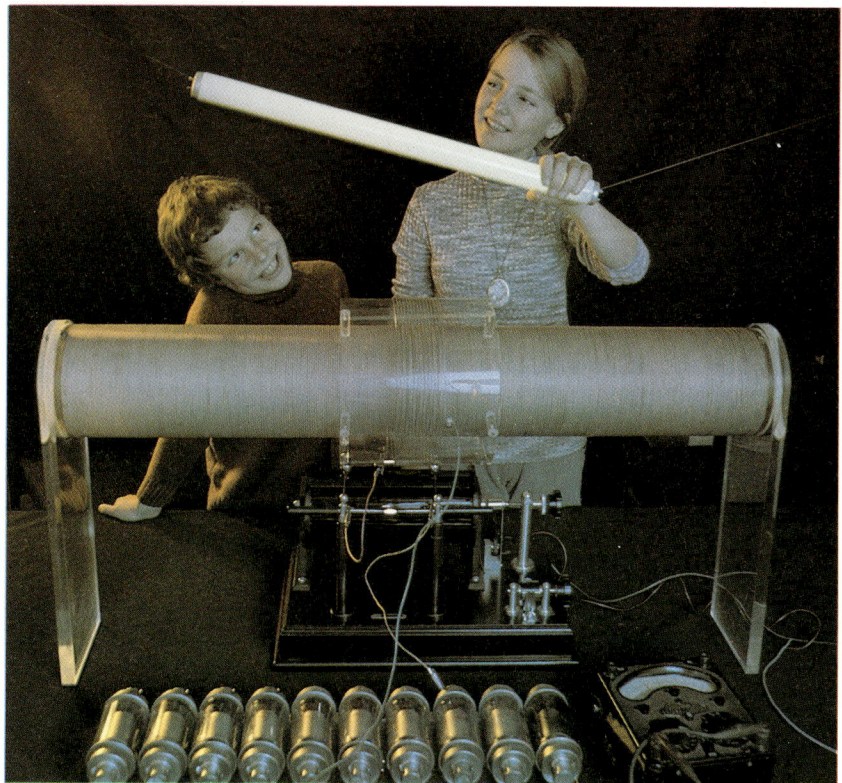

Ganz oben:
Tesla im Licht einer von ihm selbst erfundenen Leuchtstofflampe. Hochfrequenzspannung wird über Drähte, die an Teslas Körper verborgen sind, in die Lampe geleitet. Unsichtbare ultraviolette Strahlung, durch Gas unter niedrigem Druck in der Lampe erzeugt, läßt eine Beschichtung an der Glasinnenseite leuchten. Dieses Prinzip wird noch in modernen Leuchtstoffröhren benutzt, aber mit niederer Spannung und Frequenz.

Oben:
Eine moderne Vorführung von Teslas Idee. Einer Leuchtstoffröhre wird durch Radiowellen aus der großen Teslaspule drahtlos Energie zugeführt.

Stürme über Kanada stattgefunden hätten und Teslas letzter noch lebender Assistent, Arthur Matthews, von einem nicht näher genannten russischen Elektroingenieur regelrecht verhört worden sei. Kurz darauf berichtete die gleiche Zeitung, daß Generalmajor George Keegan, ehemaliger Chef des Nachrichtendienstes der US Luftwaffe, öffentlich seiner Befürchtung Ausdruck verliehen habe, daß die Russen eine Teilchenkanone besäßen, die ballistische Raketen im Fluge detonieren lassen könne.

Alle diese Ereignisse waren mit Teslas Arbeiten verbunden. Denn es schien, daß die Prinzipien, die ihn in die Lage versetzten, Energie an weit entfernte Orte zu übermitteln und die Erdenergien anzuzapfen, jetzt für den Krieg genutzt werden sollten.

Teslas schöne neue Welt

Gegen Ende seines Lebens machte Tesla Andeutungen, daß er eine Waffe von unvergleichbarer Kraft und Präzision entworfen habe. Ist es möglich, sein Geheimnis wiederzuentdecken?

Oben:
Ein Schauer glühender Tropfen sprüht vom Auftreffpunkt eines Rubinlaserstrahls auf eine Metallplatte. Wissenschaftler der Armee arbeiten an einem raketenzerstörenden Laser.

Links:
Tesla, ungefähr 1910, umgeben von einer Ansammlung technischer Geräte.

Als Tesla von der riesigen elektrischen Sendestation zurückkam, die er 1900 in Colorado Springs gebaut hatte, machte er sich an ein noch ehrgeizigeres Projekt, sein sogenanntes „Welt-System", eine Möglichkeit, die natürlichen elektrischen Schwingungen der Erde zu nutzen, um unbegrenzt und billig Strom zur Verfügung zu stellen. Mit der finanziellen Unterstützung des Eisenbahnmagnaten J. P. Morgan begann er die Konstruktion eines gewaltigen Sendekomplexes auf einem 800 Hektar-Grundstück auf Long Island, das als Wardencliff bekannt ist, etwa 100 Kilometer von New York entfernt. Ein Holzgerüst von 45 Metern Höhe wurde errichtet, auf welchem Tesla eine riesige Kupferelektrode mit einem Durchmesser von 30 Metern anbrachte, die wie ein Pfannkuchen geformt war und einen Röhrendurchmesser von 6 Metern hatte.

Aber irgendwie begannen die Dinge schief zu laufen. Es war nie ausreichend Geld vorhanden, und obwohl das Gerüst 12 Jahre lang stand und erst im Ersten Weltkrieg als Verteidigungsrisiko abgerissen wurde, kam bei der ganzen Sache nichts heraus. Auch von dem damit verbundenen Projekt, der Industriestadt *City Beautiful*, die er mit seinem Architektenfreund Stanford White zusammen geplant hatte, war nichts zu sehen.

Von da an schien Teslas Zeit vorbei zu sein. Er war zwar nie mittellos und mußte auch nie hungern, doch während andere Wissenschaftler praktische Anwendungen der Ideen entwickelten, die er als die seinen beanspruchen konnte, fand er nur wenig Gelegenheit, seine Theorien auszubauen. Als er alt wurde, schien er den Kontakt zur wissenschaftlichen Welt

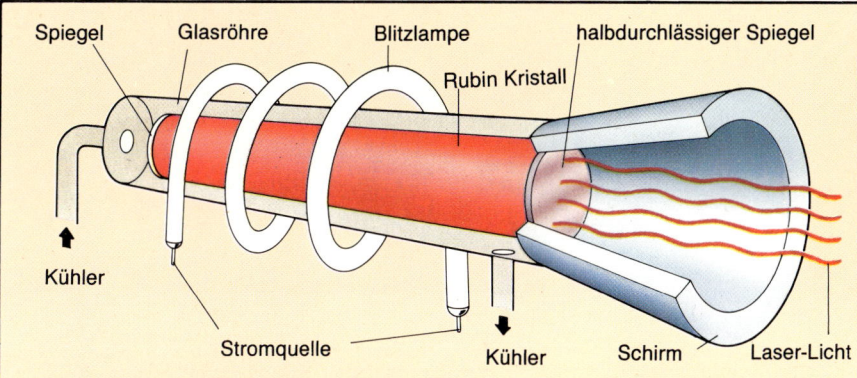

Spiegel Glasröhre Blitzlampe halbdurchlässiger Spiegel

Rubin Kristall

Kühler

Stromquelle Kühler Schirm Laser-Licht

Ein Rubinlaser (oben) besteht aus einem synthetischen Rubinstab, an den eine normale Blitzlampe montiert ist. Wenn diese Lampe zündet, wird das Licht in Chromatomen gespeichert, die im Rubin als Verunreinigung enthalten sind. Sie beginnen die Energie als reines rotes Licht wieder abzugeben, welches zwischen den genau im Winkel zueinander stehenden Spiegeln an beiden Enden des Kristalls hin und her geworfen wird. Die Lichtintensität steigt, bis alle Chromatome ihre Energie entladen haben. Das Licht entweicht allmählich durch den Spiegel an einem Ende, der semi-transparent (halbdurchlässig) ist, und tritt als kurzer Impuls roten Lichts hervor.

Das Zauberlicht

Weißes Licht, beispielsweise das Sonnenlicht (unten), ist ein Gemisch von Licht aller Wellenlängen, wobei jeder Wellenlänge eine bestimmte Farbe entspricht. Sogar das reinste farbige Licht hat, wenn es aus einer anderen Quelle als einem Laser stammt, immer eine Streuung von Wellenlängen. Außerdem sind die Wellen nicht phasengleich, befinden sich nicht „im Gleichschritt". Laserlicht dagegen hat eine einzige, exakte Wellenlänge, die Wellen sind phasengleich, und es kann für einen kurzen Moment extrem intensiv sein.

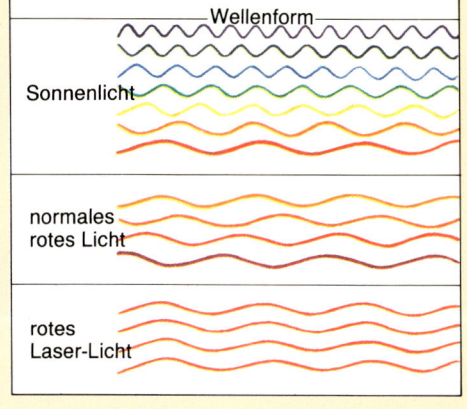

Wellenform

Sonnenlicht

normales rotes Licht

rotes Laser-Licht

---

verloren zu haben und machte in zunehmendem Maße dogmatische Aussagen, die im Gegensatz zur Entwicklung der Physik standen.

Zum Beispiel konnte er nicht dazu gebracht werden, die Struktur des Atoms anzuerkennen; und die Vorstellung, ein Atom zu spalten, war ihm unbegreiflich. Für ihn blieben Atome die unteilbaren „Billardkugeln" der Physik des 19. Jahrhunderts. Er akzeptierte zwar die Idee der unabhängigen Existenz von Elektronen, aber er konnte das eine Konzept nicht mit dem anderen in Einklang bringen. Als Ergebnis seiner Experimente mit extrem langwelligen, hochenergetischen elektrischen Schwingungen war er zu der Überzeugung gelangt, daß Materie in einem Schwingungszustand existiere, aber er stellte sich das in einfachen Begriffen physikalischer Beziehungen zwischen Gegenständen vor, nicht aber in den komplizierten Systemen der Quantenmechanik.

Ein Planet in Resonanzschwingung

Bei seinem Experiment in Colorado Springs hatte Tesla eine Art Elektronenpumpe in und auf der Erde installiert, die er als den Aufbau einer Resonanzbewegung der planetaren elektrischen Ströme verstand. Es ist auch sicher, daß Teslas extrem langwellige Übertragungen eine solche Resonanz bewirkt haben können. Ob ein Weg gefunden werden kann, dies für die Erzeugung elektrischer Energie zu nutzen, bleibt noch abzuwarten.

Am anderen Ende der Frequenzenskala gibt es einige Hinweise darauf, daß Tesla das Prinzip des Lasers entdeckte. Der Name „Laser" ist eine Abkürzung für ‚Light Amplification by Stimulated Emission of Radiation' (Lichtverstär-

John Pierpoint Morgan war der Leiter einer der mächtigsten Finanzunternehmen der USA, als er von den Entdeckungen und der Persönlichkeit Teslas eingenommen wurde. Seine Unterstützung ermöglichte es Tesla, die Arbeit an seinem „Welt-System" zu beginnen, aber erstaunlicherweise verlangte Morgan keinen Anteil an den zukünftigen Gewinnen der Unternehmung.

kung durch stimulierte Strahlungsemission). Das Licht eines Lasers wird durch eben jene Art der abgestimmten Schwingung erzeugt, mit der Tesla seine Hochspannungsentladungen hervorrief. Allerdings geschieht dies bei hohen Frequenzen und kurzen Wellenlängen. Erst 1960 wurde der erste Laser hergestellt, als der amerikanische Physiker T. H. Maiman einen Rubinstab dazu brachte, Licht auszusenden, indem er Lichtenergie der genau richtigen Frequenz hinein „pumpte".

Der wichtigste Aspekt des lasererzeugten Lichts besteht darin, daß es eine einzige feste Wellenlänge hat. Normale Lichtquellen produzieren eine große Bandbreite an Wellenlängen, die in alle Richtungen abstrahlen. Laser erzeugen Licht von ausschließlich einer Wellenlänge, und die Strahlung bewegt sich auch nur in eine Richtung, wobei die Wellen alle im Gleichschritt kommen, was als „Kohärenz" bezeichnet wird. Aufgrund dessen läßt sich Laserlicht über enorme Entfernungen, ohne seine Kraft zu verlieren oder gestreut zu werden. Der erste Mensch auf dem Mond ließ einen Reflektor zurück, um Laserstrahlen zur Erde zurückzuwerfen. Sie trafen ohne spürbare Verringerung ihrer Kraft dort ein.

In einer Schrift aus dem Jahre 1934 beschreibt Tesla einen Apparat, der einem Laser seltsam ähnlich sieht. Er behauptete, daß das Gerät Partikel projiziere, die relativ groß, aber auch mikroskopisch klein sein könnten und erlaube, über eine große Entfernung hin auf eine kleine Fläche Milliarden mal mehr Energie zu übertragen, als mit irgendeiner Art Strahlen möglich ist. Viele Tausend Pferdestärken könnten so durch einen Strom geleitet werden, der dünner ist als ein Haar, so daß

Eine elektrisierende Idee

Das „Welt-System", das Tesla sich vorstellte, würde seinen Angaben gemäß nicht nur die unmittelbare und präzise drahtlose Übertragung aller Arten von Signalen, Meldungen oder Zeichen in alle Teile der Welt möglich gemacht haben, sondern auch die Verbindung aller existierenden Telefone, Telegrafen und anderer Signalstationen ohne Änderung ihrer Ausrüstung.

Die Funksignale wären nicht überlagernd und nicht störbar. Es gibt praktisch keine Begrenzung für die Anzahl an Stationen und Instrumenten, die damit gleichzeitig ohne die geringste gegenseitige Störung arbeiten könnten. Tesla beschrieb verschiedene Anwendungen dafür. Sie schlossen die weltweite Verbreitung von Neuigkeiten durch Funktelegrafen oder Funktelefon ein, sowie die Verbindung der Fernschreiber auf

allen Börsen der Welt. Uhren mit einfacher, billiger Konstruktion könnten von dem System überall auf der Welt synchronisiert werden, ohne daß sie einer Wartung bedürften. Tesla hielt die Idee für faszinierend, der ganzen Welt amerikanische Zeit aufzuzwingen und meinte, sie würde sicher sehr beliebt sein. Faksimile-Übertragungen von Dokumenten wäre denkbar gewesen. Ein globaler „Marine-Service" hätte es allen Schiffen ermöglicht, ohne Kompaß zu steuern. Tesla versprach, daß bei der Inbetriebnahme der ersten Station die Menschheit wie ein aufgescheuchter Ameisenhaufen reagieren würde. Die verschiedenen Kommunikationsformen, die er vorhersah, gibt es heute alle, und sie werden immer weitergehender integriert – aber auf einem von Teslas Ideen sehr verschiedenen Prinzip: nämlich durch Relais über Satelliten.

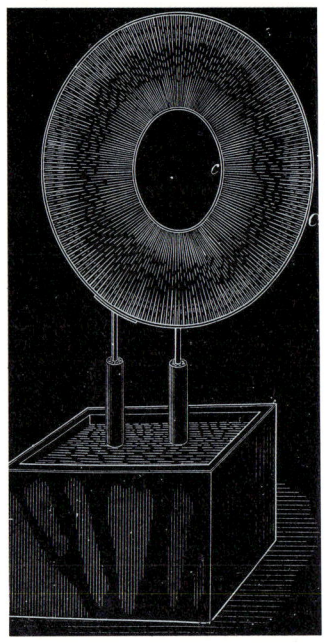

nichts ihm widerstehen kann. Auf der Feier zu seinem 82. Geburtstag 1938 im Hotel *New York* wurde er gefragt, ob er in der Lage sei, auf dem Mond einen Effekt zu produzieren, der groß genug ist, daß ihn ein Astronom mit einem sehr starken Teleskop beobachten kann. Er antwortete, es wäre ihm durchaus möglich, auf der dunklen Region des Neumondes mit dünner Sichel einen leuchtenden Punkt hervorzurufen, der wie ein heller Stern scheint, so daß man ihn auch ohne Hilfe eines Fernrohrs sehen könne.

Teslas Gerede führte zu hartnäckigen Gerüchten, daß er „Todesstrahlen" erfunden hätte. Aber in einem Artikel von 1935 dementierte er die Nachricht:

„Wir können den Krieg nicht abschaffen, indem wir ihn verbieten. Wir können ihn nicht beenden, indem wir die Starken entwaffnen. Der Krieg kann aber beseitigt werden, nicht indem wir die Starken schwach machen, sondern indem jede Nation, stark oder schwach, in die Lage versetzt wird, sich selbst zu verteidigen ... Ich hatte das Glück, eine neue Idee zu entwickeln und Mittel zu erfinden, die hauptsächlich für die Verteidigung angewandt werden können. Wenn sie zum Einsatz kommen, würde das die Beziehungen der Nationen untereinander revolutionieren. Es würde jedes große oder kleine Land uneinnehmbar durch Armeen, Flugzeuge und anderen Angriffswaffen machen. Meine Erfindung bedarf einer großen Kraftstation, aber wenn sie erst einmal installiert ist, macht sie es möglich, in einem Umkreis von 320 Kilometern alles zu zerstören, Menschen wie Maschinen."

Sowjetische Todesstrahlen?

Im Lichte dieser Behauptung erscheint die Besorgnis von Generalmajor George Keegan über die ungewöhnlichen elektrischen Stürme,

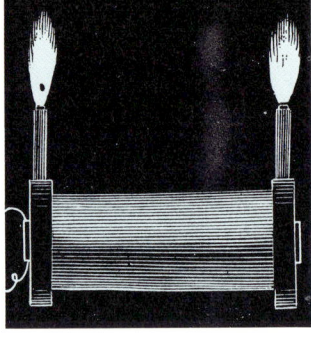

Ganz oben:
Tesla experimentierte mit verschiedenen Beleuchtungskörpern, die zu Werbezwecken dienen sollten. Das Bild zeigt eine Entladung zwischen konzentrischen Drahtschlaufen, die eine brillant strahlende Lichtscheibe abgeben. Sie kann für die Schaufensterdekoration verwendet werden.

Oben:
Leuchtende Entladungen an den Enden von Hochspannungsspulen. Tesla glaubte daran, daß sie nicht nur dem Erscheinungsbild nach Flammen ähnlich sähen. Wenn die Natur des Feuers verstanden würde, könnte man sehen, daß es ebenfalls elektrische Hochfrequenzfelder enthielte.

Rechts:
Die Versuchsstation in Colorado Springs. Künstliche Blitze wurden von der Kugel an der Mastspitze ausgesandt.

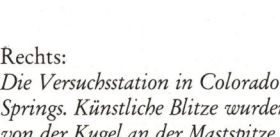

die 1977 über Kanada auftraten, von besonderer Bedeutung. Keegan glaubte, daß sie durch Versuche einer sowjetischen Strahlenkanone hervorgerufen wurden, die fähig sei, ballistische Interkontinentalraketen zu sprengen, während sie sich noch in der oberen Atmosphäre befinden.

Die ersten Hinweise auf Versuche mit solchen Strahlungskanonen ergaben sich, als ein Satellit unerwartet hohe Wasserstoffmengen mit Tritiumspuren (schwerer Wasserstoff), dem Energieträger der Wasserstoffbombe, in der äußeren Atmosphäre fand. Nachrichtendienstler verbanden diese Beobachtung mit der Information, daß die Sowjets bei Semipalatinsk (Kasachstan) Versuche durchführen, die offenbar dazu dienen sollen, eine Waffe zu entwickeln, die einen Strahl subatomarer Partikel beschleunigen und gebündelt auf ein Ziel richten soll, etwa auf eine Rakete.

Subatomare Teilchen, die für eine solche Waffe infrage kämen, sind Elektronen und Protonen. Nach der modernen physikalischen

Unten:
Das turmartige Gerüst auf Long Island, das den Kern des „Welt-Systems" bilden sollte. Es stand bis zum Ersten Weltkrieg.

Theorie lassen sich diese sowohl als kleine feste Teilchen definieren, die durch eine kontrollierte elektromagnetische Schwingung beschleunigt werden können, oder als Wellenpakete, deren Energie in der gleichen Weise „gepumpt" werden kann, wie sie in einer Teslaspule aufgebaut wird oder wie Lichtwellen zu einem intensiven Strahl in einem Laser verstärkt werden.

An dieser Partikelkanone oder einem Laser ist bedeutsam, daß der Strahl aus einem energiegeladenen Wellenpaket besteht, das auf genau die gleiche Weise mit der ihm eigenen Frequenz erzeugt wird und eine kohärente Strahlung ergibt, wie Tesla 1900 seine stehende Welle beschrieben hat.

In einer Anlage bei Sarij-Schagan, ungefähr 800 Kilometer von Semipalatinsk, haben die Sowjets seit November 1979 mit einer Teilchenstrahlenwaffe experimentiert. Und es ist wahrscheinlich, daß sie bei Gomel, in der Nähe von Minsk, eine Entwicklungsarbeit über einen erheblich längeren Zeitraum laufen lassen. In der Tat verursachte das, was die Russen unklar als „gewisse Experimente im Hochfrequenzbereich" bezeichneten, während des Jahres 1976 schwere Funkausfälle, die zu Protesten einiger Regierungen führten, davon allein vier aus Großbritannien.

Angriff auf die Ionosphäre

Von größerer Wichtigkeit als Funkausfälle sind allerdings die Auswirkungen von unkontrolliertem – oder, noch übler, von kontrolliertem – Beschuß der oberen Atmosphäre mit einer Teilchenstrahlkanone. In einer Höhe von 100 Kilometern über der Erdoberfläche beginnt die Ionosphäre. Dabei handelt es sich um eine Reihe von Schichten extrem verdünnter Luft, in welcher die Atome teilweise zu elektrisch geladenen Ionen zerfallen. Die Ionosphäre ist für die Reflektion langwelligen Funks rund um die Erde verantwortlich; sie ist auch der Teil der Atmosphäre, in welchem die bemerkenswerten elektrischen Vorführungen der *aurora borealis,* des Nordlichts, als Reaktion auf einen Teilchenbeschuß aus dem Raum stattfinden.

Wie ein Laser, so kann auch ein fein genug gebündelter Teilchenstrahl ein Loch in die Ionosphäre schlagen. Die Teilchen, entweder positiv geladene Protonen oder negativ geladene Elektronen, können die Ionenverteilung in der Umgebung des Strahlenverlaufs ernsthaft beeinträchtigen, wobei sie nordlichtartige Erscheinungen oder Funkstörungen hervorrufen, sehr ähnlich jenen, die 1977 über Nordkanada gemeldet wurden. Und wer weiß, welche Auswirkungen diese Störungen auf die Strömungen in der oberen Atmosphäre und damit auf unser Wetter haben können?

Andrew Michrowski, ein Wissenschaftler, der an einem Energieprojekt in Ostkanada arbeitet, hat keine Zweifel. „Mir ist ziemlich klar, daß die Russen Experimente aufgrund von Teslas Ideen durchführen und dabei die Weltwetterlage verändert haben", sagt er.

Die Geheimnisse der Materie

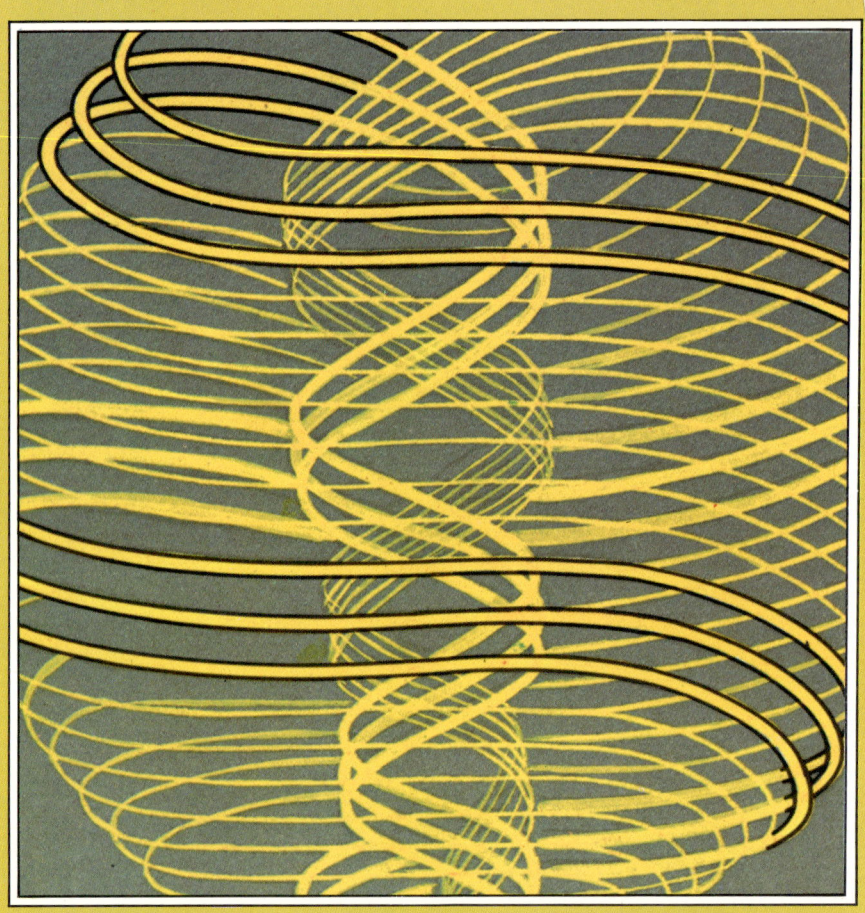

Je mehr wir über die Materie wissen, um so stärker löst sie sich auf, die Entdeckung immer kleinerer Elementarteilchen führte zur überraschenden Erkenntnis: „Die Materie besteht hauptsächlich aus nichts". Was wird die Wissenschaft noch alles erklären müssen, um den Zusammenhalt der Welt und das Sein des Geistes zu begründen.

Krise auf Krise

Ein anspruchsvolles Randgebiet in der Mathematik, das den auffallenden Namen „Katastrophen-Theorie" trägt, ist als neuer Schlüssel zum Verständnis vieler verwirrender Aspekte der Wirklichkeit begrüßt worden.

Nur selten richtet sich das öffentliche Interesse auf ein Arbeitsgebiet der Mathematik. Noch weniger wird darüber im Fernsehen und in Zeitschriften berichtet. Eine Ausnahme macht jedoch eine neue mathematische Richtung, die in den siebziger Jahren im wesentlichen durch den französischen Mathematiker Ren Thom entwickelt worden ist. Er veröffentlichte 1972 sein epochemachendes Lehrbuch unter dem abschreckenden Titel *Strukturelle Stabilität und Morphogenese*. Das mathematische Gebiet, das er darin abhandelt, benannte er jedoch einprägsamer als „Katastrophen-Theorie".

Zweifellos trug auch der Name zu dem großen öffentlichen Interesse bei, das sich nach einigen Jahren regte. Ein weiterer Faktor, der die Phantasie der Laien anreizte, war der ernsthafte Versuch namhafter Wissenschaftler, Thoms Theorie auf ein breites Spektrum dramatischer Themen anzuwenden, darunter auch solche, die man üblicherweise als Katastrophen bezeichnet: Erdbeben, das Versagen von Bauelementen unter Belastung, Nervenzusammenbrüche, plötzliche Kriegsausbrüche,

Die Brücke von Tacoma Narrows brach im Jahre 1940 zusammen und stürzte in die Wasser des Puget Sound, Washington. Ein Sturm hatte stärkere Schwingungen ausgelöst, als das Bauwerk sie aushalten konnte. Materialversagen unter Belastung ist eines in der großen Anzahl der Anwendungsbereiche der Katastrophen-Theorie, die Ren Thom (unten) entwickelte.

sogar das Ausschwärmen der Wanderheuschrecken.

Mit Hilfe dieser neuen mathematischen Technik wurden auch zahlreiche andere Entwicklungen, physikalische, biologische und psychologische, analysiert, die zwar weniger katastrophal, aber ebenso abrupt, sprunghaft und unvorhersagbar sind: das jähe Umschlagen des Verhaltens bei Hunden vom Ducken zum Angriff, das spontane Umkippen der Wahrnehmung bei optischen Täuschungen, das „Aha-Erlebnis" bei einem Witz, der plötzliche Zusammenbruch der Kampfmoral bei einer Truppe.

Das Interesse an der Katastrophen-Theorie wurde zusätzlich durch den Eifer ihrer akademischen Verfechter unterstützt. Diesen standen ebenso lautstarke Gegner gegenüber, welche die Ansprüche der Katastrophen-Theorie für weit übertrieben hielten. Die Spaltung des akademischen Lagers wurde durch den ungewohnten Charakter dieser neuen Mathematik verursacht. Viele erhofften sich von ihr Lösungsmöglichkeiten für Probleme, die die konventionelle Wissenschaft für unlösbar hielt, einschließlich der rätselhaften paranormalen Phänomene, deren Unvorhersagbarkeit und Sprunghaftigkeit den physikalischen Gesetzen zuwiderzulaufen scheint.

Die Mathematik, die den modernen Naturwissenschaften zugrundeliegt, entstand zu einer Zeit, in der man physikalische Vorgänge als gleichmäßige Veränderungen begriff. Die Entwicklung der Infinitesimalrechnung durch Isaac Newton (1642–1727) und Gottfried Wilhelm Leibniz (1646–1716) stellte eine wirksame und elegante Methode zur Verfügung, mit der sich die kleinsten Veränderungen im gleichmäßigen Umlauf der Planeten um die Sonne, im turbulenten, aber stetigen Fluß des Wassers und im Wachstum der Kristalle ausdrücken lassen.

Das System wurde während der nächsten Jahrhunderte verfeinert, aber nie zweifelte jemand daran, daß es sich um die grundlegend richtige Methode handelte, die physische Welt

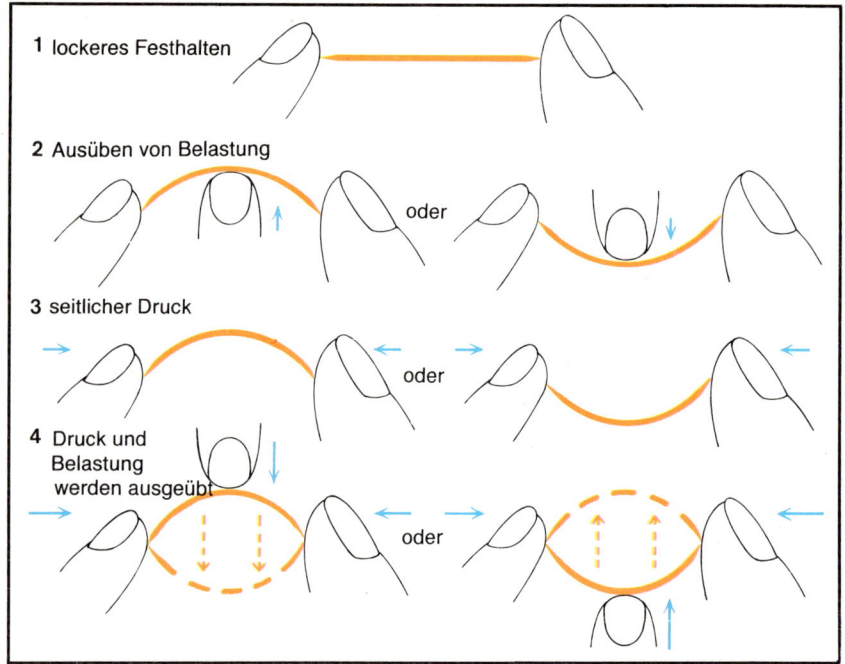

1 lockeres Festhalten

2 Ausüben von Belastung

oder

3 seitlicher Druck

oder

4 Druck und Belastung werden ausgeübt

oder

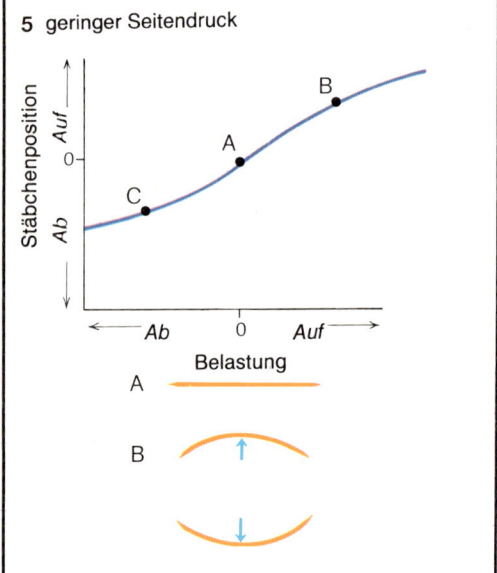

5 geringer Seitendruck

Stäbchenposition
Auf
0
Ab

C

A

B

Belastung
Ab 0 Auf

A

B

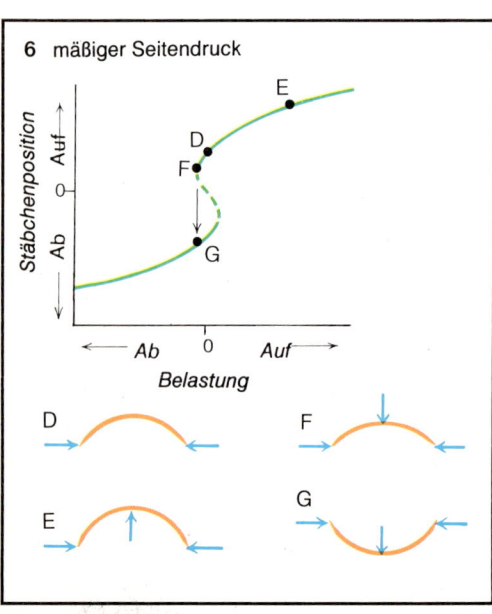

6 mäßiger Seitendruck

Stäbchenposition
Auf
0
Ab

E
D
F
G

Belastung
Ab 0 Auf

D   F
E   G

Ein Cocktail-Stäbchen aus Kunststoff veranschaulicht eine „Katastrophe", einen plötzlichen Sprung in einem Vorgang. Halten sie es locker (1), kann es unter Druck nach oben oder unten verschiedene Lagen einnehmen (2). Wird der Stab aber seitlich unter Druck gesetzt, läßt die Belastung ihn zwischen zwei Positionen hin- und herschnellen (3). Unter größerem Druck wird mehr Kraft gebraucht, um ihn zum Umspringen zu veranlassen (4). Die Kurve (5–7) faßt dies zusammen. Bei A wird das Stäbchen locker gehalten und überhaupt nicht belastet (5). Druck nach oben, biegt das Stäbchen leicht in Druckrichtung (B), Druck nach unten ebenfalls (C). Bei leichtem Druck von den Seiten (6), auch ohne Belastung von oben oder unten, ist der Stab leicht gebogen, nehmen wir einmal an, nach oben (D). Ein Druck nach oben verursacht eine leichte Zunahme der Wölbung (E). Ein Druck nach unten (in der Graphik eine Bewegung von D nach links) verändert die Form kaum, bis die Belastung so groß wird, daß (F) ein plötzlicher Sprung zum unteren Teil der Kurve (G) stattfindet. Ist der Stab noch stärkerem Druck entlang der Längsachse ausgesetzt (7), wird eine ebenfalls größere Belastung von oben erforderlich, um ihn zum Umspringen zu veranlassen (J–K). Das Stäbchen wiederum nach oben zu drücken, wird bis zum Erreichen des Punktes L keine Wirkung haben. Ähnliche Graphiken vermögen das Verhalten von belasteten Balken in Gebäuden zu beschreiben.

zu beschreiben. Zu gegebener Zeit würde die gesamte Physik, und schließlich alle anderen Wissenschaften, so präzise, geordnet und vorhersagbar sein, wie die Himmelsmechanik.

Eine für die Newtonsche Physik grundlegende Annahme widersprach jedoch der Alltagserfahrung. Ist es denn wahr, daß jede Veränderung kontinuierlich verläuft? Blasen platzen, Wasser erstarrt plötzlich zu Eis. Die Forschungen in diesem Jahrhundert haben gezeigt, daß Veränderungen auf der subatomaren Ebene häufig spontan und sprunghaft stattfinden: Elektronen wechseln übergangslos von einem Energieniveau zum anderen. Ist es wirklich sinnvoll, derartige Phänomene mit mathematischen Methoden anzugehen, die dafür geschaffen sind, gleichmäßige Entwicklungen auszudrücken?

Ren Thom glaubt nicht daran, daß man abrupten Wechseln bei Vorgängen oder Gegenständen auf diese Weise gerecht werden könne. Eine Einsicht in die Vorgänge ist aber entscheidend für ein grundlegendes Verständnis der Welt. Ein angemessenes Ziel der Wissenschaft ist seiner Meinung nach die Beschreibung dessen, was er die „unaufhörliche Schöpfung, Entwicklung und Zerstörung von Formen im Universum" nennt.

Gewöhnlich arbeiten Mathematiker mit langen Beweisketten und benutzen dabei viele Gleichungen. Das tut auch Thom, aber er setzt sie dazu ein, um zu zeigen, daß sich durch Bilder, mathematische zwar, aber immerhin Bilder, das Verhalten physikalischer Systeme darstellen läßt. Er vertritt die Auffassung, daß die Fähigkeit der bildhaften Vorstellung für unser Verständnis physikalischer Probleme entscheidend ist und daß bildhafte Erklärungen unserem Verständnis leichter zugänglich sind als Zahlen und Gleichungen. Christopher Zeeman, ein Hauptvertreter der Katastrophen-Theorie von der Warwick Universität, drückt es folgendermaßen aus:

„So wie unsere Hirne veranlagt sind, sind wir daran gewöhnt, gleichzeitig zu denken

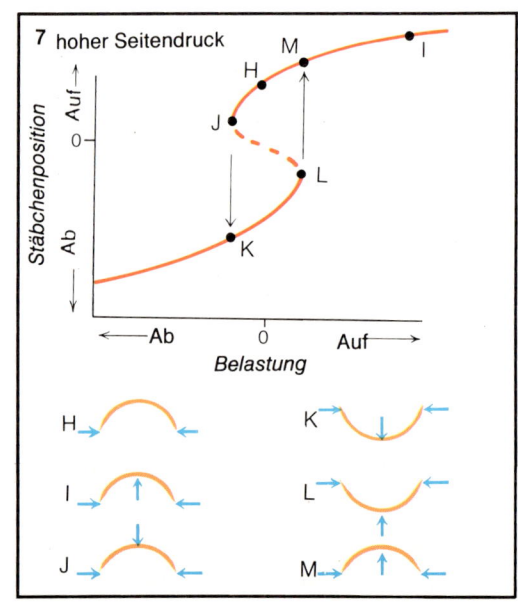

7 hoher Seitendruck

Stäbchenposition
Auf
0
Ab

H
M
I
J
L
K

Belastung
Ab 0 Auf

H   K
I   L
J   M

---

und zu sehen. Deshalb ist es leicht möglich, sehr tief über eine neue Idee nachzusinnen, während man sich graphische Darstellungen einprägt. Das ist mit Zahlen anders; unser Gehirn ist nicht darauf eingerichtet, kreativ zu arbeiten und gleichzeitig zu rechnen." Und Thom meint: „Das Dilemma, vor dem jede wissenschaftliche Erklärung steht, ist: Magie oder Geometrie." Eine Erklärung ohne Bild ist gar keine Erklärung.

Die Katastrophen-Theorie arbeitet qualitativ, nicht quantitativ. Beispielsweise kann sie keine Voraussage darüber machen, wann ein Ereignis eintreffen wird; aber sie kann uns sagen, welches Ereignis zu irgendeinem Zeitpunkt eintreten wird. In gewisser Hinsicht ist das eine Einschränkung, aber wir können uns auf dieser Basis immerhin Urteile bilden, Parallelen ziehen und wenigstens ungefähre Voraussagen treffen. Zur Veranschaulichung der Katastrophen-Theorie ist es nützlich, ein ganz einfaches Beispiel zu betrachten: Nehmen wir ein Cocktail-Stäbchen aus Plastik. Halten wir es locker zwischen Daumen und Zeigefinger der linken Hand. Nun drücken wir es mit dem Zeigefinger der anderen Hand leicht nach oben, es wird sich etwas verbiegen. Drücken wir stärker, wird es stärker nachgeben. Es kann durch entsprechenden Druck in jede Richtung gebogen werden.

In bevorzugter Lage

Und nun üben Sie auch mit Daumen und Zeigefinger Druck aus. Das Stäbchen wird sich in eine bestimmte Richtung biegen – nehmen wir an nach oben. Wenn Sie jetzt mit dem anderen Zeigefinger das gleiche tun, wird es seine Form kaum verändern. Auch wenn Sie immer stärker drücken, wird das Stäbchen widerstehen, bis es ganz plötzlich in eine andere Lage umspringt und nun nach unten durchgebogen ist. Unter solchem Druck von den Enden her ist es unmöglich, das Stäbchen in eine mittlere Position zu bringen. Es hat zwei „bevorzugte Lagen", zwischen denen ein sprunghafter Wechsel stattfindet. Ohne diesen Druck dagegen kann ein Stab jede beliebige Zwischenposition einnehmen.

Das ist ein klassisches Beispiel für die Art der Vorgänge, mit denen sich die Katastrophen-Theorie beschäftigt. Beim Cocktail-Stäbchen handelt es sich um ein von zwei Faktoren bestimmtes System, nämlich dem von Daumen und Zeigefinger ausgeübten Druck und der mittels des anderen Zeigefingers bewirkten Belastung. Der Katastrophen-Theorie zufolge lassen sich alle möglichen Zustände eines Systems mit zwei Variablen, das plötzliche Sprünge („Katastrophen") in seinem Verhalten zeigt, durch ein graphisches Modell darstellen, das wie ein Blatt mit einer einzelnen einfachen Faltung aussieht. Ren Thom nennt diesen Fall „Scheitel-Katastrophe".

Wenn wir uns die Bewegung eines Punktes auf dem Blatt vorstellen, wird daran deutlich, inwiefern die Graphik das Systemverhalten

Diese dreidimensionale Graphik läßt die einfachste „Scheitel-Katastrophe" verständlich werden, mit welcher eine große Anzahl physikalischer und biologischer Vorgänge beschrieben werden können. Sie besteht aus einer einmal gefalteten Ebene. Das Verhalten des Cocktail-Stäbchens kann aus den gegenüberliegenden Kurven (8) abgelesen werden. Jede gibt das Verhalten bei einer bestimmten Stärke seitlichen Drucks wieder. Hintereinander geschaltet ergeben sie die gefaltete Ebene (9). Wenn der Stab unterschiedlichen Belastungen bei ganz bestimmten Stärken des Seitendrucks ausgesetzt wird, erhält man die blaue, grüne und rote Kurve. Unter sehr geringem Druck (blau) tritt keine Katastrophe auf. Bei stärkerem (grün und rot) entstehen Sprünge im Verhalten (F–G und J–K). Für jeden Sprung gibt es einen entsprechenden Umkehrsprung, wie L–M.

bildlich übersetzen kann. Am Punkt A ist der Druck sehr schwach und die Belastung klein, der Stab ist kaum gebogen. Wird der Druck erhöht, ohne die Belastung zu ändern, geht Punkt A in Punkt D über. Er liegt höher an der Blattneigung, was eine größere Biegung unseres Cocktail-Stäbchens ausdrückt. Wird die Belastung jetzt bei gleichbleibendem Seitendruck erhöht, bewegt der Punkt sich zu F: es entsteht eine leichte Verminderung der Aufwärtsbiegung des Stabes. Eine weitere Vergrößerung der Belastung bewegt den Punkt über den Scheitel hinaus, und er springt auf die untere Blattebene zu G.

Das Verhalten eines Cocktail-Stäbchens ist an sich natürlich nicht von besonderem Inter-

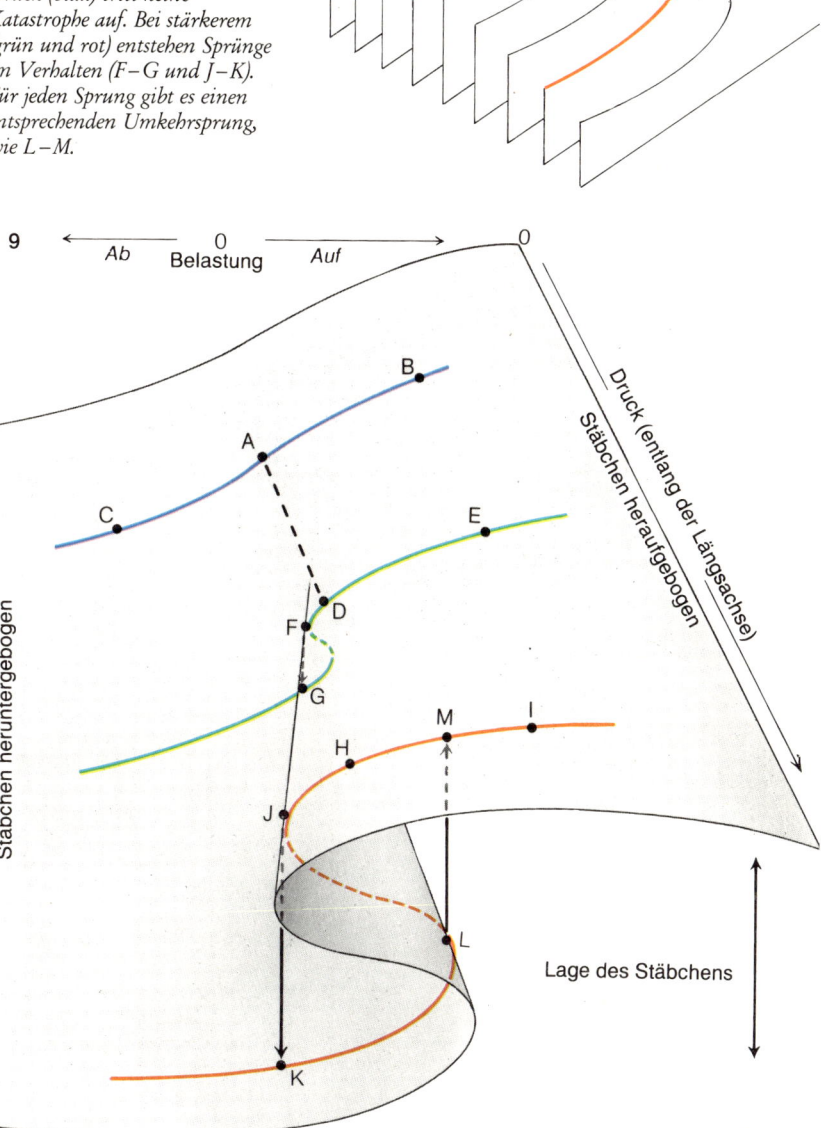

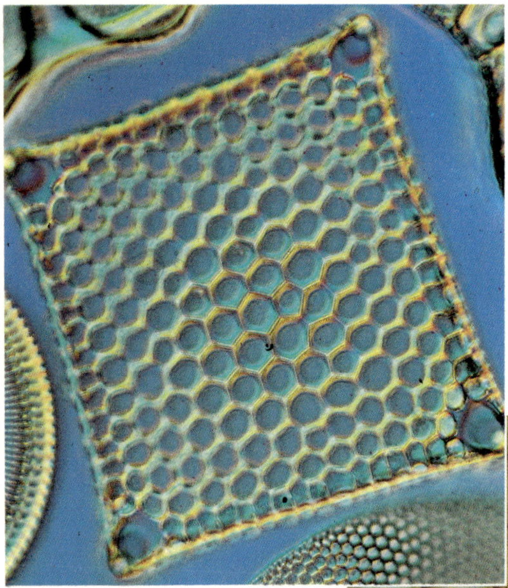

Die Katastrophen-Theorie könnte unser Verständnis natürlicher Formen erweitern. Die traditionelle Geometrie weist dazu den Weg. Sechseckige Strukturen kommen beispielsweise häufig vor: bei Algen (oben) oder im Libellenauge (rechts). Das Sechseck ist eine der drei Flächenformen, die in regelmäßiger Wiederholung eine Fläche füllen können. Deshalb bildet es in der Natur eine „bevorzugte“ Form.

esse. Wichtig daran ist, jedes System mit „Katastrophen“-Verhalten, das von zwei Variablen bestimmt wird, kann durch eine entsprechende Graphik – das Blatt mit einer Faltung – beschrieben werden. Dies ist einer der grundlegenden Lehrsätze der Katastrophen-Theorie, das „Klassifikations-Theorem“, welches Thom bereits 1965 formulierte. Die Falte kann größer oder kleiner sein, die Neigung steiler oder sanfter, aber die zugrunde liegende Form bleibt bestehen. Das qualitative Verhalten eines solchen Systems hängt nicht von der Art der Variablen, sondern nur von ihrer Anzahl ab. Ein System mit zwei Einflußfaktoren hat nur ein mögliches Entwicklungsmuster: den Sprung am Scheitelpunkt.

Komplexere Systeme, wie Tiere oder Menschenmengen, werden natürlich von erheblich mehr Faktoren beeinflußt. Wenn aber die Anzahl der Variablen 2 übersteigt, kommen wir in Schwierigkeiten, weil die Ebenen, die das Systemverhalten darstellen, in 4 oder mehr Dimensionen verlaufen und sich deshalb nicht auf einem Blatt Papier veranschaulichen lassen. Wir können uns aber ein Bild davon machen, indem wir Projektionen auf verschiedene Achsen durchführen, d.h. das Systemverhalten mit einem oder mehreren festen Variablenwerten in einer Ebene darstellen.

Vielleicht erweckt die Katastrophen-Theorie den Anschein, sie würde außerordentliche Behauptungen über die Natur und die Muster möglicher Ereignisse aufstellen. Um ihnen den richtigen Stellenwert zu geben, ist es sinnvoll, die grundlegenen Katastrophen der Natur mit den geometrischen Grundformen zu vergleichen. Schon die alten Griechen entdeckten, daß von allen zweidimensionalen regelmäßigen Polygonen (Flächen mit geraden, gleichlangen Begrenzungslinien) nur drei flächendeckend nebeneinander gelegt werden können: das Dreieck, das Quadrat und das Sechseck. Diese mathematische Tatsache hat weder mit dem Material der Formen, noch mit ihrer Größe zu tun. Die Griechen entdeckten auch,

Die verzweigten Formen eines Blitzschlages (oben) und eines Tangwedels (links) weisen deutliche Ähnlichkeiten zueinander auf, wie auch zu den Rissen in einer Wand, den Adern eines Blattes und den Seitenarmen in einem Flußdelta. Muster dieser Art, die qualitativ sehr ähnlich, aber nie genau gleich sind, lassen sich mathematisch nur sehr schwer erfassen. Die Katastrophen-Theorie verspricht Ordnung in derartige natürliche Formen zu bringen.

Rechts:
Die fünf „vollkommenen“ Hohlkörper. Jeder von ihnen weist nach Gestalt und Größe identische Oberflächen auf.

Die Katastrophen-Theorie ist eine Form der Topologie, welche in ihrer einfachsten Version auch als „Gummituch-Geometrie" bezeichnet worden ist. Sie beschäftigt sich mit dem Verhältnis zwischen Punkten, Linien und Flächen, berücksichtigt aber die Frage der Größen, Längen, Flächen, Winkel, usw., nicht. Beispielsweise ist die Topologie daran interessiert, ob sich zwei Kreise schneiden, nicht aber an ihrer jeweiligen Größe. Geometrische Figuren, die auf ein Gummituch gezeichnet werden, können gequetscht und gedehnt werden, ohne daß sich eines der Verhältnisse verändert, für die sich Topologen interessieren. Sich schneidende Kreise können in ihrer Größe und Form beliebig variiert werden, in Ellipsen oder unregelmäßige Figuren, sie werden sich jedoch immer überschneiden.

Ein Topologe wird auch diese beiden Karten für gleichwertig halten. Die eine (rechts) ist maßstabsgetreu und gibt die wirkliche Lage einiger Londoner U-Bahn-Stationen wieder, sowie die dazwischen liegenden Streckenabschnitte, die in

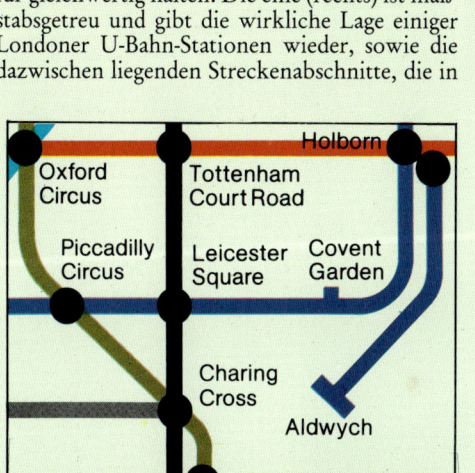

Völlig unproport- ioniert

eine Luftfotografie der Stadt eingezeichnet wurden. Die andere (links) zeigt die Strecken begradigt und die Stationen in eine übersichtliche Ordnung gebracht. Reisende werden wie die Topologen diese Karte durchaus für zweckmäßig halten, denn sie zeigt ganz korrekt, welche Stationen an welchen Linien liegen, wo Kreuzungen sind usw. Die Katastrophen-Theorie geht auf ähnliche Weise qualitativ vor: Sie betrachtet nicht die Einzelheiten der Messungen, sondern verfolgt nur die Form der Falten in ihren Graphiken. Denn diese Formen beschreiben den jeweiligen Katastrophen-Typus.

daß es nur 5 Körper gibt, deren Flächen von gleichartigen, regelmäßigen Polygonen gebildet werden: das Tetraeder (4 Flächen), der Würfel (6 Flächen), das Oktaeder (8 Flächen), das Dodekaeder (12 Flächen) und das Ikosaeder (20 Flächen). Daran ist nichts Mysteriöses; ein Körper, der von regelmäßigen Polygonen begrenzt wird, muß einfach einer von diesen sein.

Die bevorzugten Formen

Es ist also kein Wunder, daß wir diese Formen in der Natur überall wiederfinden. Nicht, weil die Geometrie auf geheimnisvolle Weise die Natur beherrscht, sondern weil es einfach nicht anders möglich ist. Die Zellen der Bienenwaben haben darum aus dem gleichen Grund sechseckige Form wie die Anordnung auf einem Tablett voller Münzen, wenn es geschüttelt wird, bis alle Münzen eng nebeneinander liegen: Es ist die beste Ausnutzung des zur Verfügung stehenden Platzes. Thom ist der Auffassung, daß die in der Katastrophen-Theorie beschriebenen Elementarvorgänge analog dazu zu sehen sind. Sie müssen in der Natur überall auftreten, wie geometrische Formen.

Thom hat stets hervorgehoben, daß wissenschaftliche Theorien, die auf der Katastro-

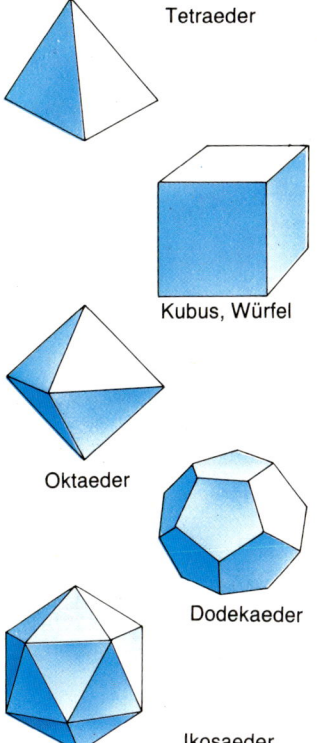

Tetraeder

Kubus, Würfel

Oktaeder

Dodekaeder

Ikosaeder

phen-Mathematik fußen, im wesentlichen *qualitativer* Natur sein werden und nützlicher sind, um vorhandene Daten zu klassifizieren und neue Forschungsansätze anzuregen, als sie es gestatten würden, *quantitative* Vorhersagen zu machen, wie bei einigen wissenschaftlichen Theorien.

Doch waren andere von Anfang an bereit, weiter zu gehen. Führend unter diesen Vertretern einer erweiterten Katastrophen-Theorie war Christopher Zeeman: Wenn er die Theorie auf verschiedene biologische, soziale und psychologische Vorgänge anwandte, hoffte er das Interesse von Forschern zu gewinnen, die in diesen Bereichen bereits arbeiteten. Dadurch erkannte er der Katastrophen-Theorie aber eine voraussagende Funktion zu, wie denen der klassischen Newtonschen Wissenschaft.

In den Jahren 1975 und 1976 geriet die Katastrophen-Theorie plötzlich ins Rampenlicht. Vor allem durch eine Sendung der BBC-Fernsehreihe *Horizon*. Der *New Scientist* brachte einen Artikel und illustrierte die Titelseite mit den Worten KATASTROPHEN-THEORIE in großen, zerbrechenden Steinbuchstaben, als handele es sich um die Werbung für einen monumentalen Katastrophenfilm. Plötzlich war jeder daran interessiert: Die Katastrophen-Theorie kam in Mode.

Kritische Randbedingungen

Einige Mathematiker mußten feststellen, daß sie unter ihren akademischen Kollegen und in der Öffentlichkeit sowohl Begeisterung als auch Feindseligkeit hervorriefen, als sie die Katastrophen-Theorie auf das Verhalten von Tieren, Menschen und Gesellschaften anwendeten.

Die revolutionären mathematischen Methoden, die die Katastrophen-Theorie entwickelte, wurden auf außergewöhnlich viele Einzelprobleme der Psychologie, Biologie und den Sozialwissenschaften angewendet. Dabei geht es immer um einen Sprung, eine Ungleichmäßigkeit im Verhalten des Untersuchungsgegenstandes. Es mag sich um das Pendeln eines magersüchtigen Mädchens zwischen Nahrungsverweigerung und Völlerei handeln oder um das plötzliche Ausschwärmen von Heuschrecken und die ebenso abrupte Auflösung des Schwarmes. Sie kann auf einen Sprung in der Inflationsrate oder sogar auf den Zusammenbruch des Römischen Reiches bezogen werden. Die Katastrophen-Theorie, die mathematische Darstellung diskontinuierlicher Vorgänge, kann gerade wegen der Sprunghaftigkeit in diesen Beispielen einen wertvollen Ansatz zu ihrer Beschreibung liefern.

Diese Fälle sind alle von kompetenten Wissenschaftlern bearbeitet worden. Allerdings ist die Theorie auch in weniger berufenen Händen wie ein Orakel benutzt worden, um Menschen durch die Belastung „persönlicher Katastrophen" zu führen. Zwischen diesen beiden Extremen liegt ein breites Spektrum von Fällen, bei welchen der Wert einer Anwendung der Katastrophen-Theorie unter den Experten heiß umstritten ist.

Hier ein Beispiel ihrer Anwendung aus der Soziologie: Die Massenhysterie ist als ein Phänomen bekannt, bei dem das Individuum – ob Mensch oder Tier – sein normales Verhalten ablegt und Handlungen begehen kann, die seinem sonstigen Charakter völlig zuwiderlaufen, ihm sogar gefährlich werden können. Seine Persönlichkeit wird von einer Art Kollektivbewußtsein der Gruppe verdrängt, deren Teil er ist. Ein Beispiel aus der Geschichte ist der revolutionäre Haufen, der am 14. Juli 1789 die Bastille in Paris stürmte. Diese unorganisierte Menschenmasse war im kritischen Augenblick dazu fähig, entschieden zu handeln und unglaubliche Dinge auszulösen.

Brian Inglis hat angenommen, daß ein derartiges Verhalten den Rest eines primitiven Instinkts darstellt, der im Moment der Gefahr das Wohl des Individuums demjenigen der Gruppe unterordnet. Der Mechanismus, durch welchen sich eine Massenhysterie ausbreitet, ist damit noch nicht verstanden. Es gibt jedoch deutliche Hinweise darauf, daß bestimmte Stimmungen durch feine Geruchsstoffe, Pheromone, übertragen werden können. Eine Alternative zu dieser Hypothese ist von dem englischen Biologen Rupert Sheldrake aufgezeigt worden. Seine Annahme einer

Manchmal formt sich aus einem Menschenauflauf spontan eine geordnete Gruppe, die zu zweckmäßigem, auf ein gemeinsames Ziel gerichtetem Handeln fähig ist. Dieser Moment war für die Pariser gekommen, als sie am 14. Juli 1789 die Bastille stürmten (unten) und so die Französische Revolution einleiteten. Diese Wandlung trat aber nicht für einen Haufen Pariser Aufrührer des Jahres 1972 ein (links). Die Katastrophen-Theorie stellt einen Versuch dar, solche unvorhersehbaren Sprünge zwischen Ordnung und Unordnung in den Griff zu kriegen.

„formbildenden Verursachung" geht davon aus, daß Lebewesen ihre Form durch eine Art „Einschwingen" in eine biologische Feldstruktur erhalten, die er als „Morphogenetisches Feld" bezeichnet. Dieses verbindet Wesen von gleicher Form. Ist diese Annahme richtig, dann wäre es eine durchaus sinnvolle Vermutung, daß Tiere oder Menschen in einer großen Zusammenballung ihre Stimmung weitergeben, wenn sie sich auf ihr gemeinsames Morphogenetisches Feld einschwingen.

Sehen wir uns einmal an, was die Katastrophen-Theorie zum Gruppenverhalten von Menschen zu sagen hat. Sie kann uns mindestens dabei helfen, die Kenntnisse, die wir bereits besitzen, zu strukturieren. Sie könnte auch einige neue Forschungsansätze nahelegen. Und einige Experten in der Anwendung gehen so weit zu versichern, daß sie Voraussagen, vielleicht sogar quantitativer Natur, zu bestimmten Fragestellungen ermöglicht.

Wie beschreibt die Katastrophen-Theorie zum Beispiel die Ordnung des gemeinsamen Handelns, einen Aspekt des menschlichen Gruppenverhaltens? Nehmen wir an, es gibt zwei wesentliche Steuerungsfaktoren: den Gruppenzusammenhalt, das Maß der Identifikation mit der Gruppe und ihren Zielen, und die Größe der drohenden Gefahr, wie sie von der Gruppe wahrgenommen wird. Da wir eine Katastrophe mit zwei Variablen beschreiben, kann sie nur am Scheitelverlauf auftreten.

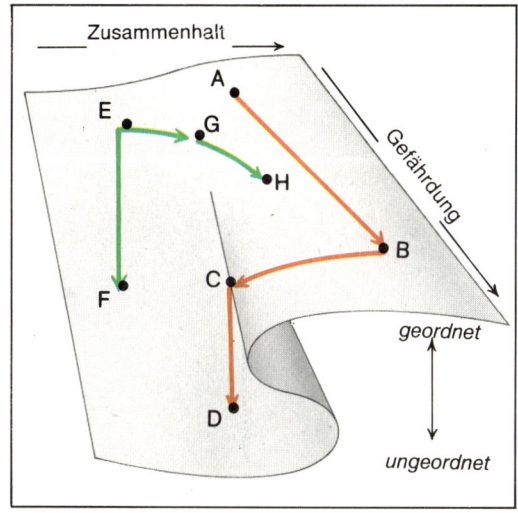

Unten links:
In den Begriffen der Katastrophen-Theorie wird eine gut ausgebildete Truppeneinheit mit hohem Zusammenhalt durch Punkt A repräsentiert. Unter Bedrohung hält sie enger zusammen und verhält sich geregelter (B). Ein Verlust an Zusammenhalt in der Gruppe ist bis zum Erreichen des Scheitels der Faltung nicht verhängnisvoll. Dann aber tritt ein abrupter Absturz in die Unordnung ein (C–D). Ein Mob auf der anderen Seite hat wenig Zusammenhalt (E), und verliert ihn unter Bedrohung noch mehr (F). Wenn seine Übereinstimmung aber erhöht wird, kann eine Verlagerung auf die obere Ebene der Graphik stattfinden (G) und die Gruppe wird dann in Gefahr sogar noch geschlossener (H).

Rechts:
Erstaunlicherweise leben Wanderheuschrecken normalerweise einzeln (A). Wenn sich ihre Anzahl vervielfacht, steigt auch ihre Ausscheidung von Pheromonen (chemischen ‚Boten'). Schließlich springt das Verhalten der Tiere vom unteren Teil der Graphik in den oberen (B–C), sie schwärmen aus (Bild unten). Dabei produzieren sie dann weniger Pheromone, und schließlich löst sich der Schwarm wieder auf (D–E). Ein Besprühen der Heuschrecken mit Pheromonen könnte ein frühzeitiges Ausschwärmen zur Folge haben (F) und damit ihre Vermehrungsrate reduzieren. Oder eine Verminderung der Pheromone würde das Verhalten auf dem unteren Teil der Graphik festhalten (G), weit genug von der „Falte" entfernt.

Zur Veranschaulichung stellen wir uns eine Truppeneinheit in der Schlacht vor. Wieder wird diese durch einen Punkt repräsentiert, der sich innerhalb einer einfach gefalteten Ebene bewegt (s. Diagramm oben). Querbewegungen in der Graphik entsprechen Veränderungen im Zusammenhalt der Gruppe, während Längsbewegungen die unterschiedlichen Grade der von der Gruppe wahrgenommenen Gefahr darstellen. Die aus der Faltung der Ebene resultierenden Vertikalbewegungen stehen für Veränderungen in der Ordnung der Gruppe.

Eine trainierte Kampfeinheit weist einen starken Zusammenhalt auf. Die Soldaten sind darauf eingestellt, die Geschlossenheit der Truppe als vorrangig zu betrachten. Diese Einheit wird durch Punkt A repräsentiert. Sie wird um so stärker zusammenwachsen und

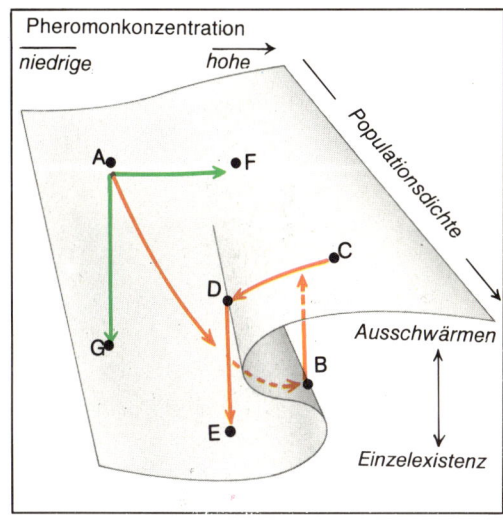

um so koordinierter handeln, je größer die Gefahr wird (A–B). Der Zusammenhalt kann sich verringern, zum Beispiel, wenn die Soldaten einige Kameraden flüchten sehen. Zunächst wird das koordinierte Handeln dadurch nur wenig beeinflußt (B–C). Geht die Lockerung der Verbindung zwischen den Gruppenmitgliedern jedoch zu weit, kommt es zu einem plötzlichen Ausbruch von Panik (C–D). Dieses Ereignis wird in der Verhaltensgraphik durch den Sprung über die Falte auf die untere Ebene der verminderten Ordnung dargestellt.

Eine ungeführte Menschenmasse dagegen wird sich bei wachsender Gefahr an Ordnung noch verlieren (E–F). Falls aber der Gemeinschaftssinn plötzlich zunimmt, steigt auch der Zusammenhalt, vielleicht tritt ein Führer auf und sammelt die Menge um sich. Dann kann der Punkt, der das Gruppenverhalten verkörpert, die obere Ebene des gefalteten Blattes erreichen (E–G). Von da an wird die Gruppe auf wachsende Gefahr mit stärkerer Organisiertheit und planmäßigem Handeln reagieren (G–H).

Das gleiche elementare Katastrophen-Modell ist benutzt worden, um das Schwarmverhalten von Heuschrecken zu analysieren. Meistens leben sie unauffällig in völligem Gleichgewicht mit der Vegetation und der sonstigen Tierwelt. Alle paar Jahre aber sammeln sie sich zu Schwärmen, die den Bewuchs riesiger Gebiete vernichten. Es ist heute bekannt, daß einer der bestimmenden Faktoren des Schwarmverhaltens die Populationsgröße der Heuschrecken ist. Ein zweiter wird durch einen bestimmten Pheromontyp gebildet, den die Tiere zur fraglichen Zeit in größeren Mengen produzieren.

Wiederum können wir dieses Verhalten mit Hilfe des Modells der Scheitel-Katastrophe darstellen. Bei näherem Hinsehen ergeben sich aus dem Modell mehrere Kontrollmöglichkeiten. Erstaunlicherweise ist sowohl eine Erhöhung als auch eine Verminderung der Pheromonmenge in der die Tiere umgebenden Luft wirksam. Werden die Duftstoffe vermindert oder unwirksam gemacht, ist das Schwärmen nicht möglich. Erhöht man die Pheromonmenge aber, schwärmen die Heuschrecken zu früh aus. Dadurch wird ihre Populationsgröße begrenzt, denn während des Schwärmens vermehren sie sich erheblich langsamer. Eine reduzierte Population aber kann nicht solch riesige Schwärme erzeugen.

So weit, so gut. Eine andere, sehr ähnliche Anwendung der Theorie, ebenfalls auf ein soziologisches Thema, löste jedoch eine sehr emotionale Auseinandersetzung aus. Christopher Zeeman, ein überzeugter Verfechter der Katastrophen-Theorie, arbeitete 1975 mit Gefängnispsychologen zusammen, um die Ursachen zu analysieren, die 1972 in einem englischen Gefängnis zu einem Aufstand geführt hatten. Sie benutzten dazu öffentlich zugängliche Daten über die Anzahl der Häftlinge, die den Aufseher zu sprechen wünschten, eine Verlegung aus bestimmten Trakten heraus beantragten usw. Daraus entwickelten sie eine Graphik mit der einfachen Scheitel-Katastrophe, die einen Zusammenhang darstellte zwischen der Wahrscheinlichkeit für einen Aufruhr und der Spannung zwischen den Gefangenen, sowie ihrer kritischen Einstellung gegenüber dem Gefängnispersonal.

Der Bericht sprach nur eine einzige, wenig umstrittene Empfehlung aus: Daß nämlich die Gefängnisleitung gut daran täte, auf Unruhen mit Verhandlungen, statt mit Gewalt zu reagieren. Trotzdem sahen viele Kritiker dieser Arbeit einen Schritt dahin, die Katastrophen-Theorie als ein Unterdrückungsinstrument einzusetzen. Jonathan Rosenhead, ein Sozialwissenschaftler, warf Zeeman und seinen Kol-

Professor Christopher Zeeman von der Universität Warwick (oben) hat die Katastrophen-Theorie auf viele verschiedene Fälle angewendet. Eines seiner umstrittensten Forschungsvorhaben beschäftigte sich mit dem Verhalten der Häftlinge des Gartree-Gefängnisses, wo es 1972 zu einem Aufstand gekommen war. Er und seine Mitarbeiter versuchten Zusammenhänge zwischen solchen Unruhen und der Spannung und Feindschaft der Häftlinge zu finden. Zu den Ergebnissen der Studie gehörte auch eine Reihe von Empfehlungen an die Anstaltsleitung. Eine weitere Folge war ein wahrer Hagel von Kritik seitens derer, die diese Studie als ein Instrument sozialer Kontrolle ansahen.

legen fast hysterisch vor, sie benutzten die Theorie

„nicht im Dienste der Freiheit, sondern für verstärkte soziale Kontrolle. Ein weiteres Herrschaftsinstrument ist dem vorhandenen Arsenal an Techniken hinzugefügt worden, die die Gefängnisinsassen unterwerfen sollen: Verhaltenstraining, Aversionstherapie, Gehirnchirurgie, Kampfgas und Schlagwaffen."

Bescheidene Ansprüche, großartige Hoffnungen

Kritiken dieser Art entwerten natürlich in keiner Weise die Theorie selbst. Sie kann tatsächlich in solchen Situationen eine nützliche Rolle spielen, auch wenn sie unsere Fragen nach dem Wesen der Vorgänge nicht beantwortet.

Die Ansprüche, die Ren Thom bezüglich solcher Anwendungen geltend macht, sind bescheiden. Große Hoffnungen setzt er jedoch auf ihre Benutzung im Bereich der Morphogenese, der Erschaffung von Formen. Die Physik hat gerade erst begonnen, sich der Frage zu stellen, wie die Dinge zu ihren Formen gekommen sind. Wie Thom es formuliert, sind wir in der Lage viel mehr zu *sehen* als wir *sagen* können.

„Will man wissen, was passiert, wenn man einen Stein in einen Teich wirft, ist es weit besser, einen Versuch zu machen und diesen zu filmen, als darüber zu theoretisieren. Auch die besten Spezialisten der Hydrodynamik könnten nicht mehr darüber aussagen."

Warum erscheinen bestimmte Formen in der Natur immer wieder? Ein spezieller Spiralentyp läßt sich bei Schnecken beobachten, wie auch bei aufgerollten Farnwedeln oder bei den dichtgedrängten Staubgefäßen eines Gänseblümchens. Viele haben schon auf die Ähnlichkeit zwischen den Verzweigungsmustern eines Flußsystems, eines Baumes und einer Nervenzelle hingewiesen. Thom ist der Auffassung, daß die qualitative Anwendung der Katastrophen-Theorie sich für die Analyse als sehr nützlich erweisen wird:

„Die Auswahl des wissenschaftlich Interessanten ist ... in hohem Maße willkürlich ... viele alltägliche Phänomene, die an sich trivial sind, zum Beispiel die Risse in einer

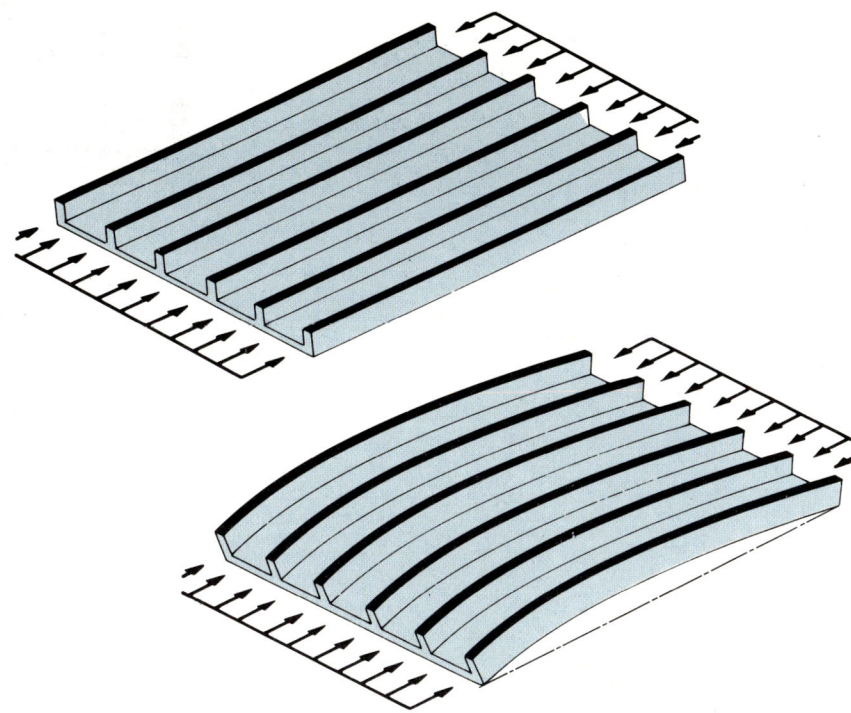

geraten könnte. Thoms große Vision umfaßt ja jeden Vorgang in der Wirklichkeit, daher notwendigerweise auch die paranormalen. Tatsächlich versucht die Katastrophen-Theorie in Thoms Sicht, sich dem hohen Ideal anzunähern, die Welt in Form einer einzigen, unglaublich komplexen, vieldimensionalen Oberfläche darzustellen.

Der Ehrgeiz, eine solche Gesamttheorie der Welt zu schaffen, muß uns wie eine Donquichotterie, ja wie Verblasenheit vorkommen. Aber Thom ist voller Hoffnung. Und als eine Huldigung an den menschlichen Geist sagt er:

„Wir müssen die besten Mittel herausfinden, … auch das nicht Formalisierbare zu formalisieren. Für diese Aufgabe wird das menschliche Gehirn mit seiner archaisch-biologischen Erbschaft, seinen klugen Näherungsverfahren und seiner feinen ästhetischen Empfindungsfähigkeit noch ganze Zeitalter lang unersetzbar sein."

Wand, die Gestalt einer Wolke, der Weg eines fallenden Blattes oder des Schaumes auf einem Glas Bier, sind schwer zu formalisieren. Aber ist es nicht denkbar, daß eine mathematische Theorie, die für solche wohlbekannten Erscheinungen entwickelt wird, sich letztlich als nützlich für die Wissenschaft herausstellt?"

Thom meint dabei, daß die Katastrophen-Theorie auf das Problem der Formbildung bei lebenden Organismen angewandt werden kann, und von dort aus vielleicht auf Formbildung überhaupt. Der Prozeß, durch welchen Pflanzen und Tiere ihre Gestalten annehmen, ist noch rätselhaft. Thom geht davon aus, daß die Elementarkatastrophen mit Gestalten auf ähnliche Weise verknüpft sein könnten, wie die geometrischen Regeln mit einigen der Umrisse, die überall in der Natur auftreten.

Einige Kritiker der Katastrophen-Theorie werfen ihren Verfechtern vor, sie würden behaupten, *alles* damit erklären zu können. Ob ihre Wichtigkeit darin liegt, *irgend etwas* genau zu erklären, darüber läßt sich streiten; aber es scheint ganz sinnvoll, hier noch eine Frage aufzuwerfen. Die Stärke dieser Theorie liegt in ihrer Fähigkeit, Vorgänge und Verhaltensweisen zu beschreiben, die nicht stetig verlaufen. Paranormale Phänomene sind *per definitionem* solche, die von der Normalität scharf abweichen und in unstetigem Verhältnis zu ihr stehen.

Die meisten Mathematiker reagieren angesichts dieser Frage mit unvernünftiger Abwehr. Eine rationale Einschätzung der Frage sollte auch eine rationale Antwort anregen; aber in diesem Falle nicht sofort. Doch obwohl die Pionierarbeit von Thom keine offensichtliche Anwendung für paranormale Phänomene bietet, weist doch einiges an der Katastrophen-Theorie darauf hin, daß auch das Paranormale eines Tages in ihr Arbeitsfeld

In der Technik und in der Physik hat die Katastrophen-Theorie Strukturen von außerordentlicher Komplexität und Schönheit hervorgebracht. Sie ist auf die Verbiegung einer durch Längleisten verstärkten Metallplatte angewandt worden, wenn diese unter Druck entlang der Längsachse gerät (oben). In der Graphik, die das Verhalten der Platte beschreibt (rechts), stellen Bewegungen in der Horizontalen Veränderungen der geometrischen Unebenheiten der Platte dar. Die Höhe eines bestimmten Blattes dieser gefalteten Flächen zeigt das Maß der Belastung an, die eine Verbiegung erzeugen kann. So kompliziert diese Flächen auch sind, sie stellen doch nur einen dreidimensionalen Schnitt einer fünfdimensionalen Oberfläche dar, die sich bildlich nicht erfassen läßt.

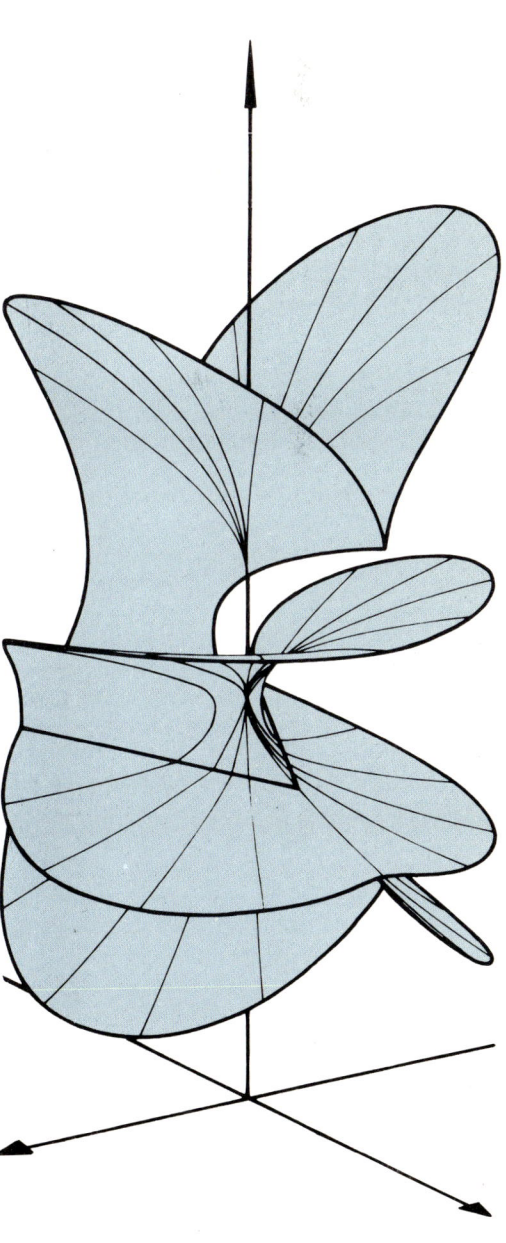

Eine tiefgehende Vision

Unter Einsatz teurer und raffinierter Technologien dringen moderne Physiker tiefer und tiefer in die Grundstrukturen der Materie vor. Aber vielleicht sind einige ihrer Entdeckungen schon früher gemacht worden – und zwar mit Hilfe uralter indischer Yogatechniken.

Das Erlangen von Wissen auf paranormale Weise, das erst Jahre später von der Wissenschaft bestätigt wurde, ist wohl einer der schlagendsten Beweise für ASW. In solch einem Fall besteht nämlich keine Möglichkeit, daß die Sensitiven auf irgendeine normale Weise Zugang zu den Informationen hatten. Ob die Außersinnlichen Wahrnehmungen unter kontrollierbaren Laborbedingungen gemacht wurden oder nicht, die Kenntnisse sind prinzipiell unzugänglich, und Schwindel ist nicht möglich.

Im Jahre 1895 veröffentlichten Besant und

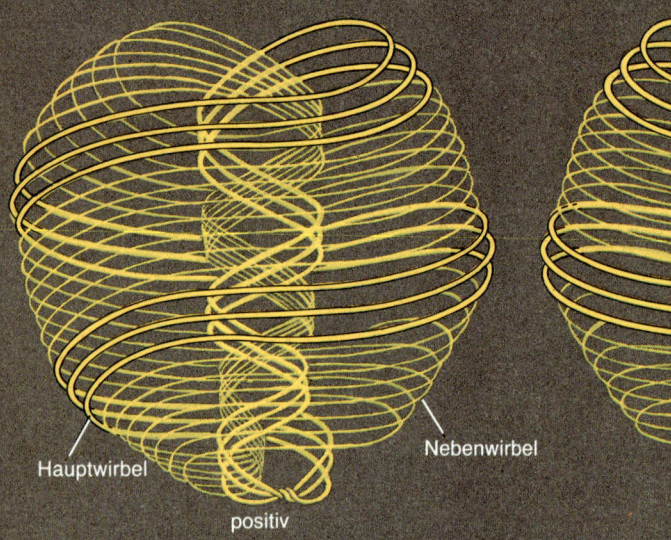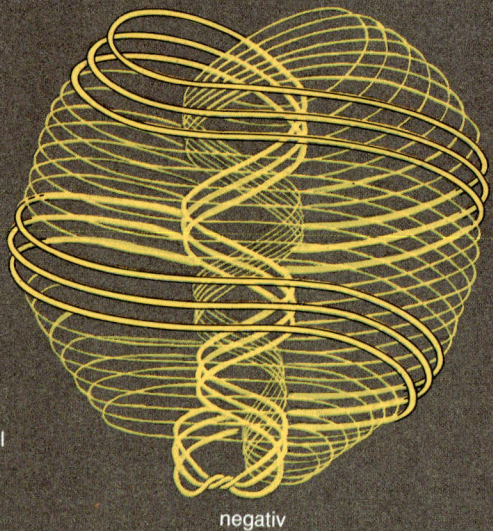

Hauptwirbel   Nebenwirbel

positiv   negativ

Links:
Die beiden Typen des „physikalischen Grundatoms", wie es von Annie Besant und Charles Leadbeater hellsichtig wahrgenommen wurde. Diese Atome bestanden aus Energieströmen, die spiralige Wirbel formten. In Abhängigkeit von der jeweils aktiven Spirale, blitzten Farben daraus hervor. Diese „Atome" befanden sich in unaufhörlicher Drehbewegung.

Annie Besant und Charles W. Leadbeater waren Ende des 19. Jahrhunderts die führenden Köpfe der Theosophischen Gesellschaft. 1895 begannen sie mit einer Forschungsreihe, die fast 40 Jahre dauern sollte. Sie untersuchten die grundlegenden Strukturen der Materie mit Mitteln, die von der Schulwissenschaft nicht akzeptiert werden: Mittels außersinnlicher Wahrnehmung versuchen sie Atome zu sehen. In der ganzen Informationsfülle, die sie dabei hervorbrachten, schien es während der 4 Jahrzehnte ihrer Arbeit keine Ähnlichkeiten zu den Ergebnissen der gängigen Physik und Chemie zu geben. Erst in den 80er Jahren wurden gewisse Ähnlichkeiten zwischen ihren Beschreibungen und der modernen Theorie von der Struktur der Elementarteilchen entdeckt. Heute scheint es denkbar, daß Besant und Leadbeater mit okkulten Methoden die Quarks sahen, die von Physikern als Grundbausteine der Materie angesehen werden. Die Fähigkeit, sehr Kleines zu sehen, ist eine der *siddhis*, oder okkulten Kräfte, die nach der östlichen Tradition durch Yogameditation erlangt werden können. In den alten *Yoga-Sutras* des halblegendären Weisen Patanjali werden die *siddhis* aufgezählt. Eine davon ist das Erlangen der Fähigkeit, Kenntnisse über sehr Kleines und Verborgenes zu erhalten, indem man eine Art geistiges Licht darauf lenkt. Diese Fähigkeit, Wissen des ganz Kleinen zu erlangen, wird als „Mikro-Psi" bezeichnet. Besant und Leadbeater behaupteten, Mikro-Psi unter Anleitung ihrer indischen Gurus erreicht zu haben.

Unten:
Annie Besant und Charles Leadbeater. Sie teilten sich die Arbeit der hellsichtigen Beobachtung von Materie in kleinstem Maßstab, wobei Annie Besant die stärksten Vergrößerungen erreichte. Ihre Beobachtungen standen zu den zeitgenössischen wissenschaftlichen Ergebnissen im Widerspruch.

Leadbeater Bilder von dem, was sie als die Atome des in der Luft enthaltenen Wasserstoffs, Sauerstoffs und Stickstoffs ausgaben. Ihrer Beschreibung zufolge sahen sie ein Wasserstoffatom

„als aus 6 kleinen Partikeln bestehen, die in einer eiförmigen Struktur enthalten waren. ... Es rotierte mit hoher Geschwindigkeit um die eigene Achse, wobei es gleichzeitig vibrierte und die darin enthaltenen Parti-

Die aufgrund der Beschreibungen der beiden Theosophen Annie Besant und Charles Leadbeater gezeichneten Diagramme geben nur einen ganz schwachen Eindruck des von ihnen erlebten Schauspiels. Ihre Wahrnehmungen wurden von anderen Hellsehern, die Mikro-Psi (die Fähigkeit, winzige Dinge zu sehen) benutzten, später in den fünfziger Jahren bestätigt. Bei der Beobachtung von Materie auf mikroskopischer Ebene erschien anfangs eine Art lichter Dunst oder Nebel. Bei stärkerer Vergrößerung löste sich der Dunst in Myriaden Lichtpunkte auf, die funkelten und sich chaotisch bewegten. Einige bewegten sich auf regelmäßigen Umlaufbahnen und bildeten so

Blick auf die Wirbel

die 7 Neben- und die 3 Hauptwirbel des „Grundatoms". Einige sprühten wie Meteorschauer. Die Bewegungen dieser „Atome" waren an bestimmte Raumbereiche gebunden, und bildeten eine von 7 geometrischen Grundformen.

Jedes dieser „physikalischen Grundatome" war in eine Blase eingeschlossen, als ob eine durchsichtige Membran es umgäbe. Die Theosophen sprachen davon, daß der Raum selbst durch die dynamische Aktivität der Materie in den Atomen zurückgedrängt würde. Das entspricht der komplizierten Theorie der Theosophen, der zufolge das Vakuum nur einer der 7 Zustände der Materie ist.

keln ähnliche Drehungen vollführten. Das ganze Atom rotiert und zittert und muß erst zur Ruhe gebracht werden, bevor eine genaue Beobachtung möglich ist. Die 6 kleinen Partikeln ordnen sich in zwei Dreiergruppen an und bilden zwei Dreiecke, die nicht austauschbar sind."

Die 6 kleinen Partikeln waren aber noch nicht die grundlegenden Einheiten der Materie. Die Hellsichtigen konnten ihre Bilder weiter vergrößern und fanden heraus, daß jedes Partikel aus einer kleinen Kugel bestand, die drei Lichtpunkte einschloß. Wurden diese wiederum extrem vergrößert, so zeigten sie sich als Teil-

Unten links:
Ein Wasserstoffatom in der Darstellung von Besant und Leadbeater. Sie sahen einen durchsichtigen eiförmigen Körper, der kleinere Kugeln enthielt, die in zwei ineinander verschränkten Dreiecken angeordnet waren. Jede dieser Kugeln enthielt drei der „physikalischen Grundatome".

Unten rechts:
Die sieben geometrischen Formen der Mikro-Psi-Atome.

chen von bestimmbarer Größe. Besant und Leadbeater nannten sie die „physikalischen Grundatome".

Jedes dieser Grundteilchen bestand aus 10 verschlungenen Spiralen oder Wirbeln, von denen 3 Hauptwirbel dicker oder heller als die 7 anderen wirkten. Die Gesamtgestalt der Wirbel war die eines Herzens, ein Ende konkav und das andere zugespitzt.

Diese Beschreibungen der Theosophen wichen erheblich von der damals gängigen wissenschaftlichen Meinung ab. Zwei Jahrhunderte zuvor hatte Isaac Newton festgestellt, daß ein Atom fest, massiv und undurchdringlich

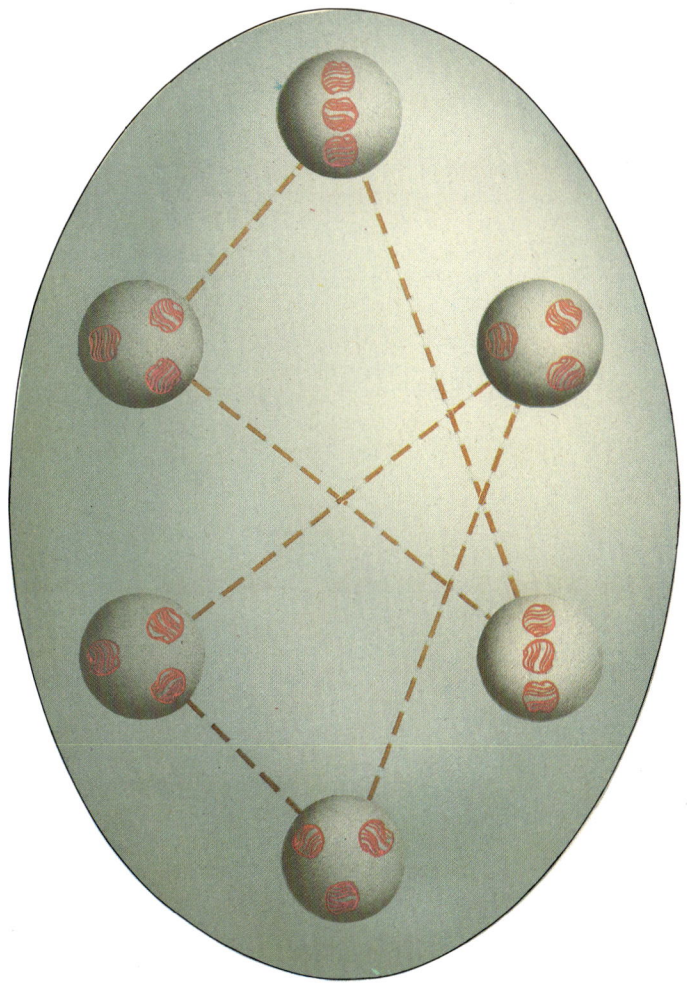

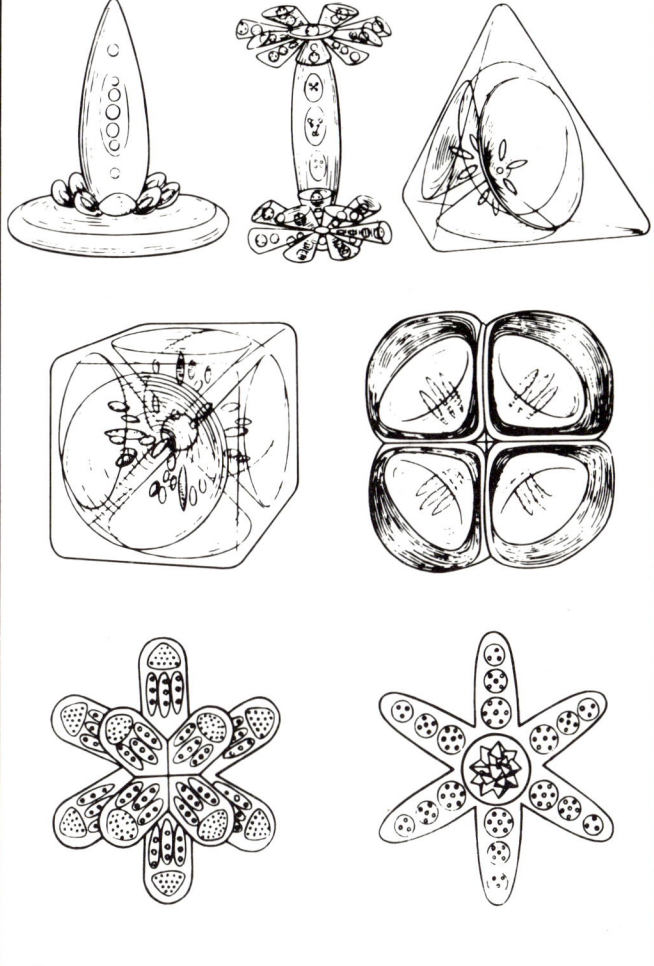

sei. Man vermutete aber 1895 bereits eine Struktur der Atome, die aus kleineren, elektrisch geladenen Teilchen bestehen sollte. Eines davon war das Elektron, ein hypothetisches, negativ geladenes Teilchen, das viel leichter als ein Atom sei. Elektrischen Strom stellte man sich als die Bewegung von Elektronen vor. Im Jahre 1897 konnte der englische Physiker J. J. Thomson die Existenz des Elektrons nachweisen.

Zur Struktur des Atoms wurden verschiedene Modelle angeboten. Letztlich setzte sich das Kern-Modell des Atoms als ein Ergebnis der experimentellen und theoretischen Arbeiten von H. Geiger, E. Marsden und Lord Rutherford durch. Sie konnten belegen, daß das Elektron einen winzigen Kern umkreist, welcher die gesamte positive Ladung des Atoms und fast die ganze Masse enthält. Von 1909 an, nachdem dies nachgewiesen war, ging man davon aus, daß die Elektronen in festgelegten Umlaufbahnen um den Kern kreisen, wie die Planeten um die Sonne. Auf diesen wirbeln sie millionenmal pro Sekunde um den Kern und nehmen dabei ein Volumen ein, das nur ein zehnmillionstel einer Nadelspitze beträgt. Als in den zwanziger Jahren die Quantenmechanik entstand, wurden die Elektronen und ihre Umlaufbahnen als unbestimmt in der Lage und nebelartig angesehen.

Den Wissenschaftlern voraus

Während alle wissenschaftlichen Atommodelle schnell durch das jeweils nächste ersetzt werden mußten, brachten Besant und Leadbeater bemerkenswert folgerichtige Beschreibungen ihrer Mikro-Psi-Atome hervor, welche aber zu keinem Zeitpunkt irgendeine Ähnlichkeit mit den wissenschaftlichen Modellen hatten.

Die beiden Theosophen bemerkten, daß bei bestimmten Elementen, etwa den Gasen Neon, Argon und Xenon sowie dem Metall Platin, die Atome untereinander nicht identisch waren. Dies griff der wissenschaftlichen Entdeckung chemisch nicht unterscheidbarer Atome mit verschiedener Masse vor, die als Isotope bezeichnet werden.

Eines der wichtigsten Hilfsmittel der Chemie ist das periodische System der Elemente, eine Klassifizierung der Elemente nach ihren chemischen Eigenschaften und Atomgewichten. Das Atomgewicht steigt im Periodensystem von links nach rechts sowie auch von oben nach unten. Die chemischen Charakteristika ändern sich regelmäßig von Reihe zu Reihe, sogar auch im Verlauf einer Reihe. Besant und Leadbeater fanden heraus, daß die komplexe Gestalt ihrer Mikro-Psi-Atome der jeweiligen Reihe des Elementes im Periodensystem entsprach.

Als die beiden Sensitiven mit ihrer Arbeit begannen, waren von den etwa 90 natürlichen Elementen zwischen 60 und 70 bekannt, und es klafften große Lücken auf der Tafel des Periodensystems. Besant und Leadbeater beschrieben eine ganze Anzahl Mikro-Psi-Ato-

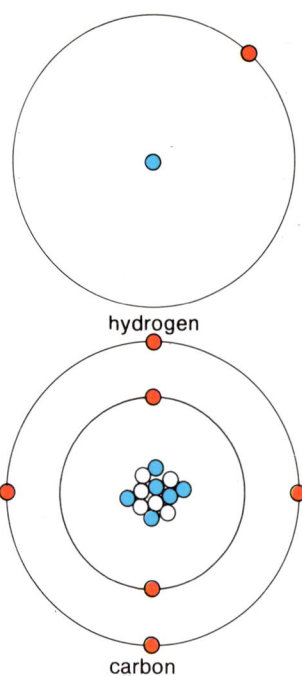

Oben:
In der wissenschaftlichen Darstellung bildet ein einzelnes positiv geladenes Teilchen, das Proton, den Wasserstoffkern. Die Kerne schwererer Atome, wie des Kohlenstoffs, bestehen aus Protonen und neutralen Partikeln, die Neutronen genannt werden. Negativ geladene Elektronen umkreisen den Kern.

Unten:
Isotope eines Elementes wie Neon haben gleiche Protonen-, aber unterschiedliche Neutronenzahlen.

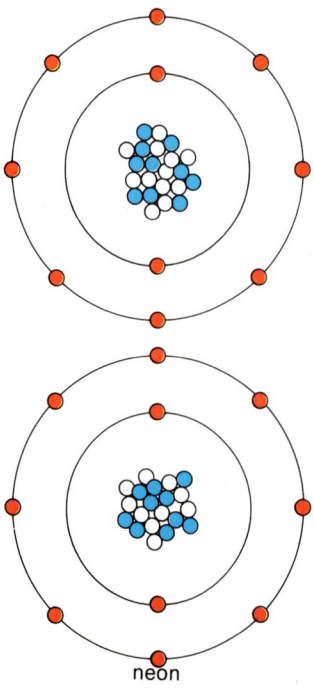

me, die, wie sie glaubten, die Lücken im Periodensystem schließen sollten. Die Existenz dieser Elemente und auch einige ihrer Eigenschaften konnte von der herkömmlichen Wissenschaft vorausgesagt werden, nur beobachtet hatte man sie noch nicht.

Die sensitiven Theosophen entdeckten, daß die Anzahl der „physikalischen Grundatome" fast genau dem 18fachen Atomgewicht des betreffenden Elementes entsprach. Das Atomgewicht eines Elementes ist das Durchschnittsgewicht seiner verschiedenen Isotope. Die damaligen Wissenschaftler nahmen als Einheit das Gewicht des Wasserstoffatoms. Wasserstoff mit dem Atomgewicht 1 hatte also 18 solche „Grundatome", Kohlenstoff mit einem Gewicht von 12 besaß 216.

Die Atome, die Besant und Leadbeater beschrieben, waren oft zu größeren Einheiten zusammengefügt, so wie die chemischen Atome Gruppen bilden, die als Moleküle bezeichnet werden. Die Mikro-Psi-Atome hingen in gleichen Zahlenverhältnissen zusammen, wie diejenigen der Schulwissenschaft. In völligem Gegensatz zu ihren Erkenntnissen aber wurde beobachtet, daß die Mikro-Psi-Atome auseinanderfielen und die Partikeln, aus denen sie bestanden, sich mit anderen vermischten. Skeptiker meinten, dies würde die Theorie der Theosophen unglaubhaft machen, denn chemische Atome spalten und vermischen sich nicht irgendwie, wenn sie sich verbinden, sondern sie teilen nur äußere Elektronen oder tauschen sie aus.

Es traten auch andere Probleme auf: Leadbeater beschrieb beispielsweise das Benzolmolekül als Oktaeder, d.h. es sollte insgesamt die Form eines achtflächigen Körpers haben. Chemiker wußten aber bereits, daß Benzol flach und sechseckig ist. Und die Theosophen beschrieben auch einige Elemente, für welche im periodischen System gar kein Raum war.

Solche Probleme brachten eine überwältigende Beweislast gegen die Interpretation der beiden hellsichtigen Atomforscher auf, daß die von ihnen beobachteten Strukturen den Atomen der wissenschaftlichen Forschung entsprächen. Auch kann es sich nicht um die Atomkerne handeln, denn diese spalten sich bei chemischen Reaktionen nicht auf. Wenn es bloße Halluzinationen gewesen wären, warum sollte dann die Anzahl der „Grundatome" unter Tausenden von Möglichkeiten immer genau dem 18fachen Atomgewicht entsprechen? Und warum sollten die Formen, die Leadbeater und Besant beschrieben, mit den Reihen auf dem Periodensystem zusammenhängen? Wie könnten die beiden erraten, daß es Atome in verschiedenen Varianten gibt, fünf Jahre bevor die Wissenschaft die Isotope entdeckte?

Die Jagd nach den Quarks

Zu Beginn des 20. Jahrhunderts behaupteten zwei führende Theosophen, das Atom hellsichtig erforscht zu haben. Es gibt viele Parallelen zwischen ihren Ergebnissen und modernen naturwissenschaftlichen Theorien.

Wenn heute jemand Löffel verbiegt, ohne sie zu berühren, und Lederbänder sich vor der Kamera von selbst verbinden, dann erscheint die Behauptung von Annie Besant und Charles Leadbeater, daß sie die Grundteilchen der Materie mit rein psychischen Mitteln beobachtet haben, längst nicht mehr so phantastisch wie im vorigen Jahrhundert. Sowohl Vorurteile als auch ernsthafte Kritiken haben den meisten Naturwissenschaftlern bis vor kurzem die Behauptungen der beiden Theosophen als falsch und absurd erscheinen lassen. So ausgezeichnete Chemiker wie E. Lester-Smith, der Entdecker des Vitamins B 12, wiesen auf die Widersprüche der Darstellung der

ihrer Arbeit begannen. Dann wurde entdeckt, daß jedes Wasserstoffatom aus einem einzelnen Proton, einem positiv geladenen Teilchen, besteht und einem Elektron, das negativ geladen, viel leichter als ein Proton und auf einer Umlaufbahn um dasselbe ist.

Die Quark-Theorie wurde 1964 von den amerikanischen Physikern Murray Gell-Mann und George Zweig vorgetragen, die unabhängig voneinander dazu gekommen waren. Sie nahmen an, daß Protonen und Neutronen (ladungsfreie Teilchen von fast der gleichen Masse wie Protonen, die außer beim Wasserstoff in allen Kernen auftreten) aus drei fundamentalen Partikeln zusammengesetzt sind, die „Quarks" genannt werden. Dies gilt auch für andere schwere Teilchen, die von den Physikern untersucht wurden. Einige Wissenschaftler sind noch weiter gegangen und postulierten Subquarks, aus welchen sich wiederum die Quarks zusammensetzen sollen.

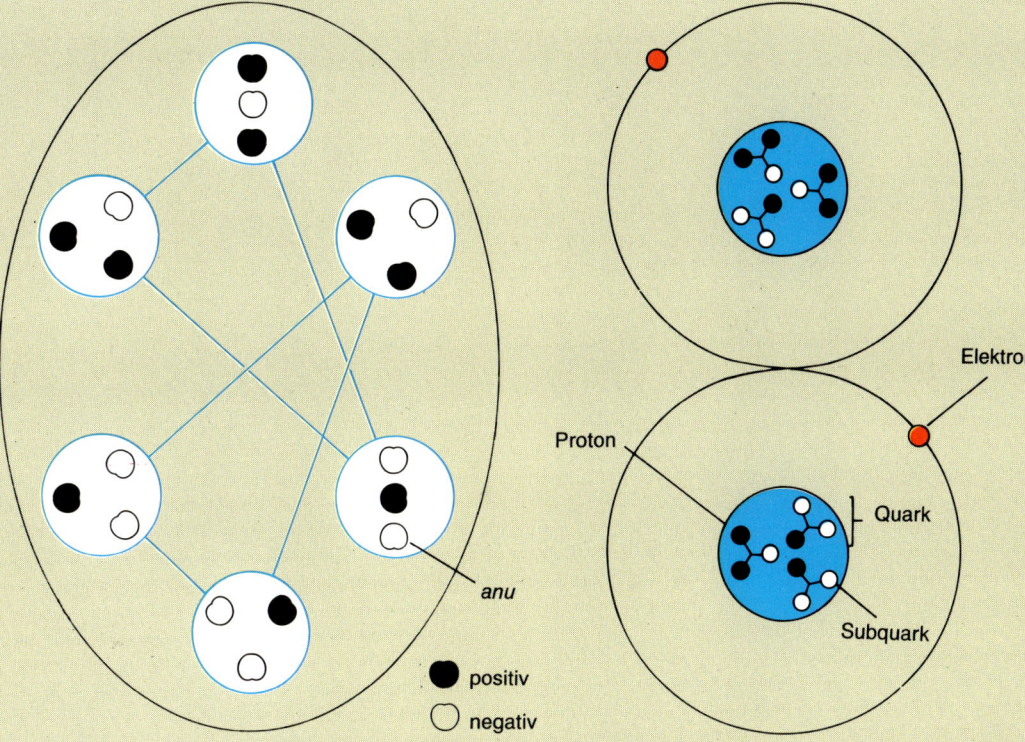

positiv
negativ
anu
Proton
Elektron
Quark
Subquark

Ganz links:
Annie Besant und Charles Leadbeater hielten diese Struktur für ein Wasserstoffatom, aber es könnte sich eher um eine aus zwei Kernen (links) hervorgegangene Struktur gehandelt haben, die zu einem Molekül verbunden waren. Die grundlegenden anu würden dann den hypothetischen Subquarks entsprechen. Drei Subquarks bilden ein Quark, und auch die anu treten in Triplets auf. Darüber hinaus sind zwei Typen Subquarks möglich, was auch für die anu gilt. Drei Quarks bilden das dem Atom zentrale Proton, welches einem der beiden Dreiecke entspricht, die die Sensitiven „sahen". Es scheint, als wären die beiden Wasserstoffatome während der psychischen Beobachtung gestört und miteinander vermischt gewesen. Außerdem sind auch die Elektronen nicht beobachtet worden.

Mikro-Psi-Atome zu den Kenntnissen über die chemischen Atome hin.

Was haben Besant und Leadbeater wahrgenommen? Die Beschreibung dessen, was die beiden für ein Wasserstoffatom hielten, birgt den entscheidenden Schlüssel für das Rätsel.

Im Normalzustand besteht Wasserstoff nicht aus einzelnen Atomen, sondern aus Atompaaren, die eng miteinander verbunden sind. Dieses Paar ist ein Wasserstoffmolekül: die kleinste Wasserstoffmenge, die unter normalen Bedingungen vorkommt. Soviel war schon bekannt, als Besant und Leadbeater mit

Vergleichen wir dieses Bild mit dem Mikro-Psi-Atom des Wasserstoffs, wie es Besant und Leadbeater beschrieben. Es besteht aus zwei ineinander verschränkten Dreiecken, deren Teilchen sich jeweils wiederum aus drei Partikeln zusammensetzen, die die Sensitiven als „physikalische Grundatome" bezeichneten. Sie nannten sie auch *anu*, das Sanskritwort für „Atome". Können wir sie mit Subquarks gleichsetzen? Wenn es möglich ist, dann formen drei von diesen ein Quark, das wir als einen der Körper identifizieren, die sich an den Ecken der Dreiecke befinden. Und jede der

Dreiecksstrukturen ist ein Proton. Das Mikro-Psi-Atom ist also eine Struktur, die aus dem Wasserstoffmolekül mit seinen zwei Protonen hervorgeht.

Diese Interpretation erklärt, warum die Mikro-Psi-Atome des Wasserstoffs nie in Paaren beobachtet wurden, was doch zu erwarten gewesen wäre, hätte es sich um chemische Atome gehandelt. In der Beschreibung der beiden Theosophen scheinen die Wasserstoffkerne aber viel näher zusammenzukommen, als wir es von Wasserstoffmolekülen her kennen – 100 000 mal näher. Deshalb müssen wir davon ausgehen, daß die beiden Atomkerne zerfielen und die Quarks sich wenigstens für den Beobachtungszeitraum neu zusammensetzten.

Das Atomgewicht eines Elementes ist als das Gewicht eines Atoms im Verhältnis zum Gewicht eines Wasserstoffatoms definiert. Kohlenstoff hat beispielsweise das Atomgewicht 12, weil eines seiner Atome 12 mal schwerer als Wasserstoff ist. Da ein Wasserstoffatom aber etwa das gleiche Gewicht wie ein Proton hat und auch ein Neutron etwa soviel wiegt, kann das Atomgewicht der Anzahl der Proto-

Murray Gell-Mann gewann den Nobelpreis für seine Theorie, nach der bestimmte Arten subatomarer Teilchen aus noch kleineren Quarks bestehen.

nen und Neutronen im Kern gleichgesetzt werden. Verschiedene Isotope haben eine unterschiedliche Neutronenzahl im Kern und ihr Atomgewicht ist daher ebenfalls unterschiedlich. Nach der hier in Erwägung gezogenen Theorie ist die Anzahl der Subquarks in einem Kern neunmal so hoch wie das Atomgewicht, denn drei Subquarks bilden ein Quark und drei Quarks ein Proton oder Neutron.

Die Anzahl der Subquarks in jedem Kernpaar ist also dem 18fachen Atomgewicht des betreffenden Elementes gleich. Besant und Leadbeater fanden heraus, daß die Zahl der *anu* eines ihrer Mikro-Psi-Atome 18 mal so hoch wie das Atomgewicht des Elementes war. Es scheint also, als hätten diese Forscher es in ihren Beobachtungen mit Kernpaaren zu tun gehabt, die sich aufgelöst und zu einer neuen Struktur vereinigt hatten, und daß es ihnen gelungen war, die Subquarks auszumachen, aus denen sie bestehen.

Gewöhnlich entsprach aber die Anzahl der *anu* in einem Atom nicht genau dem 18fachen Atomgewicht. Besant und Leadbeater mußten nämlich die Zahlen der *anu* in sehr komplexen

Nach seinem eigenen Bilde

Besant und Leadbeater bezogen die Strukturen der anu auch auf die altjüdische mystische Lehre vom Lebensbaum. Dieser bildet eine Art Chiffre der Realität; er umfaßt den Makrokosmos und den Mikrokosmos, den Menschen. Der Lebensbaum setzt sich aus den „Sephiroth" (Emanationen) zusammen, den 10 Stufen, in welchen Gott sich in der Schöpfung manifestierte. Männliche Eigenschaften finden sich auf der rechten Seite, weibliche auf der linken. In den mittleren Sephiroth werden sie vereinigt und in Einklang gebracht. Die höchste ist Kether (die Krone, oder Gottheit), welche Chokmah (göttliche Weisheit) und Binah (göttliche Intelligenz) hervorbringt. Ein Abgrund trennt diese „übernatürliche Triade" von den niederen Sephiroth. Chesed (Barmherzigkeit) ist ein konstruktives, liebendes Prinzip. Ihr gegenüber steht Geburah (Strenge), die mit Vernichtung und Krieg in Verbindung gebracht wird. Diese beiden werden in Tiphareth (Schönheit) vereint, welche die Lebenskraft verkörpert und durch die Sonne oder das Herz symbolisiert werden kann. Dann folgen Netzach (Sieg), die die Instinkte, Leidenschaften und erotischen Kräfte repräsentiert, und Hod (Herrlichkeit), die für Vorstellungskraft und den Verstand steht. Yesod (Grundlage) wird mit Wachstum und Verfall in Zusammenhang gebracht, sowie mit dem Mond, der Sonne und Erde verbindet, und der Sexualität. Malkuth (Königreich) ist die Materie, die Erde, der Körper. Für Besant und Leadbeater entsprachen die drei Hauptwirbel der anu der übernatürlichen Triade, und die Nebenwirbel den verbliebenen Sephiroth.

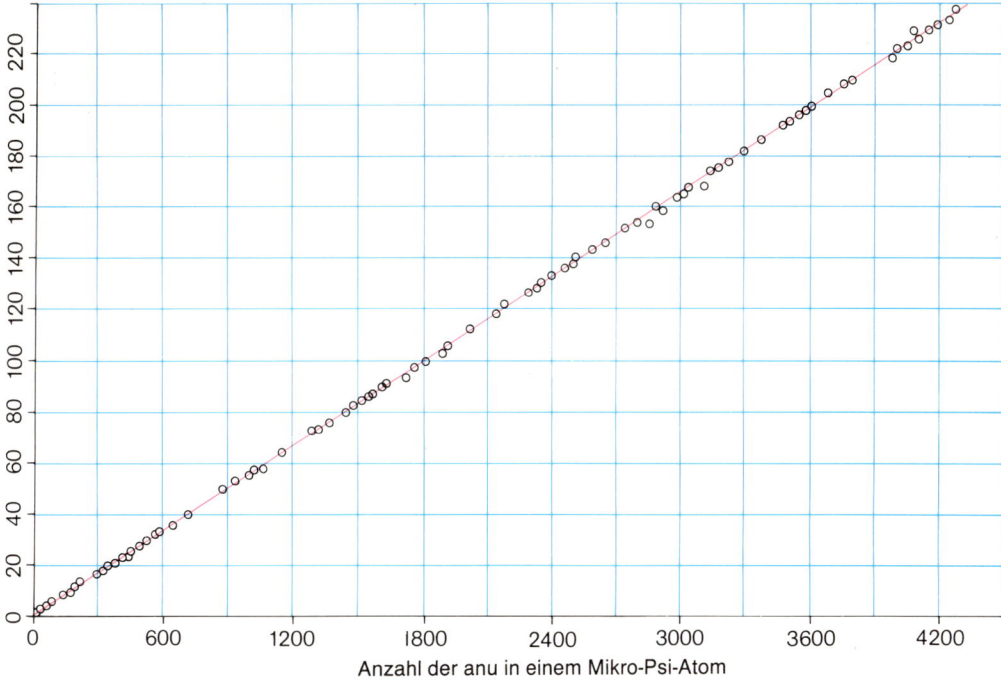

Anzahl der anu in einem Mikro-Psi-Atom

Rechts:
Eine Kurve der Partikelanzahl in jedem Atomkern, etwa dem Atomgewicht entsprechend, abgetragen gegen die Anzahl der anu, die von Besant und Leadbeater beobachtet wurden. Bei genau 18 anu pro Partikel würden alle Punkte genau auf der roten Linie liegen. Kleine Abweichungen davon lassen sich leicht auf verständliche Fehler beim Zählen zurückführen. Die Kurve ist ein beeindruckender Beweis dafür, daß sie etwas Reales beobachtet haben.

Rechts:
C. Jinarajadasa war Mitarbeiter und Sekretär von Besant und Leadbeater. Er nahm die Niederschriften ihrer psychischen Beobachtungen auf.

Mikro-Psi-Atomen schätzen, indem sie diese innerhalb eines Stiftes oder eines Balkens zählten und dann mit der Anzahl derselben multiplizierten. Zum Beispiel ist das Mikro-Psi-Atom eines Neonisotops sternförmig. Es besteht aus einer mittleren Kugel mit 120 *anu* und 6 Armen mit je 46 *anu*. Besant und Leadbeater haben offenbar einmal 47 *anu* in einem solchen Arm gezählt und somit die Gesamtzahl der *anu* in dem Neonisotop um 6 zu hoch angegeben. Fast alle Diskrepanzen in den von den Hellsehern angegebenen *anu*-Zahlen sind durch Zählfehler um einen oder zwei *anu* in einem Teil der infrage kommenden Struktur zu erklären. Bei den komplexen und veränderlichen Atomen, die Tausende von *anu* enthalten konnten, waren solche kleinen Fehler zu erwarten.

Besant und Leadbeater wiesen auf ihre Schwierigkeiten dabei hin, die beständigen Bewegungen der zu beobachtenden Teilchen psychokinetisch zu stoppen. Leadbeater sagte: „Ein Molekül dreht sich. Man muß es zur Ruhe bringen und darauf achten, daß man dabei die Form nicht zerstört. Ich habe immer Angst, die Dinge zu zerstören, weil ich ihre Bewegungen unterbinden muß, um einen Eindruck von ihnen zu bekommen."

Was aber ist mit den von den Theosophen beschriebenen Atomen, die nicht in das Periodensystem der Elemente paßten? Diese könnten aus den Kernen zweier verschiedener Elemente entstanden sein, deren Mikro-Psi-Atome die gleiche Form haben. Die Anzahl der *anu* unterstützt diese Vermutung. Eines dieser anomalen Atome hatte 2646 *anu*, was einem Atomgewicht von 147 entspricht. Das ist das Mittel aus 102 und 192, den Atomgewichten der häufigsten Isotope des Ruthenium und des Osmium, deren Mikro-Psi-Atome die gleiche Grundform besitzen. Andere „unmögliche" Strukturen könnten auch durch Vermischung zweier Isotope des gleichen Elementes entstanden sein.

Eine weitere Bestätigung für den objektiven Charakter der Wahrnehmungen von Besant und Leadbeater liegt in ihrer Darstellung der Kräfte, welche die *anu* zusammenhalten. Sie sprechen für das Schnur-Modell, das die Kräfte zwischen den Quarks erklären soll.

Dieses Modell wurde entwickelt, weil jahrelangen Forschungen zum Trotz nie freie Quarks gefunden werden konnten. Physiker nahmen deshalb an, daß Quarks sich nicht voneinander lösen können. Das Schnur-Modell veranschaulicht dies, indem die Quarks mit den Enden einer Schnur verglichen werden. Diesem Modell zufolge ist es ebenso unmöglich, ein freies Quark zu entdecken, wie man nie eine Schnur mit nur einem Ende finden wird. Ein Quark wird als ein magnetischer Monopol angesehen, eine einzelne Quelle eines Magnetfeldes. Dieses kann in Form von Kraft- oder Feldlinien anschaulich gemacht werden, wie sie auch ein Magnet unter Eisenspänen auf einem Stück Papier erzeugt. Diese Feldlinien bilden zwischen zwei Quarks eine enge Röhre oder Schnur, wobei die Physiker davon ausgehen, daß die Linien durch den umgebenden Raum zusammengedrückt werden. Ein Quark und das ihm entsprechende Antiquark (seine Entsprechung aus Antimaterie) bilden an den Enden einer einzelnen Schnur liegend ein Meson, eines von vielen kurzlebigen Teilchen. Drei Quarks, die sich an den Enden einer Y-förmigen Schnur befinden, schaffen andere Partikeltypen, wie auch Protonen und Neutronen. Wird solch eine Schnur unterbrochen, so entstehen an den freien Enden unmittelbar neue Quarks.

Nimmt man an, daß Quarks selbst wieder-

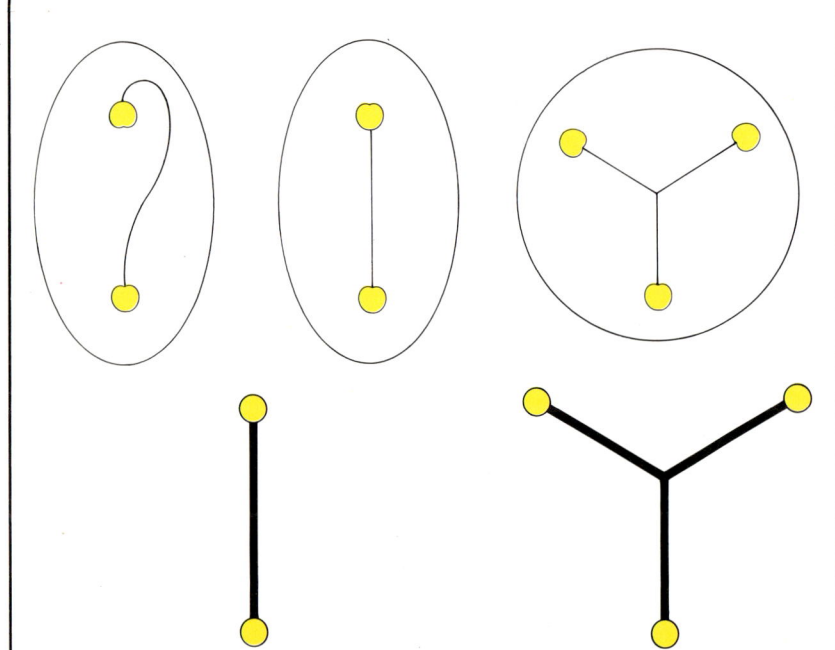

um zusammengesetzte Teilchen sind, so bestehen sie aus Triplets von Subquarks, und diese liegen ebenfalls an den Enden Y-förmiger Schnüre. Vergleichen wir nun dieses Bild mit den Skizzen von Paaren und Triplets, die von Besant und Leadbeater aufgrund der Beobachtung der *anu* angefertigt worden sind. Einige Paare waren durch einzelne „Kraftlinien" miteinander verbunden. Manchmal formten drei Kraftlinien eine Y-förmige Konfiguration, deren Enden jeweils durch ein *anu* gebildet wurden. Diese Diagramme sind im wesentlichen identisch mit den graphischen Darstellungen subatomarer Partikeln, die heute in naturwissenschaftlichen Zeitschriften zu finden sind.

Annie Besant übernahm die Verantwortung für die Beobachtung der Verbindung zwischen den *anu*, während Leadbeater sich mehr um die größeren Strukturen kümmerte. Besant skizzierte neben diesen einfachen und Y-förmigen Schnuranordnungen noch zahlreiche andere. Zusammen weisen sie verstärkt darauf

Ganz oben:
Annie Besant und Charles Leadbeater führten ihre Forschungen am Aufbau der Materie vier Jahrzehnte lang durch. Sie leiteten während dieser Zeit auch die Theosophische Gesellschaft. Weiterhin teilten sie den Glauben an die Reinkarnation.

Oben:
Von Besant und Leadbeater beschriebene Strukturen der anu (oben). Sie ähneln verblüffend dem modernen Schnur-Modell (unten), nach welchem Quarks (oder Subquarks) die Enden von Schnüren aus magnetischen Feldlinien sind.

hin, daß die *anu* einzelne Magnetpole sind, die durch schnurähnliche Kraftlinien verbunden werden. Ihre Beobachtungen ergeben aus unerwarteter Richtung eine Bekräftigung der modernen Theorien über die starken Wechselwirkungen zwischen fundamentalen Teilchen.

Die beiden Theosophen fanden Unterstützung bei ihrem Freund C. Jinarajadasa, der die von ihnen diktierten Beschreibungen niederschrieb. Zur dritten Auflage ihres Buches *Occult Chemistry (Okkulte Chemie)* bemerkte er:

„Mit den in *Occult Chemistry* enthaltenen Informationen liegt uns eine großartige Erweiterung der chemischen Kenntnisse vor. Weil diese Erweiterung unvermeidlich ist, haben unsere hellsichtigen Forscher 30 Jahre lang geduldig gearbeitet. Sie haben keine Anerkennung von Chemikern oder Physikern angestrebt, denn eine Wahrheit ist unabhängig von Anerkennung oder Ablehnung. Und jede Tatsache der Natur, die klar und deutlich beobachtet und ausgedrückt worden ist, wird früher oder später in das große Gewebe der Wahrheit eingeflochten.

Heute hat diese „außerordentliche Forschungsarbeit" von Besant und Leadbeater schließlich den in ihr liegenden wissenschaftlichen Wert erweisen können, indem sie eine bemerkenswert hohe Übereinstimmung mit Ideen und bekannten Fakten aus der Kern- und Teilchenphysik zeigt. Ohne zu wissen, was genau sie beobachteten, beschrieben die beiden Theosophen die subatomare Welt vor 70 Jahren auf eine Weise, die mit wichtigen Erkenntnissen der modernen Forschung übereinstimmt. Wissenschaftler und Laien mögen ihre Behauptungen schwer zu glauben finden. Aber sie können sie nicht als Täuschungen abtun, denn die Arbeiten waren viele Jahre, bevor die für eine mögliche Täuschung notwendigen Daten verfügbar waren, bereits abgeschlossen. Und sie können die Ergebnisse der beiden Theosophen auch nicht als mit wissenschaftlichen Erkenntnissen unvereinbar darstellen, denn das Gegenteil ist der Fall.

Die Wissenschaft
und das Abstruse

*Was auf den ersten Blick als paradox erscheint oder was
beim ersten Gedanken zu einer These an Abwehr
provoziert wird, besagt nichts über die mögliche geistige
oder wissenschaftliche Sprungkraft einer Idee oder
Hypothese. Als Außenseiter fingen fast alle Genies an.*

Englands größter Spinner

Jesus wurde im alten Edinburgh gekreuzigt, Bath ist das klassische Athen ... dies sind nur die ausgefallensten Ansichten des Nationalisten, Journalisten und Spinners Comyns Beaumont.

D ie Erforschung der Geheimnisse der Antike kann einem schon ganz schön den Kopf verwirren. Nicht wenige Historiker glaubten, sie hätten endlich *die* Lösung der jahrhundertealten Probleme aus Geschichte

Rechts:
Die Hängenden Gärten von Babylon, das schöne, wenn auch dekadente Zentrum antiker Zivilisation. Die Archäologen legen es in den heutigen Irak. Comyns Beaumont hingegen wußte es besser, es handelte sich natürlich um Rom, eine in bezug auf Glanz und Sündhaftigkeit vergleichbare Stadt.

Links:
Ungetrübt von logischen Erwägungen oder Beweisen, entwickelte Comyns Beaumont eine exakte „revidierte Geographie", die zeigt, daß alle wichtigen klassischen und biblischen Stätten in Großbritannien (unten rechts) lagen, welches vor Tausenden von Jahren auch Atlantis gewesen war.

Ganz rechts oben:
Dieses Mosaik aus der St. Markus-Kirche in Venedig zeigt Szenen aus der Geschichte von Noah und der Sintflut. Beaumont hielt Mesopotamien für einen unpassenden Ort einer solchen Flut. Der Atlantik war ihr wirklicher Schauplatz, behauptete er.

und Religion gefunden. Sie verfolgten dann ihre Eingebung durch dick und dünn und übersahen jeden Beweis des Gegenteiles. Diese Zugangsweise ist zweifellos das Kennzeichen eines „Spinners", obwohl man diese Bezeichnung mit Vorsicht applizieren sollte. Dr. Immanuel Velikovsky, der umstrittene Autor von *Worlds in Collision (Zusammenstoß der Welten)*, wurde nach der Veröffentlichung seiner erstaunlichen und weitreichenden Behauptungen, die eine Ohrfeige für die konventionelle Weltgeschichtsbetrachtung bedeuteten, oft als Spinner angesehen.

Doch war Velikovsky nicht der erste, der versuchte, den anerkannten Lauf der Weltgeschichte völlig zu revidieren. Einen früheren, sogar noch extremeren, Griff nach der großen Neufassung der Vergangenheit machte in den vierziger Jahren der exzentrische englische Theoretiker Comyns Beaumont. Wie Velikovsky war er Anhänger einer Katastrophentheorie und entwickelte eine eigene Hypothese vom Zusammenstoß der Erde mit einem riesigen Kometen. Er stellte, wie Velikovsky, auch das Alter verschiedener geologischer Epochen in Frage und schuf seine eigene Version der ägyptischen Geschichte.

Aber während Velikovsky noch damit zufrieden war, eine revidierte Chronologie des Altertums vorzuschlagen, ging Beaumont noch weiter und betörte seine Leser mit der bemerkenswerten Idee einer revidierten Geographie für die Geschichte der Menschheit. In 3 Bänden legt er die Argumente für eine der phantastischsten Behauptungen dar, die je gedruckt wurden. Alle in der Bibel beschriebenen Ereignisse und die meisten aus der griechischen Mythologie und Geschichte sollen auf dem Boden der Britischen Inseln und der umgebenden Länder stattgefunden haben. Die Geographie der Antike sei durch Mißverständnisse und absichtliche Fälschungen späterer griechischer und römischer Geschichtsschreiber verzerrt und die „Wahrheit" verhüllt worden. Es war Beaumonts Vorrecht, die alten Zentren von Israel, Judäa, Griechenland und Ägypten in der freundlichen, grünen Landschaft Englands, Schottlands und Wales' wiederzuentdecken. Durch seine Theorie wird die weithergeholte Annahme von „britischen Israeliten" gestützt, die viktorianische Exzentriker aufgestellt hatten. Sie meinten, daß die Angelsachsen von den verschollenen Stämmen Israels abstammen würden.

So seltsam es auch scheinen mag, es gibt keinen Grund zu der Annahme, daß Comyns Beaumont regelrecht verrückt war. Er entstammte einer Familie des Landadels, die normannische Abstammung für sich in Anspruch nahm. Eine Zeitlang arbeitete er im diplomatischen Dienst, bevor er Journalist wurde, und durchlief eine lange und erfolgreiche, wenn auch bewegte Laufbahn als Herausgeber und Autor bei zahlreichen englischen Zeitungen und bekannten Zeitschriften, wobei er während der schweren Jahre des Zweiten Weltkrieges eine wichtige Rolle im Verlagswesen spielte. Obwohl er hochintelligent und sehr gebildet war, lichtete Beaumont doch völlig den Anker der Vernunft, als er sich auf die rücksichtslose Jagd nach seiner fixen Idee machte, daß Großbritannien die Heimat der Zivilisation der Welt sei. Der Titel seines letzten Buches *Britain: Key to World History (Großbritannien: der Schlüssel zur Weltgeschichte)* verkörpert diese Idee.

Obwohl es nicht leicht ist, den meisten Überlegungen seiner ausgefallenen Hypothesen zu folgen, kann man doch einen faszinierenden, wenn auch unzusammenhängenden Strang innerer Logik in seiner Arbeit finden, die mit verlockenden Spekulationen beginnt, dann aber in Verwirrung und schließlich in Widersprüche führt.

Im Vorwort zu *The Middle of Prehistoric Britain (Das Zentrum des vorgeschichtlichen Britannien)* beschreibt er, wie er „eher zufällig als geplant auf die Entdeckung stößt, daß die Geschichte des Altertums, so wie sie auf uns gekommen ist, auf falschen Voraussetzungen basiert, was sowohl die Chronologie als auch die Geographie der berühmtesten antiken Völker anbetrifft." Ursprünglich war er von dem ewigen Problem der Lokalisierung von Atlantis fasziniert, jener legendären Wiege der Zivilisation, die heute vom Meer überschwemmt ist. Da der griechische Philosoph Plato, dem wir die ursprüngliche Atlantislegende verdanken, diese Insel in den Atlantik verlegte, hatte Beaumont keine Schwierigkeiten, seinen patriotischen Neigungen zu folgen und sie mit den Britischen Inseln gleichzusetzen. Hier wurden jedenfalls die frühesten Besiedlungsspuren aller atlantischen Inseln gefunden. Und er überlegte sich, daß die Geschichte vom Untergang von Atlantis sich auf den Zerfall der ausgedehnten britischen Landmasse, die sich einstmals bis nach Skandinavien erstreckte, be-

zieht, aus der dann die Inselgruppe entstanden ist, die wir heute als die Shetlands, Orkneys und Hebriden kennen.

Dann kam die Sintflut

In Platos Bericht wurden die reichen und mächtigen Atlanter durch Jahrhunderte des materiellen Überflusses verdorben. Von ihrer Unmoral erzürnt, zerstörten die Götter ihr Land durch Erdbeben und Flut. Wie Beaumont und viele andere bemerkten, ist dieses Motiv der degenerierten ersten Rasse, die durch eine Naturkatastrophe vernichtet wird, eine genaue Parallele zur biblischen und antiken nahöstlichen Geschichte von Noahs Flut, die von Gott gesandt wurde, um die Sünder zu bestrafen.

Viele haben die Ansicht vertreten, daß dafür eine gemeinsame Quelle, ja vielleicht sogar die

Möglichkeit einer wirklichen weltweiten Sint-flut, erwogen werden müsse. Aber Beaumont hatte die Stirn, die traditionelle Sichtweise völlig auf den Kopf zu stellen und darauf zu bestehen, daß diese Flut in Großbritannien und nicht in Mesopotamien stattgefunden habe. Wenn aber die Katastrophe ein atlantisches Ereignis war, dann lag die Heimat Noahs und der hebräischen Patriarchen, die auf ihn folgten, vielleicht auch nicht im Nahen Osten, sondern in Nordwesteuropa. Beaumont spielte auf das Alter der menschlichen Überreste in der atlantischen Küstenregion an, von den Höhlenbildern der Dordogne bis zu der Menge megalithischer Funde auf den Orkneys. Im Nahen Osten war, jedenfalls zur Zeit von Beaumonts Veröffentlichungen, verhältnismä-ßig wenig an vorgeschichtlichen Relikten ge-funden worden. Für Beaumont war es daher logisch anzunehmen, daß Nordwesteuropa die wahre Heimat der Zivilisation und die Wiege der Menschheit gewesen sei, die von so vielen Mythologien beschrieben und als Atlantis, Merope, Kreta oder Garten Eden bezeichnet wurde.

Er fand leicht Unterstützung für seine These in einem Sammelsurium von Legenden vieler Kulturen des alten Europa, die von einem Land der Götter, Geister oder Toten erzähl-ten, das im Osten lag. Die weitverbreitete Idee des Geisterlandes im Westen ist dagegen mit ziemlicher Sicherheit der Tatsache zu verdan-ken, daß in dieser Richtung die Sonne unter-geht – „stirbt". Aber Beaumont bevorzugte eine Buchstaben getreue Interpretation. Indem er die Mythen systematisch auf alle möglichen geographischen Hinweise durchforschte, iden-tifizierte er mutig den Hades der Griechen (das Amentet der alten Ägypter) mit einer Insel-gruppe vor der Westküste Schottlands. Seine blühende Phantasie ließ ihn im harmlosen Loch Carron und dem daran gelegenen Ort Erbusaig den Höllenfluß Acheron und das griechische Fegefeuer Erebus sehen. Der be-rühmte brennende Fluß des Hades, der Styx, wurde in Loch Alsh entdeckt und Ausgangs-punkt für Beaumonts nächsten außergewöhn-lichen theoretischen Klimmzug. Der griechi-sche Held Achilles wurde nämlich von seiner Mutter in den Fluß Styx gehalten, um ihn un-sterblich zu machen. Danach hat Achilles sei-ne Kindheit auf der felsigen Insel Skyros ver-bracht. Voller Begeisterung stellt Beaumont diese verblüffende Bestätigung seiner Theorie fest: An der Mündung von Loch Alsh liegt die Insel Skye – zweifelsfrei Skyros!

Nach dieser Offenbarung gab es kein Zu-rück mehr. Skyros war, im Gegensatz zum Acheron und Erebus, kein mythologischer, sondern ein wirklicher Ort. Um die Dinge passend zu machen, ordnete Beaumont mit viel Mühe die verschiedenen Länder, die im antiken Griechenland Skyros umgaben, um das schottische Hochland an. Danach verteilte er die Orte und Personen des Alten Testamen-tes auf der Landkarte von Großbritannien. Nun tauchte Beaumont tiefer und tiefer in das

Meer der Spekulationen ein und brachte Dinge zum Vorschein, die ihm wie Perlen erschie-nen. Sicherlich, so überlegte er, haben dann die ionischen Griechen auf Iona gelebt. Die schottische Vorliebe für den Namen Alexan-der geht natürlich ganz klar auf die Tage zu-rück, als Alexander der Große über die briti-schen Inseln herrschte. Und wurden nicht die Faröer Inseln so genannt, weil auf ihnen einst ein Pharao regierte?

Ort für Ort wurden alle wesentlichen Zen-tren der antiken Welt aus dem Mittelmeer-raum und Nahen Osten herausgenommen und in phantastischer Anordnung um die Nordsee herum gruppiert. Wales wurde zu Galiläa, So-merset zu Ägypten und der Fluß Severn zum Nil; Hamburg in Deutschland, nicht Hissarlik in der Türkei, mußte der Schauplatz des Troja-nischen Krieges gewesen sein. Babylon war natürlich Rom und nicht irgendein unbedeu-tender Lehmhaufen im Irak. Der verschneite Ben Nevis wurde mit dem Titel des Olymp ge-schmückt, der griechischen Götterburg. Und die Einwohner von Bristol hätten sich sicher gewundert zu hören, daß ihre Stadt eigentlich Sodom war, das aus der Bibel für seine Sünd-haftigkeit bekannt ist. Der krönende Gipfel von Beaumonts Werk war, daß er die „wahre" Lage der heiligen Stadt Jerusalem entdeckte und die Ereignisse, die zu Jesu Kreuzigung führten, in den Straßen von Edinburgh verfolgen konnte.

Beaumont hatte sich inzwischen völlig verstiegen, und seine Begeisterung führte ihn zu einer völlig oberflächlichen und zusammenhanglosen Methodik. Auf der einen Seite benutzte er eine Übersetzung des Ägyptischen Totenbuches, um zu „beweisen", daß Fingal's Cave auf der schottischen Insel Staffa der Ort der ägyptischen Unterwelt war; auf der anderen Seite mußte er leugnen, daß die Hieroglyphen überhaupt übersetzt worden sind. Ja, er bezeichnete sie sogar als nicht zu entzifferndes Kauderwelsch. Und wenn wir dann noch glauben sollen, daß Athen in Wirklichkeit Bath gewesen ist, weil wir nämlich das B und das angehängte „en" vernachlässigen können,

Rechts: *Xerxes führt die persische Armee zum Angriff gegen Griechenland. Beaumont berichtigte die jahrhundertealten „Fehler" und verlegte Griechenland nach Großbritannien zurück. Xerxes, so meint er, mußte durch Schottland marschieren, um es zu erreichen.*

Unten links: *Hieroglyphen in einer Grabkammer in Ägypten, nicht in Schottland, wie Beaumont glaubte. Er benutzte das ägyptische Totenbuch, um zu „beweisen", daß die ägyptische Unterwelt in Wirklichkeit Fingal's Cave auf der schottischen Insel Staffa gewesen ist (unten).*

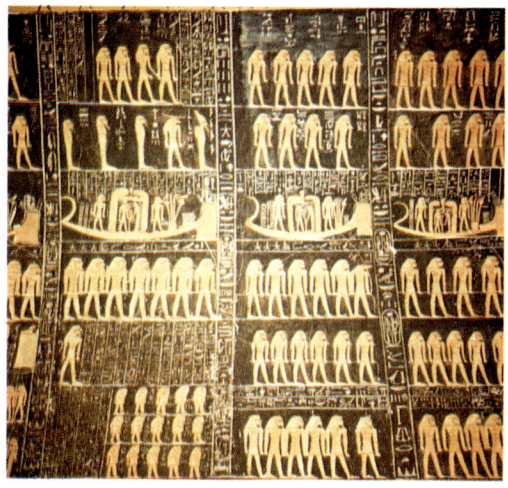

dann wird es offensichtlich überflüssig, Beaumonts Werk noch einer ernsthaften Kritik zu unterwerfen. Man sollte einfach nur Spaß daran haben. Seine Arbeit wurde schließlich so undiszipliniert, daß sie jede Hoffnung auf wissenschaftliche Würdigung vergessen ließ. Aber er bekommt immerhin den Preis für die ausgefallenste Phantasie!

Es ist zu bedauern, daß Beaumonts angekündigte weitere Studien über die antike Geschichte nicht veröffentlicht worden sind. Darin wollte er nämlich zeigen, wie die Geographie durch die Massenauswanderungen aus Großbritannien verzerrt worden ist sowie durch Fälschungen von griechischen Geschichtsschreibern wie Herodot und Thukydides. Wir wären auch durch eine Darstellung der persischen Armee unter Xerxes unterhalten worden, die durch Schottland zog, um ein Griechenland anzugreifen, das auf die Britischen Inseln verlegt worden war.

Wie sich ein Mann von Beaumonts unbezweifelbarer Intelligenz derart täuschen konnte, ist kaum vorzustellen; aber klar ist, *warum*. Beaumont war durch einen extremen Patriotismus motiviert, eine Kraft, die seine Karriere als Herausgeber und Journalist ebenso beeinflußte wie seine Meinung über die antike Geschichte. Er war im wesentlichen liberal, aber äußerst nationalistisch, und sein größter Glaube war, daß England Quelle und Bollwerk der

Unten: *Thukydides, einer der „fälschenden" griechischen Geschichtsschreiber, die für das weitverbreitete Vorurteil gegen ein englisches Griechenland verantwortlich sind. Nach Beaumont wurde tatsächlich jeder Historiker als Lügner oder Betrüger dargestellt. Nur er selbst lag richtig.*

Demokratie sein sollte. So wechselte er von Zeitung zu Zeitung, immer auf der Suche nach einem Publikationsorgan, von dem er annahm, daß es wirklich den Interessen des britischen Volkes diente und nicht der Unternehmer. Dieses Auf und Ab seiner Karriere beschreibt er in der Autobiographie *A Rebel in Fleet Street (Ein Rebell in der Fleet Street)*.

Wäre Beaumont heute noch am Leben, wäre er sicherlich erfreut gewesen zu erfahren, daß die Rolle des antiken Europa beim Aufstieg der Zivilisationen jetzt durch archäologische Funde aus den siebziger Jahren des 19. Jh. untermauert worden ist. Nichts aber, außer den Verrenkungen einer überreizten Phantasie, kann jemals die Stätten der biblischen Geschichten oder der griechischen Mythologie in Beaumonts geliebte Heimat verlegen. Ägypten bleibt in Ägypten und Griechenland in Griechenland, trotz der ernsthaften Bemühungen von Großbritanniens größtem Spinner.

Ist die Erde hohl?

Lange ist geglaubt worden, die Erde sei hohl, aber erst seit 1968 gibt es dafür „Beweise". In jenem Jahr zeigten Satellitenfotos deutlich ein riesiges Loch am Nordpol.

Die *Environmental Science Service Administration of the US Department of Commerce (Amt für Umweltwissenschaften des US Wirtschaftsministeriums)* übergab Anfang 1970 der Presse einige Fotos vom Nordpol, die am 23. November 1968 von einem ESSA-7-Satelliten aufgenommen worden waren. Eines zeigte den Nordpol in die üblichen Wolken gehüllt, das andere die gleiche Region ohne Wolken, doch dort, wo der Pol hätte sein sollen, gähnte ein riesiges schwarzes Loch.

Das Amt für Umweltwissenschaften ahnte nicht, daß seine routinemäßigen Wettererkennungsfotos zu einer der sensationellsten und meistpublizierten Kontroverse in der UFO-Geschichte führen sollten.

Im Juniheft des Magazins *Flying Saucers (Fliegende Untertassen)* brachte der Herausgeber und Ufologe Ray Palmer die ESSA-7-Satellitenfotos mit einem Begleitartikel, der behauptete, das riesige Loch auf der Abbildung sei tatsächlich eines.

Seit langem hatten Ray Palmer, und mit ihm viele andere Ufologen, daran geglaubt, daß die Erde hohl sei und die UFOs von einer höher entwickelten Zivilisation, die im unerforschten Inneren der Erde verborgen ist, stammen

Oben:
In einer geheimnisvollen Eishöhle auf Signy Island, Antarktis.

Rechts:
Die umstrittene Fotografie des Nordpols, aufgenommen 1968 von einem ESSA-7-Satelliten. Sie zeigt ein seltsames schwarzes Loch, wo der Pol sein sollte. Für einige UFO-Anhänger war dies der endgültige Beweis, daß die Erde hohl sei.

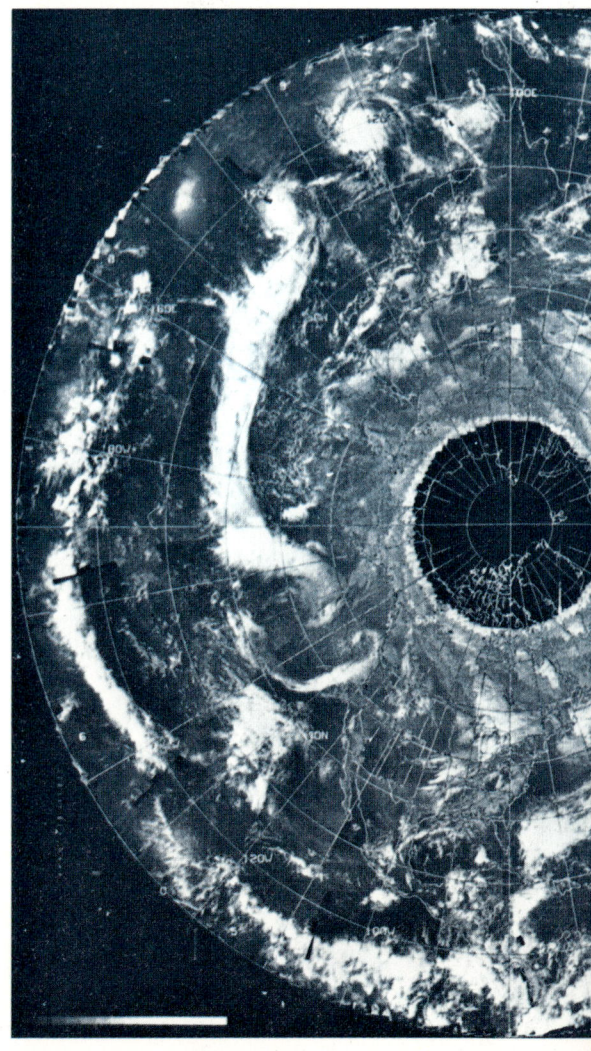

Oben:
Konteradmiral Richard E. Byrd von der US-Marine. Seine Polarexpeditionen boten den Hohlwelt-Gläubigen neues Ideenmaterial.

Unten rechts:
Orpheus, der seine Geliebte aus der Unterwelt befreien wollte.

und auch dorthin zurückkehren. Jetzt, mit einem Foto eines riesigen schwarzen Lochs am Nordpol, meinte Palmer den Beweis zu besitzen, daß diese unterirdische Super-Rasse wahrscheinlich existiere und am leichtesten durch Löcher am Nord- und Südpol erreicht werden könne.

Laut Palmer waren die Satellitenfotos von ESSA-7 Beweise dafür, daß zumindest am Nordpol ein großes Loch existiere, und in folgenden Nummern des *Flying Saucers* bekräftigte er diese Ansicht, indem er eine weitere, langjährige „Hohlwelt"-Diskussion wiederbelebte: die berühmten Expeditionen des Konteradmirals Richard E. Byrd zum Nord- und Südpol.

Byrd (1888–1957), ein herausragender Pionierflieger und Polarforscher, war am 9. Mai 1926 über den Nordpol geflogen und hatte danach zahlreiche Forschungsexpeditionen in die Antarktis geleitet, einschließlich eines Fluges über den Südpol am 29. November 1929. Von 1946 bis 1947 leitete er die groß angelegte Operation High Jump, von der gesagt wird, sie habe 1 390 000 Quadratkilometer antarktisches Land entdeckt und kartographiert.

Das Land jenseits des Pols

Byrds berühmteste Polarexpeditionen wurden erstmals in die Kontroverse um die hohle Erde gezogen, als eine große Anzahl Bücher und Artikel – von denen *Worlds Beyond the Poles (Welten jenseits der Pole)* (1959) von Amadeo Giannini und *The Hollow Earth (Die hohle Erde)* (1969) von Dr. Raymond Bernard bekannter sind – behaupteten, er sei nicht *über* den Nord- und Südpol, sondern in die großen Höhlungen, die ins Erdinnere führen, *hinein* geflogen. Ray Palmer, der ausführlich aus Gianninis Buch zitierte, stellte diese Theorie im Dezember 1959 in *Flying Saucers* vor und führte danach eine umfangreiche Korrespondenz zu dem Thema.

Laut Giannini, Bernard und Palmer kündigte Konteradmiral Byrd im Februar 1947 vor seinem Flug von 2750 Kilometern über den *Nord*pol an: „Ich möchte das Land *jenseits des Poles* sehen. Dieses Gebiet jenseits des Poles ist das Zentrum des *Großen Unbekannten*." Giannini, Bernard und Palmer behaupten auch, daß während seines mutmaßlichen Fluges über den Nordpol im Februar 1947 Byrd über Funk berichtet haben soll, er sähe unter sich nicht Eis und Schnee, sondern Landgebiete mit Bergen, Wäldern, grünem Bewuchs, Seen und Flüssen und im Unterholz ein Tier, das einem Mammut sehr ähnlich sähe. Nach der Leitung einer anderen Expedition in die Antarktis im Januar 1956 habe Byrd behauptet, daß die Expedition zu einem Land vorgedrungen sei, das sich 3700 Kilometer *jenseits* des Südpoles erstrecke. Weiterhin habe er kurz vor seinem Tode im Jahre 1957 das Land jenseits des Poles als den verzauberten Kontinent im Himmel bezeichnet. Jenes Land war nach Auffassung anderer Hohlwelt-Theoretiker die legendäre Regenbogenstadt, die Heimat einer märchenhaften, untergegangenen Zivilisation.

Für Giannini, Bernard und Palmer bestätigten die Kommentare Byrds nur, was sie bereits vermutet hatten: daß die Erde an beiden Polen seltsam geformt ist, etwa wie ein Pfannkuchen, mit einer Eindellung, die entweder eine gewaltige Strecke in das Innere der Erde hinabreicht oder aber tatsächlich eine einzige riesige Höhle bildet und von einem Pol zum anderen durch die ganze Erde hindurch reicht. Denn geographisch gesehen ist es unmöglich, 2750 Kilometer jenseits des Nordpoles oder 3700 Kilometer jenseits des Südpoles zu fliegen, ohne Wasser zu sehen. Deshalb ist es logisch, daß Konteradmiral Byrd in die gewaltigen konvexen Einstülpungen der Erde *hinein*geflogen sein muß. Hinein in das Große Unbekannte des Erdinnern, und hätte er seinen Weg fortgesetzt, er schließlich an der geheimen UFO-Basis angekommen wäre, die der versteckten Super-Rasse gehört; möglicherweise bei der legendären Regenbogenstadt, die Byrd viel-

Wenn die *Reise zum Mittelpunkt der Erde* auch der bekannteste der Hohlwelt-Romane bleiben wird, war derjenige mit dem weitreichendsten Einfluß wohl Edward Bulwer-Lyttons *The Coming Race (dt. Titel: Vril)* (1871), worin der Held in eine tiefe Mine hinabsteigt und sich in einer unterirdischen Welt wiederfindet, die von einer fortschrittlichen, aber rachsüchtigen Rasse bewohnt wird und sich die „Vril-Flüssigkeit" nutzbar gemacht hat. Diese Energieform läßt sich über weite Entfernungen übertragen und für gute oder böse Zwecke anwenden. Vril ähnelt in mancher Hinsicht der Kundalini-Kraft, dem Feuer im Rückenmark der Tantriker. Die Bewohner dieser unterirdischen Welt, die Vril-ya, gingen während der Sintflut unter die Erde, planen aber, wieder an die Oberfläche zu kommen und die intellektuell heruntergekommene Menschheit zu erobern.

Bulwer-Lyttons Roman bot vielen Okkultgruppen Inspiration, so auch der *Leuchtenden Lage* oder *Vril-Gesellschaft*, die zu

Die Erde auf den Kopf gestellt

Anfang des Naziregimes gegründet worden war. Die Mitglieder dieser Gesellschaft vermischten Bulwer-Lyttons Erzählung mit ihrer eigenen trüben Vision einer arischen Herrenrasse, welche die verschollene Welt von Thule bewohnt. Den Legenden zufolge ist sie irgendwo im fernen Norden verschwunden. Sie waren überzeugt, daß sie selbst, wenn diese Herrenrasse auf die Erdoberfläche zurückkäme, ihnen ebenbürtig und nicht ihre Sklaven sein würden.

Locker mit diesem Glauben verbunden war die Theorie, die Erde habe eine konkave Krümmung, so daß die Menschheit *innerhalb* des Globus lebe, mit einer kleinen Sonne und winzigen Sternen im Zentrum. Einige Mitglieder der Naziregierung bestanden so sehr auf dieser Theorie, daß sie im April 1942 einen Dr. Heinz Fischer mit einer Gruppe Wissenschaftler zur Ostseeinsel Rügen schickten, um dort mit Radarmeßgeräten die Reflektionen der anderen Erdseite aufzufangen. Sie kehrten ohne Ergebnisse zurück.

leicht am Himmel der Antarktis widergespiegelt gesehen hat.

Wenn Ray Palmer im Juni 1970 Satellitenfotos veröffentlichen konnte, die ein riesiges schwarzes Loch am Nordpol zeigten, waren alle Hohlwelt-Theoretiker der Erde in ihrem Glauben bestätigt. Die Kontroverse begann.

Die Möglichkeit, daß die Erde hohl sein, durch Höhlungen an den Polen betreten werden könne und geheime Zivilisationen immer noch darin blühen, hat seit undenkbaren Zeiten schon die menschliche Phantasie beflügelt. So besuchte etwa der babylonische Held Gilgamesch seinen Vorfahren Utnapischtim im Erdinneren; der Grieche Orpheus versuchte seine tote Geliebte Eurydike aus einer unterirdischen Hölle zu befreien; den ägyptischen Pharaonen sagte man nach, sie seien mit der Unterwelt in Kontakt, die sie über geheime, in den Pyramiden verborgene Tunnel erreichen könnten. Die Inkas trugen angeblich bei der Flucht vor den habgierigen Spaniern einen großen Teil ihrer Schätze in das Erdinnere. Die Buddhisten glaubten und glauben noch immer, daß in Agharta, einem unterirdischen Paradies, Millionen Menschen leben, über die der König der Welt herrscht.

Einige erlauchte Gläubige

Auch die wissenschaftliche Welt war gegenüber dieser Theorie nicht immun. Leonard Euler, ein mathematisches Genie des 18. Jahrhunderts, folgerte, daß die Erde hohl sein, eine zentrale Sonne enthalten und bewohnt sein müsse. Und auch der englische Astronom Dr.Edmund Halley, der Entdecker des Halleyschen Kometen, glaubte, daß die Erde hohl sei und im Inneren 3 Planeten enthielte. In den

Unten:
Der babylonische Held Gilgamesch, der seinen Vorfahren unter der Erde besuchte.

frühen siebziger Jahren des 19. Jahrhunderts erlangte John Cleves Symmes, ein Held des Bürgerkrieges, fast die staatliche Unterstützung der USA, um seine Theorie, daß die Erde hohl sei, mit einer Expedition zu beweisen. 1878 veröffentlichte Symmes' Sohn die Theorien des Vaters in einem Buch *The Symmes Theory of Concentric Spheres, Demonstrating that the Earth Is Hollow, Habitable Within and Widely Open About the Poles (Die Symmes-Theorie der konzentrischen Sphären, welche zeigt, daß die Erde hohl ist, innen bewohnbar und an den Polen weit offen).* Damit hoffte er, die Öffentlichkeit davon zu überzeugen, daß das Erdinnere durch große Höhlen am Nord- und Südpol erreichbar sei und man im Erdinneren warmes, fruchtbares Land voll blühender Pflanzen und von Tieren, wenn nicht sogar von Menschen, bewohnt finden würde. Unter denen, die auf Symmes' Zug aufsprangen, waren auch Cyrus Read Teed, der eine Hohlwelt-Religion begründete; William Reed, der das umstrittene Buch *Phantom of the Poles (Erscheinung an den Polen)* (1906) schrieb, und natürlich Symmes' Sohn, welcher der phantastischen Theorie seines Vaters die noch verstiegenere hinzufügte, daß die Bewohner des Erdinneren die 10 verlorenen Stämme Israels seien.

Keine dieser Theorien wurde von etwas anderem als Wunschdenken bestätigt, aber sie befanden sich in guter Gesellschaft mit einigen Romanen zu dem Thema, von welchen die bekanntesten Edgar Allen Poes *Narrative of Arthur Pym (Die Erzählung von Arthur Pym)* (1833) war, in welcher der Held und sein Gefährte eine unerquickliche Begegnung mit einem Abgesandten des Inneren haben; und Jules Vernes *Reise zum Mittelpunkt der Erde* (1864), worin ein abenteuerlustiger Professor, sein Neffe und ein Führer das Erdinnere durch einen erloschenen Vulkan in Island betreten und dort auf neue Himmel, Meere und riesige prähistorische Reptilien treffen, die durch die Wälder streifen.

Immerhin war der Glaube an eine Hohlwelt so verbreitet, daß sogar Edgar Rice Burroughs sich bemüßigt fühlte, *Tarzan at the Earth's Core (Tarzan am Erdmittelpunkt)* (1929) zu schreiben, worin der berühmte Dschungelsohn nach Pellucidar geht, einer Welt, die auf der Innenseite der Erde liegt und von einer zentralen Sonne beschienen wird. Dieser Entwurf hatte viel gemein mit der Erzählung von Bulwer-Lytton und dem irregeleiteten Romantizismus der *Vril Society (Vril-Gesellschaft)*. H. P. Lovecraft brachte dann mit *The Shadow Out of Time (Der Schatten aus der Zeit)* (1936) das Thema in die moderne Zeit, in dem er eine alte, unterirdische Rasse vorstellte, die vor 150 Millionen Jahren die Erde beherrschte und seither im sicheren Erdinneren Luftschiffe und atomgetriebene Fahrzeuge erfunden sowie die Zeitreise und ASW gemeistert habe.

Es besteht wenig Zweifel daran, daß Lovecrafts berühmter Roman den vieldiskutierten Artikel von Richard S. Shaver *I Remember Lemuria (Ich erinnere mich an Lemurien)* beeinflußt hat, der 1945 in der März-Ausgabe des *Amazing Stories (Erstaunliche Geschichten)*-Magazins erschien und dessen Autor ihn als Tatsache, nicht als bloße Erfindung verstanden wissen wollte. In seinem Artikel stellt Shaver fest, daß das Erdinnere durch ein Netzwerk ungeheurer Höhlen verbunden ist und daß diese Höhlen von mißgestalteten untermenschlichen Wesen bewohnt werden, die *Deros* oder *Abandonderos* genannt werden, weil sie vor 12 000 Jahren die Eroberfläche verlassen mußten. Die *Deros* sind Sklaven der lemurischen Herrenrasse gewesen, die inzwischen im Weltraum lebt. Sie beschäftigen sich jetzt damit, die Menschen der Erdoberfläche zu verfolgen, weshalb sie für einige der momentanen Mißgeschicke der Welt verantwortlich sein sollen.

Shavers Beharren darauf, daß tatsächlich eine lemurische Unterwelt existiere und daß er von einigen *Deros* dorthin mitgenommen worden sei, erfuhr in den USA eine enorme Verbreitung. Dies führte zu einem Wiederaufleben des Interesses an der Möglichkeit einer Hohlwelt und einer verborgenen, hochentwickelten Zivilisation. Es war also wahrscheinlich kein Zufall, daß zwei Jahre später, am 21. Juni 1947, das Zeitalter der UFOs mit von fünf diskusförmigen nichtidentifizierten Flugobjekten eingeleitet wurde, die Harold Dahl über der kanadischen Grenze sah, und drei Tage später durch Kenneth Arnolds berühmte Sichtung der Fliegenden Untertassen über den Cascade Mountains in den USA.

Nach diesen beiden Erscheinungen überschwemmte eine UFO-Welle die USA und schließlich die ganze Welt. Zwei der populärsten Theorien besagten, daß die UFOs entweder Raumschiffe einer fernen Galaxie seien oder aber hochentwickelten Wesen gehörten,

Ganz oben:
John Cleves Symmes, der amerikanische Hohlwelt-Theoretiker aus dem 19. Jahrhundert, glaubte, die Innenwelt wäre ein warmes, fruchtbares Land voller blühender Pflanzen und von Tieren, wenn nicht sogar von Menschen, bewohnt.

Oben:
Eine Illustration des „Zentralen Meeres" aus Jules Vernes Reise zum Mittelpunkt der Erde.

Rechts:
Betty und Barney Hill, die angeblich von UFOs entführt wurden und deren Entführer erklärten, daß es in und auf der Erde viele UFO-Basen gäbe, sogar unter den Meeren.

die das Erdinnere bewohnten. Die Fliegenden Untertassen traten in unsere Welt durch riesige Löcher in den Polkappen ein, durch welche sie diese auch wieder verließen.

Diese Theorien führten dann zu einer Wiederbelebung des Glaubens an die verschollenen Zivilisationen von Atlantis, Lemurien und Thule, welch letztere nun besonders in der Arktis angesiedelt wird. Sie darf jedoch nicht mit Dundas, früher Thule, verwechselt werden, einer Eskimo-Siedlung im Nordwesten Grönlands, die heute eine größere US Luft- und Nachrichtenbasis ist. Es wurde jedoch auch angenommen, daß ein anderer wahrscheinlicher Ursprungsort der UFOs in der Antarktis zu finden sei. Diese Theorie fand Bestätigung durch das Erscheinen von John G. Fullers ungewöhnlich überzeugendem Buch *The Interrupted Journey (Die unterbrochene Reise)* (1966), worin der Autor die Geschichte von Betty und Barney Hill beschreibt, einem amerikanischen Ehepaar, das sich wegen einer unerklärlichen Phase des Gedächtnisverlustes in psychiatrische Behandlung begab. Unter Hypnose erinnerten sie sich dann, daß sie von Außerirdischen zeitweise entführt und in einer Fliegenden Untertasse untersucht wurden und man ihnen mitteilte, die Außerirdischen hätten überall geheime Stützpunkte, einige davon im Meer und mindestens einen in der Antarktis.

Dieser sensationelle Fall, in Verbindung mit Aimé Michels vielgelesenem Buch *Flying Saucers and the Straight-Line Mystery (Fliegende Untertassen und das Geheimnis der geraden Linien)*, woraus viele schlossen, UFOs würden nur in Nord-Süd-Richtung fliegen, stärkte den verbrei-

teten Glauben daran, daß Arktis und Antarktis die wahrscheinlichsten Stätten der geheimen Basen der Fliegenden Untertassen seien.

Als Ray Palmer also im Juni 1970 seine umstrittene Theorie veröffentlichte, daß die Fliegenden Untertassen einer in der Erde verborgenen Zivilisation angehörten und an den Polen aus riesigen Löchern flögen, wie sie die ESSA-7-Satellitenfotos zeigten, und dies mit ebenfalls sensationellen Enthüllungen über Konteradmiral Byrds Flüge in die unbekannten Tiefen der konkaven Antarktis verband, horchten Ufologen und Hohlwelt-Gläubige in aller Welt auf.

Die harten Tatsachen

Fehlinterpretierte Satellitenbilder, verdrehte Worte eines Forschers und ein uralter Glaube – ist das alles, was die Hohlwelt-Theorie belegen kann?

Wieviel Wahrheit steckte eigentlich in den Annahmen von Palmer, Bernard und Giannini, sowie der anderen Hohlwelt-Gläubigen? Leider sehr wenig.

Auch genaue Nachforschungen haben keine Bestätigungen der außerordentlichen Aussagen gebracht, die Konteradmiral Byrd zugesprochen werden, ebensowenig für seinen angeblichen Flug über den Nordpol im Februar 1947. Tatsächlich flog Byrd am 16. Februar 1947 während der großen Operation High Jump über den *Süd*pol. Selbst einmal vorausgesetzt, Byrd *hätte* irgendwelche Kommentare abgegeben, dann wäre es plausibler anzunehmen, daß „das Land jenseits des Poles" und das „Große Unbekannte" nur Formulierungen für die bislang unerforschten Gegenden waren, nicht aber für Kontinente innerhalb einer hohlen Erde. Und der „verzauberte Kontinent im Himmel" ist nur eine Beschreibung für ein unter antarktischen Bedingungen bekanntes Phänomen, die trugbildartige Spiegelung des Landes.

Aber was sagte Byrd genau? In Auszügen aus seinem Tagebuch, die im *National Geographic* von Oktober 1947 veröffentlicht wurden, steht: „Während ich dies schreibe, kreisen wir über dem Südpol … Er liegt etwa 760 Meter unter uns. Auf der anderen Seite des Pols sehen wir in jenes weite, unbekannte Gebiet, das zu erreichen wir uns so lange bemüht haben."

Wo die Mammuts ziehen

Behauptete Byrd, im Februar 1947 2750 Kilometer jenseits des Nordpols geflogen zu sein? Nein. Bei der Beschreibung seines Fluges über den *Süd*pol am 16. Februar 1947 schreibt er: „Wir flogen auf ungefähr 88,30 Grad südlicher Breite über schätzungsweise 160 Kilometer. Dann machten wir einen ungefähr rechtwinkligen Schwenk nach Osten, bis wir den 45. östlichen Längengrad erreichten, und wendeten dann wieder, diesmal zum Rückweg nach Klein-Amerika."

Es gibt sogar Menschen, die darauf beharren, sie hätten einen Wochenschau-Bericht von Byrds Flug über den Nordpol gesehen, worin seine Berge, Bäume, Flüsse und ein großes Tier, das man als Mammut erkennen konnte, gezeigt wurden. Eine Frau schreibt an Ray Palmer über diese Wochenschau, die sie angeblich 1929 in *White Plains*, New York, gesehen hat.

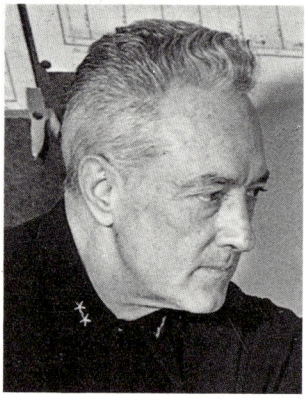

Ganz oben:
Diese Aufnahme der Erde vom Mondflug der Apollo 17 zeigt deutlich die Antarktis. Vor den technischen Fortschritten des 20. Jahrhunderts konnte der Mensch die genauen Formen der Erde nur erraten. Ist es jetzt, da die Erde vom Raum aus fotografiert und mit den empfindlichsten Instrumenten analysiert worden ist, klar, wie sie geformt ist?

Oben:
Entdeckte Admiral Byrd eine hohle Erde?

Sie endet den Brief mit folgenden Worten: „Byrd kommentierte den Film persönlich und erklärte voller Staunen, wie er sich einem Warmwasser-See näherte, der von Nadelbäumen umgeben war, worin ein großes Tier umherstreifte und etwas zu sehen war, was Byrd als einen Berg Kohle beschrieb, der von Diamanten glitzerte."

So verlockend dieser Bericht auch wäre, gibt es doch keinerlei Aufzeichnungen davon in irgendeinem Archiv. Eine Verhüllungsaktion der Regierung? Oder hat es diesen Film überhaupt niemals gegeben? Es ist erstaunlich, wie Gläubige sich ganz ehrlich an einen Film „erinnern" können, der mit absoluter Sicherheit nie gedreht wurde. Aber offenbar sind viele unserer frühen Erinnerungen „erfunden".

Berichtete Byrd, daß er auf seiner Reise nicht Eis und Schnee, sondern Landstriche mit Bergen, Wäldern, grünem Bewuchs, Seen und Flüssen beobachtet habe, sowie im „Unterholz" ein Tier, das einem Mammut ähnelt? Nein. Nach seinem Tagebuch: „Insgesamt haben wir fast 25900 Quadratkilometer des ‚Landes jenseits des Poles' vermessen. Wie erwartet, wenn es auch etwas enttäuschend zu berichten ist, war kein irgendwie erwähnenswertes Merkmal jenseits des Poles zu erkennen. Es gab nur die weiße Wüste, die sich von Horizont zu Horizont erstreckte."

Das Wunschdenken über die legendären versunkenen Welten wie Thule und die antarktische Regenbogenstadt führten unvermeidlich zu noch wilderen Tatsachenverdrehungen.

Was war mit der märchenhaften Regenbogenstadt? Sie ist wahrscheinlich ein Ableger von Byrds Beschreibung seines Rückfluges vom Südpol im Februar 1947 über bisher unerforschtes Land zwischen den Beardmore und den Wade Gletschern. „Man könnte es als Straße der gefrorenen Regenbogen bezeichnen. Im Osten und Westen erhoben sich große Berge. Einige waren eisfrei, kohlschwarz und ziegelrot. Andere waren völlig eisbedeckt. Sie sahen wie gigantische Wasserfälle aus. Wo die Sonne ihre Gipfel und Hänge berührte, wurde das Licht von ihnen in einer unbeschreiblichen Farbvielfalt reflektiert. Es gab Schattierungen von Blau, Purpur und Grün, wie man sie nur selten gesehen hat."

Das sind Byrds eigene Worte, im Gegensatz zu denen, die ihm in den Mund gelegt wurden. Wir sehen also, daß weder saftiges Grünland noch Mammuts hinter dem Südpol sind; und die Zahl der 2750 Kilometer jenseits des Poles ist, falls nicht ganz erfunden, wahrscheinlich von einer Angabe in Quadratkilometern entnommen worden. Die Regenbogenstadt hat keine andere Wirklichkeit als Byrds beschreibende „Straße der gefrorenen Regenbogen" – ein normales atmosphärisches Phänomen in der Antarktis. Das „Land jenseits des Poles" und das „Große Unbekannte" heißen nach Byrds eigenen Worten: „Das größte Unerforschte, das in der Welt noch bleibt."

Unten:
Ein zusammengesetztes Bild des Nordpoles, das im Sommer 1973 von einem Wettersatelliten aufgenommen wurde. Hier ist das Polargebiet ausreichend erleuchtet, doch im Winter bleibt der Nordpol in ständiger Dunkelheit – auf Fotos erscheint er daher als ein großes schwarzes „Loch".

Aber könnte die Erde nicht trotzdem hohl sein? Wiederum ist die Antwort negativ. Entgegen den Annahmen der Hohlwelt-Theoretiker können heute die physikalischen Eigenschaften und Strukturen des Erdinneren mit Seismographen und Computern exakt gemessen werden. Weit davon entfernt hohl zu sein, setzt sich die Erde aus drei verschiedenen Hauptschichtungen zusammen: der Kruste, dem Mantel und dem Kern. Die Kruste aus Basalt und Granitgestein ist bis zu 40 Kilometer dick, unter den Ozeanbecken jedoch viel dünner. Unter dieser Kruste liegt der Mantel, der sich 2900 Kilometer in die Tiefe erstreckt, fest und aus Magnesiumsilikat, Eisen, Kalzium und Aluminium zusammengesetzt ist. Und darunter liegt der Kern, von dem man annimmt, daß er vorwiegend aus geschmolzenem, metallischem Eisen besteht. Schließlich befindet sich in einer Tiefe von etwa 5090 Kilometern die Grenze zum inneren Kern, der wiederum fest sein dürfte, weil das Eisen unter dem ungeheuren Druck von 3 200 000 Atmosphären wieder erstarrt. Sicherlich ist dort die Erde nicht im entferntesten hohl.

Aber was bedeutete dann das riesige Loch, welches das Satellitenbild der Arktis zeigte? Die Erklärung ist so einfach, daß ein intelligentes Kind darauf hätte kommen können, wenn es ein wenig von der Erdrotation versteht. Leider griffen die Hohlwelt-Begeisterten das Foto sofort als Beweis auf, ohne auch nur ein solches Minimum an Sachverstand einzuschalten.

Das Foto ist ein Mosaik von Fernsehbildern, die von einem Satelliten im Laufe von 24 Stunden aufgenommen wurden und die Erde aus verschiedenen Winkeln zeigen. Die Bilder wurden auf der Erde von einem Computer aufbereitet und zu einer Gesamtschau neu angeordnet, so als wäre das Bild von einem einzigen Punkt direkt über dem Nordpol aufgenommen. Während der 24 Stunden erhielt jeder Punkt in mittleren und äquatorialen Breiten irgendwann Sonnenlicht und erscheint deshalb auf dem Bild. Aber die polarnächsten Regionen lagen in der ständigen Dunkelheit des nördlichen Winters. Deshalb bleibt in der Mitte des Bildes eine unbelichtete Stelle.

Gleiche, während des Sommers aufgenommene Bilder zeigen die polare Eiskappe. Und das gilt auch für Bilder, die während anderer Jahreszeiten mittels Infrarotlicht aufgenommen werden, da die Erde Tag und Nacht Wärmestrahlung abgibt.

Kurz gesagt: Es gibt keine Löcher an den Polen – und die Erde ist nicht hohl.

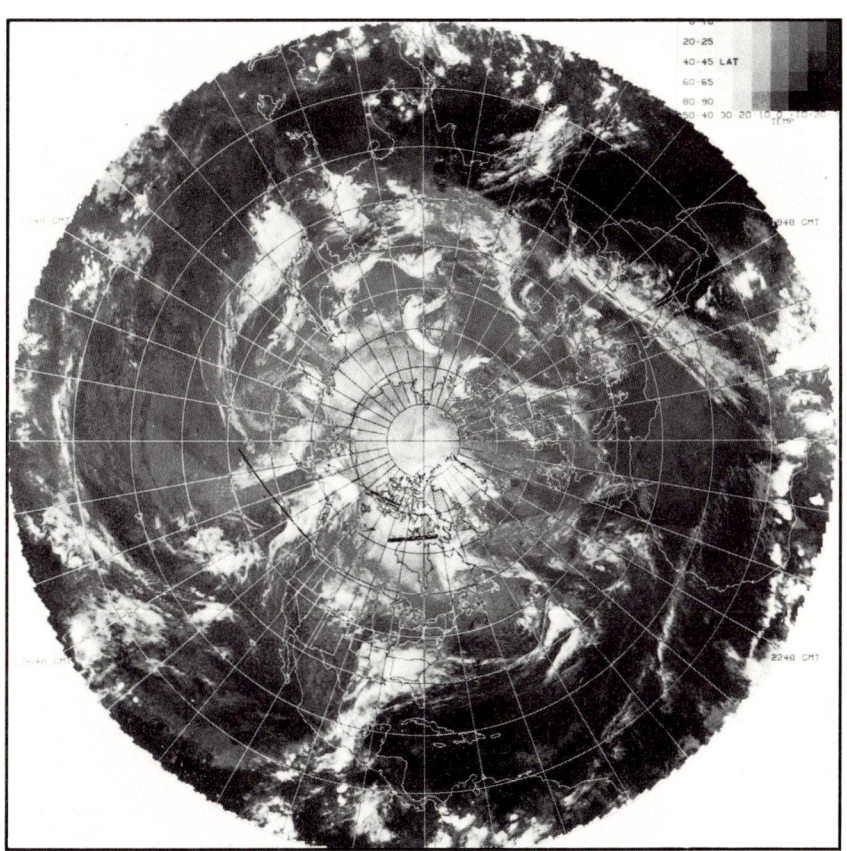

Der kosmische Orgasmus

Wilhelm Reich glaubte, das Geheimnis der geistigen und körperlichen Gesundheit liege im Orgasmus, sexuelle Energie sei faßbar und könne nutzbar gemacht werden, um die Welt von allen Übeln zu befreien.

Wilhelm Reich (1897–1957), dessen kühne Theorien über die Bedeutung des Orgasmus im persönlichen und gesellschaftlichen Leben sogar diejenigen von Sigmund Freud überboten. Reich glaubte, daß der Orgasmus – und nur der heterosexuelle –, wenn er ungehindert abläuft, Männer und Frauen von allen Spannungen befreien und völlige innere Harmonie herstellen kann. Er ging aber noch weiter und behauptete, er hätte „Bionen" erzeugt, Substanzen auf halbem Wege zwischen totem Stoff und lebendem Gewebe, die sich zu lebenden, wenn auch primitiven Formen entwickeln könnten.

Die Suche nach dem Geheimnis des Lebens und nach der Entdeckung einer Kraft, die lebendiges Protoplásma von unbelebter Materie unterscheidet, hat jahrhundertelang Okkultisten, Alchimisten und Wissenschaftler verfolgt. Obwohl die Forscher in den meisten Fällen Wissen um seiner selbst willen suchten, haben doch andere auch versucht, das göttliche Vorrecht herauszufordern und Leben aus unbelebter Substanz zu erschaffen. Und manch einer hat behauptet, erfolgreich gewesen zu sein.

Noch in den dreißiger Jahren versuchte der Londoner Alchimist Archibald Cockren Leben in Form des „alchimistischen Baumes" zu erschaffen. Dieser sollte ein lebendes Mineral darstellen, das Paracelsus im 16. Jahrhundert als ein „wunderbares und erfreuliches Gesträuch, welches die Alchymisten ihr Gülden Pflänzlein nennen", beschrieb. Der Dichter C.R. Cammell sagte, er habe dieses mineralische „Pflänzlein" in Cockrens Labor gesehen und es über einige Monate zu beachtlicher Größe anwachsen sehen.

Der Anspruch, Leben erzeugt zu haben, blieb aber nicht auf exzentrische Okkultisten beschränkt. Wilhelm Reich (1897–1957), ein Wissenschaftler mit tadellosem akademischen Hintergrund, behauptete nicht nur, daß er Leben erschaffen, sondern auch dabei viele Geheimnisse der Natur gelöst habe, von den Ursachen von Krebs bis zu der Bedeutung der UFO-Sichtungen.

Reich war der Sohn wohlhabender österreichischer Juden. Nachdem er im Ersten Weltkrieg in der k.u.k. Armee gedient hatte, studierte er an der Universität Wien Medizin und machte 1922 das Doktorexamen. Noch als Student las er die Schriften von Sigmund Freud (1856–1939) und anderer Pioniere der Psychoanalyse. Dadurch wurde er von der zentralen Wichtigkeit der Sexualität im menschlichen Leben überzeugt. Am 1. März 1919 schrieb er in sein Tagebuch:

„... aus eigener Erfahrung und aus Beobachtungen an mir selbst und anderen, habe ich mich davon überzeugt, daß die Sexualität das Zentrum ist, um das sich das gesamte soziale Leben dreht, wie auch das innere Leben des einzelnen."

Reich wurde 1920 als Mitglied in Freuds Psychoanalytischer Gesellschaft in Wien aufgenommen. 1922 wurde er Mitbegründer des Wiener Seminars für Psychoanalytische Therapie und galt bei den Älteren in der analyti-

Energieverschwendung?

Reichs sehr umstrittene Behauptungen, wie jene, daß er Leben aus anorganischer Materie geschaffen habe, was auch die Leidenschaft der Alchimisten war (unten), gab seinen Kritikern natürlich genügend Stoff. Ein Erzskeptiker des Paranormalen, John

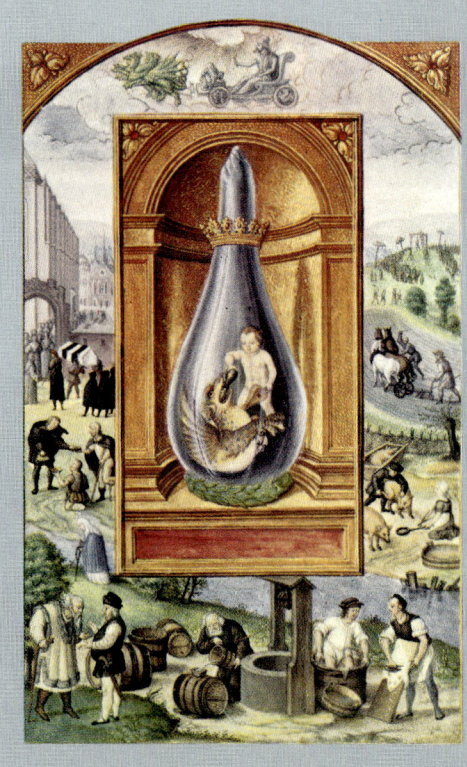

schen Bewegung als Autorität für therapeutische Techniken.

Ab 1927 aber entfernte sich Reich von der gängigen Orthodoxie Freudscher Prägung. Er entwickelte einen Strang der frühen Freudschen Theorie, den der Meister selbst seit einem Vierteljahrhundert vernachlässigt hatte, weiter, der die Aktualneurosen („gegenwärtige N.") betraf.

In der Entstehungszeit der Psychoanalyse hatte Freud die Neurosen in zwei Gruppen eingeteilt: Psychoneurosen, die durch lange zurückliegende Ereignisse verursacht wurden, besonders solche der frühen Kindheit, und Aktualneurosen. Das sind psychische Krankheiten, die durch gegenwärtige Störungen einer gesunden Sexualität hervorgerufen werden, wie dem vorzeitigen Samenerguß oder suchtartiger Masturbation. Freud konzentrierte sich dann aber ganz auf die Psychoneurosen und erwähnte die Aktualneurosen nach 1900 kaum noch.

Reich schloß, daß Freud damit falsch liege, weil fast alle Krankheiten, so auch Schizophrenie und manische Depressivität, auf die

Unten:
Die hektische Suche mittelalterlicher Alchimisten nach dem Geheimnis des Lebens: einer wirklichen chemischen oder physikalischen Zutat, so dachte man es sich, die schließlich isoliert werden und zur Erzeugung lebenden Gewebes aus totem Stoff verwendet werden könne. Reich und seine Anhänger glaubten, dies sei ihnen mit der Entdeckung der „strahlenden Bionen" gelungen, die sie aus sterilisiertem Meeressand gewannen. Die Strahlung, die sie abgaben, sei der Grundstoff des Universums, der „Orgon" genannt wurde.

Unfähigkeit zurückgehen, einen „richtigen Orgasmus" zu erleben, den er als die Fähigkeit definierte, alle aufgestaute sexuelle Erregung durch lustvolle, unwillkürliche Muskelkontraktionen des Körpers abzubauen. Das Ziel der psychoanalytischen Therapie, so meinte Reich, sei es, die volle „orgasmische Potenz" aufzubauen und das Individuum instand zu setzen, einen sexuellen Höhepunkt zu erreichen, der lang andauernd, voll befriedigend und nicht von Phantasien oder Fetischen begleitet sei. Er wäre dann auch ohne begleitende Schuld- oder Unzulänglichkeitsgefühle. Darüber hinaus sei er der Gipfel einer heterosexuellen Beziehung. Reich glaubte außerdem, daß angestaute sexuelle Erregung, die gehindert würde, sich in den orgasmischen Zuckungen zu entladen, einen Muskelpanzer aufbaut – muskuläre Spannungen und Verhärtungen. Dieser Panzer wiederum verstärkt die ursprüngliche Störung, die dann zu vermehrter Spannung und Verhärtung führt: ein sich selbst aufrechterhaltender Prozeß körperlicher und geistiger Degeneration.

Sladek, nahm in dem Kapitel über Reich in seinem Buch *The New Apocrypha (Die neuen Apokryphen)* (1974) kein Blatt vor den Mund, als er Reichs katastrophales ORAN-UR-Experiment beschrieb.

OR, Reichs Kürzel für Orgonstrahlung, wurde von seinen Anhängern in vieler Hinsicht für sehr wohltuend gehalten. Wie seine Frau, Ilse Ollendorf-Reich, erklärt: „Es war Reichs Idee, die fürchterlichen Auswirkungen der Atombombe durch ein dreifaches Vorgehen zu beseitigen: durch Nutzung der Orgon-Energie zur Heilung von Strahlenschäden, die Effekte einer Atombombe zu neutralisieren und … die Menschheit gegen die Strahlung zu immunisieren."

Das ORANUR-Experiment bestand daraus, eine große Anzahl Mäuse radioaktiver Strahlung und dann den Orgon-Strahlen auszusetzen, von denen Reich und sein Forschungsteam überzeugt waren, daß sie die Strahlenschäden neutralisieren würden. Kurz darauf liefen die Geigerzähler Amok, wie Sladek beschreibt, aber seine Assistenten schrieben das dem Übermaß an Orgon-Energie zu. 40 Versuchstiere starben an einem Tag mit allen Symptomen der Strahlenvergiftung. Dann begannen die Labor-Assistenten unter den gleichen Symptomen zu leiden. Reichs Frau war ebenfalls so schwer betroffen, daß sie operiert werden mußte. Dennoch wollte Reich mit erstaunlicher Sturheit nichts begreifen.

Weder die traditionelle Freudsche Analyse zur Aufdeckung unterdrückter Erinnerungen noch Reichs eigene Technik, die auf der Untersuchung des gegenwärtigen Charakterbildes beruhte, konnten gegen die Panzerung angehen. Dafür entwickelte Reich eine neue Methode, die Charakteranalyse, Tiefenmassage, Atemübungen und gewaltsame körperliche Manipulationen einschloß, um die Spannung zu brechen und die blockierte Sexualenergie freizusetzen. Reich nannte diesen Prozeß

„Vegetotherapie", weil er glaubte, die im Muskelpanzer gefangene Energie würde im vegetativen Nervensystem gespeichert, das auch als autonomes oder unwillkürliches Nervensystem bekannt ist.

Reich interessierte sich auch für die Natur der sexuellen Energie. Er hielt sie für eine besondere Kraft, vergleichbar der elektromagnetischen oder der Gravitation, und meinte, man

könne sie sammeln wie Elektrizität in einer Batterie. Um diese Hypothese zu bestätigen, unternahm er eine Versuchsreihe, um festzustellen, ob die Sexualorgane im Zustand der Erregung eine höhere bioelektrische Ladung zeigen. Freiwillige wurden „verdrahtet" und ihre sexuelle Aktivität wurde aufgezeichnet. Sexuelle Erregung, so Reich, würde von einer deutlichen Erhöhung der bioelektrischen Energie in den Genitalien begleitet; Angst, Schmerz und Schuldgefühle von einer Verminderung. Der Orgasmus sei wie ein biologisches Gewitter.

Grundstoff des Lebens?

Reich, der jetzt als Flüchtling vor den Nazis in Norwegen lebte, begann 1935 mit einer anspruchsvolleren Reihe biologischer Experimente. Er verkündete schließlich seinen erstaunten wissenschaftlichen Kollegen, daß es ihm gelungen sei, aus Substanzen wie steriler Kohle und Ruß das zu erzeugen, was er „Bionen" nannte. Diese seien Energieveszikel (Beutel), die in der Mitte zwischen toter Materie und lebendem Gewebe stünden und in der Lage seien, sich zu Protozoen (Einzellern) wei-

Unten:
Das Observatorium für Orgon-Energie bei Orgonon, in der Nähe von Rangeley, Maine. Reich und seine Anhänger bauten dieses Observatorium in der Hoffnung, daß die Orgon-Energie gefunden und zum größeren Nutzen der Menschheit eingesetzt werden könne. Um die Wirkungen konzentrierten Orgons genauer verfolgen zu können, wurden Orgon-Akkumulatoren gebaut (links), welche, obwohl äußerlich Toilettenhäuschen sehr ähnlich, die Orgon-Energie einer jeden Person, die darin sitzt, sammeln sollen. Die auf diese Weise gesammelte und gespeicherte Energie, so meinte Reich, könne zur Behandlung aller Leiden benutzt werden.

terzuentwickeln. Einer von Reichs Assistenten filmte diese Bionen durch ein Mikroskop, doch das beeindruckte die Biologen nicht. Die Bionen, so meinten sie, seien nichts weiter als unbelebte Partikel und ihre Bewegungen das Resultat normaler physikalischer Vorgänge.

Reich ließ sich von dieser Kritik nicht entmutigen und führte seine Experimente fort. Er konzentrierte seine Aufmerksamkeit auf ein „strahlendes Bion", das er aus sterilisiertem Meeressand gewonnen zu haben glaubte. Im Jahre 1939 publizierte er, die von diesen „Sandpäckchen"-Bionen, welche er *Sapa*bionen nannte, abgegebene Strahlung sei eine bislang unbekannte Energieform, der Grundstoff des Lebens im Universum. Er nannte es „Orgon" und verbrachte den Rest seines Lebens damit, es zu studieren.

Im gleichen Jahr, in dem er das Orgon entdeckt haben wollte, emigrierte Reich in die USA, wo er bald eine kleine, aber begeisterte Anhängerschaft um sich sammelte. Er führte seine Forschungen über das Orgon fort, welches, wie er meinte, mit der *vis animalis* (Lebenskraft) der alten Alchimisten identisch sei und der „Lebenskraft", einer mysteriösen Eigenschaft, die Lebendes und Unbelebtes voneinander unterscheidet und die der Philosoph Henri Bergson postuliert hatte. Orgon war jedoch keine metaphysische Abstraktion. Es konnte nicht nur mittels eines „Orgon-Feldstärkemessers" festgestellt werden, sondern war auch dem bloßen Auge in der blauen Färbung sexuell erregter Frösche sichtbar. Und Orgon konnte im Orgon-Akkumulator, einer weiteren Erfindung Reichs, gesammelt und gespeichert werden. Diese Akkumulatoren, sagte Reich, könnten zur Behandlung aller

menschlichen Krankheiten benutzt werden, vom Krebs bis zur Depression.

Orgon-Akkumulatoren sind Kisten, die aus mehreren einander abwechselnden Lagen organischen und anorganischen Materials, gewöhnlich Holz und Metall, hergestellt werden. Je mehr Lagen, um so kraftvoller soll der Akkumulator wirken. Diejenigen, die für Menschen gedacht sind, sind groß genug, daß ein Patient darin sitzen kann.

Zwischen 1939 und 1957 veröffentlichte Reich zahlreiche Artikel und Bücher, in denen er immer erstaunlichere Behauptungen über das Orgon aufstellte. Ursprünglich meinte er, die Energieform sei auf lebende Organismen beschränkt, versicherte aber 1951, daß es sich dabei um den Grundstoff der Schöpfung überhaupt handele, um die ursprüngliche Substanz, aus der die Wirklichkeit besteht. Alle physikalische Materie sei die Überlagerung zweier Orgonströme, der „kosmische Orgasmus". Alles, von Radio-Interferenzen bis zur blauen Farbe des Himmels – die Farbe des Orgons ist nämlich Blau –, von der Hurrikan-Bildung bis zur Gravitationskraft sah er als Manifestationen des Orgon an. Die einzige Ausnahme bildete die atomare Strahlung, die Reich als den Gegenpol zur Lebenskraft begriff – eine Art Satan gegenüber dem Jehovah des Orgons.

All das war schon seltsam genug, aber noch merkwürdiger waren Reichs Schriften über UFOs. Die Erde, so versicherte er, sei das Zentrum einer intergalaktischen Auseinandersetzung, und die UFOs seien die Kriegsschiffe der Gegner. Die eine Seite sei absolut böse und entziehe der Erde und ihrer Atmosphäre Orgon mit der Absicht, den Planeten zu radioaktiver Schlacke zu reduzieren. Ihre Gegner

Als Reich älter wurde, wurden seine Ideen über das Orgon immer seltsamer. Er veröffentlichte eine wachsende Anzahl von Schriften (unten links) darüber, wie man diese mysteriöse Grundenergie einfangen und nutzen könne. Er zog aber auch recht bizarre Anhänger an, wie den amerikanischen Architekten Frank Lloyd Wright (oben), der seinen Helden seines letzten, quälenden Prozeß hindurch verteidigte, bei dem Reich zu einer langen Gefängnisstrafe verurteilt wurde, weil er seine Akkumulatoren verkauft hatte, die der Bundesgerichtshof für Schwindel hielt. Ein anderer von Reichs treuen, wenngleich etwas extravaganten Schülern, war der Beatnik-Poet Allen Ginsberg (oben rechts, in einem Konflikt mit der englischen Polizei). Ginsberg nahm Reichs Theorien auf, um das Sammeln von Orgon mittels harter Drogen und homosexueller Praktiken zu propagieren, etwas, das Reich nie gebilligt hätte.

seien die Verbündeten der Menschheit und Wilhelm Reichs und versuchten, das gestohlene Orgon wieder zu ersetzen.

Reich starb 1957 im Gefängnis. Er war verurteilt worden, weil er gegen eine gerichtliche Bundesverfügung verstoßen hatte, die den Verkauf seiner Akkumulatoren mit der Begründung verboten hatte, sie wären Betrug. Eine Zeitlang sah es so aus, als würden Reich und seine Theorien schnell vergessen. Einige seiner Anhänger wurden noch merkwürdiger als ihr Lehrer: Eine Gruppe verbrachte einen großen Teil ihrer Zeit damit, in blauen Roben (zur Ehre des Orgons) im Halbdunkel zu sitzen und zu versuchen, mittels eines Ouija-Bretts mit ihrem verstorbenen Meister in Kontakt zu treten. Andere Gruppen, eng verbunden mit den Schriftstellern Allen Ginsberg und William Burroughs, verknüpften Reichs Theorien mit ihrer Neigung zur Homosexualität und dem Gebrauch psychedelischer Drogen.

Einige von Reichs Schriften haben jedoch auch ernsthaftere Studien nach sich gezogen, und eine ganze Anzahl von ihm beeinflußter Therapeuten praktizieren in London und anderen Großstädten. Niemand jedoch hat versucht, seine Laborarbeiten zu wiederholen, um festzustellen, inwieweit seine Orgonexperimente von Wert waren. Vielleicht wird dies eines Tages nachgeholt; es könnte durchaus sein, daß Reich einige Entdeckungen von grundlegender Wichtigkeit gemacht hat.

Die Natur und das Übernatürliche

Die Natur bleibt vielleicht unergründlich, und dies aus dem einfachen Grund, weil der Mensch als einzelner und als Art nicht alles erkennen kann, da er ja selbst nur ein Teil der Natur ist. Wir sind verdammt, mit Rätseln zu leben und noch mehr: Wir können das, was wir uns etwa auf religiösem Gebiet vorstellen, kaum auf seine innere Wahrhaftigkeit prüfen.

Der Blitz schlägt in eine Familie ein – und fordert 2 Todesopfer, wie in dieser Illustration der Literaturbeilage des Le Petit Parisien *aus dem Jahre 1901 dargestellt. Es gibt viele Beispiele für absonderliches Blitzverhalten, oft scheint es, als würde sich der Blitz aussuchen, in wen oder was er einschlägt.*

Natürlich oder übernatürlich?

Die Natur bringt eine Unzahl Merkwürdigkeiten hervor, welche die Naturwissenschaftler nicht erklären können oder wollen. Einige dieser geheimnisvollen Erscheinungen, von Blitzgemälden bis zu Wolkengestalten, werden hier vorgestellt.

Die Welt wimmelt förmlich von Phänomenen, die zwar von Hunderten von Menschen beobachtet werden, von den Naturwissenschaftlern jedoch nicht erklärt werden können oder schlichtweg ignoriert werden. Dazu gehören solche offensichtlich abnorme Dinge wie UFOs und Spukerscheinungen. Es gibt jedoch auch noch viele andere, welche die Naturwissenschaftler zwar nicht im gleichen Umfang in Verlegenheit bringen, die aber ebenso außergewöhnlich sind. Ein herausragendes Beispiel ist der Kugelblitz, den die Wissenschaft trotz immerwiederkehrender Berichte zuverlässiger Zeugen erst spät im 19. Jahrhundert als echte Naturerscheinung akzeptierte.

Tatsächlich sind Blitze nach wie vor von einer Aura des Geheimnisvollen umhüllt. Jedes Schulbuch wird bestätigen, daß ein Blitz lediglich eine schnelle Entladung großer elektrischer Spannung in die Erde ist. Meistens lädt sich diese Spannung in Wolken auf, und in der Regel nimmt der Blitz den kürzestmöglichen Weg hinab zur Erdoberfläche. Gelegentlich wird jedoch beobachtet, wie ein Blitz *von unten in die Höhe schießt.* Sollen wir daraus folgern, daß es irgendwo hoch oben am Himmel einen elektrischen Empfänger gibt, der manchmal sowohl für konventionelle Blitze wie auch für langsame, nordlichtähnliche Entladungen stärker anziehend wirkt als die Erde? Schwankt die Kraft dieser Empfangsstation in großer Höhe vielleicht je nach Sonnenaktivität oder Ausmaß des Meteoritenzustroms?

damals der Blitz in ein Haus in Jefferson, Iowa, einschlug, stellte man hinterher fest, daß in einem Stapel von insgesamt 12 Tellern jeder zweite zerbrochen war. Lag dies daran, daß das intensive elektrische Feld der Atmosphäre irgendwie in jedem zweiten Teller verstärkt wurde, oder war es das Ergebnis irgendeines rein mechanischen Einflusses? Die Herausgeber der Zeitschrift sahen sich außerstande, eine Erklärung dafür zu finden.

Kann sich der Blitz „aussuchen", wo er einschlägt? Die oben angeführten Beispiele veranschaulichen die Schwierigkeit, dieses Phänomen naturwissenschaftlich zu untersuchen. Wie beim Kugelblitz gibt es auch hier zahlreiche Berichte, die genügen, um das Phänomen ernstzunehmen – doch lassen sich solche Ereignisse nicht ohne weiteres im Labor wiederholen, und nur selten ist ein kompetenter Naturwissenschaftler anwesend, wenn etwas Derartiges geschieht. Ein Aspekt der Zielauswahl durch Blitzschläge ist jedoch gründlich untersucht worden. Studien aus den Jahren 1898 und 1907 haben erwiesen, daß Eichen am häufigsten von Blitzen getroffen werden, während dies bei Birken am seltensten der Fall ist – deshalb scheint es bei Gewitter auch sicherer zu

Manchmal gibt es auch waagerechte Blitze. Nun lassen sich diese durchaus einfach erklären: Die Wolken enthalten lediglich unterschiedliche elektrische Spannungen, und der Blitz jagt von der Wolke mit dem höheren Potential zu jener mit dem niedrigeren. Doch was ist mit waagerechten Blitzen, die über große Strecken hinwegschießen, um ein bestimmtes Objekt zu treffen?

Ein derart ungewöhnliches Ereignis geschah im 16. Juli 1873 im englischen Hereford. W. Clement Ley berichtete in *Symon's Monthly Meteorological Magazine* davon. Nachdem es den Morgen über geregnet hatte, zogen sich Gewitterwolken zusammen; um 10 Uhr morgens erschien am west-südwestlichen Himmel eine große Cumulus-Gewitterwolke, obwohl der Himmel hell und blau war, und zog beständig gen Nordosten. Aus dieser Wolke schoß ein Lichtblitz hervor, und das „elektrische Fluidum", wie es Mr. Ley selbst ausdrückt, „bewegte sich in Erdnähe über hochgelegenes Gelände, das mit Bäumen, Gebäuden und so weiter bedeckt war; es wich den Kirchtürmen aus, was nur äußerst knapp gewesen sein kann, und wählte sich ein bestimmtes Haus im östlicher gelegenen Teil der Stadt aus". Was dieses Ereignis noch unwahrscheinlicher macht, ist die Tatsache, daß das getroffene Haus *niedriger* stand als die umgebenden Gebäude. Eigentlich hätte es weniger blitzschlaganfällig sein müssen. Auf ähnlich bizarre Weise suchte sich ein Blitzschlag sein Ziel aus, über den in einer Ausgabe des Magazins *Nature* aus dem Jahre 1902 berichtet wurde. Als

sein, sich unter eine Birke zu stellen. Leider können diese Untersuchungeen nicht erklären, warum das so ist.

Das Phänomen der „Blitzbilder" – Bilder, die angeblich in lebende Körper oder auch in Gegenstände durch einschlagende Blitze „hineinfotografiert" wurden – löste im 19. Jahrhundert heftige naturwissenschaftliche Kontroversen aus. Tatsächlich verlieh man dem Studium dieser Phänomene sogar eine eigene Bezeichnung: „Keranographie". Allerdings ist man sich bis heute noch nicht darüber einig, wie echt solche Bilder sind.

Der erste zuverlässige Bericht über dieses Phänomen stammt von keinem geringeren als dem amerikanischen Diplomaten und Wissenschaftler Benjamin Franklin. Im Jahre 1786 schrieb er an die Meteorologische Gesellschaft Londons und teilte dieser von einem Ereignis mit, das zwanzig Jahre zuvor stattgefunden hatte und an welches er sich noch erinnerte. Ein Mann, der dicht vor einem Baum gestanden hatte, als dieser vom Blitz getroffen wurde, war „äußerst überrascht, plötzlich auf seiner Brust ein Abbild dieses Baumes zu entdecken." Schon viel früher wurden ähnliche Ereignisse berichtet: Im Jahre 1596 „fiel" der Blitz bei einem Sommergewitter in die Kathedrale von Wells in der englischen Grafschaft Somerset. Eine Schilderung dieses Vorfalls erschien in dem Buch *Adversaria* des Gelehrten Isaac Casaubon, der 1614 starb: „Wunderbar und erstaunlich daran war, was auch viele bemerkten, daß die Leiber jener Menschen, die am heiligen Gottesdienst teilnahmen, von einem Kreuz gezeichnet waren."

Die klassische Erklärung für Blitzbilder besagt, daß sie auf den wohlbekannten dendritischen – oder verästelten – Mustern beruhen,

die elektrische Entladungen auf verschiedensten Oberflächenmaterialien herbeizurufen pflegen. Im Fall von Baumbildern mag dies als Erklärung noch hinreichen, doch läßt sich damit auch das Kreuz von Wells überzeugend begründen? Kann man diese Deutung auch auf die folgende außergewöhnliche Geschichte anwenden, die von James Shaw auf einer Sitzung der Meteorologischen Gesellschaft am 24. März 1857 berichtet wurde:

„Ungefähr sieben Kilometer von der Stadt Bath entfernt, in der Nähe des Dorfes Coombe Hay, gab es ... einen ausgedehnten Wald, der aus Haselnußbäumen und vereinzelten Eichen bestand. In der Mitte dieses Waldstückes befand sich eine kleine Weide von 45 Quadratmetern, auf der sechs Schafe standen, die alle vom Blitz erschlagen wurden. Als man die Tiere häutete, entdeckte man auf der Innenseite einer jeden Haut ein *Faksimile* der umgebenden Szenerie ...

Ich erinnere mich daran, daß dies große Erregung auslöste ... Die kleine Weide und der sie umgebende Wald waren mir und meinen Schulkameraden derart vertraut, daß man, als man uns die Häute zeigte, darauf sofort die Landschaft wiedererkannten ..."

Sollte es sich dabei lediglich um Verästelungsmuster gehandelt haben? Das erscheint sehr unwahrscheinlich. Und was ist mit jenem Fall, wo gar kein Blitzschlag mit im Spiel war? Im Februar 1971 schoß ein Farmer namens Jasper Barratt in der Nähe seines Heims in Jefferson, South Carolina, einen Hasen. Als seine Frau den Hasen für das Abendessen zubereitete, bemerkte sie auf einem der bereits abgezogenen Vorderläufe das Abbild eines Frauengesichts, das einen Durchmesser von ungefähr 2,5 cm aufwies. Die Zeugen beschreiben es als modisch gepflegtes Gesicht der zwanziger Jahre – lockiges Haar, lange Augenwimpern und ein Kirschmund. Was hatte dieses Muster hervorgebracht?

Muster des Geistes

Man könnte argumentieren, das Bild sei das Produkt einer zufälligen Pigmentierung und der Geist der Zeugin habe aus den Flecken ein erkennbares Muster gemacht. Die Fähigkeit des menschlichen Geistes, seinen eigenen Wahrnehmungen eine Ordnung *aufzuzwingen,* ist wohlbekannt. Diese Fähigkeit wird bei psychotherapeutischen „Tintenklecks-Tests" (Rorschach-Tests) häufig eingesetzt, bei denen ein Bild zu interpretieren ist, das völlig willkürlich hergestellt wurde, indem man ein Blatt Papier über feuchter Tinte faltete. Ob es sich im Fall Barratt um einen solchen Vorgang gehandelt haben mag oder nicht, auf jeden Fall würden viele Menschen davon ausgehen, daß diese geistige Fähigkeit mit im Spiel ist, wenn Zeugen von merkwürdig geformten Wolken berichten. Und doch legt die Bedeutung, die solchen seltsamen Gebilden immer wieder beibemessen wurde, die Vermutung nahe, daß noch mehr dahintersteht.

Das Herbeirufen von Wolken wurde schon immer zu den Kräften des Magiers und Schaman gezählt. Auf einer Stufe handelte es sich beim Wolkenherbeizitieren lediglich um Regenmachen, denn Wolken bedeuteten nun einmal Regen. Doch häufig war die Gestalt der herbeizitierten Wolken ebenso wichtig, etwa bei den alten Chinesen, den Indianern und manchen Praktikanten des „animalischen Magnetismus" im 19. Jahrhundert.

Der später von der römisch-katholischen Kirche selig gesprochene Clement Hofbauer betete eines Tages im Jahre 1801 vor dem Altar des heiligen Josef in einer Kirche zu Warschau. Zsolt Aradi berichtet in seinem *Book of miracles* (1957) den folgenden Text:

> „Hunderte von Menschen sahen, wie sich über dem Altar eine Wolke zusammenballte und dann die Gestalt des Heiligen umhüllte, bis dieser schließlich nicht mehr zu sehen war. An seiner Stelle hatten sie eine himmlische Vision. Eine Frau von großer Schönheit mit strahlendem Antlitz erschien und lächelte die Gläubigen an ..."

Am 3. Oktober 1843 arbeitete Charles Cooper auf einem Acker in der Nähe von Warwick. Plötzlich vernahm er über sich seltsame Geräusche. Er hob den Blick und sah eine merkwürdige Wolke, unterhalb derer drei vollkommen „weiße" Gestalten schwebten und ihn unter „lauten und klagenden" Lauten etwas zuriefen. Cooper vermutete, daß es sich um Engel handelte. Andere Augenzeugen, die auf einem neun Kilometer entfernten Feld zur gleichen Zeit arbeiteten, waren sich darin einig, daß auch sie die merkwürdige Wolke gesehen hatten, allerdings hatten nicht alle von ihnen die „Engel" wahrgenommen.

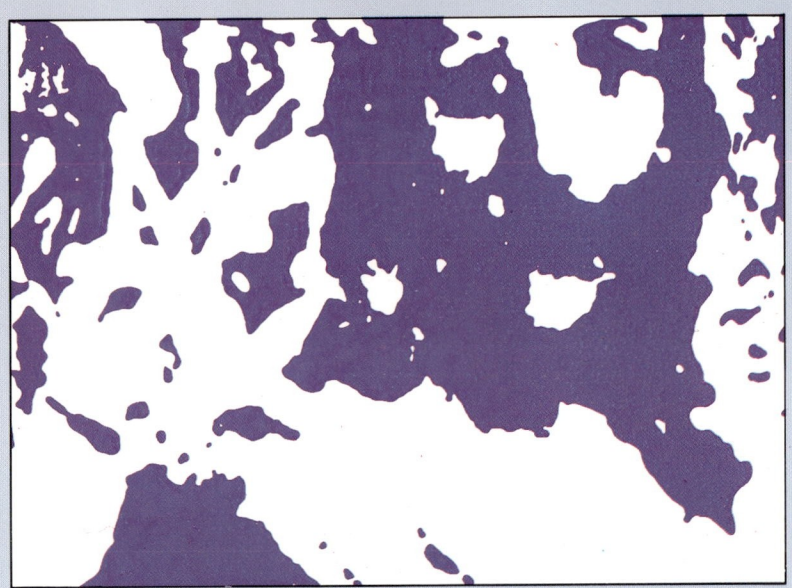

Das göttliche Antlitz

Die undeutlichen Abbilder natürlicher Gegenstände, wie man sie oft in Feuer, Wasser, Wolken oder an feuchten und schimmligen Stellen auf Wänden, Fußböden und andere Oberflächen beobachten kann, nennt man „Simulakra" oder „Scheinbilder". Eines der häufigsten Simulakra ist das Abbild des Antlitzes Christi. Manche von ihnen sind möglicherweise kaum mehr als ein Beweis dafür, daß der Mensch alles sehen kann, was er zu sehen wünscht; bei ihnen handelt es sich wohl kaum um wahrhaft anomale Phänomene.

Die *Houston Post* vom 23. April 1977 berichtet beispielsweise davon, daß eine bestimmte Kirche in Shamokin, Pennsylvania, zu einem Wallfahrtsort geworden ist, da sich das Antlitz Christi auf ihrem Altar zeigte. Viele Besucher konnten jedoch nichts Bemerkenswerteres feststellen als ein ganz gewöhnliches Altartuch – und Fotografien, die damals geschossen wurden und nichts Ungewöhnliches zeigen.

„Spektakulär und beunruhigend"

Beschließen wir dieses Thema mit einem Bericht über eine merkwürdige Wolkensichtung, die mindestens ebenso seltsam ist wie die oben beschriebenen, darüber hinaus aber auch noch weitaus besser untermauert. Er zeigt, daß Wolken unter völlig natürlichen Umständen außerordentlich seltsame Formen annehmen können.

Am 22. März 1870 kreuzte das Segelschiff *Lady of the Lake* mitten im Atlantik in Nähe des Äquators, als gegen 19 Uhr Südsüdost eine „merkwürdig geformte Wolke" erschien. Der Himmel war blau, ab und an waren Schäfchenwolken zu erkennen. Die seltsame Wolke, um die es hier geht, war kreisförmig wie ein Rad mit vier Speichen, von denen eine viel dicker war als die anderen. Aus seiner Mitte ragte eine fünfte Speiche hervor, „breiter und deutlicher zu erkennen als die anderen, mit einem abgerundeten Ende". Die Wolke war von hellgrauer Farbe und besaß einen Schweif, ähnlich dem eines Kometen". Sie war ungefähr fünfundvierzig Minuten lang zu sehen.

Berichte über solche ringförmigen Wolken, die sich noch dazu sehr häufig drehen, sind nichts Ungewöhnliches und lassen sich logisch und wissenschaftlich vermutlich als Produkt atmosphärischer Strudel erklären. Sieht man jedoch einmal selbst eine solche Wolke, wirkt es sehr spektakulär und beunruhigend.

Ein weiteres Phänomen, das auf dem Meer zu beobachten ist und völlig natürliche Ursachen haben soll, ist das Leuchten des Ozeans. Schiffe, die den indischen Ozean durchfahren, vor allem in der Umgebung des Persischen Golfs, begegnen häufig blendend grell leuchtendem Gewässer. Ein anonymer Bericht in der Ausgabe Nr. 36 der *Monthly Weather Review* des Jahres 1908 erzählt von einem „bemerkenswerten Meeresphänomen", welches die SS *Dover* beobachtete, als diese von Mobile, Alabama, nach Tampa, Florida, in den Vereinigten Staaten fuhr. Ungefähr 56 Kilometer von Mobile entfernt, bemerkte die Besatzung gegen 19 Uhr plötzlich, daß sich das Schiff in einem Gewässer befand, das abwechselnd blau und grün leuchtete, wobei die Farben „so hell waren, daß das Schiff erleuchtet wurde, als würde es von Bogenlampen mit farbigen Kugelschirmen beschienen".

800 Meter weiter fuhr das Schiff in einen zweiten Lichtstreifen, der ebenso breit war wie das Gefährt selbst. Das Licht war hell genug, um dabei lesen zu können. Der Kapitän sagte aus: „Ich griff nach einer Zeitung und konnte mühelos auch die kleinste Schrifttype entziffern."

Eine vielleicht noch beachtenswertere Version des gleichen Phänomens wurde von Kapitän W. Rutherford von der SS *Stanvac Bangkok* auf einer Reise von den Fidschi-Inseln im Pazifik nach Indonesien berichtet, und zwar am 27. September 1959. Gegen Mitternacht fuhr das Schiff durch eine Flotte von Fischerbooten, und sowohl der Kapitän als auch der Wachhabende Offizier beobachteten die Boote äußerst wachsam mit dem Feldstecher. Sie bemerkten weiße Schaumkronen auf den umgebenden Wogen, so daß sie glaubten, der Wind würde sich verstärken; doch die ständige Brise, die ihnen ins Gesicht wehte, sagte ihnen, daß dem nicht so war. Dann erschienen blitzende Lichtstreifen im Wasser, so daß der Wachhabende Offizier annahm, daß die Fischer mit Scheinwerfern arbeiteten. Die Strahlen wurden immer intensiver. Es waren absolut parallel verlaufende Lichtstrahlen von ungefähr 2,5 Meter Breite, und sie kamen in Abständen von einer halben Sekunde auf das Schiff zu und zogen unter dem Bug vorbei. Kapitän Rutherford beschrieb es als Gefühl, wie ein Fußgänger auf einem „riesigen Zebrastreifen" stillzustehen und mitanzusehen, wie dieser unter ihm davonzog.

Dann veränderte sich das Phänomen. Aus den Lichtstrahlen wurden riesige Räder, die sich träge um einen Mittelpunkt drehten, erst gen Steuerbord und dann gen Backbord, abwechselnd im Uhrzeigersinn und gegen den Uhrzeigersinn drehend. Schließlich verliefen die Lichtstrahlen wieder parallel zueinander und schienen dem genauen Kurs des Schiffes zu folgen, bevor sie schließlich verblaßten. Zum Schluß waren nur noch zahllose Lichtringe von ungefähr 60 Zentimeter Breite und 2 Meter „Abstand" übrig, die rhythmisch aufblitzten. Kapitän Rutherford bemerkte, daß es ihn an „eine Baumladung Glühwürmchen" erinnerte. Wenngleich die Lichtstrahlen sich oberhalb der Wasseroberfläche zu befinden schienen, glaubte Kapitän Rutherford, daß dies nur eine Illusion sei und das Licht tatsächlich unter der Wasseroberfläche entstanden war. Er berichtete auch von einem merkwürdigen Gefühl, das ihn angesichts des Phänomens überfiel: „Das Schiff schien sich im Mittelpunkt der Störung zu befinden, und es gab einen Zeitpunkt, da ich das Gefühl hatte, daß es diese Störung tatsächlich selbst verursachte und sich das Muster ihres Verlaufs verändern würde, wenn ich unsere Geschwindigkeit reduzieren oder auf anderen Kurs gehen sollte."

So bemerkenswert dieses Phänomen auch erscheint, gibt es dafür doch eine ganz natürliche Ursache: Es handelt sich dabei um das Leuchten zahlloser Meeresorganismen, wie es sich auch zeigt, wenn man einen Eimer in dieses phosphoreszierende Wasser senkt. Doch wie erklärt sich die außerordentlich präzise Geometrie der Vorführungen? Müssen wir etwa annehmen, daß diese Meereswesen für uns eine Art „Formationstanz" veranstalten? Das dürfte wohl kaum der Fall sein. Statt dessen bleibt uns die Erklärung, daß die Wesen durch Fremdfaktoren beeinflußt werden – durch seismische Wellen, die Heckwellen des Schiffes oder etwas noch viel Feinstofflicheres –, die sie dazu bewegen, im Kollektiv auf diese wunderschöne und spektakuläre Weise zu reagieren.

Die Noctiluca, *von der Gattung der Dinoflagellaten. Ihr Name bedeutet „Nachtlicht", und in großen Zahlen soll dieses Meereslebewesen genug Licht abstrahlen, daß ein Mensch dabei lesen kann.*

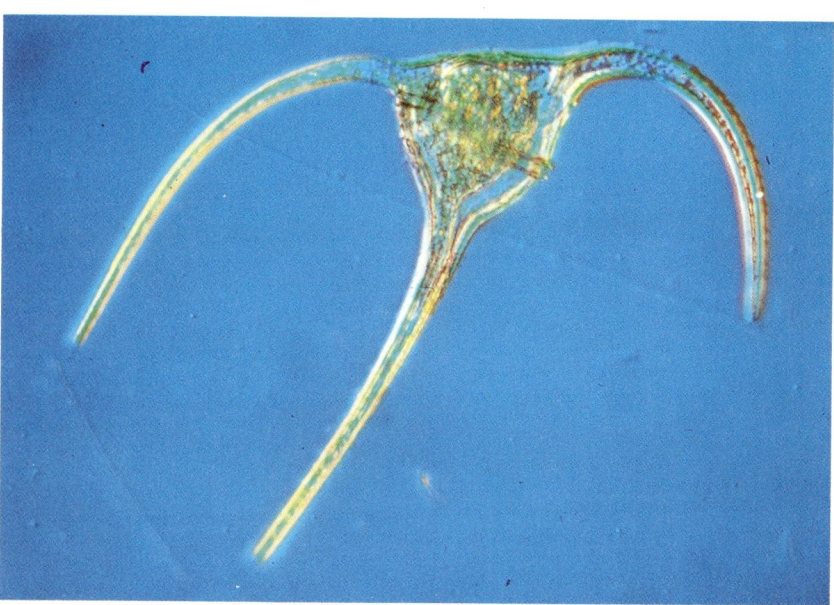

Geheimnisvolle Klänge

Warum erzeugen Sandflächen auf der ganzen Welt gespenstisches Dröhnen, Brüllen, Quietschen und Pfeifen, warum hallen Küstengewässer von geheimnisvollen Explosionen wider?

Der britische Physiker R. A. Bagnold befand sich auf einer Überlandreise im Wüstengebiet des südwestlichen Ägypten, als er und ein Begleiter eine merkwürdige und beunruhigende Erfahrung machten:

„Es war in einer stillen Nacht. Plötzlich erscholl ein vibrierendes Dröhnen, so laut, daß ich brüllen mußte, um von meinem Begleiter verstanden zu werden. Schon bald stimmten andere Klangwellen, von der Erschütterung in Gang gesetzt, mit ihrer eigenen Musik ein und zwar derartig rhythmisch, daß man ganz deutlich einen langsamen Takt erkennen konnte. Dieser gespenstische Chor hielt über fünf Minuten lang an, bevor die Stille wieder einkehrte und der Boden aufhörte zu beben."

Das Phänomen des singenden Sandes ist nur einer jener gespenstischen Klangeffekte, welche die Natur hervorbringen kann. Seit über eintausendfünfhundert Jahren künden die Berichte zahlreicher Reisender von ähnlich lautem Sand – von Sand, der singt, bellt, dröhnt, brüllt, quietscht und pfeift. Die frühesten Hinweise finden sich in den Chroniken des Nahen und Mittleren Ostens; Marco Polo beschreibt im Mittelalter ein Beispiel dieser Erscheinung in der Wüste Gobi, und Charles Darwin kommentierte einen solchen Fall aus Chile.

In einer Wüstenlandschaft würde man normalerweise tiefe Stille erwarten. Dennoch kann es dort zu heftigem Lärm kommen – es wird sogar so laut, daß man schreien muß, um von einem ganz in der Nähe stehenden Menschen verstanden zu werden.

Das Tun-Huang-Lu-Manuskript im Britischen Museum, ein Bericht aus dem 17. Jahrhundert, beschreibt eine grollende Düne in China, die anscheinend bei Volksfesten als Nebenattraktion fungierte. In Khothan gibt es einen Sandhügel, der zu bestimmten Zeiten seltsame Geräusche von sich gibt:

„Der Hügel des klingenden Sandes erstreckt sich 80 Li (40 km) nach Osten und Westen und 40 Li (20 km) nach Norden und Süden. Er hat eine Höhe von 150 Metern. Er besteht ausschließlich aus reinem Sand. Erreicht der Sommer seinen Höhepunkt, gibt der Sand von allein Geräusche von sich, und dieser Lärm, der sich anhört, als würden Menschen oder Pferde auf ihm umherstapfen, läßt sich in 10 Li (5 km) Entfernung vernehmen. Bei Volksfesten klettern die Menschen den Hügel empor und laufen alle zusammen wieder hinunter, worauf der Sand ein lautes, rumpelndes Geräusch wie Donner von sich gibt."

Ein ähnliches Beispiel wurde auch von einem frühen Erforscher dieser Materie, A. D. Lewis, berichtet. Er beschreibt eine grollende Düne in der Kalahari Südafrikas im Jahre 1935:

„Wenn man auf dem eigenen ‚Allerwertesten' mit langsamem Rucken den Hang hinabgleitet … erzeugt dies ein sehr lautes Brüllen. In der Stille des Abends und des frühen Morgens ließ man Eingeborene auf diese Weise unentwegt den Hang hinabgleiten, und das daraus entstehende Geräusch konnte mühelos in einer Entfernung von 550 Meter vernommen werden, wie das Rumpeln fernen Donners."

Was läßt den Sand dröhnen? Es ist bekannt, daß die Bewegungen des Sandes innerhalb der Düne selbst, ob diese von allein ausgelöst werden oder durch menschliche Einwirkung, unter bestimmten Bedingungen eine Niedrigfrequenzschwingung von 50 bis 100 Hertz erzeugen kann. Diese kann man als Summen

hören, das sich wie der reine Klang einer Orgel oder eines Kontrabasses anhört. Kommen Obertöne vor, so kann dies ein Geräusch hervorbringen, das eher an Donnergrollen oder an das Dröhnen eines Bienenschwarmes oder eines tieffliegenden Flugzeuges erinnert. Es wurden auch seismische Wellen gemessen, die das Geräusch begleiten; diese Bodenerschütterungen manifestieren sich manchmal als schwache elektrische Schläge.

Doch hat man den tatsächlichen Mechanismus, der diese Schwingungen hervorbringt, bisher noch keineswegs erschöpfend erforscht. Man vermutet, daß das Summen auf dem Schwingen individueller Sandkörner beruht, die zwischen sich verschiebenden Sandmassen gefangen sind; vielleicht ist der Schlüssel zu diesem Phänomen auch darin zu finden, wie die Körner zusammengepreßt werden. Damit der Sand dröhnen kann, müssen Wind und Trockenheit vorherrschen – so daß auch schon die Vermutung geäußert wurde, daß dröhnender Sand in den windigen und beinahe wasserlosen Wüsten des Mars weit verbreitet sein würde.

Sanddünen finden sich in der Regel in abgelegenen Gebieten, fernab von dem, was wir als „Lärmverschmutzung" des 20. Jahrhunderts bezeichnen könnten. Akustische Phänomene, die in dichter besiedelten Gebieten vorkommen, lassen sich nur schwierig isolieren und werden daher oft falsch gedeutet. Dies gilt auch für die geheimnisvollen Detonationen, die man in Europa als *Mistpouffers* (Puffnebel) kennt. Dabei handelt es sich um dumpfe, scheinbar ferne Explosionen, die entlang der gesamten europäischen Küste und weit in den Atlantik bis nach Island hinaus zu hören sind. Auch an den Küsten Nordamerikas und Asiens kennt man sie. Das berühmteste Beispiel findet sich in Barisal, im heutigen Bangladesh, und man nennt es auch „die Kanonen

von Barisal", weil es an die Salven großer Kanonen erinnert.

Man hat viele Erklärungen für das Phänomen der Kanonen von Barisal angeboten: Beispielsweise könnten sie von Explosionen riesiger Methanblasen herrühren, die vom Meeresboden zur Wasseroberfläche aufsteigen; möglicherweise ist ihre Ursache in seismischer Aktivität auf dem Meeresboden zu finden – allerdings war merkwürdigerweise keine Beziehung zwischen den rätselhaften Detonationen und seismografischen Aufzeichnungen

Marco Polo trifft am Hof von Kublai Khan ein; Darstellung des 13. Jahrhunderts. In seinem Bericht über die Reisen in Asien findet sich die erste Beschreibung des „singenden Sandes" in der Wüste Gobi.

Links:
Die Südwestküste von Bangladesh nahe der Stadt Barisal. Hier kann man die Kanonen von Barisal hören, die so genannt werden, weil das Geräusch über dem Wasser an schwere Artillerie erinnert. Ein Bericht aus dem 19. Jahrhundert stellt fest, daß sie sich anhörten wie „das gedämpfte Donnern ferner Kanonen".

Der Planet Mars. Wissenschaftler meinen, daß die stark windigen und beinahe völlig wasserlosen Umweltbedingungen auf dem Mars ideal für dröhnenden Sand sein müßten – doch bisher hatte noch niemand Gelegenheit, dies zu überprüfen.

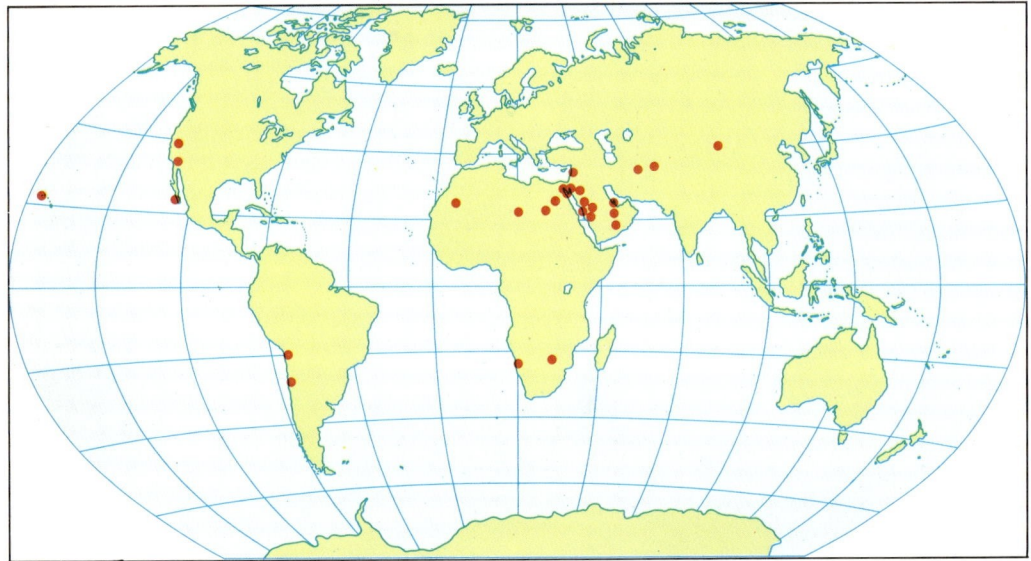

Die Karte zeigt die Gegenden, wo auf der Erde dröhnender Sand zu finden ist. In der Regel entsteht das Geräusch auf den Gipfeln hoher Dünen.

nachzuweisen; vielleicht werden sie auch von den Schallwellen durch die Atmosphäre auf die Erde herabstürzender Meteoriten erzeugt, die sich mit Überschallgeschwindigkeit bewegen. Nach wie vor bleibt die wirkliche Erklärung unschlüssig: aus irgendeinem Grund handelt es sich hierbei um eine jener Merkwürdigkeiten der Natur, die von der Naturwissenschaft übersehen werden.

Als im Dezember 1977 eine Reihe rätselhafter Explosionen die Ostküste Nordamerikas erschütterte, wurde eine Erklärung dringlicher. Bewohner der Bundesstaaten New Jersey und South Carolina und von Neu-Schottland in Kanada berichteten von rätselhaftem Donnern, das von Explosionen begleitet wurde. Eine Mrs. Hatty Perry aus Barrington,

Neu-Schottland, welche die Berichte über dieses Phänomen verfolgte, beschreibt es folgendermaßen:

„Manche Leute sagen, daß es sich anhört, als würde ein Auto gegen eine Hauswand prallen, andere glauben, daß eine Rakete im Dach eingeschlagen ist. Eine Frau, die gerade im Bett lag, sah zu ihrem Entsetzen mit an, wie sich die Fugen an ihrer Zimmerdecke auseinanderzogen und sich daraufhin wieder schlossen."

Im geologischen Oberservatorium der Columbia Universität, außerhalb der Stadt New York, wurde das Donnern mit empfindlichen seismografischen Geräten registriert. Man schätzte, daß die Detonationen eine Sprengkraft besaßen, die 50 bis 100 Tonnen TNT entsprachen.

Was führte zu diesen Explosionen? Eine Erklärung lautete, daß möglicherweise Methangasvorräte unter dem Festlandsockel oder entlang der Küste sich plötzlich entzündet hatten. Eine andere besagte, daß sie von dem Knall des Überschallflugzeugs Concorde herrührten, als dieses sich der nordamerikanischen Küste näherte. Nun wurden die Explosionen zwar nicht vernommen, als die Concorde das fragliche Gebiet überflog; doch argumentierte man dagegen, unter den damals vorherrschenden kalten Wetterbedingungen habe die Möglichkeit bestanden, daß die Schallwellen in der Atmosphäre nach oben geleitet wurden, um dort von einer Grenzkante zwischen Schichten kalter und warmer Luft reflektiert zu werden. In diesem Fall hätte sich die reflektierte Geräuschwelle auch noch lange Zeit nach dem Überflug der Concorde dem Boden nähern können – es würde sich also um eine Art akustischer Fata Morgana handeln. Eine dritte Erklärung lautete, daß die Schallwelle von außerplanmäßigen militärischen Testflügen in diesem Gebiet herrühre.

Nur wenige Wissenschaftler wollten die Methantheorie unterstützen, und das Pentagon dementierte sehr schnell jegliche Überschallaktivität von Militärmaschinen zum fraglichen Zeitpunkt. Somit blieb als möglicher Übeltäter die Concorde übrig. Die kanadische Regierung nahm die Sache ernst genug, um die britischen und französischen Luftfahrtbehörden darum zu bitten, die Flugroute der Concorde zu ändern, da es Berichte gegeben habe, daß die Concorde sich der Küste bis zu 30 Kilometern genähert hatte. Vom 17. Februar 1978 an erhielten Piloten der Concorde Anweisungen, sich der kanadischen Küste nicht weiter als 80 Kilometer zu nähern – dennoch wurde nach wie vor über ähnliche Explosionen berichtet.

Wie soll man dies interpretieren? Es erscheint natürlich durchaus möglich, daß die Explosionen von Militärmaschinen herrührten, die mit Überschallgeschwindigkeit flogen – doch das *Naval Research Laboratory,* das von der amerikanischen Regierung damit beauftragt wurde, dem Phänomen nachzugehen, äußerst sich in dieser Sache nur zurückhaltend. So kann man nur dem wissenschaftlichen Untersuchungsbeauftragten des *National Investigations Committee on Aerial Phenomena* (NICAP), Ernest Jahn, zustimmen, der bemerkte: „Es handelt sich um ein physikalisches Phänomen, das wir einfach nicht verstehen."

Der Zorn der Götter

Die Einwohner der Kleinstadt East Haddam, Connecticut, sind rätselhafte Geräusche gewöhnt. Das Donnern und Rumpeln, das den ortsansässigen Indianern schon lange vor dem Eintreffen der Europäer bekannt war, hat Gebäude erschüttert, Geschirr zum Klappern gebracht, und einmal soll es sogar einen Menschen aus dem Bett geworfen haben. Das Geräusch, das mal mit Kanonendonner verglichen wird, mal mit schweren stürzenden Baumstämmen, mit Gewitterdonner oder dem Vorbeidröhnen eines schweren Lastwagens, wurde von den Ureinwohnern als Toben des Gottes Hobbamock gedeutet. Dieser Gott lebte im Inneren des Berges Tom, der sich nordwestlich der Stadt erhebt. Im 17. Jahrhundert erzählten die Indianer neu eingetroffenen europäischen Kolonisten, daß der Gott seinen Zorn über die ungebetenen Siedler ausdrückte. Das Gebiet East Haddams, in dem die Geräusche am häufigsten wahrgenommen werden, ist der hügelige Landstrich Moodus, benannt nach dem Indianer Matchitmoodus oder „Ort böser Geräusche". Wenngleich dieses Gedröhne zweifellos sehr faszinierend ist, scheinen es den Menschen oder ihrem Besitz nur selten Schaden zuzufügen. „Man braucht keine Angst zu haben, wir haben uns schon so daran gewöhnt", sagt Frances Kuzaro, die Bibliothekarin. „Meistens klappert das Geschirr, und man glaubt, daß der Brenner im Keller gleich in die Luft geht." Andere Einwohner nehmen die Sache ähnlich gelassen hin: James Meyer, ein Biologielehrer an der High School, der seine Magisterarbeit über dieses Phänomen schrieb, bemerkt dazu: „Viele Leute machen sich nicht einmal mehr die Mühe, die Geräusche überhaupt zu beachten. Man hört sie und geht einfach davon aus, daß es irgend etwas anderes sei – tösende Flugzeuge oder Verkehrslärm."

Dennoch besteht kein Zweifel daran, daß es die Geräusche tatsächlich gibt – und ihr Ursprung wurde von einem Team seismologischer Experten unter der Leitung von Dr. John E. Ebel studiert. Ebel verteilte ein Netz von fünf Seismographen im Umkreis von 16 km um Moodus. Dieses „Netzwerk", das außerordentlich empfindlich war, zeigte winzige Erdbeben an, die mit den Berichten über die rätselhaften Geräusche durch Lauscher, die Ebel in Moodus einstellte, bestätigt wurden. „Jedes Geräusch, das ich hören konnte, ist auch verifiziert worden", sagt Cathy Wilson, eine der freiwilligen Horchposten, „bis auf eines, das sich hinterher als Gewehrschuß herausstellte."

Ebel kommt zu dem Schluß, daß die Geräusche auf flachen, sehr schwachen Erdbeben – auf „Mikrobeben", wie er sie nennt – beruhen. „Das überraschende und unerwartete Ergebnis meiner Studie," bemerkt Ebel, „ist die Tatsache, daß diese Mikrobeben so außerordentlich seicht sind, daß sie die Erdoberfläche auf eine Weise erschüttern, die sie in einen natürlichen Lautsprecher verwandelt und dadurch das Dröhnen erzeugt."

Diese Erklärung erscheint wahrscheinlicher als frühere Vermutungen, deren Spektrum von Gasreaktionen und chemischen Prozessen tief im Inneren der Erde bis zu explodierenden Edelsteinen reichte. Doch wie geschieht dies nun genau? Und warum nur in Moodus? Die Wissenschaftler stehen nach wie vor vor einem Rätsel, und noch immer weiß man nicht, wie die geologische Formation dieses Gebietes die Erdkruste dazu bewegt, als Resonanzboden zu fungieren.

Rätsel liegen in der Luft

Gigantische Schattengestalten, die ganze Gebirgszüge heimsuchen, Städte und Heerscharen, die am Himmel auftauchen – überraschenderweise handelt es sich dabei um völlig natürliche Phänome.

Ein Bergsteiger tastet sich an einen Felsvorsprung auf dem Brocken, der höchsten Erhebung des Harzes, heran. Als er sich vorsichtig weiterbewegt, erblickt er plötzlich eine riesige Menschengestalt, die aus dem Nebel auf ihn zukommt. Vor Schreck verliert er den Halt – und stürzt zu Tode.

Dies ist die klassische Geschichte der Erscheinung auf dem Brocken. Mag sein, daß die hier geschilderte Version nur Volkssage ist, doch besteht kein Zweifel darüber, daß die Erscheinung tatsächlich existiert – und nicht allein auf diesem Berg. Ein eindringliches Beispiel desselben Phänomens wurde in der Zeitschrift *Nature* im Jahre 1880 berichtet. Es geschah auf der Cliffton Down in der Nähe der Avonschlucht im Südwesten Englands. Es war gegen 10 Uhr 30, und die Schlucht war voller

Oben:
Eine riesige, gespensterähnliche Gestalt pirscht sich über den Berghang, um den Kopf ein vielfarbiger Heiligenschein. Diese sogenannte Brocken-Erscheinung, ein äußerst furchteinflößendes Phänomen, besteht tatsächlich lediglich aus einem menschlichen Schatten, der gegen eine dichte Wolke geworfen wird.

Unten:
Eine Luftspiegelung in der Wüste Algeriens. Solche Spiegelungen werden leicht mit dem wirklichen Gegenstand verwechselt, von dem sie herrühren.

Nebel. Der Beobachter stand auf dem Gipfel des nahegelegenen Observatoriumshügels, als er plötzlich etwas beobachtete, nämlich „eine schwach auszumachende gigantische Gestalt, die sich vor dem Nebel auf einem der unteren Hänge der Cliffton Down abzeichnete". Schon bald erkannte er allerdings, daß das Wesen nicht so feststofflich war, wie es zunächst den Anschein gehabt hatte: „Ein Blick genügte, um mich davon zu überzeugen, daß es sich lediglich um meinen eigenen Schatten handelte, der gegen den Nebel geworfen wurde, und als ich mit den Armen winkte, folgte die große Erscheinung jeder meiner Bewegungen."

Die physikalische Erklärung der Brocken-Erscheinung, die von dem anonymen Beobachter gegeben wird, trifft zu. Sie tritt auf, wo Schatten auf dichten Nebel und auf Wassertröpfchen geworfen werden. Das ist vielleicht noch nicht überraschend. Doch die Dramatik des plötzlichen Erscheinens dieser Naturphänomene verleiht ihnen eine verblüffende, ja sogar erschreckende Dimension.

Dem Beobachter fiel eine seltsame Eigenschaft auf: „Ein Herr, der neben mir stand, erblickte die Erscheinung ebenfalls, nicht aber meine, wie wir anhand der durchgeführten Körperbewegungen feststellen konnten; ich wiederum konnte die seine nicht erkennen, es sei denn, wir standen so dicht beieinander, daß die beiden Erscheinungen miteinander zu verschmelzen schienen."

Nicht nur menschliche Gestalten werfen solche seltsamen und furchterregenden Schatten. Adams's Peak, ein 2243 Meter hoher Berg auf Ceylon bringt regelmäßig seine eigene Brocken-Erscheinung hervor. Der Berg ist isoliert und erhebt sich ungefähr 305 Meter über das Felsmassiv, zu dem er gehört. Das Phänomen, für welches dieser Berg berühmt ist, besteht darin, daß kurz nach Sonnenaufgang der Schatten des Gipfels sich vor dem Beobachter in die Höhe zu bewegen scheint, wobei der Gipfel von einem regenbogenfarbigen Heiligenschein umgeben wird und zwei dunkle Bänder in den Himmel hinaufführen. Plötzlich verschwindet er oder stürzt wieder zu Boden.

Diese Sonnenaufgangserscheinung hat die Wissenschaftler viele Jahre lang vor ein Rätsel gestellt. Man ging zunächst davon aus, daß es sich um irgendeine Art von Fata Morgana handeln mußte, doch diese werden von Schichten

sacken." Dies war es, was die Wissenschaftler an diesem Phänomen so lange vor ein Rätsel gestellt hatte – doch für Abercromby „war die Ursache des ganzen völlig offensichtlich". Von seinem Beobachtungspunkt aus konnte er erkennen, was den meisten Augenzeugen unten im Tal entgangen war: „Als eine Dampfschwade über den Schatten zog, fingen die kondensierten Partikel den Schatten ein ... Während der Dampf vorbeizog, fiel der Schatten zurück auf seine natürliche Höhe – auf die Erdoberfläche." Eine Reihe von Temperaturmessungen hatten ihn davon überzeugt, daß es sich bei diesem Phänomen nicht um eine Luftspiegelung handeln könne.

Die Luftspiegelung stellt aber tatsächlich die Erklärung einer anderen merkwürdigen Naturerscheinung dar – der Fata Morgana. Sie hat ihren Namen von Morgan le Fay, der Zauberin und Schwester des König Artus, die auf hoher See Städte oder Häfen erscheinen lassen konnte – ein Talent, das ihr offensichtlich dazu diente, Seeleute in den nassen Tod zu lok-

ungewöhnlich heißer oder kalter Luft erzeugt, während die Naturwissenschaftler beim vorliegenden Phänomen keinerlei atmosphärische Temperaturunterschiede messen konnten. Schließlich faßte im Jahre 1886 Ralph Abercromby den kühnen Entschluß, die Nacht auf dem dunklen Berghang zu verbringen und zu beobachten, was gegen Sonnenaufgang geschah. Als der Morgen graute, waren er und seine Begleiter offensichtlich schon recht niedergeschlagen:

„Der Morgen brach auf höchst wenig versprechende Weise an. Überall hingen schwere Wolken, rechts von der aufgehenden Sonne schossen Blitze über eine dunkle Wolkenbank, und in häufigen Abständen wehten leichte Dampfmassen von den Tälern empor und hüllten den Gipfel in ihre Nebel."

Dann, gegen 6 Uhr 30, erschien die Sonne kurz hinter den Wolken, und die Beobachter erblickten den gespenstischen Schatten des Berges. Dieser verschwand und wurde aufs neue gesehen – und „schien sich emporzuheben und vor uns in der Luft aufzubauen, mit einem Regenbogen und gespenstischen Armen, um dann plötzlich wieder zu Boden zu

Unten:
Die Meeresenge von Messina zwischen Sizilien und dem italienischen Festland. Hier wurde zum ersten Mal ein seltsames Phänomen schriftlich festgehalten: An bestimmten ruhigen, sonnigen Tagen erscheint das Abbild einer prachtvollen Stadt samt Palästen und Festungen, Menschen und Tieren am Himmel über der Meeresenge. Dieses Phänomen nennt man „Fata Morgana", nach der Zauberin Morgan le Fay (links), der Schwester des sagenhaften König Artus; der örtlichen Legende zufolge handelt es sich dabei um die Spiegelung ihrer Unterwasserstadt vor der Küste von Messina.

ken. Streng genommen ist die Fata Morgana nur die Bezeichnung für eine besondere Manifestation dieses Phänomens – eine prachtvolle Stadt, die über der Meeresenge von Messina zwischen Italien und Sizilien erscheint. Im Jahre 1773 gab der Dominikanerpater Antonio Minasi eine Beschreibung davon:

„Wenn die aufsteigende Sonne von jenem Punkt aus ihre Strahlen abgibt, da diese einen Winkel von ungefähr 45 Grad mit dem Meer von Reggio bildet, und wenn die helle Wasseroberfläche weder durch Wind

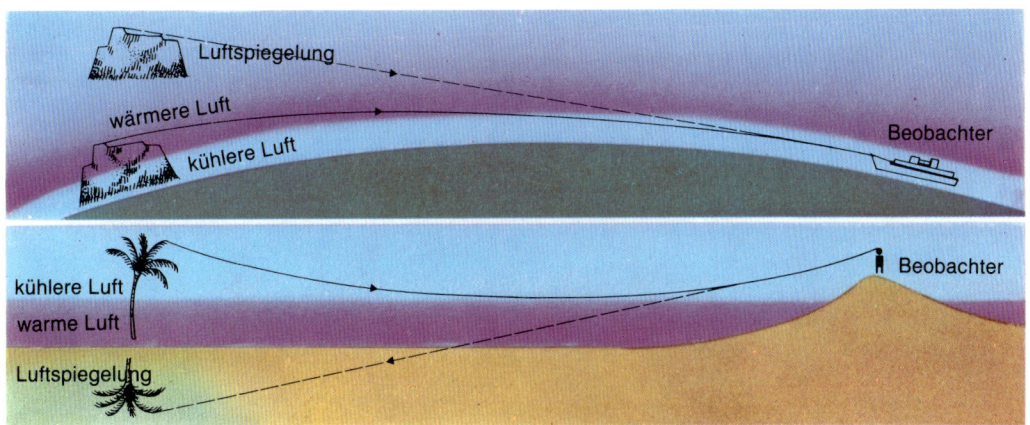

Links:
So entstehen Luftspiegelungen. Temperaturunterschiede zwischen verschiedenen Luftschichten bewirken Dichteunterschiede, die wiederum dafür sorgen, daß die Lichtstrahlen gebogen werden. Die Lichtstrahlen erreichen das Auge des Beobachters, als hätten sie sich in einer geraden Linie bewegt – und so erscheint die Luftspiegelung ober- oder unterhalb des wirklichen Bildes.

noch durch Strömungen aufgewühlt wird, sieht der Beobachter ... den Rücken zur Sonne gewandt, das Antlitz gen Meer – plötzlich im Wasser ... verschiedene, mehrfach vorhandene Gegenstände, etwa eine zahllose Reihe von Pilastern, Bögen, deutlich auszumachenden Festungen, ebenmäßige Pfeiler, hohe Türme, prachtvolle Paläste mit Balkonen und Fenstern, ausgedehnte Baumalleen, entzückende Ebenen mit Herden von Tieren, Armeen mit Soldaten zu Fuß und zu Pferde und viele andere seltsame Gestalten, alle in ihren natürlichen Farben und so handelnd, wie es ihnen beschieden ... Ist die Luft etwas neblig und undurchsichtig, erscheinen die Gegenstände ... lebhaft gefärbt oder mit Rot, Grün, Blau und den anderen Farben des Prismas an den Rändern getönt."

Minasi glaubte, daß dieses Bild eine direkte Widerspiegelung der Festlandsküste im Gewässer der Meeresenge von Messina sei; es trete auf, weil die starken Strömungen der Meeresenge die Oberfläche des Wassers leicht schräge. Heute dagegen weiß man sehr viel mehr über das Phänomen der Luftspiegelung:

Oben: „Die Atmosphäre" – eine umgekehrte Luftspiegelung, die in Paris gegen Ende des 19. Jahrhunderts gesehen worden sein soll. Luftspiegelungen solchen Ausmaßes und Präzision sind sehr selten.

Links: Eine Armee am Himmel; französischer Stich aus dem 16. Jahrhundert. Solche Szenen wurden berichtet, nachdem die dargestellten Ereignisse stattgefunden hatten; handelt es sich dabei um Spiegelungen in der Zeit.

Unten: Ein Foto, das die englische Stadt Bristol darstellen soll, die aus 9500 km Entfernung im Jahre 1887 über Alasaka erschien – und danach jedes Jahr wieder.

Temperaturunterschiede können bewirken, daß Teile der Luft wie optische Linsen funktionieren und die Lichtstrahlen auf unberechenbare Weise brechen. Die häufigste Luftspiegelung ist das Abbild des Himmels, das sich in heißer Luft über einer heißen Straße zeigt. Seeleute auf der ganzen Welt kennen das Phänomen der Luftspiegelung von Schiffen oder von Landabschnitten, die sich beide dicht über dem Horizont befinden.

In einigen Teilen der Welt sind derartige Erscheinungen an der Tagesordnung. So sieht man in Helsinki regelmäßig die Luftspiegelung der estnischen Stadt Tallinn, die sich 80 km im Norden jenseits des Baltikums befindet. Das Abbild ist so deutlich, daß sogar einzelne Gebäude zu erkennen sind. Es heißt, daß der Himmel über Alaska auf merkwürdige Weise empfänglich für das Abbild der englischen Stadt Bristol sei, die 9500 Kilometer von dort

Man weiß immer noch nicht alles über die Gravitation. Die Wissenschaft erklärt sie als eine Anziehungskraft zwischen Massen, die je nach Größe der beteiligten Massen und der zwischen ihnen liegenden Entfernung schwankt. In seiner mathematischen Formulierung wurde dieses Naturgesetz zur Grundlage einer komplizierten Theorie, welche die Auswirkungen der Gravitationskraft mit höchster Genauigkeit zu berechnen vermag. *Welcher Art* diese Kraft jedoch ist – wodurch sie übertragen wird –, stellt immer noch ein Rätsel dar.

Die Wissenschaftler sind sich darüber einig, daß die Gravitationskraft auf der Erdoberfläche nicht konstant ist; sie schwankt je nach Ausrichtung der Himmelskörper. So ist beispielsweise das Verhältnis von Sonne zu Mond verantwortlich für Flut und Ebbe. Es gibt jedoch auch örtlich begrenzte Schwankungen, die nicht im Zusammenhang mit der Bewegung der Planeten stehen: So zeigen die prähistorischer Steinsetzungen von Carnac in der Bretagne subtile Kräfteunterschiede der Gravitationskraft an.

Diese feinen Gravitationsschwankungen

Der Weg nach unten ...

lassen sich nur durch äußerst empfindliche Instrumente feststellen. Gelegentlich können Gravitationsanomalien jedoch auch äußerst dramatische Effekte bewirken.

Der Electric Brae oder auch Croy Brae ist ein sanfter Hang an der Südseite der Culzean Bay in der Nähe von Ayr in der schottischen Region Strathclyde. Blickt man auf Ayr, so fällt die Straße, welche die Bucht entlangführt, sanft hinab – schaltet man jedoch den Wagenmotor aus und löst die Handbremse, so beginnt das Fahrzeug rückwärts zu rollen.

Ein weiteres Beispiel findet sich in Belo Horizonte in Brasilien. Die Erdnußstraße ist eine schmale und bescheidene Vorstadtstraße, die ungefähr eine Viertelmeile (350 m) leicht bergauf führt. Schaltet man jedoch den Motor aus und löst die Handbremse, so bewegt sich der Wagen langsam hügelaufwärts.

In beiden Fällen glaubt man, daß der Grund für dieses merkwürdige Phänomen in magnetischen Kräften zu finden sei, die von dem stark eisenhaltigen Felsgestein in der Umgebung ausgehen. Doch weiß es niemand wirklich.

entfernt ist. In seinem in den zwanziger Jahren veröffentlichten Buch *New Lands* erwähnt Charles Fort die Überlieferung, daß Bristol jährlich zwischen dem 21. Juni und 10. Juli über Alaska zu sehen sei – und beachtenswerterweise stellt er fest, daß dieses Abbild schon von den Indianern Alaskas wahrgenommen wurde, lange bevor Europäer sich dort niederließen und die widergespiegelte Stadt schließlich identifizierten. Im Jahre 1887 machte Mr. Willoughby ein Foto dieser Erscheinung, auf dem viele Gebäude Bristols klar zu erkennen sind – doch wandten viele Menschen dagegen ein, daß das Abbild so gut sei, daß man das Foto wohl in Bristol selbst angefertigt haben müßte. Für diese statischen Bilder scheint die Theorie von der Luftspiegelung als Erklärung durchaus vernünftig. Doch was ist mit jenen Fällen, bei denen auch Aktion und Bewegung festgestellt wurde? Das folgende Beispiel wurde in der *Allgemeinen Zeitung* am 13. Februar 1854 gemeldet. Am 22. Januar 1854 beobachteten die Einwohner des Dorfes Büderich in der Nähe von Düsseldorf eine außergewöhnliche Erscheinung:

„Kurz vor Sonnenuntergang bemerkte man eine schier endlose Armee, die aus Infanterie und Kavallerie bestand, wie auch eine gewaltige Anzahl Wagen, die in Marschordnung über Land zogen. So deutlich waren all diese Bilder, daß sogar das Blitzen der Zündschlösser und die weiße Farbe der Kavallerieuniformen zu erkennen waren. Das ganze Heer bewegte sich in Richtung des Hains von Schafhausen, und als sich die Infanterie dem Dickicht näherte und die Kavallerie näherkam, verschwanden alle zu

gleicher Zeit, zusammen mit den Bäumen, in dichtem Rauch. Ebenso deutlich sah man zwei brennende Häuser. Als die Sonne unterging, verschwand die ganze Erscheinung."

Solche Armeen am Himmel wurden einigermaßen regelmäßig beobachtet, und oft glaubte man, daß es sich dabei um ein Schauspiel vergangener Schlachten handele. Ein besonders bekanntes Beispiel ist die wiederholte Vorführung an vier aufeinanderfolgenden Samstags- und Sonntagsnächten im Jahre 1642, welche die Schlacht von Edgehill im englischen Bürgerkrieg wiedergab. Allerdings erscheint es wahrscheinlich, daß der Fall Büderich die Luftspiegelung eines militärischen Manövers war, das zur gleichen Zeit an einem anderen Ort stattfand.

In solchen Fällen verschwimmt die Grenze zwischen dem Normalen und dem Paranormalen. Die Wissenschaft kann zwar einige dieser Phänome zum Teil erklären, aber längst nicht alle. Wird man mit derlei außergewöhnlichen und scheinbar völlig natürlichen Phänomenen konfrontiert – und sieht man hinter ihnen die noch bizarrere Welt des Paranormalen, so gelangt man zu dem Schluß, daß die Welt nicht nur seltsamer ist, als wir *glauben* – sie ist vielleicht sogar noch merkwürdiger, als wir uns überhaupt *vorstellen* können.

Menschen, Pflanzen, Psi

Können Pflanzen fühlen? Reagieren sie auf Freundlichkeit oder Grausamkeit? Können sie menschliche Emotionen erwidern?

Pierre Paul Sauvin saß am Schreibtisch seines Büros der International Telephone & Telegraph in New Jersey. Unter der Hose war ein winziges Funkgerät an seinem Bein befestigt. Den größten Teil des Tages summte er laut vor sich hin, so daß seine Arbeitskollegen sein Gemurmel nicht bemerkten, wenn er das Telefon benutzte. Ungefähr einmal pro Stunde wählte er seine eigene Nummer zu Hause und ließ die Finger in Hörernähe über die Zähne eines Kammes streifen, um sich seinem Anrufbeantworter gegenüber zu identifizieren. Mit Hilfe seines Funkgeräts setzte er verschiedene andere Geräte in Gang und führte einige Minuten ein leises Gespräch. Sauvin sprach mit seinen Pflanzen.

Nur wenige Menschen wären dazu willens oder in der Lage, sich derart um ihre Hauspflanzen zu kümmern. Den meisten genügt es, beim Bewässern ein paar ermunternde Sätze zu murmeln oder die Blätter einer dürstenden Blume liebevoll mit einem feuchten Schwamm abzuwischen. Dennoch gibt es Tausende von Menschen, die darauf schwören, daß ein freundliches Gespräch mit einer Pflanze Wachstum und Gesundheit fördere.

Sauvin versuchte eine Reihe von Experimenten zu wiederholen und zu verbessern, die von Cleve Backster durchgeführt worden waren, den er in den späteren sechziger Jahren einmal anläßlich eines Radiointerviews gehört hatte. Backster war ein ehemaliger Angestellter des CIA, der sich als Berater für den Gebrauch von Lügendetektoren selbständig gemacht hatte. Eines Nachts hatte er die Idee, einen seiner Lügendetektoren an eine Zimmerpflanze anzuschließen, die zur Gattung *Dracaena massangeana* gehörte, um einmal zu überprüfen, wie sie darauf reagierte, wenn er ihre Erde bewässerte.

Das von Backster verwendete Gerät war eine Maschine, die unter der Bezeichnung Polygraph bekannt war: sie registrierte Blutdruck, Atmung und unwillkürliche Muskelbewegungen eines Verhörten und konnte außerdem kleine Veränderungen des elektrischen Hautwiderstandes messen. Letzteres wurde schon vor 100 Jahren von C. S. Féré beobachtet. Experimentelle Psychologen kennen es als den „Psychogalvanischen Reflex" oder als „Elektrodermatologischen Respons", und dies ist ein sehr empfindlicher Anzeiger von Gefühlsschwankungen. Dabei werden zwei Elektroden an nebeneinanderliegenden Fingern befestigt, während die Veränderungen des Hautwiderstandes mittels eines Meßschreibers festgehalten werden. Als Backster die Elektroden seines Polygraphen an der Zimmerpflanze befestigte und diese dann wässerte, erwartete er ein Ansteigen des elektrischen Widerstandes des Pflanzenblattes, als das Wasser in sein Gewebe eindrang. Statt dessen jedoch beobachtete er einen ständig *sinkenden* Widerstand,

Unten:
Cleve Backster, ein ehemaliger CIA-Angestellter, überprüft seine Apparatur, mit der er Pflanzen testet. Der Polygraph befindet sich zur Linken, und vor Backster sind die Elektroden leicht an beiden Seiten eines Philodendronblattes befestigt. Auch der Meßschreiber ist zu sehen.

FEB 2 1966

CONTI
IN WHIC
THE PLA

TAP
PGR CONTACT
PLATES WITH PEN

wie er ihn in ähnlicher Form von Menschen kannte, die eine angenehme, entspannende Erfahrung machen.

Backster gelangte zu dem Schluß, daß die Angelegenheit eine weitergehende Untersuchung lohnte: Wie würde die Pflanze reagieren, wenn ihr Wohlergehen bedroht wurde? Er hatte sich gerade eine Tasse heißen Kaffees gebrüht, also versuchte er es damit, das Blatt mit den Elektroden in die Tasse zu tunken. Zu seiner großen Enttäuschung konnte er keine signifikante Reaktion beobachten. Es mußte also etwas Drastischeres versucht werden. Er beschloß, das Blatt anzubrennen.

Im selben Augenblick, da ihm dieser Gedanke kam, und noch bevor er Anstalten gemacht hatte, ihn in die Tat umzusetzen, machte der Schreiber des Polygraphen einen plötzlichen Sprung nach oben. Backster verließ das Zimmer, um Streichhölzer zu suchen und entdeckte, daß der Schreiber bei seiner Rückkehr einen weiteren Satz vollführte. Wären die Elektroden des Polygraphen an einem Menschen befestigt gewesen, so hätte eine solche Reaktion plötzliche Angst angezeigt. Als er die Flamme dann tatsächlich an das Blatt hielt,

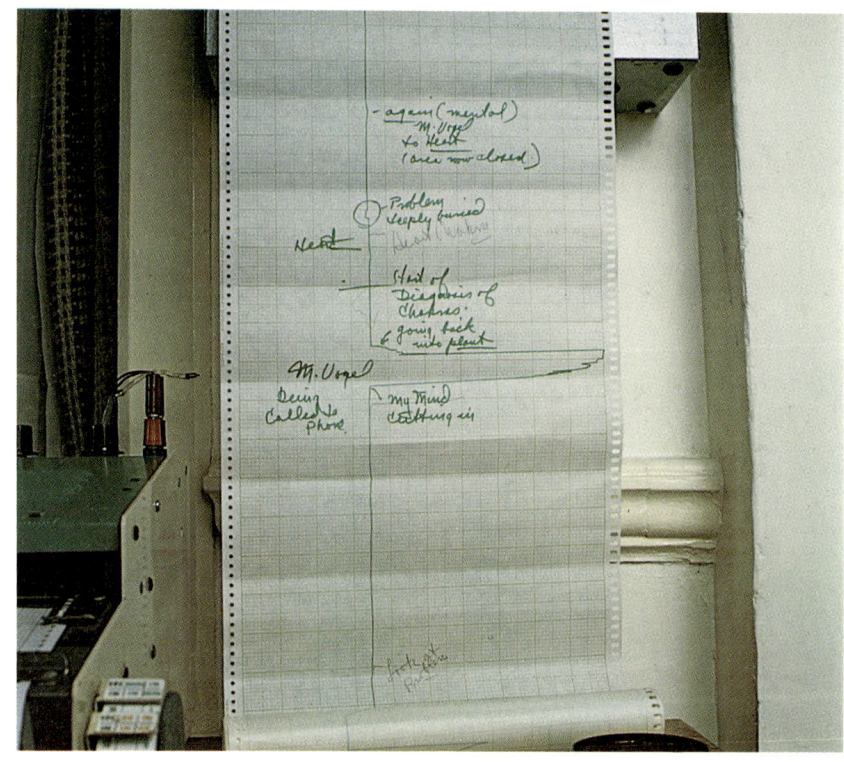

Oben:
Marcel Vogel gibt an, Krankheiten diagnostizieren zu können, indem er eine telepathische Verbindung mit einer Pflanze herstellt und ihr dann mental verschiedene Fragen über den Patienten stellt. Die Aufzeichnung auf Vogels Meßschreiber zeigt die Reaktion der Pflanze.

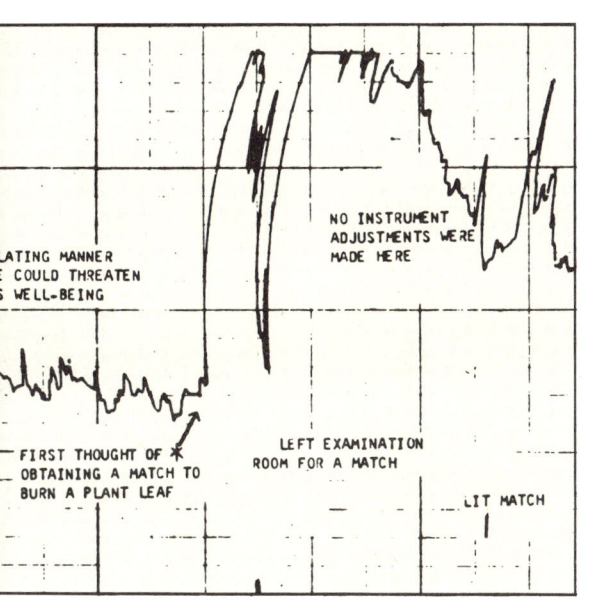

Links:
Das historische Diagramm vom 2. Februar 1966, das aufzeigt, wie eine Pflanze offensichtlich auf Backster Drohung reagierte, eines ihrer Blätter zu versengen, und wie ihre Furchtreaktion sich wiederholte, als er mit einem Streichholz zurückkehrte, während der Respons danach abflaute.

war die Reaktion viel schwächer; und während er später so tat, als wollte er das Blatt noch einmal anbrennen, war überhaupt keine Reaktion mehr zu beobachten.

Für Backster gab es nur eine mögliche Erklärung: Die Pflanze konnte seine Gedanken lesen. Sie schien zwischen seinen wirklichen und seinen vorgetäuschten Absichten unterscheiden zu können. Er kam zu der Überzeugung, daß dieses Phänomen einer genaueren Untersuchung bedürfe: Vielleicht war der Polygraph defekt oder die Pflanze hatte auf untypische Weise reagiert. Im Laufe der folgenden Monate untersuchte er eine Vielzahl verschiedenartigster Pflanzen mit Hilfe verschiedener Geräte und bediente sich auch der Hilfe anderer Experimentatoren. All dies bestätigte seine erste Erfahrung.

Backster berichtete, daß dieses Phänomen auch dann noch an dem Blatt zu beobachten war, wenn man es von der Pflanze abgetrennt oder ein Stück herausgeschnitten hatte, das nicht größer war, als die Elektroden. Sogar nachdem man das Blatt in kleine Stücke gerissen, diese miteinander vermischt und erneut zwischen die Elektroden gegeben hatte, zeigte der Polygraph dieselben Reaktionen an.

Die Pflanzen schienen auch auf andere Menschen zu reagieren, ja sogar auf andere mögliche Bedrohungen, beispielsweise wenn plötzlich ein Hund ins Zimmer kam. Backster behauptete, daß eine Pflanze die Bewegungen einer Spinne vorhersehen konnte, als wüßte sie um die „Entscheidungen", welche die Spinne fällte. Er erklärte auch das Versagen seiner Pflanzen, irgendwelche Reaktionen zu zeigen, als eine Wissenschaftlerin aus Kanada mit dem Flugzeug anreiste, um das Phänomen selbst zu beobachten: Im Rahmen ihrer Forschungen pflegte die Wissenschaftlerin regelmäßig Pflanzen in einem Backofen zu trocknen. „Angesichts einer derart überwältigenden Gefahr", sagte Backster, „wurden meine Pflanzen einfach ohnmächtig."

Seine erste Annahme bestand darin, daß er es hier mit irgendeiner Form von ASW zu tun habe, doch später verwarf er diese Umschreibung, da Pflanzen kein Nervensystem zu besitzen schienen. Man konnte sich nicht vorstellen, daß sie über eines der fünf menschlichen Sinnesorgane verfügten, weshalb der Ausdruck „Außersinnliche Wahrnehmung" unangebracht war. Dennoch meinte er, daß er es hier mit einer Form von Urbewußtsein zu tun hatte, so daß er dafür den Begriff „Primärwahrnehmung" prägte.

Bei der Untersuchung, welchen Umfang diese Wahrnehmung hatte, kehrte Backster auf das Gebiet der Kriminalistik zurück, für die der Polygraph ursprünglich entwickelt worden war. Er versicherte sich der Hilfe von sechs seiner Lügendetektorstudenten, die jeder ein zusammengefaltetes Blatt Papier aus einem Hut zogen, um festzustellen, wer von ihnen ein „Verbrechen" begehen würde. Niemand außer dem Betreffenden wußte, wem dieses Los zugefallen war; man hatte sich darauf geeinigt, daß der „Verbrecher" eine der beiden Pflanzen vernichten würde, sobald Backsters Labor geräumt war. So geschah es auch. Die überlebende Zimmerpflanze, die als „Zeugin" die Vernichtung ihrer Artgenossin erlebt hatte, wurde daraufhin an den Polygraphen angeschlossen, und man ließ die sechs Studenten nacheinander an ihr vorübergehen. Bei fünf Personen zeigte die Pflanze keine Reaktion, erst bei der sechsten, dem Übeltäter, wies der Schreiber heftige, ungewöhnliche Meßwerte auf. Backster gab zu, daß die Pflanze möglicherweise auf „telepathischem" Wege die Schuldgefühle des Mannes aufgefangen hatte; andererseits hegte der Student nur sehr geringe oder überhaupt keine Skrupel hinsichtlich seiner Teilnahme an dem Experiment. Backster wertete dies als Beweis dafür, daß die Primärwahrnehmung auch eine Form der Erinnerung umfasse.

Als Ergebnis dieses Experiments gelang es Backster, seine Freunde bei der Polizei dazu zu überreden, ihn bei einer echten kriminalistischen Untersuchung mithelfen zu lassen. In einer großen Fabrik in New Jersey war ein Mädchen ermordet worden, und Backster schlug vor, daß die beiden Zimmerpflanzen aus dem Büro, wo man den Leichnam des Mädchens gefunden hatte, an seinen Polygraphen angeschlossen werden sollten. Nun ließ man alle, die zur Tatzeit in der Fabrik gewesen waren, an der Pflanze vorbeigehen in der Hoffnung, daß die Pflanze den Mörder „erkennen" würde. Auf diese Weise erlangte man ein negatives Resultat: Nicht ein einziger unter

den Fabrikarbeitern provozierte eine Reaktion der Pflanze, und der Mann, der schließlich wegen des Mordes angeklagt wurde, arbeitete tatsächlich nicht in der Fabrik. Doch kann man sich leicht vorstellen, was der für die Untersuchung verantwortliche Polizeioffizier für ein Gesicht machte, als Backster darum bat, die Pflanze als „unmittelbare Zeugin eines Mordes" unter Polizeischutz zu stellen!

Backster führte seine Forschungen fort und überzeugte sich davon, daß sein Lieblingsphilodendron, das er stets mit Liebe und Sorgfalt behandelte, auch auf Entfernungen von mehr als 24 km auf seine Emotionen reagieren konnte. Es machte auch keinen Unterschied, wenn er die Pflanze mit einem Faradayschen Käfig abschirmte, um mögliche Funkwellen auszuschließen, oder wenn er sie in einen Bleibehälter gab, um Radioaktivität abzuhalten.

Eines Tages bei der Arbeit mit seinen Pflanzen, schnitt sich Backster in den Finger; als er die Schnittwunde mit Jod bepinselte, registrierte der Polygraph eine heftige Reaktion der Pflanze. Wenngleich man darin einen Respons auf Backsters eigenen Schmerz hätte sehen können, gelangte er zu dem Schluß, daß die Pflanze tatsächlich auf den Tod eines Teiles seiner Körperzellen reagierte; daraufhin führte er ein ausgedehntes Forschungsprogramm mit Experimenten durch, die beweisen sollten, daß auch Einzeller über Primärwahrnehmung verfügen. Es zeigte sich, daß Amöben, Blutzellen, Hefe und sogar Spermien dazu fähig waren, auf dem Polygraphen entsprechende Reaktionen unter Beweis zu stellen. Tatsächlich konnten Samenzellen sogar ihren Spender identifizieren und auf seine Anwesenheit reagieren, während sie bei anderen Männern keine Reaktionen zeigten.

Inzwischen hatte Backster mit seinen Pflanzen über ein Jahr lang experimentiert und war begierig darauf, die Ergebnisse in einer wissenschaftlichen Zeitschrift zu veröffentlichen, damit auch andere Forscher davon erfahren und die Experimente wiederholen konnten. Bisher hatte er sich jedoch mit seinen Experimenten der Kritik ausgesetzt, daß er stets selbst Teil der Experimentanordnung gewesen war, so daß andere nicht unbedingt zu vergleichbaren Resultaten gelangen konnten. Folglich beschloß er, ein Experiment zu entwickeln, das ohne menschliche Beteiligung stattfand, bei dem alles mechanisiert war.

Nachdem er gezeigt hatte, daß seine Pflanzen heftig auf den Tod von lebendem Zellgewebe reagieren konnten, entschied sich Backster zur Verwendung winziger Salzwasserkrabben für seine Tests: Er baute eine Apparatur auf, mit deren Hilfe die Krabben den sofortigen Tod erleiden würden, indem sie in kochendes Wasser geworfen wurden. Ein raffinierter Mechanismus bestimmte willkürlich darüber, wann die Krabben ins Wasser geworfen wurden und wann ihnen das Schicksal erspart blieb. Drei neue Philodendronpflanzen, mit denen noch nie zuvor experimentiert worden war, wurden an drei unabhängig von-

Backsters Apparatur beim Krabbenexperiment. Ein komplizierter Mechanismus läßt Wasserproben mit und ohne Krabben in willkürlichen Abständen in das darunter befindliche Wasserbad fallen, das durch den elektrischen Tauchsieder dicht unter dem Kochpunkt gehalten wurde.

einander arbeitende Meßgeräte angeschlossen, während ein viertes jede Stromschwankung sowie mögliche elektromagnetische Störungen in der Umgebung aufzeichnen sollte. Nach Backsters Worten ergab der Test, daß

„bei Pflanzen eine noch nicht näher definierte Primärwahrnehmung existiert, daß die Beendigung tierischen Lebens als Fernreiz fungieren kann, um diese Wahrnehmungsfähigkeit unter Beweis zu stellen und daß diese Wahrnehmungsfähigkeit bei Pflanzen nachweislich unabhängig von menschlicher Beteiligung am Experiment funktionieren kann."

Die Ergebnisse dieser Experimente wurden 1968 im *International Journal of Parapsychology* veröffentlicht. Offensichtlich hatten die Pflanzen nur dann heftig reagiert, wenn Krabben sterben mußten. Die Wahrscheinlichkeit, daß dies kein Zufall war, wurde mit 5:1 berechnet. Allerdings scheint niemand auf die Möglichkeit hingewiesen zu haben, daß die komplizierte Anordnung hochentwickelter Schaltungsgeräte hinreichend kräftige Signale hätte verursachen können, um diese Meßreaktionen zu bewirken.

Tatsächlich gelangte Backster über Nacht zu bescheidenem Ruhm; Zeitungen und Zeitschriften in aller Welt berichteten über seine Experimente, und er behauptete, daß über siebentausend Wissenschaftler um einen Nachdruck seiner Forschungsergebnisse ersucht hätten, wenngleich er ihre Namen nicht veröffentlichte, und zwar mit der Begründung, daß sie vor Durchführung ihrer Experimente keine Befragung durch andere wünschten.

David Tansley, ein Chiropraktiker und Anhänger der „Radionik" (einem Teilgebiet der Radiästhesie), verbindet ein Spaltblattphilodendron mit seiner Apparatur. Diese Maschine ist etwas einfacher konstruiert als Backsters und mißt lediglich Schwankungen des Blattwiderstands.

Im Laufe dieser Publicity hörte Sauvin zum ersten Male von Backster. Als „Elektronik-Freak" entwickelte Sauvin schon bald alle möglichen hochkomplizierten Verbesserungen für Backsters Polygraphen. Anstelle eines Stiftschreibers setzte er ein Oszilloskop ein, das alle Veränderungen des Widerstands sofort in einer Kathodenröhre als Linie anzeigte. Außerdem ergänzte er die Apparatur durch einen Audiotonoszillator, dieser konnte als Reaktion auf die Pflanzensignale ein Geräusch erzeugen, das wiederum mit einer Batterie von Tonbandgeräten aufgezeichnet wurde.

Als er in einigen Meilen Entfernung an seinem Schreibtisch saß, konnte Sauvin also mit seinen Pflanzen telefonieren, sich direkt mit ihnen unterhalten, ihre Reaktionen abhören, wie sie ihm von dem Oszillator weitergegeben wurden, und mit Hilfe des Funkgerätes an seinem Bein die Beleuchtung und Zimmertemperatur verändern.

Eine echte Sensation

Das erste emotionale Signal, mit dem Sauvin experimentierte, war ein milder elektrischer Schlag. Er drehte sich in seinem Schreibtischsessel und entlud die statische Spannung, indem er die Finger an seinen Metallschreibtisch hielt. Später entdeckte er, daß schon das willkürliche Erinnern an den leichten Schlag genügte, um bei seinen Pflanzen eine Reaktion auszulösen, sogar dann noch, wenn er sich 130 Kilometer von ihnen entfernt in seinem Wochenendhaus aufhielt.

Er machte allerdings auch die Feststellung, daß es schwierig war, die Aufmerksamkeit der Pflanzen bei längerer Abwesenheit zu gewinnen. So kam er auf die Idee, einige seiner Körperzellen in der Nähe der Pflanzen zurückzulassen und sie ferngesteuert zu vernichten.

Als Resultat dieses Experiments begann er sich zu fragen, ob Pflanzen nicht auch auf Gefühle der Freude reagierten. Er behauptete, daß seine Pflanzen, wenn er sich selbst mit einer Freundin in seinem Wochenendhaus befand, aufgeregt auf seine sexuelle Freude reagierten, und zwar so stark, daß der Ton des Oszillators im Augenblick des Orgasmus zu einem schrillen Kreischen anschwoll.

Danach kannte Sauvins Einfallsreichtum keine Grenzen mehr. Er entwickelte einen Plan, einer Pflanze „Gedankenwellen" zu schicken, wodurch diese ein Relais auslöste, das seine Garagentür öffnete. Er behauptete, ein Modellflugzeug im Flug gesteuert zu haben, indem er eine seiner experimentellen Pflanzen dazu brachte, per Fernsteuerung die Geschwindigkeit des Motors zu verändern. Er entwickelte auch einen Vorgehensplan für eine „Operation Sky Jack", bei der an Polygraphen angeschlossene Pflanzen die emotionale Spannung eines möglichen Flugzeugentführers auffangen und die notwendigen Alarmanlagen auslösen würden. Später begann er, sich für Kirlian-Fotografie zu interessieren, ein weiteres Forschungsgebiet, das auf eine Art Primärbewußtsein bei lebenden Pflanzen hinzuweisen scheint.

Privatleben der Pflanzen

Reagieren Pflanzen auf menschliche Sprache? Besitzen sie eine Art Nervensystem, das empfindlich auf Töne und Schwingungen anspricht. Schon im letzten Jahrhundert gab es bemerkenswerte Experimente dazu.

Der Baumschulleiter Luther Burbank aus Santa Rosa in Kalifornien hat viele Jahre damit verbracht, eine neue Kaktusart ohne Stacheln zu züchten. Bei der Arbeit pflegte er mit seinen Pflanzen zu sprechen. „Ihr braucht euch nicht zu fürchten", sagte er ihnen, „ihr braucht eure Schutzstacheln nicht, ich werde euch schon beschützen."

Nach Meinung von Manly P. Hall, dem Präsidenten der Philosophical Research Society of Los Angeles, war Burbanks Liebe

„eine subtile Form der Ernährung, die alles besser wachsen und üppige Früchte tragen ließ. Burbank erklärte mir, daß er seine Pflanzen bei all seinen Experimenten ins Vertrauen zog, sie um Hilfe bat und ihnen versicherte, daß er ihr kleines Leben hochachten und mit Liebe behandeln würde ... Mr. Burbank erwähnte auch, daß Pflanzen über mehr als 20 verschiedene Sinneswahrnehmungen verfügten, daß wir diese jedoch nicht erkennen können, weil sie sich von unseren unterscheiden. Er war auch nicht

Oben:
Dorothy Retallack (hier mit Prof. Francis Broman), die in den späten sechziger Jahren verblüffende Entdeckungen machte, was die Reaktionen von Pflanzen auf Musik betrifft.

Unten und links:
Luther Burbank und der stachellose Kaktus Opuntia Ficus Indica, *den er züchtete, indem er die wachsende Pflanze angeblich davon überzeugte, daß sie ihre Stacheln nicht benötigte.*

davon überzeugt, daß die Sträucher und Pflanzen seine Worte verstanden, ging jedoch mit Sicherheit davon aus, sie würden durch Telepathie ihre Bedeutung begreifen."

Zu Beginn unseres Jahrhunderts, zur gleichen Zeit als Burbank in Kalifornien der Vervollkommnung von Pflanzen nachging, untersuchte ein anerkannter Physiker am anderen Ende der Welt die „zwanzig Sinneswahrnehmungen der Pflanzen". Jagadis Chandra Bose, Professor der Physik am *Presidency College* in Kalkutta, war ein Funkpionier; im Laufe seiner Arbeit fiel ihm die Ähnlichkeit der Reaktionen von Metallen und Muskeln bei Streß auf. „Es ist schwierig", schrieb er, „eine genaue Trennlinie zu ziehen und zu behaupten, daß hier ein physikalisches Phänomen endet und dort ein physiologisches beginnt."

Als er diesem Gedanken nachging, erkannte Bose, daß, wenn derlei Ähnlichkeiten zwischen solch Extremen existierten, sein ideales Forschungsobjekt die Pflanzen sein müßten: lebendes Gewebe, jedoch ohne Nervensystem und folglich unfähig zum direkten Respons auf Reize.

Tatsächlich scheinen Pflanzen sehr ähnlich zu leben wie Tiere, doch auf bemerkenswert ökonomische Weise: Sie atmen ohne die Hilfe eines Atmungssystems, sie wandeln ihre Nahrung ohne Verdauungssystem um, und sie können sich auch ohne Muskulatur bewegen (wenngleich nur langsam). Bose schloß daraus, daß sie möglicherweise auf Reize reagieren konnten, ohne ein Nervensystem zu besitzen.

Als erstes entwickelte er ein Gerät, mit dessen Hilfe durch die Bewegung eines widergespiegelten Lichtstrahls die äußerst winzigen Bewegungen des Pflanzengewebes vieltausendfach vergrößert werden konnten. Damit konnte er nachweisen, daß Roßkastanienblätter, Karotten und Zwiebeln auf ebensolche Weise auf Streß reagierten, wie dies Metalle und Muskeln taten. Er machte auch die Feststellung, daß es ebenso leicht war, Pflanzen zu anästhetisieren wie Tiere: Chloroform ließ sie „das Bewußtsein verlieren", und man konnte sie mit Frischluft wieder aufwecken.

Im Jahre 1902, nachdem Bose der Linn-Gesellschaft eine Studie vorgelegt hatte, schrieb der Präsident der Gesellschaft an ihn:

„Mir scheint, daß Ihre Experimente es über jeden Zweifel deutlich machen, daß alle Pflanzenteile – nicht nur jene, die als beweglich bekannt sind – reizbar sind und ihre Reizbarkeit in Form elektrischer Reaktionen auf äußere Stimuli äußern …"

Fünf Jahre später veröffentlichte Bose die Ergebnisse seiner bisherigen Experimente in zwei dicken Bänden mit dem Titel *Plant response as a means of physiological investigation* (Pflanzenreaktionen als Mittel physiologischer Untersuchung). Er enthüllte eine bemerkenswerte Ähnlichkeit zwischen der Haut von Reptilien und Amphibien und jener von Obst und Gemüse; er wies nach, daß Pflanzen ebenso

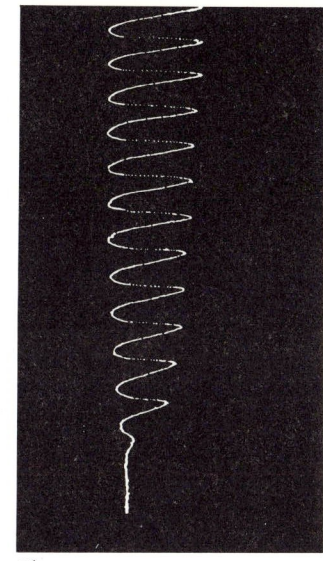

Oben:
Das Muster, das auf Sir Jagadis Boses „Todesrekorder" anzeigt, wie das Pulsieren einer Pflanze beständig nachläßt und schließlich mit ihrem Tod verschwindet.

Unten:
Zwei der experimentellen Pflanzen von Dorothy Retallack: Die eine weicht avantgardistischer Konzertmusik aus, die andere stirbt an „Acid Rock".

durch ständige Reizüberflutung „ermüden" konnten wie tierische Muskeln; und er entdeckte eine enge Parallele zwischen der Lichtreaktion von tierischen Augen und pflanzlichen Blättern.

Natürlich kam von wissenschaftlicher Seite Kritik; dennoch wurde Bose im Jahre 1917 für seine Arbeit in Indien geadelt und im Jahre 1920 als Fellow in die *Royal Society* aufgenommen. Kurz danach gelang es ihm, seine Instrumente so zu verfeinern, daß er das Wachstum von Pflanzengewebe mit einer Vergrößerung von 1:10 Millionen demonstrieren konnte; auf diese Weise ließ sich „in weniger als einer Viertelstunde", wie es der *Scientific American* ausdrückte, „die Wirksamkeit von Düngemitteln, Nährstoffen, elektrischen Strömen und verschiedener anderer Stimulantien vollständig ermitteln." Trotz der Anfeindungen anderer Wissenschaftler fuhr Bose mit seinen Experimenten fort, um die Reaktionen lebender Pflanzen zu erforschen. Wie es die französische Zeitung *Le Matin* gegen Ende seiner Karriere formulierte: „Nach dieser Entdeckung plagt uns der Zweifel: Wenn wir einer Frau mit einer Blume einen Hieb geben, wer von ihnen leidet dann mehr, die Frau oder die Blume?"

In den siebziger Jahren erschienen in der russischen Tageszeitung *Prawda* erstmals Berichte über ähnliche Experimente in der Sowjetunion. Der Korrespondent des Parteiorgans schrieb über Professor Iwan Isidorowitsch Gunar – Leiter der Abteilung für Pflanzenphysiologie bei der *Timirjazew Akademie* zu Moskau: „Er scheint sich sogar mit ihnen zu unterhalten, und ich habe den Eindruck, daß seine Pflanzen diesem guten, ergrauenden Mann tatsächlich ihre Aufmerksamkeit schenken!"

Ein Film, der in dieser Abteilung gedreht wurde, zeigte, wie die Pflanzen auf Umweltfaktoren reagierten, etwa auf die Berührung durch Fliegen und Bienen und auch auf Verletzungen. Die Reaktionen wurden mit Hilfe eines Schreibers festgehalten, der an ein Galvanometer angeschlossen war, ähnlich dem Lügendetektor (Polygraphen), den Cleve Backster verwandte. Der Film zeigte auch, daß eine Pflanze, die in Chloroform getaucht war, auf Verletzungen, wie beispielsweise einen harten Hieb, nicht mit den üblichen Reaktionen antwortete.

Ein Bericht in der Monatszeitschrift *Wissenschaft und Religion* spricht von den Forschungsergebnissen der Wissenschaftler an der Staatsuniversität der Republik Kasachstan. Hier, in einem Gebiet mit großen Apfelplantagen, stellte man fest, daß die Bäume offensichtlich auf die Erkrankungen oder den Gemütszustand ihrer Pfleger reagierten. Infolge ihrer Experimente konditionierten die kasachischen Wissenschaftler ein Philodendron darauf, Mineralerze zu unterscheiden. Man richtete die Pflanze dadurch ab, daß man ihr einen Elektroschock verabreichte, wenn sich neben ihr ein Erzklumpen befand; mit der Zeit rea-

gierte sie furchtsam, sobald man Erz in ihre Nähe brachte, nicht jedoch, wenn man sie mit bloßem Felsgestein ohne Metallgehalt konfrontierte.

Backsters Experimente wurden von Professor W. N. Puschkin und seinem Assistenten W. M. Fetisow mit einer Pelargonie wiederholt. Sie kamen auf den Gedanken, daß es einem hypnotisierten Menschen leichter gelingen müsse, einer Pflanze Gefühle zu vermitteln, als einem unhypnotisierten. So entschieden sie sich zur Zusammenarbeit mit einem bulgarischen Hypnotiseur, Georgi Anguschew, und einer jungen Testperson namens Tanja. Sie mußte sich in ungefähr 80 cm Entfernung vor der Pflanze hinsetzen und wurde in eine leichte Trance gebracht. Als Anguschew ihr suggerierte, daß sie das schönste Mädchen auf der Welt sei, vollführte der an das Galvanometer der Pflanze angeschlossene Meßschreiber, der zuvor eine gerade Linie gezeichnet hatte, plötzlich eine Reihe von Wellenbewegungen.

Danach suggerierte Anguschew seiner Testperson eine Reihe von Situationen – beispielsweise einen eiskalten Wetterumschwung –, und jedesmal reagierte die Pflanze auf Tanjas Emotionen. Man beobachtete sogar, daß die Pflanze feststellen konnte, wenn Tanja log. Puschkin schrieb: „Vielleicht existiert zwischen zwei Informationssystemen, der Pflanzenzelle und dem Nervensystem, eine spezifische Verbindung ... diese völlig verschiedenartigen lebenden Zellen schienen einander ‚zu verstehen‘.“

Im September des Jahres 1964 veröffentlichte die englische Handelsfachzeitschrift *Commercial Grower* den Brief eines Baumschulbesitzers, der aus Brixham im südlichen Devon schrieb. Er berichtete von Experimenten mit der Konditionierung von Pflanzenzwiebeln,

Die unglückliche Möhre

Über Boses Arbeit: „In einem Zimmer in der Nähe von Maida Vale ist eine unglückliche Möhre (Karotte) an den Tisch eines skrupellosen Vivisektionisten angeschnallt. Drähte führen durch zwei Glasröhren, die mit einer weißen Substanz gefüllt sind. Sie sehen aus wie zwei Beine, deren Füße sich im Fleisch der Möhre vergraben. Zwickt man das Gemüse mit einer Zange, zuckt es zusammen. Die Möhre ist dergestalt festgeschnallt, daß ihr elektrisches Schmerzzucken den langen Arm eines hochempfindlichen Hebels herabzieht, der somit einen winzigen Spiegel aktiviert. Dieser wirft auf die Wand an der gegenüberliegenden Seite des Raumes einen Lichtstrahl und vergrößert dadurch gewaltig das Zittern der Möhre. Ein Zwicken in Nähe der rechtsliegenden Röhre schickt den Strahl 2 oder 2,5 Meter nach rechts, ein Zustechen in der Nähe des anderen Drahtes führt ihn weit nach links. Auf diese Weise kann die Wissenschaft die Gefühle selbst eines solch gelassenen Gemüses wie der Möhre offenbaren.“

Unten:
Pflanzen weichen einem Lautsprecher aus, durch den „Acid Rock" abgespielt wird.

um Frühlingsblumen, zum Beispiel Narzissen, dazu zu bringen, im Herbst zu blühen. In einem seiner Gewächshäuser, wo eine seiner Mitarbeiterinnen auf einem kleinen tragbaren Tonbandgerät Popmusik abzuspielen pflegte, war seine Erfolgsquote bemerkenswert höher als in den anderen Gewächshäusern. Vielleicht war es nur ein Zufall, daß eine der beliebtesten Musikgruppen jener Zeit, die Mojos, gerade eine Schallplatte mit dem Titel „Seven golden daffodils" („Sieben goldene Narzissen") auf den Markt gebracht hatte.

Dennoch fanden in der Mitte der sechziger Jahre eine beachtliche Anzahl Experimente statt, bei denen man die Reaktionen der Pflanzen auf verschiedenste Klänge und Geräusche untersuchte. Zu den ersten Wissenschaftlern, die diesem Thema nachgingen, gehörten Mary Measures und Pearl Weinberger von der Universität Ottawa, die nachweisen konnten, daß Weizenkeime, die man einer Beschallung aussetzte, am schnellsten wuchsen, wenn es sich dabei um einen hohen Ton mit einer Frequenz von 5000 Hertz (Schwingungen pro Sekunde) handelte.

Im Jahre 1968 führte die Studentin Dorothy Retallack in Denver, Colorado, ein Experiment durch, bei dem man eine gemischte Gruppe von Pflanzen – Philodendron, Mais, Radieschen, Pelargonien und Usambaraveilchen – einer Tonbandaufzeichnung der Töne h und d aussetzte, die auf einem Klavier angeschlagen worden waren, und dies zwölf Stunden am Tag durchführte. Nach drei Wochen waren alle Pflanzen, von denen einige von dem Geräusch fortgewachsen waren wie vor einem kräftigen Wind, eingegangen, mit Ausnahme der Usambaraveilchen, die gediehen. Pflanzen in einer Kontrollgruppe, die ohne Beschallung kultiviert wurden, wiesen hingegen normales Wachstum auf.

Zusammen mit ihrem Professor Francis F. Broman verfolgte Dorothy Retallack weiterhin ihre Untersuchungen. Sie berichtete, daß Rockmusik ihre Pflanzen dazu brachte, von der Klangwelle fortzuwachsen und sich auf anomale Weise zu entwickeln; Bach, Haydn und indische Sitarmusik dagegen ermunterte sie zum Wachstum und brachte sie dazu, sich der Klangwelle zuzuwenden; Folkmusik und „Country & Western" hatten offensichtlich überhaupt keine Wirkung.

Dies sind bei weitem nicht die einzigen Experimente, die zum Thema Auswirkungen von Klängen auf Pflanzenwachstum durchgeführt wurden. In *Supernature* berichtet Lyall Watson, daß Bakterien sich auf durchaus ähnliche Weise beeinflussen lassen und sich unter Beschallung bestimmter Frequenzen stärker vermehren, während sie bei anderen Frequenzen absterben. Er vermutet, daß es zwischen der Frequenz und einem bestimmten Organismus eine unmittelbare physische Beziehung gibt, die man sich als eine Art „Resonanz" vorstellen kann, ähnlich dem Zittern eines Muskels unter Anspannung. Einmal mehr sehen wir uns dazu gezwungen, wie schon zuvor Bose, die Reaktionen von Pflanzen mit denen tierischen Gewebes zu vergleichen.

Und hier gelangen wir vorläufig auch notgedrungen zum Ende, wobei noch viele Fragen offen bleiben. Es besteht wenig Zweifel daran, daß man eine Beziehung zwischen Menschen und Pflanzen nachweisen konnte: Doch welche Form hat diese Beziehung? Reagieren die Pflanzen auf den Klang der menschlichen Stimme, auf die Klangfarbe, mit der man sie anspricht – eine These, die immerhin durch die Experimente mit Musik und reinen Klängen unterstützt würde? Oder reagieren sie tatsächlich auf die emotionalen Belastungen des menschlichen Wesens, das die engste Beziehung zu ihnen hat – wie es Backsters Unter-

Oben:
Nach ihrer Enttopfung weisen jene Pflanzen, die man „Acid Rock" aussetzte, ein spärliches und verzerrtes Wurzelwachstum auf verglichen mit denen einer normalen Kontrollpflanze.

suchungen nahelegen, von den russischen Experimenten offensichtlich unterstützt?

Und dann gibt es auch noch folgende Fragen: Was bewirkt diese Reaktion? Ist die Reaktion der Pflanzen rein körperlicher Natur, eine Anpassung an winzige Veränderungen ihrer Umgebung, die sich durch normales Laborgerät nicht messen lassen? Ist es der Respons eines bisher noch nicht entdeckten pflanzlichen Gegenstückes zum tierischen Nervensystem? Oder ist es ein Aspekt von etwas, von dem man bisher kaum zu träumen wagte, eine telepatische Fähigkeit zur direkten Kommunikation mit der tierischen Welt?

Die eigenen Pflanzen testen!

Mit vergleichsweise geringem Aufwand ist es für jedermann möglich, eine einfache Versuchsanordnung aufzubauen, um Pflanzenreaktionen zu überprüfen, wie Cleve Backster dies tat. Das Philodendron ist besonders gut zum Experiment geeignet, weil es über große, fleischige Blätter verfügt, die eine Menge sanfter Berührung ertragen können. Die Elektroden sollten ungefähr so groß sein wie ein Pfennigstück; doch dürfen sie nicht aus Kupfer oder Bronze bestehen, weil Metalle leicht korrodieren und dies das Blatt beeinflussen könnte. Im Idealfall benutzt man zwei dünne Scheiben aus rostfreiem Stahl oder Münzen mit Silberlegierung. Man lötet je einen Draht an jede Scheibe und bedeckt dann sowohl den Draht als auch den Rücken der Scheibe mit Isolierband. Die Scheiben werden mit Hilfe einer kleinen G-förmigen Klammer an der oberen und unteren Oberfläche des Blattes befestigt; die meisten Forscher bestreichen die Stelle zwi-

schen Blatt und Elektrode mit einer Agaragar-Lösung, die mit einem Prozent Salz versetzt wurde. Die G-Klammer sollte mit einem Gestell neben der Pflanze von einem Stab abgestützt werden.

Um die Widerstände des Pflanzenblattes zu messen, genügt ein gewöhnlicher Multimeter, wie man ihn in jedem Radiogeschäft erhält. Diese Meßgeräte besitzen eine Reihe von Skalen, die Stromstärke, Voltzahl und Widerstand messen. Das Meßgerät sollte so eingestellt sein, daß die Nadel sich bei der Anzeige des Widerstands ungefähr in der Mitte der Skala befindet; dadurch lassen sich Abfälle und Steigerungen der Leitfähigkeit des Blattes leichter ablesen. Wer über Elektronikerfahrung verfügt, kann zusätzlich noch einen Oszillator anschließen, der ein Tonsignal abgibt, ganz ähnlich, wie es ein Metalldetektor tut.

Mahnende Stimme

Der Untergang der Titanic, das Attentat auf die Brüder Kennedy und die Katastrophe von Aberfan – all diesen tragischen Ereignisse gingen Vorahnungen voraus. Menschen, die über die faszinierende Gabe der Zukunftsschau verfügen, können oft spektakuläre Erfolge aufweisen.

An einem Morgen im Jahre 1979 erwachte um 5 Uhr Helen Tillotson von einem Klopfen an ihrer Tür aus dem Tiefschlaf. Sie hörte, wie ihre Mutter nach ihr rief: „Helen, bist du da? Laß mich herein!" Helen eilte zur Tür, um festzustellen, was los war. Ihre Mutter, Marjorie Tillotson, die hier in Philadelphia in einem Häuserblock auf der anderen Straßenseite lebte, wollte wissen, warum Helen nur wenige Minuten zuvor an *ihre* Tür geklopft hatte.

Helen, 26, versicherte ihrer Mutter, daß sie am Vorabend um 23 Uhr zu Bett gegangen und erst wieder erwacht war, als sie ihre Mutter an der Tür klopfen hörte. „Aber ich habe dich doch gesehen! Ich habe sogar mit dir gesprochen!" sagte Marjorie Tillotson. Sie berichtete, daß Helen sie beschworen habe, ihr ohne weitere Fragen nach Hause zu folgen. Plötzlich war draußen ein gewaltiger Knall zu vernehmen. Beide Frauen stürzten zum Fenster: Auf der gegenüberliegenden Seite in Mrs. Tillotsons Wohnblock hatte eine undichte Gasleitung eine Explosion ausgelöst, und ihr Appartement war völlig vernichtet!"

War Helen schlafgewandelt? Oder hatte ihre Mutter eine paranormale Vision gehabt? Jedenfalls hatte entweder die Mutter oder die Tochter die drohende Explosion gespürt und auf diese Weise Mrs. Tillotsons Leben gerettet. Solche Geschehnisse bezeichnet man als Vorahnungen; wenngleich sie recht selten sind, gibt es doch genügend gut dokumentierte Fälle, die einen Hinweis darauf geben, daß manche Menschen tatsächlich dazu in der Lage sind, einen Teil der Zukunft vorherzusehen.

Anfang 1979 hatte der spanische Hotelmanager Jaime Castell einen Traum, in dem ihm eine Stimme mitteilte, daß er sein noch ungeborenes Kind, das in drei Monaten zur Welt kommen sollte, niemals sehen würde. Davon überzeugt, daß er sterben mußte, schloß Castell eine Lebensversicherungspolice über DM 200000 ab, die nur in seinem Todesfall auszuzahlen war, von der er also zu Lebzeiten keinen Vorteil hatte. Wochen später, als er mit gemächlichen 80 km/h von der Arbeit zurückfuhr, geriet ein entgegenkommendes Fahrzeug bei über 160 km/h außer Kontrolle, streifte eine Leitplanke, überschlug sich und

Oben:
Die schrecklichen Ereignisse des 21. Oktober 1966, als das ganze walisische Bergbaudorf Aberfan unter Kohlenabfällen begraben wurden, waren von vielen Menschen vorhergesehen worden. Dazu gehörte auch die neunjährige Eryl May Jones (ganz oben), die ebenfalls ein Opfer der Katastrophe wurde.

stürzte von oben auf Castells Wagen. Beide Fahrer waren sofort tot.

Nachdem Castells Witwe die Prämie ausgezahlt worden waren, sagte ein Sprecher der Versicherungsgesellschaft, daß ein Tod, der so kurz nach Abschluß einer derartig beschränkten Police stattfand, normalerweise strengstens untersucht werden würde. „Aber dieser unglaubliche Unfall schließt jeden Zweifel aus."

Manchmal haben mehrere Menschen schreckliche Vorahnungen desselben Ereignisses. Viele von ihnen haben nichts mit der vorausgeschauten Tragödie zu tun, manche jedoch, wie Eryl Mai Jones, werden auch zu ihrem Opfer. Am 20. Oktober 1966 erzählte das neunjährige walisische Mädchen ihrer Mutter, daß es davon geträumt habe, zur Schule zu gehen und diese aber plötzlich verschwunden gewesen sei. „Irgend etwas Schwarzes hatte sich auf sie gelegt", sagte sie. Am nächsten Tag ging sie zur

Schule in Aberfan – und eine halbe Million Tonnen Kohlenabfall rutschte auf das Bergbaudorf hinab und tötete Eryl und 139 weitere Opfer – die meisten von ihnen Kinder.

Nach der Katastrophe behaupteten zahlreiche Menschen, sie vorhergesehen zu haben. Sie wurden von dem Londoner Psychiater Dr. John Barker untersucht, der aus der Vielzahl der Fälle sechzig Personen aussuchte, bei denen er von der Echtheit ihrer Voraussage überzeugt war. Das Beweismaterial war derart überzeugend, daß Barker Mitbegründer des *British Premonitions Bureau* (Britisches Büro für Vorahnungen) wurde, um Voraussagen festzuhalten und zu überwachen. Dies geschah in der Hoffnung, daß das Büro vielleicht Frühwarnungen über ähnliche Katastrophen geben könnte, um auf diese Weise Leben zu retten.

Ein ähnlicher Versuch, Vorhersagen in den Griff zu bekommen, ist im Augenblick in den Vereinigten Staaten im Gange. Für die nahe Zukunft wird ein Erdbeben im San Andreas Fault erwartet und man erhofft sich von dieser Aktion, mit Hilfe von Vorahnungen das Datum vorherzubestimmen, um rechtzeitig vor der Katastrophe eine Massenevakuierung durchzuführen.

Als Dr. Barker die Vorahnungen in Aberfan untersuchte, stellte er fest, daß diese sich eine Woche vor der Katastrophe stufenweise verstärkt hatten, um in der Nacht vor der Tragödie ihren Höhepunkt zu erreichen. Zwei kalifornische Vorahnungsbüros – eines in Monterey, südlich von San Francisco, das andere in Berkeley – sind nun dabei, Voraussagen aus der Öffentlichkeit zu sieben und vielleicht ein ähnliches Vorahnungsmuster aufzuspüren. Skeptiker weisen oft darauf hin, daß Informationen über Vorahnungen immer erst *nach* dem Ereignis veröffentlicht werden und man die Mehrzahl solcher Voraussagen tunlichst vergißt, nachdem sie sich als unrichtig erwiesen haben.

Der verhaftete Prophet

Die schottische Zeitung *Dundee Courier & Advertiser* brachte am 6. September 1978 die Schlagzeile „Prophet besaß keine Fahrkarte". Die Meldung handelte von einem Edward Pearson, 43, der vor dem Bezirksgericht von Perth erschien, wo ihm zur Last gelegt wurde, am 4. Dezember ohne gültige Fahrkarte mit der Bahn von Inverness nach Perth gefahren zu sein. Pearson – der als „arbeitsloser walisischer Prophet" bezeichnet wurde – soll unterwegs gewesen sein, um den Umweltminister vor einem Erdbeben zu warnen, das in nächster Zukunft die Stadt Glasgow bedrohen würde. Zweifellos fanden die Leser des *Courier* dies sehr amüsant. Weniger amüsiert waren sie freilich, als sie drei Wochen später ein Erdbeben aus ihren Betten rüttelte und einigen Gebäuden in Glasgow sowie anderen Teilen Schottlands erhebliche Schaden zufügte. In Großbritannien sind Erdbeben sehr selten, und Propheten, die sie prophezeien, sind noch rarer.

Die vielleicht bemerkenswerteste Prophezeiung, die jemals gemacht wurde, behandelt den Untergang der *Titanic,* des großen Ozeandampfers, der im Jahre 1912 auf seiner Jungfernfahrt sank, wobei es zu vielen Opfern kam. Im Jahre 1898 sagte der Roman eines damals noch um Anerkennung ringenden Schriftstellers, Morgan Robertson, mit gespenstischer Präzision die Katastrophe voraus.

Robertsons Geschichte erzählte von einem 70 000-Tonnen Schiff, dem sichersten Passagierschiff der Welt, das auf seiner Jungfernfahrt im Atlantik auf einen Eisberg prallte. Das Schiff sank, und der größte Teil der 2500 Passagiere mußte sterben, weil es unglaublicherweise nur 24 Rettungsboote an Bord gab – um alle Passagiere und die Besatzung zu retten, hätte es doppelt so vieler Rettungsboote bedurft.

Am 14. April 1912 kam es zur wirklichen Katastrophe, als die 66 000 Tonnen große *Titanic* auf Jungfernfahrt in den Atlantik stach. Auch sie traf auf einen Eisberg; auch sie sank. Und wie das Passagierschiff in dem Roman, besaß auch sie nicht genügend Rettungsboote – tatsächlich waren es nur 20, und es gab

Unten rechts:
Die Titanic, *damals das „sicherste Passagierschiff, das jemals gebaut wurde", die auf ihrer Jungfernfahrt 1912 sank. Der Journalist W. T. Stead (unten), eines der vielen Opfer der Katastrophe, hatte nur wenige Jahre zuvor eine merkwürdig prophetische Geschichte veröffentlicht, die von einem ähnlichen Unglück handelte.*

114

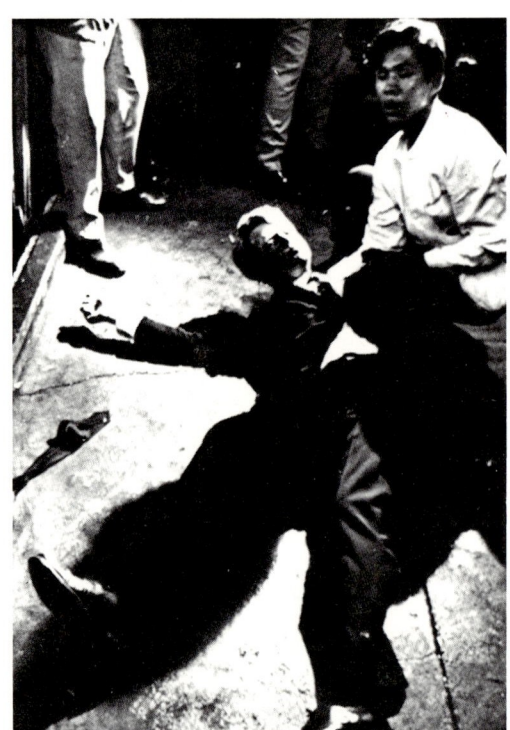

schreckliche Verluste. Von 2224 Menschen an
Bord des Luxusdampfers kamen 1513 in den
eisigen Fluten um. Robertson hatte sogar den
Namen des Schiffes fast genau erraten – in seinem Roman hieß es die SS *Titan*.

Wenige Jahre zuvor war in einer Londoner
Zeitung eine Geschichte erschienen, die von
einer ähnlichen Tragödie handelte. Herausgeber war ein angesehener Journalist, W. T.
Stead, der der Geschichte noch eine prophetische Bemerkung anhängte: „Dies ist genau das,
was geschehen könnte, und was auch geschehen wird, wenn man Passagierschiffe mit zu
wenig Rettungsbooten in See stechen läßt." Es
war eine Ironie des Schicksals, daß Stead zu
den Passagieren der *Titanic* gehörte, die aus
eben diesem Grunde sterben mußten.

Derlei Fälle sind jedoch selten, und für jede
Prophezeiung, die in Erfüllung geht, gibt es
wahrscheinlich tausend andere, bei denen dies
nicht der Fall ist. Die *Mind Science Foundation*
in San Antonio, Texas, entwickelte 1979 ein
neues Experiment, mit dem sich überprüfen
lassen sollte, wie präzise Menschen ein bestimmtes Ereignis vorhersehen konnten. Die
amerikanische Raumstation Skylab hatte ihre
Umlaufbahn verlassen, und wenngleich feststand, daß sie mit Sicherheit irgendwann auf
die Erde hinabstürzen würde, die Wissenschaftler konnten jedoch nicht wissen, wann
oder wo dies geschehen würde. Deshalb forderte die Foundation Menschen, deren paranormale Fähigkeiten bekannt waren – wie
auch alle anderen, die mitmachen wollten –
dazu auf, das Datum des Absturzes von Skylab
vorauszusagen, ebenso den Ort auf der Erde,
wo es niedergehen würde. Man nannte die
Übung „Project Chicken Little", und es nahmen mehr als zweihundert Leute daran teil.
Ihre Voraussagen wurden untersucht und veröffentlicht bevor Skylab abstürzte – sie waren
fast alle falsch; nur sehr wenige kamen dem
tatsächlichen Datum des Absturzes nahe
(11. Juni), und noch wenigere errieten, daß

die Raumstation in Australien niedergehen
würde.

Bomben und Attentate

Während die Experimente, die nachweisen
sollten, daß es möglich ist, die Zukunft vorherzusehen, nicht besonders erfolgreich verliefen,
scheint es dennoch Individuen zu geben, die
wahre Wunderwerke der Prophetie vollbringen können. Beispielsweise machte Nostradamus, der berühmte Seher des 16. Jahrhunderts,
viele Prophezeiungen, die anscheinend eingetroffen sind. Betrachten wir zum Beispiel einmal die folgende:

„Nahe des Hafens und in zwei Städten werden zwei Geißeln sein, wie man sie noch nie
gesehen hat. Hunger und Pest darin, Men

Oben:
Nostradamus, der Seher des 16. Jahrhunderts, soll die Atombombenabwürfe auf Nagasaki und Hiroshima (oben links) vorhergesagt haben. Seine Schriften sind jedoch so allgemein gefaßt, daß es schwierig ist festzustellen, was sie genau vorhersagen.

Unten:
Jeane Dixon, die moderne amerikanische Seherin, sah die Attentate auf Präsident John F. Kennedy, seinen Bruder Robert Kennedy (links) und den Bürgerrechtler Martin Luther King voraus.

schen, hinausgetrieben vom Schwert, werden anflehen den großen unsterblichen Gott um Hilfe."

Was sagt dies voraus? Nostradamus' Anhänger meinen, daß es sich dabei um eine Vorhersage der Atombombenabwürfe auf Nagasaki und Hiroshima im Jahre 1945 handele. Doch hätte niemand diese Prophezeiung dazu benutzen können, um die fraglichen Ereignisse tatsächlich vorherzusagen. Mit anderen Worten ist es das Wissen *danach*, welches Nostradamus' Schriften ihre Glaubwürdigkeit verleiht.

Bei Jeane Dixon, die die Attentate auf Präsident John F. Kennedy und seinen Bruder Robert Kennedy wie auch auf den Bürgerrechtler Martin Luther King voraussagte, handelt es sich um eine moderne Seherin. Ihre Voraussage des Mordes am amerikanischen Präsidenten fand 11 Jahre vor dem fraglichen Ereignis statt, ja noch bevor er überhaupt Präsident geworden war. Als fromme Frau war sie im Jahre 1952 eines Morgens zum Beten in die St. Matthew's Cathedral in Washington gegangen und stand gerade vor einer Statue der Jungfrau Maria, als sie eine Vision vom Weißen Haus bekam. Darüber zeichneten sich vor einer dunklen Wolke die Ziffer 1-9-6-0 ab. Ein junger blauäugiger Mann stand in der Tür. Eine Stimme sagte ihr, daß ein Mitglied der Demokratischen Partei, das 1960 das Präsidentenamt übernehmen würde, noch während seiner Amtszeit ermordet werden würde.

Den Tod seines Bruders im Jahre 1968 sagte sie auf noch verblüffendere Weise voraus, als sie nämlich zu einem Kongreß im Ambassador Hotel in Los Angeles sprach. Sie ließ das Publi-

Samuel Clemens (1835 – 1910), besser unter seinem Schriftstellernamen Mark Twain bekannt, der eine bemerkenswerte Vorahnung vom Tod seines Bruders bei einem Dampfschiffunfall auf dem Mississippi hatte.

kum Fragen stellen, worauf eine Frau wissen wollte, ob Robert Kennedy Präsident werden würde. Plötzlich sah Jeane Dixon, wie sich zwischen ihr und ihrem Publikum ein schwarzer Vorhang senkte, und sie antwortete: „Nein, das wird er nicht. Er wird niemals Präsident der Vereinigten Staaten werden, und zwar wegen einer Tragödie, die hier in diesem Hotel stattfinden wird." Eine Woche später wurde Robert Kennedy im Ambassador Hotel erschossen.

Doch nicht einmal Jeane Dixons Prophezeiungen erweisen sich immer als richtig. Tatsächlich können nicht einmal die allerbesten Seher eine höhere Erfolgsrate als 70 Prozent in Anspruch nehmen, und Skeptiker argumentieren, daß diese nur deshalb so hoch erscheint, weil ihre Vorhersagen so vage und unpräzise sind.

Natürlich wenden Zweifler ein, daß es unmöglich sei, die Zukunft vorherzusagen. Viele von ihnen glauben, daß man die Fähigkeit der Zukunftsschau erst dann ernstnehmen könne, wenn man ihre Existenz im Laborversuch bewiesen habe. Doch wenngleich es vielleicht nicht einfach sein mag, auf Wunsch in die Zukunft zu schauen, gibt es doch einige Berichte über außergewöhnliche Vorahnungen, die sich mit den Gesetzen der orthodoxen Naturwissenschaft nur schwer vereinbaren lassen – es sei denn, unsere Vorstellungen von Raum und Zeit sind falsch.

Ein Alptraum wird wahr

Am Freitagabend, dem 26. Mai 1979, erfuhr die Welt mit großer Bestürzung vom Absturz einer DC-10 der American Airlines nach dem Start vom Internationalen Flughafen O'Hare in Chicago. In den flammenden Trümmern des Wracks verloren 273 Menschen ihr Leben, es war die bis dahin schlimmste Katastrophe in der Geschichte der amerikanischen Luftfahrt.

In Cincinnati, Ohio, saß der 23jährige Büroaufseher David Booth zusammengesackt vor seinem Fernseher, er wollte seinen entsetzten Augen nicht trauen. In zehn aufeinanderfolgenden Nächten hatte er vor der Katastrophe stets denselben gräßlichen Alptraum gehabt: Erst hörte er versagende Flugzeugmotoren, dann mußte er hilflos mit ansehen, wie ein riesiges Flugzeug der American Airlines eine scharfe Kurve flog, sich um die eigene Längsachse drehte und in einem Meer aus rot- und orangegleißenden Flammen auf den Boden aufschlug. Er sah den Absturz nicht nur mit an und hörte deutlich die Explosion, er spürte sogar die Hitze der Flammen. Jedesmal erwachte er völlig entsetzt und wurde den ganzen Tag

von der Erinnerung an diesen schrecklichen Traum heimgesucht. Er war davon überzeugt, daß es sich um eine Vorahnung handeln müsse: „Ich habe nie daran gezweifelt, daß so etwas passieren würde", sagte er. „Es war nicht wie ein gewöhnlicher Traum. Es war, als würde ich davorstehen und alles miterleben – wie vor dem Fernseher."

Nach mehreren Nächten konnte er seine schreckliche Vorahnung nicht mehr für sich behalten und rief am Dienstag, dem 22. Mai 1979, die Bundesluftfahrtbehörde des Flughafens Greater Cincinnati an. Danach telefonierte er auch mit der American Airlines und einem Psychiater der Universität Cincinnati. Die hörten ihm zwar voller Mitgefühl zu, doch das änderte nichts an seiner schrecklichen Stimmung. Drei Tage später, als er vor Sorge fast wahnsinnig geworden war, hörte er schließlich die Nachricht vom Absturz der DC-10.

Nachdem die Katastrophe eingetroffen war, hörten David Booth's Alpträume auf, dennoch beunruhigte ihn das ganze Geschehen. „Wie soll man einen Sinn darin sehen?" fragte er „Es gibt dafür keine Erklärung. Keinen Sinn. Keine Schlußfolgerung. Es macht einfach keinen Sinn."

116

Träume, die wahr werden

Warum träumen wir? Zeigen uns Träume Aspekte der wirklichen Welt, die wir im Wachzustand nicht wahrnehmen können? Und können sie die Zukunft vorhersehen? Die Bedeutung von prophetischen Träumen wird schon seit langer Zeit von vielen Seiten anerkannt.

Im Schlaf scheinen sich uns andere Welten zu öffnen. Oft führen uns Träume in ferne Zeiten und an ferne Orte; häufig finden wir uns zwischen Menschen und Dingen wieder, die uns zwar vertraut sind, die aber auf merkwürdige Weise verändert erscheinen. Wir tun Dinge, die uns im Wachzustand unmöglich sind, oder wir sind völlig gelähmt und können die einfachsten Handlungen nicht ausführen. Manchmal haben wir das Gefühl, daß wir nun ein tiefes Wissen erhalten haben, das unserem

Oben:
Jakobs Leiter von William Blake. Jakobs Traum von der Himmelsleiter und von Gottes Versprechen ist einer der wichtigsten prophetischen Träume in der jüdischen Geschichte.

ganzen Leben einen Sinn verleihen könnte – Erkenntnisse, die wir nach dem Erwachen vergessen haben oder die sich als unsinnig herausstellen. Und manchmal vielleicht erhalten wir in Träumen wirkliches Wissen – einen kurzen Blick in die Zukunft, wie sie sich tatsächlich ereignen wird.

Das Wesen des Traums hat die zivilisierte Menschheit schon seit frühester Zeit vor Fragen gestellt, und so haben sich um das Träumen zahllose seltsame Glaubenssätze und Kulte entwickelt. Dies ist nicht weiter verwunderlich, wenn wir bedenken, daß es nicht einmal heute eine einzige allgemein anerkannte Theorie des Schlafens und Träumens gibt.

In alten Zeiten ging man oft davon aus, daß Träume zukünftige Ereignisse vorhersagten, und man entwickelte komplizierte Methoden, um sie zu interpretieren. Eines der ältesten erhaltenen Manuskripte, ein 4000 Jahre alter ägyptischer Papyrus, beschäftigt sich mit der schwierigen Kunst der Traumdeutung.

Ein Traum, den der Pharao Tutmosis IV. ungefähr 1450 vor Christus hatte, wurde für so wichtig erachtet, daß er auf eine Steintafel eingraviert wurde, die er vor der großen Sphinx in Gizeh errichten ließ. Der Traumbericht handelt davon, wie Tutmosis noch als junger Prinz sich mittags schlafen legte und von dem Gott Hormakhu träumte, der zu ihm sprach: „Der Sand in dem Gebiet, wo ich lebe, hat mich bedeckt. Versprich mir, meinen Herzenswunsch zu erfüllen; dann will ich dich als meinen Sohn anerkennen, als meinen Helfer …!" Als er Pharao wurde, ließ Tutmosis den Sand beseitigen, der die dem Gott Hormakhu heilige Sphinx bedeckte, worauf seine Herrschaft lang und fruchtbar war, wie der Gott es ihm im Traum versprochen hatte.

Ein Traum von tönernen Füßen

Im biblischen Buch Daniel wird ein Traum von Nebukadnezar, dem König von Babylonien, im darauffolgenden Jahrhundert berichtet. Eines Tages erwachte der König in der Überzeugung, einen Traum gehabt zu haben, an den er sich jedoch nicht mehr erinnern konnte. Da er sicher war, daß dieser Traum göttlichen Ursprungs gewesen sein mußte, rief er seine Weisen zusammen, damit diese ihm den Traum mitteilten und ausdeuteten. Sie beharrten darauf, daß sie ihm nicht sagen konnten, was er geträumt habe, doch Nebukadnezar drohte, sie töten zu lassen, wenn es ihnen nicht gelänge.

Daniel, der wegen seines Wissens um Visionen und Träume bereits bekannt war, erwies sich als Rettung. Er betete, daß Gott ihm den Traum enthüllen möge, und in derselben Nacht hatte er eine Vision. Er sah ein Abbild, dessen Kopf aus Gold bestand, Brust und Arme waren aus Silber, Bauch und Oberschenkel aus Bronze, Waden und Füße teils aus Eisen, teils aus Ton. Das Abbild wurde von einem Stein zerstört, der daraufhin zu einem Berg anwuchs und die ganze Erde ausfüllte.

Rechts:
Daniel offenbart König Nebukadnezars vergessenen Traum von einem „Abbild mit tönernen Füßen" und deutet ihn als symbolische Prophezeiung des Königreichs. Davon beeindruckt, erweist der König Daniel die Ehre.

Der König erkannte seinen Traum darin wieder, und Daniel deutete ihn aus: Der goldene Kopf stand für die Herrschaft des Königs, und die anderen Teile des Bildes symbolisierten den Verfall des Königreichs unter den nachfolgenden Herrschern, bis es schließlich in der Vernichtung endete. Was darauf folgen sollte, würde Gottes sein und ewig währen. Der König ehrte Daniel und verlieh ihm ein hohes Amt.

Jakob, der Patriarch des Alten Testaments, schlief auf der Flucht vor seinem mörderischen Bruder Esau (den er um sein Geburtsrecht betrogen hatte) in der Wildnis und hatte einen Traum. Eine Leiter führte von der Erde bis zum Himmel empor, auf der die Engel des Herrn auf- und abstiegen, während der Herr selbst oben stand. Gott sagte Jakob, daß er ihm

Oben links:
Die Sphinx und die Steintafel, die vom Traum des Pharao Tutmosis IV. handelt, in dem diesem Hormakhu erscheint. Der Gott versprach ihm eine gedeihliche Herrschaft, wenn er den Sand der Sphinx beiseite räumen ließ.

Oben:
Alexander der Große, dessen „Kalauertraum" von seinem offiziellen Traumdeuter Aristander richtig als Prophezeiung seines Sieges gedeutet wurde.

das Land geben würde, auf dem er läge und verhieß ihm: „Und durch dich und deine Nachkommen sollen alle Geschlechter auf Erden gesegnet werden." Der Traum, der Jakob mit Ehrfurcht und Angst erfüllte, wurde wahr, denn er wurde zum Urahn aller Stämme Israels.

Nicht nur Patriarchen, auch Generäle hielten sich an die Bedeutungen ihrer Träume, wie sie diese verstanden. Alexander der Große, der im Jahre 332 v. Chr. die Phöniker in der Stadt Tyros belagerte, träumte von einem Satyr, der auf einem Schild tanzte. Sein Traumdeuter Aristander erkannte darin einen raffinierten Kalauer: *satyros,* das griechische Wort für Satyr, konnte auch gedeutet werden als *sa Tyros,* welches bedeutet „Tyros ist dein". Alexander setzte seinen Feldzug fort und nahm die Stadt ein.

Dieses frühe Beispiel eines Traums, der ein Wortspiel enthält, scheint Freuds Theorie vorwegzunehmen, daß das Unbewußte ein Meisternarr sei, der verdrängte Impulse in verschiedensten Kalauern ausdrücke, um auf diese Weise kodierte Traumbotschaften am Zensor des Bewußtseins vorbeizuschmuggeln.

Doch unter den spekulativen Denkern der Antike gab es auch manche Stimme, die sich gegen die allgemeine Auffassung vom Traum erhob. Cicero, der größte Redner Roms, wetterte heftig im 1. Jahrhundert v. Chr., daß jene, die behaupteten, Träume deuten zu können, dies nur durch Erraten täten, nicht aber aufgrund gesicherten Wissens. Und wenngleich unter Muslimen die Traumdeutung als echte Möglichkeit akzeptiert wurde, Wissen um die Zukunft zu erlangen, verbot Mohammed sie doch im 6. Jahrhundert n. Chr., weil sie im Volk auszuufern drohte.

Heutzutage gilt es natürlich als äußerst unorthodox, in Träumen Mitteilungen der Götter oder Geister zu sehen. Die akademischen Psychologen sind in zwei Lager geteilt, von denen das eine glaubt, daß Träume die Aktivitäten des Unterbewußtseins widerspiegeln und damit unseren Hoffnungen und Ängsten Ausdruck verleihen, während das andere Lager davon ausgeht, daß Träume lediglich den „Müll" verkörpern, den das Gehirn während des Tages angehäuft hat und nicht mehr benötigt.

Zweifellos werden manche Träume – vor allem Alpträume – von komplizierten psychologischen Faktoren herbeigeführt, deren Wurzeln sich in der Vergangenheit finden, wenige aber in der unmittelbaren Umgebung des Träumenden. Es gibt jedoch noch eine andere Art Träume, nämlich jene, die auf verblüffende Weise zukünftige Ereignisse vorherzusehen scheinen und wahrscheinlich zum früheren Glauben an die Zukunftsvorhersage geführt haben.

Ein viel zitierter prophetischer Traum handelt von dem Attentat auf den britischen Premierminister Spencer Perceval am 11. Mai 1812. Acht Tage zuvor hatte ein Mann in Cornwall davon geträumt, wie ein kleiner Mann in die Vorhalle des Unterhauses trat, in einen blauen Rock und eine weiße Weste gekleidet. Dann erblickte er einen weiteren Mann, der unter seinem Rock eine braune Pistole hervorzog, die mit gelben Metallknöpfen verziert war. Er feuerte auf den ersten Mann, der zu Boden fiel, während Blut aus einer Wunde unmittelbar unterhalb der linken Brust hervorschoß. Einige weitere anwesende Herren packten den Attentäter. Als der Träumende fragte, wer da erschossen worden sei, sagte man ihm, daß es sich um Mr. Perceval gehandelt habe.

Der Träumer war so beeindruckt, daß er den Premierminister warnen wollte, doch seine Freunde rieten ihm ab und meinten, daß man ihn als Fanatiker abtun würde. Später, während eines Besuchs in London, sah er Abbildungen von dem Attentat, die nach Augenzeugenberichten angefertigt worden waren. Er erkannte viele Einzelheiten aus seinem Traum wieder, einschließlich der Kleidung, welche die beiden Hauptpersonen getragen hatten.

Wenngleich dieser Vorfall damals sorgfältig untersucht und bestätigt wurde, stellt er dennoch keinen überzeugenden Beweis dar, weil der Name des Träumenden nicht identifiziert wurde. Im Gegensatz dazu beschreibt Charles Dickens folgenden Traum:

„Ich träumte von einer Dame in einem roten Schal, die mit dem Rücken zu mir stand … als sie sich umdrehte, merkte ich, daß ich sie nicht kannte, und sie sagte zu mir: ‚Ich bin Miss Napier.' Die ganze Zeit, als ich mich am nächsten Morgen ankleidete, dachte ich: Wie töricht, einen derartig deutlichen Traum über nichts zu haben! Und warum Miss Napier? Denn ich hatte noch nie von irgendeiner Miss Napier gehört. Am selbigen Freitagabend las ich ein Buch. Danach kamen in mein Erholungszimmer Miss Boyle und ihr Bruder *sowie* die Dame in dem

Unten:
Cicero, der berühmte römische Redner, begegnete den Behauptungen der Traumdeuter mit größter Skepsis. Er war der Auffassung, daß sie lediglich auf Spekulation beruhten.

Oben:
Der britische Premierminister Spencer Perceval wurde am 11. Mai 1812 von John Bellingham erschossen. Acht Tage zuvor erlebte ein Bewohner Cornwalls das Ereignis in außergewöhnlicher Präzision in einem Traum – sogar die Knöpfe am Revers des Attentäters stimmten mit seinem Traum überein.

roten Schal, die sie mir als Miss Napier vorstellten!"

Todes- und Katastrophenträume

Derartige Träume sind, wie auch Dickens bemerkt, in der Regel außergewöhnlich deutlich oder besitzen eine ganz eigenartige Qualität. Dr. Walter Franklin Prince, ein amerikanischer Geistlicher und Historiker, der als Erforscher des Paranormalen bekannt wurde, sagte einmal, daß er in seinem Leben vier Träume gehabt habe, im Vergleich zu denen sich alle anderen verhielten „wie ein Glühwürmchen zu einem Gewitterblitz": Die Bildlichkeit dieser Träume war außerordentlich lebhaft und die Gefühle, die sie erweckten, waren ungewöhnlich intensiv. Es folgt sein Bericht über einen dieser Träume:

„Mir träumte, daß ich einen Eisenbahnzug beobachtete, dessen hinteres Ende aus einem Eisenbahntunnel hervorragte. Dann raste plötzlich zu meinem Entsetzen ein weiterer Zug hinein. Ich sah, wie Waggons zusammengedrückt wurden und sich aufeinanderhäuften, und aus der Karambolage vernahm ich die spitzen, schmerzerfüllten Schreie von Verletzten … und dann brachen die scheinbaren Rauchwolken auseinander, worauf noch weitere entsetzte Schreie folgten. Ungefähr zu diesem Zeitpunkt wurde ich von meiner Frau geweckt, da ich im Schlaf qualvolle Geräusche von mir gab."

Am nächsten Morgen geschah in New York ein Eisenbahnunglück. Als Dr. Prince die Zeitungsberichte las, fielen ihm die vielen übereinstimmenden Einzelheiten auf: Die beiden Züge waren am Eingang eines Tunnels aufeinandergeprallt; abgesehen von jenen Reisenden, die durch den Aufprall getötet oder verwundet wurden, starben noch weitere oder wurden schwer verletzt, als die Dampfröhren barsten und alles in Flammen aufging; zudem fand die Katastrophe gerade sechs Stunden nach dem

Traum statt und nur 125 Kilometer von Dr. Princes Heim entfernt.

John W. Dunne, ein britischer Ingenieur und Luftfahrtpionier, war von seinen eigenen Träumen fasziniert, die oft zukünftige Ereignisse vorherzusagen schienen. Dunne stellte Theorien über das Wesen der Zeit auf, die versuchten, prophetische Träume zu erklären. Sein Buch *An experiment with time* (Experiment mit der Zeit), das im Jahre 1927 veröffentlicht wurde, ist eine der berühmtesten Studien zu diesem Thema.

Dunne führte sorgfältig Buch über seine Träume. Der folgende Traum, den er im Herbst 1913 hatte, war ein typisches Beispiel dafür:

„Ich sah eine hochgelegene Eisenbahntrasse und erkannte, daß dieser Ort sich *unmittelbar nördlich der Förde von Forth Bridge* in Schottland befand. Das Gelände unter der Eisenbahntrasse war offenes Grasland, auf dem kleine Menschengruppen einherspazierten. Die Szene kam und ging mehrere Male, doch zuletzt sah ich, daß ein gen Norden fahrender Zug gerade den Eisenbahndamm hinuntergestürzt war. Ich sah mehrere Waggons, die auf dem Hang lagen und erblickte große Felsbrocken, die herunterrollten und -glitten."

Er versuchte das richtige Datum „zu erraten", konnte jedoch nur feststellen, daß es im folgenden Frühling stattfinden würde. Seiner eigenen Erinnerung zufolge glaubte er an die Mitte des Aprils, wenngleich seine Schwester meinte, daß er vom März gesprochen habe, als er ihr am nächsten Morgen den Traum erzählte. Im Scherz kamen sie überein, ihre Freunde davor zu warnen, im nächsten Frühling mit der Eisenbahn nach Schottland zu reisen. Am 14. April 1914 stürzte der Postzug „Flying Scotsman" in der Nähe des Bahnhofs Burntisland von der Befestigung, 24 Kilometer nördlich der Forth Bridge, und fiel auf den Golfplatz, der sich sechs Meter darunter befand.

In den vergangenen Jahren sind mehrere Büros errichtet worden, die sich darum bemühen, Vorhersagen zu sammeln, um den häufigen Einwand zu widerlegen, daß derlei Berichte stets immer nur *nach* dem fraglichen Ereignis auftauchen. So erhielt das *Toronto Premonitions Bureau* (Büro für Vorahnungen, Toronto) folgenden Bericht über eine Prophezeiung, die, wie so viele andere, in einem Traum vorkam.

Eine kanadische Frau namens Zmenak träumte von einem Anruf der Polizei. Diese teilte ihr mit, daß ihr Ehemann nicht nach Hause kommen würde, weil jemand ihn tot aufgefunden hatte. Als nächstes sah sie einen Körper ohne Beine. Als sie erwachte, war sie zwar davon überzeugt, daß ihr Mann nicht sterben würde, glaubte aber auch, daß ein anderer sein Leben lassen müßte, wenn er am nächsten Tag das Haus verlassen sollte. Ihr Mann ignorierte die Warnung. Was als nächstes geschah, wird im Journal der *New Horizons Research Foundation* geschildert, die das Büro leitete:

Kriegsahnung

In der Nacht zum 27. Juni 1914 hatte ein Bischof, Monsignore Joseph de Lanyi, einen entsetzlichen Traum. Darin lag ein schwarzumrandeter Brief auf seinem Arbeitstisch, der das Wappen des Erzherzogs Ferdinand, dessen Lehrer der Bischof war, trug. Als er im Traum den Brief öffnete, erblickte der Bischof eine Straßenszene auf dem oberen Teil des Blatts. Der Erzherzog in einem Automobil mit seiner Frau, ihm gegenüber ein General. Neben dem Chauffeur saß ein weiterer Offizier. Plötzlich traten zwei Männer aus dem Spalier der Menschenmenge hervor und feuerten auf das Thronfolgerpaar. Der Text des Briefs lautete: „Euer Eminenz, lieber Dr. Lanyi, meine Frau und ich sind Opfer eines politischen Verbrechens in Sarajewo geworden. Wir empfehlen uns Ihren Gebeten. Sarajewo, den 28. Juni 1914, 4 Uhr nachmittags."

Am nächsten Tag erhielt der erschütterte Bischof die Nachricht von dem Attentat. Wenige Wochen später befand sich ganz Europa im Kriegszustand.

Erzherzog Ferdinand kurz vor seiner Ermordung durch serbische Nationalisten. Das Attentat erschütterte das ohnehin schon empfindliche Gleichgewicht zwischen den europäischen Mächten und leitete das Blutbad des Ersten Weltkriegs ein.

„Auf seinem Heimweg versagte die Elektrik seines Wagens, und das Fahrzeug kam zum Stillstand; er begab sich zu einem Telefon, um seine Frau zu bitten, ihn abzuholen. Ein Polizeiwagen hielt an, um zu fragen, was los war, und als er es den Polizisten gerade erklärte, hielt auf der anderen Seite der Straße ein weiterer Wagen an. Der Fahrer, der sich verfahren hatte, kam zu ihnen herüber, um sich nach dem Weg zu erkundigen. Die Polizisten gaben ihm Auskunft, und als der Fahrer zu seinem Wagen zurückging, wurde er von einem anderen Fahrzeug erfaßt und sofort getötet. Seine Beine waren unter ihm eingeknickt und sahen so aus, als wären sie abgeschnitten worden. Die Polizei rief Mrs. Zmenak an und teilte ihr mit, daß ihr Mann vorläufig nicht nach Hause zurückkehren würde, weil jemand ums Leben gekommen war und ihr Mann als Zeuge benötigt würde."

Wenn ein prophetischer Traum sich in solch bemerkenswertem Ausmaß mit der Wirklichkeit deckt, legt dies den Schluß nahe, daß sich im Schlaf die üblichen Grenzen von Zeit und Raum überwinden lassen. Und da wir alle schlafen und träumen, haben wir auch die Möglichkeit, diese Grenzen gelegentlich zu überschreiten.

Wissenschaft und Traummacher

Psychologen, die sich mit Träumen im Labor beschäftigt haben, konnten Beispiele der Telepathie und der Präkognition beobachten. Versuche, Traum-ASW herbeizuführen, haben zu verblüffenden Ergebnissen geführt.

Der Traum stellte den Künstler vor ein Rätsel. Er begann mit einer Vielzahl von Pfosten. Dann hatte er das Bild eines Preiskampfes vor sich. „Ich mußte zum Madison Square Garden gehen, um mir dort Eintrittskarten für einen Boxkampf zu besorgen", erinnerte er sich, „und da war ein Haufen Schläger – Leute, die mit dem Kampf zu tun hatten und umherstanden." Warum bekam er einen solchen Traum? Er interessierte sich überhaupt nicht fürs Boxen und hatte auch noch nie einen Boxkampf besucht.

Es gab jedoch tatsächlich einen Grund für den Traum. Der Künstler war ein Versuchskaninchen im Traumlabor des *Maimonides Medical Center* der *State University of New York*. Mit Kabeln war er an eine Maschine angeschlossen, die im Schlaf seine Gehirnaktivität beobachtete; sobald das Gerät anzeigte, daß er geträumt hatte, weckten die Forscher ihn auf und baten ihn, seinen Traum zu beschreiben. In einem anderen Teil des Maimonides Labors betrachtete eine Frau ein Bild, das man aus einer Reihe von insgesamt 12 Bildern willkürlich ausgesucht hatte. Sie versuchte, sich auf das Bild zu konzentrieren und es dem schlafenden Künstler zu vermitteln. Und tatsächlich handelte es sich diesmal um ein Gemälde, das Jack Dempsey zeigte, wie er im Madison Square

Oben: Luis Angel Firpo schlägt Jack Dempsey aus dem Ring. Dieses Bild, das einem Schlafenden telepathisch übertragen wurde, löste einen Traum über das Boxen aus.

Unten: Dr. Montague Ullmann überprüft in seinem Traumlabor die Hirnströme eines Schlafenden.

Garden mit einem Hieb aus dem Ring geschlagen wurde. Als man unabhängigen Gutachtern die sprachliche Beschreibung des Traumes zusammen mit den zwölf Bildern vorlegte, hatten sie keine Schwierigkeiten, das entsprechende Bild dem Traum zuzuordnen. Dieser Traum stellte sich als spektakulärer Treffer heraus.

Seit den frühen sechziger Jahren wurden die Experimente im Traumlabor Maimonides über 15 Jahre lang durchgeführt, und es ging dabei vor allem um die Telepathie zwischen Traumtestpersonen und anderen, die diesen Bilder „übermittelten". In Dr. William Erwen fand man einen besonders guten Empfänger, während Sol Feldschein, ein Doktorand, sich als ebenso guter „Sender" erwies. Mit diesen beiden gelang es dem Forschungsteam, Experimente über „Telepathie und Träume" durchzuführen, die weitaus bessere Resultate hervorbrachten, als es der reinen Wahrscheinlichkeit nach hätte der Fall sein können. Tatsächlich betrug die Wahrscheinlichkeit gegen einen solchen Erfolg 1000:1.

Doch immer wieder begegnete den Forschern ein Fall, wo der Träumende, anstatt die Gedanken eines anderen aufzufangen, zukünftige Ereignisse schaute. Dies überraschte den New Yorker Psychiater Dr. Montague Ullmann, der das Team von Maimonides anführte, keineswegs. Er hatte selbst schon einen prophetischen Traum gehabt.

Eines Nachts träumte Ullmann, daß er sich mit einem Traumforschungskollegen traf, einem Dr. Krippner, und dabei mußte er zu seiner Überraschung feststellen, daß dieser eine tiefe blutende Wunde im Gesicht trug. Der Traum überraschte ihn so sehr, daß er „mit einem flauen Gefühl des Entsetzens in der Magengrube" erwachte. Später am Tag besuchte Ullmann einen Stadtteil New Yorks, in dem er sich nicht auskannte. Zu seiner Überraschung erblickte er einen Mann, dessen Gang ihn an Dr. Krippner erinnerte. Davon überzeugt, daß es sich um seinen Kollegen handeln mußte, zugleich aber auch darüber verblüfft,

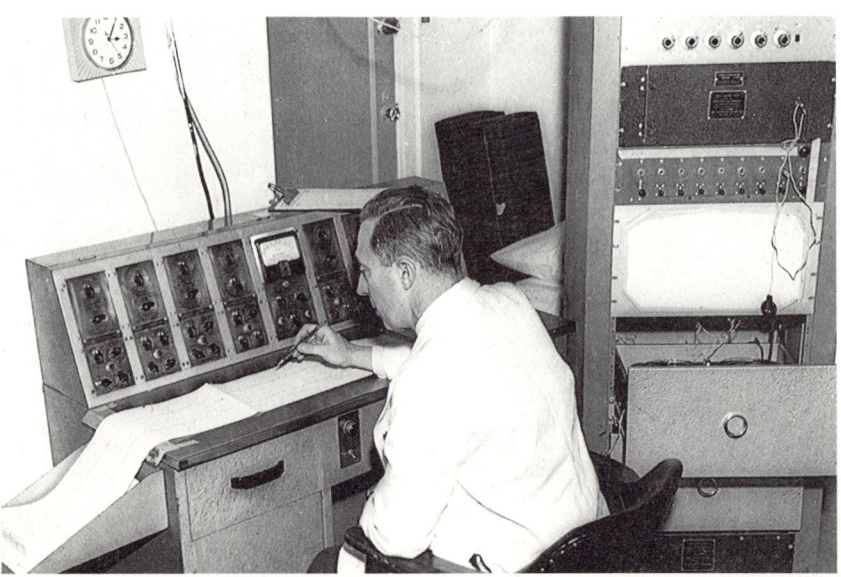

Ein Experiment in Massentelepathie. 1971 wurde das Publikum der Grateful Dead sechs Nächte lang als „Sender" eingesetzt. Der Empfänger war Malcolm Bessent (oben), der im Traumlabor schlief. Eines Nachts „sendeten" die Anwesenden dieses Bild der sieben Wirbelsäulenchakras (rechts). Im System des Yoga soll es sich dabei um Zentren der Körperenergie handeln. Bessents Traumbeschreibung schilderte u. a.: den Gebrauch natürlicher Energie; einen „Energiekasten", um das Sonnenlicht einzufangen; einen levitierenden Menschen und eine Wirbelsäule. Beachten Sie den Heiligenschein der Figur, der möglicherweise die Vorstellung vom Sonnenlicht auslöste.

daß dieser sich in diesem Stadtteil aufhalten sollte, überquerte Ullmann die Straße, um ihn anzusprechen. Als er sich ihm jedoch näherte, mußte er erkennen, daß es sich nicht um Dr. Krippner handelte – doch der Mann hatte „die gleiche, schreckliche krebsschwärende Wunde um den Mund", die er in der Nacht zuvor in seinem Traum gesehen hatte. Dies war eine spontane Traumerfahrung, doch im Labor beobachtete Dr. Ullmann die gleiche Zeitverschiebung. Anfang des Jahres 1971 interessierte sich die Rock-Gruppe Grateful Dead für die Telepathieforschung bei Maimonides und besuchte das Traumlabor. Das Forschungsteam beschloß, die Hilfe der Musiker bei einem Experiment zu nutzen, in dem es darum gehen sollte, ob telepathische Kommunikation stärker ist, wenn mehr als nur ein einziger Sender dabei im Spiel ist. Die Rockgruppe sollte in New York, 70 Kilometer von der Forschungsgruppe entfernt, sechs Abendkonzerte geben und willigte ein, das zweitausend Personen starke Publikum jeden Abend darum zu bitten, als telepathischer Sender zu fungieren.

Am Abend eines jeden Konzerts schlief ein englischer Sensitiver, Malcolm Bessent, im Maimonides Labor unter den aufmerksamen Augen des Forschungsteams ein. Während der Konzerte wurde kurze Zeit ein Bild Bessents auf eine Leinwand geworfen. Dann projizierte man ein anderes, willkürlich ausgewähltes Bild fünfzehn Minuten lang auf die Leinwand, während die Grateful Dead ihre Musik spielten und das Publikum versuchte, das Bild zu übermitteln.

Als man Bessents Träume analysierte, stellte man fest, daß er vier „Treffer" von sechs Möglichkeiten erzielt hatte. Doch die Geschichte war damit noch nicht beendet – sie nimmt sogar noch eine unerwartete Wendung. Die For-

scher überlegten sich, ob es möglich sei, daß ein anderer die telepathischen Botschaften „abfing" und die Bilder beschrieb. Also baten sie eine andere Testperson, Felicia Parise, sich auf die Gedanken des Konzertpublikums einzuschwingen, doch verriet man den Anwesenden dabei nicht, was sie tat.

In drei Nächten wiesen Felicia Parises Eindrücke keinerlei Ähnlichkeit mit dem Bild auf, das zur selben Zeit dem Konzertpublikum gezeigt wurde. Doch handelte es sich bei ihren Berichten um beeindruckende Schilderungen von Bildern, die dem Publikum entweder an vorhergehenden Abenden gezeigt wurden oder erst später noch willkürlich ausgewählt und projiziert werden sollten. Sie schien sowohl in die Vergangenheit als auch in die Zukunft geschaut zu haben.

Dem Traum auf der Spur

Bis in die fünfziger Jahre bestand das Problem für Wissenschaftler, die sich mit Traumvorhersagen befaßten, darin, daß die meisten Menschen sich nicht an ihre Träume erinnern konnten oder diese sehr schnell vergaßen. Doch dann stellte man fest, wenn man eine Testperson nach einer Phase der „schnellen Augenbewegung" im Schlaf (s. Kasten) aufweckte, darauf stets eine Traumschilderung folgte. Diese Technik ermöglichte es den Forschern sogar, die „Übertragung" mentaler Bilder auf einen Schlafenden mit der Traumphase abzustimmen.

Es gibt viele Arten von Träumen, besonders aufregend sind aber die „luziden Träume". Unter dieser Bezeichnung stellt man sich vielleicht einen besonders lebhaften Traum vor, tatsächlich bezeichnet man damit jedoch Traumerfahrungen, in denen der Schlafende

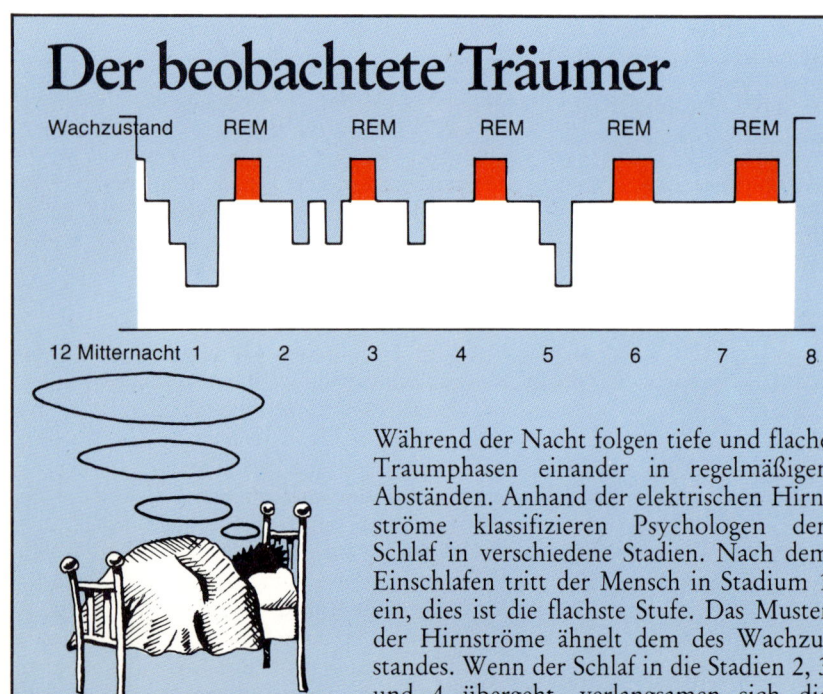

Der beobachtete Träumer

Während der Nacht folgen tiefe und flache Traumphasen einander in regelmäßigen Abständen. Anhand der elektrischen Hirnströme klassifizieren Psychologen den Schlaf in verschiedene Stadien. Nach dem Einschlafen tritt der Mensch in Stadium 1 ein, dies ist die flachste Stufe. Das Muster der Hirnströme ähnelt dem des Wachzustandes. Wenn der Schlaf in die Stadien 2, 3 und 4 übergeht, verlangsamen sich die

Hirnströme, wenngleich ihre Voltzahl sich erhöht. Einige Muskeln, etwa die der Gliedmaßen und des Kiefers, entspannen sich, während andere, beispielsweise jene, die die Nahrung den Verdauungstrack entlangpressen, normal weiterarbeiten. Nach ungefähr eineinhalb Stunden kehren die Gehirnwellen plötzlich zum Schwingungsmuster der Stufe 1 zurück, während der Körper sich noch mehr entspannt und völlig bewegungslos wird – bis auf die Augen, die nun mit schnellen, ruckartigen Bewegungen hinter den geschlossenen Augenlidern beginnen. Es ist schwierig, den Schlafenden aus dieser Phase des REM (*Rapid Eye Movement* = schnelle Augenbewegung) zu wecken, doch tut man dies, so berichtet der Schlafende fast immer von einem Traum, der oft sehr lebhaft war. In der Regel dauern die REM-Phasen ungefähr zwanzig Minuten an; danach wiederholt sich der gesamte Zyklus. Spätere Zyklen sind seichter als frühere.

weiß, daß er träumt und seine Träume objektiv beobachten kann, ja sogar kritisch, wobei es ihm möglicherweise sogar gelingt, die Träume zu steuern.

Seit vielen Jahren werden luzide Träume diskutiert und studiert. Ein holländischer Forscher, Dr. van Eeden, begann im Jahre 1896 seine eigenen Träume aufzuzeichnen und unterschied die luziden Träume von den anderen, wobei er insgesamt 352 aufzeichnete. Der folgende Traum beeindruckte ihn besonders:

„Im Mai 1903 träumte mir, daß ich mich in einer kleinen holländischen Provinzstadt befand und dort meinem Schwager begegnete, der einige Zeit zuvor gestorben war. Ich war mir völlig sicher, daß es sich um ihn

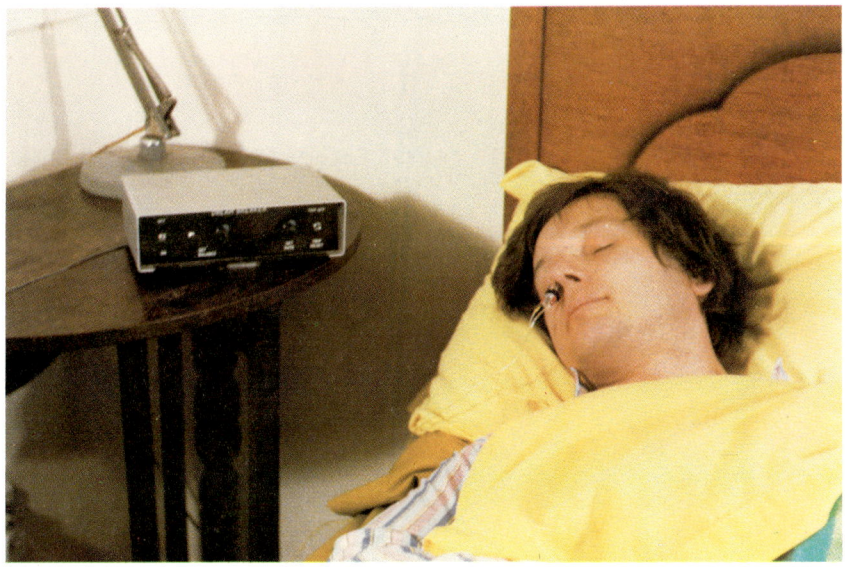

handelte, und ich wußte auch, daß er tot war … Er teilte mir mit, daß mir eine finanzielle Katastrophe drohe. Irgend jemand würde mir 10 000 Gulden abnehmen. Ich erwiderte ihm, daß ich verstand, was er meinte, wenngleich ich nach dem Aufwachen völlig verblüfft war und keinen Sinn in der Sache sah …

Ich möchte hier darauf hinweisen, daß dies die *einzige* Prophezeiung war, die ich jemals auf solch beeindruckende Weise in einem luziden Traum erhielt. Und sie wurde nur zu wahr, nur mit dem Unterschied, daß die Summe, die ich einbüßte, um ein Zwanzigfaches höher war. Zur Zeit des Traumes schien es nicht die leiseste Wahrscheinlichkeit für diese Katastrophe zu geben. Ich besaß nicht einmal den Betrag, den ich später verlor. Und doch war dies genau die Zeit, als die ersten Ereignisse stattfanden – der Eisenbahnstreik von 1903 –, die schließlich meinen finanziellen Ruin herbeiführen sollten."

Dr. Keith Hearne, ein Psychologe an der Universität Hull, beschäftigt sich mit einem neuen Ansatz zur Traumforschung über das luzide Träumen und verbindet seine Untersuchungen dabei mit ASW-Experimenten.

Ganz oben:
Dr. Keith Hearne hat Methoden entwickelt, mit denen Schlafende ihre Träume kontrollieren können. Seine Traummaschine (oben) verwendet eine Nasenhalterung, um die Atmung zu kontrollieren. Zeigen Atemrhythmus und -tiefe die Möglichkeit eines luziden Traums an, erhält die Testperson schwache elektrische Schläge, die ihr dies übermitteln; daraufhin kann die Person ihren eigenen „Traumfilm" steuern.

Wenn ein Schlafender träumt, durchlebt er nicht nur eine Phase schneller Augenbewegungen, seine Muskeln werden praktisch gelähmt. Selbst wenn der Träumende also weiß, daß er einen luziden Traum hat und sich wirklich auch bewußt ist, daß er träumt, kann er diese Tatsache dem Forscher nicht übermitteln, indem er einen Knopf drückt, weil sich seine Finger nicht bewegen. Dr. Hearne wollte feststellen, ob zwischen dem Schlafenden und dem Forscher eine Kommunikation möglich sei, indem man die Augenbewegungen als Signale verwendete.

Mit einer Testperson, Alan Wordsley, traf er die Abmachung, daß elf Linksbewegungen der Augen anzeigen sollten, daß es sich dabei um einen luziden Traum handelte. Die erste Kommunikation dieser Art wurde im Traumlabor von Hull im April 1975 festgehalten. Seitdem sind die Kommunikationsmöglichkeiten verfeinert worden. Mit Hilfe eines im voraus abgestimmten Kode kann Wordsley Signale geben, mit denen er im Schlaf anzeigt, daß er im Traum eine bestimmte andere, bewußte Handlung durchführt.

Dies war jedoch eine äußerst mühsame Arbeit, da Dr. Hearne nach 45 Labornächten nur acht luzide Träume vermerken konnte. Deshalb entwickelte er eine „Traummaschine", die „bewußte kontrollierbare Träume" auslöst. Sie stellt fest, wann der Schlafende zu träumen begonnen hat und gibt ihm dann Signale, indem sie ihm Stromstöße niedriger Voltzahl ins Handgelenk verabreichte. Dadurch erkennt der schlafende Geist, daß er träumt, und der Traum wird luzide.

Traumtelepathie

Dr. Hearne entdeckte auch, daß der luzide Träumer der wachen Welt Signale übermitteln kann, wenn er sein Atemmuster verändert. Diese Tatsache hat er auf neuartige Weise genutzt, um ASW zu überprüfen. Erkennt ein Schlafender, daß er träumt, beginnt er schneller zu atmen. Ein Gerät neben ihm reagiert darauf und löst eine automatische Wählscheibe aus. Erhält der zweite Experimentteilnehmer einen Telefonanruf, ohne daß sich ein anderer meldet, weiß er, daß die Testperson im Augenblick einen luziden Traum durchlebt. Der Anrufempfänger wählt willkürlich eine Bildkarte aus und sendet dieses mentale Bild dem Träumenden ebenso, wie dies bei den Telepathieexperimenten im *Maimonides Medical Center* der Fall war.

Seit frühesten Zeiten hat man Träume als Kanäle okkulten oder ungewöhnlichen Wissens angesehen. Es könnte tatsächlich so sein, daß der Mensch im Traumzustand am empfindlichsten auf jede subtile Beeinflussung reagiert – auf die Beeinflussung anderer Geister, auf die eines anderen Universums, ja sogar auf die der Vergangenheit oder der Zukunft. Im Augenblick finden Forschungen der paranormalen Aktivität während des Traumzustands statt. Die neuesten Arbeiten über das luzide Träumen legen den Schluß nahe, daß unser Verständnis dieses Aspekts des Paranormalen schon bald einen großen Sprung nach vorne machen wird.

Am Anfang

Der Mensch ist sich selbst das größte Rätsel, deshalb war die Frage nach seinem Ursprung, seiner Erschaffung die wichtigste der Geistesgeschichte und der modernen Naturwissenschaft (Abstammungslehre). Natürlich tummeln sich gerade in diesem Bereich viele Scharlatane und Phantasten.

Skelette im Keller

Die Menschheit ist fasziniert von ihrem eigenen Ursprung. Doch ist es vernünftig, den selbstsicheren Behauptungen über die Herkunft des Menschen zu vertrauen, welche die Wissenschaftler uns anbieten? Da sich die „Experten" auf diesem Gebiet in der Vergangenheit schon allzuoft getäuscht haben, ist es wohl möglich, daß sie sich auch heute noch irren könnten.

Der Umschlag von Richard Leakeys Buch *The Making of Mankind* (Die Entstehung der Menschheit), das als Begleittext zu seiner Fernsehserie aus dem Jahre 1981 produziert wurde, verkündet stolz, daß „Richard Leakey und die BBC in gemeinsamer Anstrengung zum ersten Mal dem allgemeinen Publikum die Wahrheit über die Evolution des Menschen schildern". Doch die Behauptung, daß die „Wahrheit" über den Ursprung des Menschen der begierigen Öffentlichkeit nun endlich zum ersten Mal enthüllt worden sei, ist auf krasse Weise irreführend. Die Fernsehserie zeigte eine Seite der menschlichen Evolution – doch erst ein Jahr zuvor hatte das *British Museum of Natural History* (Britisches Museum für Naturgeschichte), das mit einer ebenso autoritativen Stimme sprach wie Leakey und seine Mannschaft, einen Führer zur Stellung des Menschen in der Evolutionsgeschichte vorgestellt, der den Behauptungen dieser Fernsehserie völlig widersprach.

Als überzeugter Anhänger der Evolutionstheorie hatte Leakey einen Stammbaum der menschlichen Vorfahren erarbeitet, der auf den vorhandenen Fossilienfunden beruhte – vom *Ramapithecus,* einem kleinen affenähnlichen Wesen, das vor acht bis vierzehn Millionen Jahren in Asien lebte, über den frühen afrikanischen Werkzeughersteller *Homo habilis* und *Homo erectus* bis zu den frühen Formen

Eine Familie unserer Vorfahren? Impression eines Künstlers von einem Ramapithecus *mit einem Kind, irgendwo in Asien vor 8 bis 14 Millionen Jahren. Richard Leakey zufolge entwickelten sich die Nachkommen des* Ramapithecus *zum* Homo sapiens. *Andere anerkannte Paläoanthroprologen leugnen dies.*

des *Homo sapiens,* etwa dem Neandertaler und schließlich dem Jetztmenschen mit all seinen Rassen. Leakeys Modell von einer langsamen und allmählichen Evolution des Menschen durch Millionen von Jahren gegenseitigen Schutzes und gemeinsamer Zusammenarbeit wird auf unaufdringliche Weise vertreten und stellt einen erfrischenden Kontrast zu dem gnadenlosen Kampf ums Dasein dar, wie ihn orthodoxe Darwinisten sich vorstellen. Und doch ließe sich Leakeys Stammbaum der menschlichen Vorfahren, mit Ausnahme seiner Schilderung des Neandertalers und des späteren Menschen, in jedem Punkt durch fachlich abgesicherte Aussagen widerlegen. Das britische Museum für Naturgeschichte hat den Ansatz abgelehnt, wie ihn Leakey und andere Evolutionstheoretiker vertreten, nämlich die fossilen Menschen gemeinsam in einer einzigen Familienkette zusammenzufassen. Das Handbuch des Museums, das alle fossilen Typen beschreibt, die in Leakeys Theorien eine Rolle spielen, stellt kategorisch fest: „Wir gehen davon aus, daß keine der hier behandelten Arten den Vorfahr einer anderen Art darstellt."

Tatsache ist, daß es zur Zeit kein „wahreres" Bild vom Ursprung des Menschen gibt als vom Ursprung des Lebens selbst. Die Paläoanthropologie, die Erforschung menschlicher Fossilien also, hat sich schon immer auf Messers Schneide bewegt, im Reich der Unsicherheit, trotz vieler übertriebener Behauptungen, man habe endlich das „missing link" („fehlende Glied") oder den „ältesten Menschen" entdeckt. Ihre Geschichte ist reich an gröbsten Fehlern, Betrügereien und atemberaubenden Fehlinterpretationen des vorhandenen Beweismaterials, wie spätere Forschungen stets ergaben. Es gibt wahrscheinlich kein anderes Gebiet zeitgenössischer wissenschaftlicher Forschung, das derart von Peinlichkeiten durchsetzt ist. Und doch leisten immer wieder Paläoanthropologen ihrem Berufsstand einen Bärendienst, indem sie unvorsichtige, „definitive" Behauptungen von sich geben, die nur auf erstaunlich dünnen Beweisen beruhen.

Richard Leakey, seine Frau Meave und seine Eltern Louis und Mary sind führend auf dem Gebiet der Paläoanthropologie und haben uns einige außerordentlich faszinierende wissenschaftliche Entdeckungen beschert. Dennoch muß man all ihre Vorstellungen, wie auch die ihrer Rivalen oder Kollegen, die als eindeutige Beweise für den Ursprung des Menschen dargelegt wurden, als reines Wunschdenken abtun. Noch immer gibt es fast ebenso viele Theorien über die Evolution des Menschen wie es „Experten" auf diesem Gebiet gibt, und dies aus einem sehr schlichten Grund. Was nämlich all diese Autoritäten kaum berücksichtigen, ist die Tatsache, wie dürftig das Beweismaterial für die menschliche Evolution tatsächlich ist. Wie es der Wissenschaftsjournalist John Reader formuliert: „Die gesamte Sammlung hominider Fossilienfunde würde kaum einen Billardtisch bedecken."

mutungen und Behauptungen. Sehr oft könnten Funde in ältere Stufen hinabgelangt sein – vor allem im Falle des Menschen, der zu vielen Zeiten und an vielen Orten die Angewohnheit hatte, seine Toten zu begraben –, und ein schlüssiger Beweis, daß alle Überreste in einer gewissen Erdschicht aus derselben Zeit stammen, ist oft praktisch unmöglich zu führen. Die andere Methode besteht aus einer radiometrischen Bestimmung im Labor, wobei das Alter eines Fundes durch die Überreste bestimmter radioaktiver Elemente, beispielsweise Kohlenstoff-14 (C14), bestimmt wird, deren Zerfallszeit bekannt ist. Doch diese Methoden, die manchen Behauptungen oft eine trügerische Aura der „Wissenschaftlichkeit" verleihen, können den Archäologen nur zu oft auf ebensolche Weise in die Irre führen, wie sie dies beim Mann auf der Straße tun.

Ein klassisches Beispiel dafür ist die Datierung des umstrittenen Schädels, der als „1470" bekannt geworden ist und im Jahre 1972 von Richard Leakey an dem an Fossilien reichen Fundort Koobi Fora in Kenia entdeckt wurde. Aus dem vulkanischen Erdreich, dessen Alter man auf 2,6 Millionen Jahre schätzte, holte Leakey 150 winzige Knochenstücke hervor, die von seiner Frau, einer Zoologin, zu einem Schädel rekonstruiert wurden, der in Anbetracht seines geschätzten Alters erstaunlich menschlich aussah. Das Fassungsvermögen des Schädels betrug 800 Kubikzentimeter, kaum weniger als die Gehirngröße des modernen Menschen, dessen untere Grenze ungefähr 1000 Kubikzentimeter umfaßt, und weitaus mehr als das des „Affenmenschen", von dem

Viele der Beweise, aus denen „menschliche Stammbäume" konstruiert werden, bestehen nur aus Überresten von Schädeln und Fußknochen – oder Zahnstücken und Kiefernknochen, den haltbarsten Teilen des hominiden Skelettes. Readers Bemerkung über die Relevanz der von Leakey im östlichen Afrika gesammelten Knochen ist durchaus gerecht: Er meint, daß sie „nicht gültiger ist, als wenn man in zwei lebenden Amerikanern der Jetztzeit Vertreter der gesamten Bevölkerung der Vereinigten Staaten sehen wollte." Bei einer derart mißlichen Beweislage könnten uns kranke oder „abartige" Muster ein völlig verzerrtes Bild von einer bestimmten Spezies geben. Und selbst wenn einmal eine seltene Übereinstimmung über eine Klassifikation eines Fossils zustandekommt, scheitern die Versuche, es in eine evolutionäre Reihenfolge einzuordnen, sehr häufig am Problem der zeitlichen Einordnung.

Wie datiert man nun ein Hominidenfossil? Dafür gibt es zwei Hauptmethoden. Die häufigste besteht darin, einfach die geologische Datierung der Erdschicht zu übernehmen, in der man das Fossil fand – die ihrerseits sehr häufig durch eine Einschätzung des Alters anderer darin enthaltener Fossilien bestimmt wird; diese Schätzung fußt selbst meist auf einem „evolutionären" Argument. Dies führt notgedrungen zu einem gewissen Maß an Ver-

Meave Leakey rekonstruierte den Schädel „1470", der 1972 von ihrem Mann im kenyanischen Koobi Fora gefunden wurde (die blauen Teile sollen die fehlenden Stücke des Fossils ersetzen). Felsproben, die zusammen mit der Ausgrabung des Schädels genommen wurden, sind auf 2,4 bis 221 Millionen Jahre datiert worden. Trotz dieser großen Diskrepanz hat Leakey die Datierung 2,4 Millionen Jahre übernommen und den Schädel als „frühesten Hinweis auf den Genus homo" bezeichnet.

man glaubte, daß er bis dahin der entwickeltste Hominide sei, der *Australopithecus*. Letzterer galt allgemein als Übergangsform zum Vorfahren des Menschen; und doch behauptete Leakey, eine erstaunlich menschliche Form gefunden zu haben, die mindestens so alt sei wie der früheste *Australopithecus*.

Ein kurzlebiger Triumph

Leakey verkündete der Welt, daß er die „früheste Form des *Genus homo*" entdeckt habe, wodurch er das geschätzte Alter des Menschen um eine halbe Million Jahre zurück verlagerte. Sein Triumph war allerdings nur kurzlebig. Der erste Datierungstest, der in einem Labor der Universität Cambridge stattfand, und zwar anhand des vulkanischen Gesteins, in dem sich „1470" fand, kam zu einem Ergebnis von 221 Millionen Jahre, eine völlig unmögliche Datierung des Schädels – denn nach dem Stand der orthodoxen Wissenschaften entwickelten sich die ersten spitzmausähnlichen Säugetiere frühestens vor 180 Millionen Jahren. Leakey stellte weitere Felsproben zur Verfügung, und ein zweiter Test ergab eine Datierung von ungefähr 2,4 Millionen Jahren. Dies war das Datum, das Leakey schließlich festsetzte.

Die Öffentlichkeit erfuhr zunächst nichts von der immerhin gewaltigen Differenz von 218,6 Millionen Jahren beider Überprüfungen, bis schließlich Professor E. T. Hall, der Direktor des Forschungslabors für Archäologie in Oxford, den Fall in einem Leserbrief beleuchtete, der am 3. November 1974 im *Sunday Telegraph* erschien. Indem er sich auf Leakeys Wahl des „passenden Datums" bezog und auch auf sein Schweigen über das andere „unakzeptable" Untersuchungsergebnis, formulierte Hall einige strenge Ermahnungen an die Archäologen:

„Die größte Versuchung ist jene, die einen Archäologen dazu bewegt, selektiv an Beweismaterial zu glauben, das jene Theorien zu stützen scheint, auf denen, wie er meint, sein Ruf als Wissenschaftler fußt. Stammt dieses Beweismaterial aus komplizierten wissenschaftlichen Techniken, die stark fehleranfällig sind und auf Prinzipien beruhen, die nicht einmal von den Wissenschaftlern selbst völlig verstanden werden, so wird diese Gefahr in der Tat sehr groß."

Spätere Untersuchungen gaben Halls Mahnung recht. Radiometrische Bestimmungen, die später von weiteren Vulkanproben des Fundortes gemacht wurden, einschließlich einiger Proben von Physikern des Labors von Cambridge, rangieren von unglaublichen 19,5 Millionen Jahren bis zu 290 000 Jahren. Sollte die letztere Datierung richtig sein, so würde dies den kontroversen Schädel sehr wohl in den Zeitkontext anderer Funde stellen und auf diese Weise die Behauptungen völlig zunichte machen, es handele sich dabei um das älteste Beispiel des *Genus homo*.

Richard Leakey hat inzwischen seine Altersschätzung des „1470" erheblich abgeschwächt, wenngleich er noch immer daran glaubt, daß es sich dabei um eines der ältestens menschlichen Fossilien handelt. Der Fall 1470 ist typisch für die Art von Irrtum, dem die Paläoanthropologie seit ihrer Entstehung immer wieder aufgesessen ist. Es besteht kein Zweifel daran, daß diese neue Disziplin einen schlechten Anfang hatte.

Im Jahre 1925 und auch in der jüngsten Vergangenheit wieder wurde die Darwinsche Evolutionstheorie im amerikanischen Bundesstaat Tennessee einem öffentlichen Gerichtsverfahren unterzogen, und zwar in einem Fall, der sich als Wendepunkt in der Geschichte der Wissenschaft erweisen sollte. Der Lehrer John Scopes wurde vor Gericht gestellt, weil er die Darwinsche Theorie unterrichtete. Beide Seiten, die „Kreationisten" und die „Evolutionisten", *ließen eine Heerschar von Experten und Zeugen auftreten, die ihre Sache unterstützen sollten, was zu einem beachtlichen Echo in der Weltpresse führte.*

Sieg für die Evolution

Damals wie auch heute bestand der gefühlsbeladenste Teil der Debatte in der Frage nach dem Ursprung des Menschen. Für den „Kreationisten" ist schon der bloße Gedanke, daß der Mensch sich vom „Affen" entwickelt haben sollte, abstoßend und unannehmbar. Der Glaube an die Evolution hat heutzutage – in gewissem Umfang – einen klaren Sieg über den altmodischen biblischen Fundamentalismus errungen. Die Sache hat jedoch eine ironische Komponente dadurch bekommen, daß die Meinung der Öffentlichkeit beim Gerichtsverfahren von Scopes durch „Beweismaterial" beeinflußt wurde, das wir heutzutage nur als geradezu lächerlich bezeichnen können.

Drei Beweisstücke wurden vorgebracht, um die Abstammung des Menschen „vom Affen"

Links:
Der Pithecanthropus *oder „Affenmensch", wie ihn ein Künstler im Jahre 1894 sah. Der Name stammt von Ernst Haeckel, der allzu gern die Existenz von Übergangsformen zwischen dem Menschen und dem anthropoiden Affen nachweisen wollte. Er war davon überzeugt, daß die Fossilien, die er auf Java fand, tatsächlich solches Beweismaterial darstellten; er benannte das neuentdeckte Wesen* Pithecanthropus erectus. *Seine Arbeit wurde als Beweismaterial in dem „Affenprozeß" von Tennessee im Jahre 1925 angeführt. Moderne Forscher bestehen jedoch darauf, daß es sich bei Fossilien tatsächlich um die Überreste einer Menschenart handelt – diese wird nun* Homo erectus *genannt.*

Unten:
Der Schädel des berüchtigten „Piltdown Menschen". Die weißen Flächen stellen die vermutete Rekonstruktion dar, beruhend auf den Fragmenten eines Kiefernknochens und der Schädelschale (braun). Tatsächlich stammt der Kiefer jedoch von einem zeitgenössischen Orang-Utan, der Schädel dagegen von einem zeitgenössischen Menschen. Beide wurden geschickt gefälscht, um ihren wahren Ursprung zu verdecken, und zusammen mit alten Werkzeugen in Kiesschichten vergraben, um Paläoanthologen zu täuschen. Und diese ließen sich tatsächlich hineinlegen – bis in die fünfziger Jahre.

zu belegen. Das erste war der Schädel, der 1912 in Piltdown, Sussex, gefunden worden war und von dem man heute weithin weiß, daß es sich dabei um eine raffinierte Fälschung handelt, bei der ein menschlicher Schädel und ein Affenkiefer miteinander verbunden wurden.

Das zweite Beweisstück war die Entdeckung des „Javamenschen" oder *Pithecanthropus* durch den holländischen Wissenschaftler Eugène Dubois im Jahre 1891. Von seinem deutschen Lehrer, Ernst Haeckel, inspiriert, der bereits das Konzept des *Pithecanthropus* „Affenmenschen" entwickelt hatte, begab sich Dubois in den Fernen Osten, um dort nach Überbleibseln dieses vermuteten fehlenden Bindegliedes zu suchen. Er kehrte von Trinil auf Java mit dem Teil eines kleinen Schädels zurück, einem Beinknochen und einigen anderen Fragmenten, die er an der selben Stelle, weit voneinander verteilt, gefunden hatte. Trotz Dubois' anfänglichem Zögern ermutigte Haeckel ihn dazu, seine Funde als Überreste ein und derselben Kreatur zu veröffentlichen, nämlich als die eines kleinhirnigen, aufrechtgehenden Übergangswesens zwischen Affen und Menschen. Haeckel schickte Gipsabdrücke der Funde und Modelle des rekonstruierten *Pithecanthropus erectus* an die Museen Europas, begleitet von einer triumphierenden Tirade über den Beweis für die Lehren Darwins. Dubois selbst jedoch besann sich eines anderen, weil Experten den Schädel als den einer ausgestorbenen Gibbonart ausgemacht hatten. Er versteckte die Funde unter dem Parkett seines Eßzimmers, wo sie der Forschung dreißig Jahre lang entzogen blieben. Heutzutage gehen die meisten Paläoanthropologen davon aus, daß der Javaschädel tatsächlich hominiden Ur-

sprungs ist. Doch zur Zeit des Prozesses von Scopes stellten die Funde von Trinil kaum erstklassiges Beweismaterial dar. Zwei Jahre vor dem Prozeß wurden sie von Dubois hervorgeholt, nur um sich von zwei der größten Anatomen der Welt das Urteil einzuhandeln, die Überbleibsel eines frühen Menschen, nicht aber eines „Affenmenschen" zu sein.

Das dritte „Beweisstück", das zur Verteidigung von Scopes und der Evolutionslehre herangezogen wurde, stellt einen der lächerlichsten Irrtümer moderner Naturwissenschaft dar. Aufgrund eines einzigen Zahns, der 1922 in Nebraska entdeckt wurde, wurde eine ganze eigenständige fossile Spezies namens *Hesperopithecus,* die affenähnliche Eigenschaften aufweisen sollte, rekonstruiert. Die *Illustrated London News* veröffentlichte eine zweiseitige Zeichnung, welche die angeblichen Herrn und Frau *Hesperopithecus* darstellten, wie sie zusammen mit ausgestorbenen Tieren auf den Plains Nordamerikas umherschweiften; was den Zahn betraf, so meldete das Blatt, daß die Wissenschaftler des amerikanischen Museums für Naturgeschichte „der einhelligen Auffassung sind, daß dies als Beweis der Existenz höherer Primaten auf dem amerikanischen Kontinent zu werten sei ... ein äußerst primitives Mitglied der menschlichen Familie". Leider stellte sich später heraus, daß der Zahn zu einer ausgestorbenen Schweineart gehörte.

Wunschdenken

Angesichts hochentwickelter naturwissenschaftlicher Techniken, die ihnen heute zur Verfügung stehen, müßte man eigentlich davon ausgehen, daß die modernen Paläoanthropologen keine so zweifelhaften Hypothesen wie die aus *Hespeopithecus* mehr hervorbringen. Leider beweist eine der Öffentlichkeit völlig unzugänglich gebliebende Studie, daß

dies keineswegs der Fall ist. Die größte und beunruhigendste Lücke „in der Geschichte der hominiden Fossilien" umspannt die Zeit vor acht Millionen Jahren (aus der die jüngsten Funde des *Ramapithecus* stammen) bis zur Zeit vor ungefähr vier Millionen Jahren, als die ersten Vertreter des *Australopithecus* in Afrika erschienen. Gute vier Millionen Jahre trennen die beiden Gruppen voneinander – und seitdem hat man kaum datierbare Fossilien entdeckt, die diese Lücke füllen könnten. Eine historische Theorie, die eine entscheidende Phase von vier Millionen Jahren nicht erklären kann, sollte eigentlich als reichlich dubios gelten. Im Jahre 1970 hoffte man auf eine Ehrenrettung dieser Theorie, als Brian Patterson von Harvard im ostafrikanischen Lothagam Hill das Fragment eines Kiefernknochens fand, und zwar in einer Erdschicht, die 5,5 Millionen Jahre alt war. Zwar nur ein kleiner Fund, doch alles, was diese häßliche Lücke zu füllen vermochte, war hochwillkommen, und der Lothagam-Kiefer erschien in den Berichten als frühestes Fossil des *Australopithecus,* wodurch diese Art gleich um 1,5 Millionen Jahre älter gemacht wurde – bis in einer anthropologischen Zeitschrift 1977 eine lakonische Notiz erschien, die darauf hinwies, daß „detaillierte Studien, die derzeit an dem Beißknochen durchgeführt werden, diese Diagnose nicht unterstützen". Tatsächlich weisen die Eigenschaften dieses Kiefernknochens ihn als Mitglied zeitgenössischer Affenarten wie Gorillas und Schimpansen aus. Wieder einmal ließ sich die Paläoanthropologie durch Wunschdenken zu voreiligen Schlüssen hinreißen.

Je genauer man sich die Geschichte der Paläoanthropologie anschaut, um so mehr wächst die Überzeugung, daß diese Art von Selektivität und falschem Umgang mit Beweismaterial, ob dieser nun bewußt oder unbewußt geschehen mag, nach wie vor ein Grundübel der Disziplin darstellt. Während man gefälschtes und irrelevantes Material allzu eilfertig dazu eingespannt hat, den evolutionstheoretischen Stammbaum des Menschen zu beweisen, hat man gleichzeitig gewaltige Mengen anomalen Materials ignoriert, weil es nicht in die orthodoxen Vorurteile paßt, während es sich mit der Zeit doch aufzuhäufen scheint. Da stellt sich natürlich die Frage: Täuschen die Vertreter der Evolutionstheorie sich nur selbst?

Unten:
Der Kiefernknochen, der in Lothagam Hill, Ostafrika, gefunden wurde. Man hoffte darauf, darin das früheste Beispiel eines Fossils des Australopithecus *gefunden zu haben – wodurch für die Paläoanthologie eine peinliche Lücke in der Entwicklungsgeschichte geschlossen worden wäre. Tatsächlich glaubt man nun, daß der Knochen von einem Wesen stammt, das unseren zeitgenössischen Affen gleicht.*

Ganz unten: Vereidigung jugendlicher Zeugen beim Prozeß gegen ihren Lehrer John Scopes, der angeklagt wurde, Darwinsche Theorien zu unterrichten. Die Aussagen der Experten wurden vom Gericht akzeptiert, und der biblische Fundamentalismus verlor die Schlacht – doch dieses „Expertenbeweismaterial" gilt heutzutage als völlig dubios.

1 cm

Fossilienfragen

Darwins Theorie von der Evolution der Menschheit beschert uns ein eindeutiges Bild von Arten, die auf andere Arten folgen, bis schließlich vor ungefähr 50 000 Jahren der heutige Mensch entstand. Moderne Datierungsmethoden jedoch scheinen eine Überprüfung dieser Auffassung erforderlich zu machen.

Darwins Evolutionstheorie, die einst als Fundament orthodoxer Wissenschaft galt, ist ins Wanken geraten. Gleichzeitig erfährt die altmodische christliche Schöpfungslehre in den Vereinigten Staaten und Großbritannien einen phänomenalen neuen Aufschwung. Der Katalog der Beweismittel gegen den traditionellen Darwinismus ist inzwischen so beachtlich angeschwollen, daß sogar die fundamentalistischsten Religionslehren, die das Buch Genesis wortwörtlich nehmen, die Sympathie hochqualifizierter Wissenschaftler erlangen. Die *Creation Research Society* (Gesellschaft zur Erforschung der Schöpfungsgeschichte) in den Vereinigten Staaten kann sich über sechshundert stimmberechtigter Mitglieder rühmen, die einen naturwissenschaftlichen Universitätsabschluß besitzen, vom Magistergrad aufwärts.

Natürlich haben die Anhänger der Schöpfungslehre seit der ersten Veröffentlichung von Darwins Theorien im Jahre 1859 einen erbitterten Kampf dagegen geführt. Ihre Argu-

Homo sapiens sapiens (Moderner Mensch)	40 000 – 50 000
	100 000
Neandertaler Homo sapiens	
	1 000 000
Javamensch Homo erectus	
	1 500 000
Homo habilis	
	2 000 000
Australopithecus	
	4 000 000
Fundlücke	
	8 000 000
Ramapitecus	
	14 000 000

mente, die einst stark auf dem Grundsatz fußten, die Bibel als absolute Autorität anzusehen, haben inzwischen jedoch erhebliches zusätzliches Gewicht von der weltlichen Kritik an der Darwinschen Evolutionstheorie erhalten. Die bekannten, im Team arbeitenden Naturwissenschaftler Sir Fred Hoyle und Professor Chandra Wickramasinghe, die führenden Köpfe auf dem Gebiet der Erforschung des interstellaren Raumes, haben eine ganze Reihe von Büchern und Vorträgen vorgelegt, in denen sie ihren wachsenden Zweifeln an den Mechanismen der Darwinschen Theorie Ausdruck verleihen. Wickramasinghe wurde 1982 sogar als Starzeuge in einem Fall vor Gericht geladen, in dem sich ein Lehrer dagegen verteidigen mußte, in Arkansas die Schöpfungslehre unterrichtet zu haben. Es handelte sich bei diesem Prozeß also um eine verspätete Fortsetzung des Scopes-Prozeß, in dem die Anhänger der Evolutionslehre den Sieg davongetragen hatten. Der in Harvard ausgebildete Rechtsanwalt Norman MacBeth ging 1971 der Behauptung nach, daß Darwins Theorie noch immer die vorherrschende sei. Er mußte feststellen, daß dem nicht so war – und dies gelang ihm überwiegend anhand des von den Evolutionisten vorgelegten Beweismaterials selbst. Er konstatierte, daß die „Darwinisten"

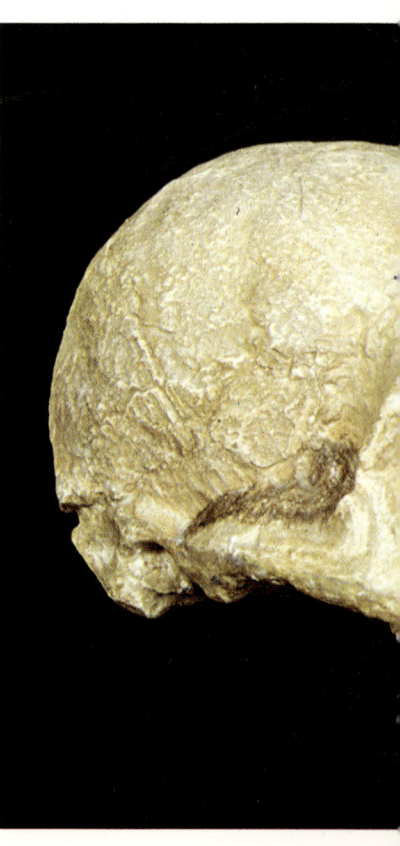

Darwins Theorie als überzeugende Erklärung der Evolution schon längst verworfen haben – und sie zugleich aber dazu neigen, dies der Öffentlichkeit vorzuenthalten, möglicherweise weil sie eine allgemeine Rückbesinnung auf die Schöpfungslehre befürchten.

Wenn wir die vielen Wendungen und Windungen dieser philosophischen Debatte untersuchen, müssen wir deutlich zwischen zwei Vorstellungen unterscheiden. Darwins Theorie ist nämlich nicht dasselbe wie die Theorie der Evolution, wenngleich man leicht den Eindruck gewinnt, daß Darwin sie erfunden habe. Was heutzutage als Entwicklung der Arten bezeichnet wird, fußt zu einem großen

Links:
Karikatur aus dem Jahre 1872, eine Satire auf Charles Darwins Evolutionstheorie, welche die Abstammung des Menschen anhand seiner „Vorfahren" Schwein und Stier zeigt. Der Darwinismus beschreibt die Entwicklung des heutigen Menschen als ständigen Prozeß des Fortschreitens der Arten, beginnend mit dem primitiven, affenähnlichen Ramapithecus, *der vor 14 Millionen Jahren gelebt haben soll. Mehrere Millionen Jahre später sei ihm der* Australopithecus *gefolgt, von dem Fossilien erhalten sind (unten: Schädel des* Australopithecus, *die auf ein aufrecht gehendes, aber noch immer stark affenähnliches Wesen hinweisen (links). Danach folgen der* Homo habilis, *der sich später zum* Homo erectus *und schließlich zum* Homo sapiens *entwickelte, dem unmittelbaren Vorgänger des heutigen Menschen. Eine Neudatierung der Fossilienfunde, auf die sich diese Version stützte, legt jedoch ein ganz anderes Bild der menschlichen Evolution nahe, nämlich daß viele Arten (unten links) möglicherweise Millionen von Jahren nebeneinander lebten.*

Teil auf der Forschung des österreichischen Mönchs Gregor Johann Mendel (s. Kasten), dem Begründer der modernen Vererbungslehre, gegen Ende des 19. Jahrhunderts. Tatsächlich findet sich der Grundgedanke der Evolutionslehre, daß sich nämlich eine Spezies aus der anderen entwickelt hat, schon seit den alten Griechen im europäischen Denken. Das Neuartige – und Zwingende – an Darwins *Origin of species* (Vom Ursprung der Arten) bestand darin, daß das Werk einen „wissenschaftlichen" Mechanismus für solche Veränderungen darzulegen schien, und zwar anhand von Naturbeobachtung.

Wenngleich er vor dem kontroversen Thema der Abkunft des Menschen zurückscheute, stellte er jedoch immerhin die Behauptung auf, daß sich alle Arten ausschließlich durch einen Prozeß „natürlicher" Auslese entwickelt haben. Klassische Darwinisten sprechen zwar häufig davon, daß Lebewesen sich an Umweltbedingungen „anpassen"; doch meinen sie damit *nicht*, daß die dadurch erlernten Fähigkeiten oder entwickelten Körpermerkmale –

beispielsweise bestimmte Muskeln, schärfere Klauen, widerstandsfähigere Fußsohlen oder Ähnliches – an ihre Nachkommen vererbt würden. Sie sind der Ansicht, daß kleine Veränderungen, *die das Ergebnis völlig willkürlicher Mutationen sind*, einzelnen Mitgliedern einer Art gelegentlich dazu verhalfen, gegenüber anderen Angehörigen derselben Art im Vorteil zu sein, mehr Erfolg zu haben als diese und schließlich zahlenmäßig die Übermacht zu erlangen. Solche kleinen Veränderungen, welche die biologische „Zweckmäßigkeit" des Tieres erhöhen, akkumulieren sich nach und nach, um zu einer neuen Eigenart oder einem neuen Organ zu werden.

Diese Theorie leugnet jegliche Möglichkeit „äußerer Einflußnahme", sie verneint plötzliche, abrupte Veränderungen und sogar die schlichte Vorstellung, daß Eigenschaften, welche Eltern sich aneignen, auf ihre Kinder übertragen werden können. Darwin zufolge hatten lediglich unendlich kleine Veränderungen stattgefunden, beherrscht von der natürlichen Zuchtwahl und über gewaltige Zeiträume hinweg. Sollte dem tatsächlich so sein, so müßte es uns eigentlich gelingen, die Theorie dadurch zu überprüfen, daß man Veränderungen von Fossilien untersucht, die in verschiedenen geologischen Schichten gefunden wurden.

Der „fossile Mensch", dessen Überreste intensiver untersucht wurden als die jedes anderen Lebewesens, müßte eigentlich der ideale Testfall für Darwins Theorie sein. Bestimmt müßte sich doch anhand archäologischen und geologischen Beweismaterials feststellen lassen, welche Theorie, die biblische oder die darwinistische, der Wahrheit näherkommt? Diese Vermutung erscheint vernünftig.

Mit Sicherheit lassen sich durch die Fossilienfunde genügend Beweise gegen die Anhänger einer allzu wörtlich genommenen Schöpfungslehre finden, welche glauben, daß der Mensch vor ungefähr sechstausend Jahren am siebten Tag der Schöpfung erschaffen wurde. Trotz aller Einwände der Schöpfungslehrenanhänger zeigen die Fossilien tatsächlich eine Zunahme der Komplexität, von den blasenähnlichen Organismen des Kambriums bis zu den heutigen komplizierten Säugetieren – und zum Menschen.

Wenn die Fossilienreihe nun den Glauben der Anhänger der Schöpfungslehre nicht abstützt, beweist sie damit tatsächlich die Theorie der Evolution – und, sollte dem so sein, welche *Art* des Evolutionsprozesses legt sie dann nahe? Trotz aller unterschiedlichen Meinungen unter den Wissenschaftlern läßt sich die konventionelle darwinistische Sicht der menschlichen Entwicklungsgeschichte in einem groben, einfachen Modell zusammenfassen, dem ihre Anhänger weitgehend zustimmen würden. Man hält es für wahrscheinlich, daß unser ältester bisher nachweisbarer Vorfahr ein kleines affenähnliches Wesen vor 14 Millionen Jahren war, das als *Ramapithecus* bekannt ist und dessen Kiefernknochen man in ganz Asien an den verschiedensten Stellen gefunden hat. Der *Ramapithecus* besaß wahrscheinlich noch keinen aufrechten Gang und benutzte auch keine Werkzeuge, sein Gehirn war vergleichsweise klein. Der *Australopithecus* und der *Homo habilis* gelten als seine Abkömmlinge, die den Fossilienfunden zufolge einige Millionen Jahre später in Afrika lebten. Sie waren noch sehr affenähnlich, gingen aber aufrecht und scheinen primitive Werkzeuge benutzt zu haben. Im Laufe der Jahrtausende wuchs das Gehirnvolumen und ließ schließlich den *Homo erectus* entstehen, eine erkennbare, wenn auch noch primitive Form des Menschen, der mit Feuer umging und eine Vielzahl von Werkzeugen verwendete. Zwar weiß man nicht genau wo, doch scheint die natürliche Auslese innerhalb der Bevölkerung des *Homo erectus* schließlich vor ungefähr 500 000 Jahren den *Homo sapiens* hervorgebracht zu haben. Der Neandertaler war eine frühe Form des *Homo sapiens*, wahrscheinlich der Vorfahr des modernen Menschen *Homo sapiens sapiens*, der etwa vor 40 000 Jahren in Erscheinung trat.

So zumindest will es der „orthodoxe Darwinismus" – es handelt sich also um eine Geschichte des langsamen und stufenweisen Fortschreitens über ca. 50 Millionen Jahre. Doch läßt sich diese Rekonstruktion wirklich anhand der Fossilienfunde belegen? Die meisten Evolutionsanhänger behaupten dies, doch bleibt dabei leider der unangenehme Eindruck zurück, daß sie dies nur tun, indem sie eine Unzahl Fakten übersehen, die die Vorstellung eines reibungslosen Übergangs von einer hominiden Spezies zur anderen widerlegen. Nimmt man dieses Faktenmaterial ernst, würde es tatsächlich die ohnehin schon wackligen „Stammbäume" unserer „Vorfahren" bedrohen. Trotz der Versuche von Darwinisten, es wegzuerklären, gibt es ein beachtliches Beweismaterial aus menschlichen Fossilienfunden, die um Tausende, ja sogar Zehntausende von Jahren aus diesem Zeitplan ausscheren.

Sogar am jüngsten Ende der „Evolutionsskala", wo man das deutlichste Beweismaterial für das Darwinsche Modell erwarten würde, weisen die Fossilienfunde eher auf Verwirrung als auf eine säuberlich geordnete evolutionäre Progression hin. So trat im Jahre 1972 in der führenden britischen Wissenschaftszeitschrift *Nature* eine Anomalie ans Tageslicht, die man an der alten Grabstätte in Kow Swamp im südlichen Australien ausgrub. Nach der Radiokarbonmethode der Altersbestimmung (die zuverlässigste Strahlenmeßmethode) soll der *Homo sapiens sapiens* vor 40 000, möglicherweise auch schon vor 50 000 Jahren in Australien gelebt haben. Und doch fand man in der Grabstätte von Kow Swamp, die weitaus später datiert wird, eine Gruppe von dreißig Skeletten mit eindeutig *vor* der Sapiensstufe einzuordnenden Merkmalen. Die Schädel besitzen eine fliehende Stirn, massive Augenwülste und scheinen zu einer Art des *Homo erectus* zu gehören, der auf der Evolutionsleiter angeblich zwei Stufen vor dem *Homo sapiens sapiens*

Rechts:
Maschine zur Datierung von Funden nach der Radiokarbonmethode, Universität Sheffield. Die Ungenauigkeiten der zur Verfügung stehenden Datierungsmethoden haben möglicherweise die Schätzungen des Entstehungsalters des Menschen stark verzerrt. Auch die Radiokarbonmethode liefert oft falsche Ergebnisse – mit ihr wurde die Schale einer lebenden Auster auf 600 vor Chr. datiert.

Rechte Seite unten:
Künstlerimpression des Neandertalers, wie er Speerspitzen härtet. Ist der Neandertaler vor ungefähr 35 000 Jahren ausgestorben – oder hat er bis heute überlebt?

Oben:
Der holländische Wissenschaftliche Eugène Dubois, der 1891 den Schenkelknochen, die Schädelschale (oben rechts) sowie weitere Knochenfragmente an einer Ausgrabungsstelle auf Java fand. Zuerst glaubte man, daß es sich dabei um einen Existenzbeweis eines Wesens handele, das halb Affe, halb Mensch war; heutige Forscher sehen darin jedoch eine frühe Form des Menschen, den Homo erectus (rechts). Ursprünglich wurde der Javamensch auf 700 000 Jahre datiert – es scheint jedoch wahrscheinlicher, daß er vor 16.000 Jahren lebte.

liegen soll. Nach gängiger Auffassung ist der *Homo erectus* vor etwa 250 000 Jahren von neueren Formen abgelöst worden – und doch haben die Radiokarbonüberprüfungen ergeben, daß die Funde in Kow Swamp nur 9000 Jahre alt sind. War die Evolution hier rückwärts verlaufen? Oder hatte es eine große „Restbevölkerung" des *Homo erectus* gegeben, die noch 40 000 danach in Australien unter ihren „Nachfahren" lebte? Vielleicht war der *Homo erectus* gar kein Vorfahr, sondern vielmehr ein Zeitgenosse des frühen Menschen?

Die Funde in Australien sind kein Einzelfall. Der vordere Schädelknochen, der in Aitape auf Neu Guinea gefunden wurde, wird auf lediglich 1000 v.Chr. datiert, soll aber typischer für den *Homo erectus* sein als für den *Homo sapiens*. Ein erhebliches Problem wirft auch die Datierung der klassischen Überreste des *Homo erectus* aus Trinil auf Java auf. Der berühmte Javamensch wurde einst als „missing

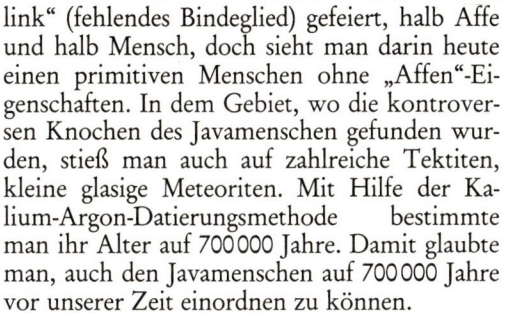

link" (fehlendes Bindeglied) gefeiert, halb Affe und halb Mensch, doch sieht man darin heute einen primitiven Menschen ohne „Affen"-Eigenschaften. In dem Gebiet, wo die kontroversen Knochen des Javamenschen gefunden wurden, stieß man auch auf zahlreiche Tektiten, kleine glasige Meteoriten. Mit Hilfe der Kalium-Argon-Datierungsmethode bestimmte man ihr Alter auf 700 000 Jahre. Damit glaubte man, auch den Javamenschen auf 700 000 Jahre vor unserer Zeit einordnen zu können.

Das Beispiel der Datierung des Javamenschen offenbart einen merkwürdigen Mangel an fachübergreifender Kommunikation zwischen Experten verschiedenster Bereiche. Die Anthropologen borgten sich ihre Daten von den Geologen, die sich auf die Labortests der Physiker verließen, welche die Tektiten untersuchten. Und doch scheint niemand auf den Gedanken gekommen zu sein, den wohl besten Tektitenkenner der Welt, Virgil Barnes,

um Rat anzugehen. Er ist der Auffassung, daß die Kalium-Argon-Methode *keine* gute Vorgehensweise bei der Datierung von Tektiten ist. Mit Hilfe der weitaus zuverlässigeren Radiokarbonmethode datiert Barnes den Absturz der australischen Tektiten auf nicht mehr als 16 000 Jahre. George Baker, ein weiterer Tektitenexperte, hält 5000 Jahre für wahrscheinlicher. Sollte Ähnliches im Falle der javanischen Tektiten angebracht sein, so würde der Javamensch plötzlich seine Rolle als ferner Vorfahr einbüßen und zu einem ziemlich tierhaften Zeitgenossen des modernen Menschen werden.

Die Frage nach dem Vorfahren

Im Jahre 1965 entdeckte ein ungarischer Wissenschaftler bei Vértesszöllös ein großes Schädelfragment, dessen Alter auf ungefähr 400 000 Jahre geschätzt wurde. Wenngleich es sich dadurch noch innerhalb des angenommenen Zeitrahmens des *Homo erectus* befindet, weist der Schädel doch eine erheblich modernere Form auf, während sein Volumen ungefähr 1400 Kubikzentimeter umfaßt, was dem heutigen Durchschnitt nahekommt und weit über den geschätzten 850 Kubikzentimeter der Hirnmasse des Javamenschen liegt. Einmal mehr haben wir hier einen Beweis dafür, daß der *Homo erectus* ein Zeitgenosse und nicht etwa der Vorfahr des modernen Menschen ist. Eine ähnliche Haltung hat übrigens vor kurzem auch das britische Museum für Naturgeschichte eingenommen, nachdem es jene äußerst spezialisierten Charakteristiken des *Homo erectus* untersuchte, die wir modernen Menschen nicht mit ihm teilen. In seiner Publikation *Man's place in evolution* (1980; *Die Stellung des Menschen in der Evolution*) bemerkt das Museum: „Aufgrund dieser besonderen Eigenarten gelangen wir zu dem Schluß, daß der *Homo erectus* nicht unser unmittelbarer Vorfahr war." Wahrscheinlich würde es den Kern der Sache eher treffen, im *Homo erectus* einen armen Verwandten der menschlichen Familie zu sehen, nicht aber ihren Urahn. Und doch wiederholen die meisten einschlägigen Enzyklopädien und Lehrbücher die orthodoxe Ansicht, daß sie Bindeglieder in einer langen Kette zwischen uns und affenähnlichen Vorfahren darstellen. In Wahrheit scheint der *Homo erectus* mit seinem kleinen Gehirn einfach nur in die Rolle des Vorfahren gezwungen worden zu sein.

Ähnliches läßt sich über den Neandertaler berichten, dem nächsten angeblichen „Vorfahr" auf dem „Familienstammbaum" des Menschen. Man geht allgemein davon aus, daß der Neandertaler sich in den *Homo sapiens sapiens* „verwandelte", „herausgezüchtet" oder gar vor ungefähr 35 000 Jahren ausgerottet wurde, als der voll entwickelte moderne Mensch auf der Bildfläche erschien. Man beachte jedoch, daß es solides Beweismaterial dafür gibt, daß der Neandertaler noch weitere 10 000 Jahre oder mehr Seite an Seite mit dem *Homo sapiens sapiens* weiterexistierte, wenngleich er auch auf dem absteigenden Ast war.

Leben
mit dem Urmenschen

Die gängige Schilderung der menschlichen Evolution besagt, daß der Nean-
dertaler vor ungefähr 35.000 Jahren ausstarb. Und doch gibt es immer
wieder Berichte, die darauf hinweisen, daß er noch heute existieren könnte
– und zwar in Asien.

E in arabischer Text aus dem 12. Jahrhundert, der sich mit der Fauna Zentralasiens
befaßt, beschreibt den Nasnas, „ein Lebewesen, das auf den Ebenen von Turkestan lebt,
von aufrechtem Gang und senkrechter Kör-
perhaltung, mit breiten, flachen Nägeln …
dies ist, nach dem Menschen, das höchste der
Tiere."

Diese Beschreibung aus dem Mittelalter ist
nur ein Beispiel von Hunderten von Berichten, die von Augenzeugenmeldungen bis zu
Legenden reichen, vom östlichen Europa bis
nach Sibirien und aus dem 7. Jahrhundert

Unten: Das wilde Leben, *aus*
einer Gemäldereihe von Jehan
Bourdichon (ca. 1457–1521); das
Bild stellt die vier Stufen des
Menschen dar. Dieses stark idea-
lisierte Porträt des primitiven
Menschen zeigt ihn in einer grob
zusammengezimmerten Hütte –
in einer mit prachtvollen Burgen
übersäten Landschaft. Der
primitive Mensch lebt und existiert
immer noch parallel zur zivi-
lisierten Gesellschaft.

v. Chr. bis in die achtziger Jahre unseres Jahrhunderts. Alle sprechen von einem „unbekannten" Hominiden, der im asiatischen
Hochland überlebt hat. Anders als die oft
stark verzerrten Geschichten vom „abscheuli-
chen Schneemenschen" des Himalaya oder
von Kreaturen wie dem Monster von Loch
Ness, offenbaren die Beschreibungen dieser
„wilden Menschen" – „Almas", wie sie in vielen asiatischen Sprachen heißen – eine verblüffende Übereinstimmung. Typisch ist die
Schilderung von stark behaarten menschenähnlichen Lebewesen, die in Bergen und Wäldern hausen, keine gesprochene Sprache besitzen und nur über eine extrem niedrige Stufe
der Technologie verfügen, wenn überhaupt.

Inzwischen sieht man in der Erforschung
dieser Überlieferungen von einem unabhängigen und primitiv lebenden Verwandten des
Menschen heutzutage nicht mehr eine bloße
Torheit, wenngleich frühe Forscher große
Mühe hatten, ernsthaftes Interesse an ihrer
Arbeit zu wecken. Professor Rinchen, der an
der Universität Ulan Bator tätig ist und als in-
ternationale Autorität auf dem Gebiet mongo-
lischer Überlieferungen gilt, mußte für seine
umfangreichen Aufzeichnungen sogar das Papier aus eigener Tasche bezahlen. Doch aufbauend auf Rinchens wertvoller Pionierarbeit,
begann eine entschlossene Gruppe sowjeti-
scher Forscher in den fünfziger Jahren damit,
das akademische Eis in Sachen „Almas" zu brechen. Dieser Bewußtseinswandel wurde zu
einem großen Teil von Boris Porschnew mit-
geprägt, Professor für Geschichte und Philosophie an der sowjetischen Akademie der Wissenschaften, der das Thema unter seinen Kollegen salonfähig machte, als er kurz vor seinem
Tod im Jahre 1974 in der führenden amerika-

toffeln, Obst und einen Maiskolben vorfanden, die unmißverständlich hominide Zahnmarkierungen aufwiesen. Die Gruppe untersuchte auch die Spuren, welche von dem weiblichen Almas im Maisfeld zurückgelassen worden waren, darunter Zahnabdrücke eines Kiefers, der etwas breiter ist als der des durchschnittlichen Menschen, wie auch die deutlich zu erkennenden Fußabdrücke eines recht krummbeinigen, aufrecht gehenden Hominiden.

Man ist versucht, den Fall „Almas" mit der Entdeckung des Schneeleoparden und des Berggorillas zu vergleichen. Auch diese Lebewesen kannte man früher nur durch die mündliche Überlieferungen ortsansässiger Augenzeugen, und sie wurden allzu leichtfertig von Wissenschaftlern als unwahrscheinliche Phantastereien abgetan – bis man schließlich Exemplare einfing und in zoologische Gärten überführte. Wenngleich wir bisher noch kein Exemplar des Almas besitzen, gibt es doch bereits hinreichendes, übereinstimmendes Beweismaterial, um die Vermutung zu erhärten, daß diese menschenähnlichen Wesen tatsächlich existieren, offensichtlich in kleinen, immer weiter schrumpfenden Zahlen in den gebirgigen Gegenden Süd- und Zentralasiens. Doch was – oder wer – sind sie?

Boris Porschnew sah in den Almas eine mögliche „Restbevölkerung" des Neandertalers. Da dieser vom modernen Menschen vor ungefähr 40 000 Jahren verdrängt zu werden begann, erscheint es denkbar, daß einige Exemplare in dichten Wäldern Schutz suchten, wie auch in Wüsten und unzugänglichen Gebirgen. Porschnew argumentierte, daß ihre Kultur wahrscheinlich einen Abstieg erlitt, je mehr sie von wichtigen Rohstoffen, beispielsweise Feuersteinen, abgeschnitten wurden. Ihre Nachkömmlinge, die nur noch eine traurige Parodie des Lebens der früheren Neandertaler führten, hatten möglicherweise zu den Beschreibungen stark behaarter „wilder Waldmenschen" geführt, die sich in so vielen europäischen Märchen und Legenden finden lassen, und vielleicht waren sie auch der Anlaß für den Mythos von den Satyrn in der griechischen Mythologie.

Almas und Neandertaler

Es gibt gleich mehrere Beweisstränge, die zusammen Porschnews Hypothesen in äußerst überzeugendem Licht erscheinen lassen. Abgesehen von den Augenzeugenberichten verfügen wir glücklicherweise auch über eine detaillierte Studie, die im Jahre 1925 von sowjetischen Militärchirurgen an einem toten Almas durchgeführt wurde. Gemeinsam ergeben diese Quellen ein zusammenhängendes und lebensechtes Bild vom Aussehen des Almas. Das Wesen ist offensichtlich mittelgroß und robust gebaut, und anatomisch scheint es sich nicht wesentlich vom Menschen zu unterscheiden. Der Kopf weist jedoch charakteristischerweise eine andere Form auf, mit hervortretenden Augenbrauenknochen, flie-

nischen Zeitschrift *Current Anthroprology* einen Aufsatz über die „rätselhaften, wilden Menschen" veröffentlichte.

Dr. Jeanne Kauffman, eine Anhängerin Porschnews, errichtete im Kaukasus, wo die Almas so häufig gesichtet wurden, daß die Einheimischen sie für völlig normal halten, ein Studienzentrum. Seit 1962 hat Kauffmans Forschungsteam Dutzende von Augenzeugenberichten gesammelt, darunter auch einen ungewöhnlichen Fall, als nämlich 30 Menschen berichteten, wie sie ein weibliches Almas in einem Maisfeld hatten Maiskolben verzehren sehen. Aus den Berichten der ansässigen Bauern und Jäger hat Kauffman ein Bild eines örtlichen Almas rekonstruiert. Es weist große Ähnlichkeit mit dem Lebewesen nach, das in Rinchens mongolischen Aufzeichnungen beschrieben wird, wenngleich die „wilden Leute" des Kaukasus etwas kleiner und weniger behaart zu sein scheinen. Kauffmans Forschungsgruppe hat auch von der Entdeckung zweier Almas-Lager berichtet, wo sie Vorräte aus Kar-

Ganz oben:
Das Altaigebirge und die Wüste Gobi in der südwestlichen Mongolei. Viele Augenzeugen – auch diese Nomaden, die auf dem Bild gerade ihre Stuten melken (oben) – berichten von haarigen, menschenähnlichen Wesen, die sie gesehen haben.

Ganz oben links:
Dr. Jeanne Kauffman macht einen Abdruck von der Fußspur eines Almas, eine Fährte, die 1962 im Kaukasus, in der südlichen UdSSR entdeckt wurde. Dr. Kauffman hat im Kaukasus ein Studienzentrum errichtet, das sich mit den Almas befaßt. Eine Analyse der von ihr zusammengetragenen Fakten weist darauf hin, daß der kaukasische Almas große Ähnlichkeit mit den Wesen aufzuweisen scheint, von dem in der Mongolei berichtet wird.

hender Stirn, mächtigem Unterkiefer und Stubsnase. Die ganze Beschreibung stimmt vollkommen mit den Rekonstruktionen des klassischen Neandertalers überein, nur daß wir anhand der Skelettüberreste nicht feststellen können, ob diese mit rotbraunem Haar bedeckt waren, wie dies beim Almas anscheinend der Fall ist. Von Bedeutung ist vielleicht auch die Tatsache, daß an drei Stellen im Gebiet heutiger Almas-Sichtungen Überreste von Neandertalern gefunden wurden, von denen einige 35000 Jahre oder noch älter sind. Das südliche Rußland und Zentralasien waren den Neandertalern folglich bekannt, und sie boten sich als logische Rückzugsgebiete für die verbliebene Bevölkerung an. Professor John Napier, Experte auf dem Gebiet der Primatenbiologie, drückt es folgendermaßen aus: „Es läßt sich nicht ausschließen, daß es sich beim Almas um ein Überbleibsel der Neandertaler der letzten Eiszeit handelt."

Das Interesse der Konservativen

Porschnews Theorie hat inzwischen sogar unter britischen Archäologen einiges Interesse erregt. Im Jahre 1982 veröffentlichte die hochangesehene – und im allgemeinen für ihre äußerst konservative Haltung berüchtigte – Zeitschrift *Antiquity* eine Studie unter dem Titel „Argumente für das Überleben des Neandertalers", deren Autorin, Dr. Myra Shackley, an der Universität Leicester Archäologie und Wissenschaftskunde unterrichtet. Nach sorgfältiger Überprüfung des vorhandenen Beweismaterials und nachdem sie in der Mongolei Feldforschung betrieben hatte, gelangte Shackley zu dem Schluß: „Die Vorstellung, daß der Neandertaler ausgestorben sein *muß*, weil nur der heutige Mensch der einzige Überlebende

Igor Porschnew, ein Almasforscher aus dem Kaukasus, hält einen Schädel in der Hand, welcher der örtlichen Überlieferung zufolge vom Sohn eines menschlichen Jägers und einer Almas namens Zanah stammen soll.

der Hominiden sein kann, stellt eine völlig überholte biologische Arroganz dar."

Wenn die sowjetischen Wissenschaftler ihre intensive Suche nach den Almas fortsetzen sollten, erscheint es wahrscheinlich, daß es nur noch eine Frage der Zeit sein wird, bis man ein Skelett oder ein lebendes Exemplar gefunden hat, das die These untermauert. Das würde die Welt der Biologen zweifellos in Aufruhr bringen. Welchen Einfluß hätte dies auf die darwinistische Evolutionssicht? Gewiß würde ein solcher Fund Darwins Theorie nicht *widerlegen*, da man argumentieren könnte, daß der fern zurückliegende Neandertaler ein Überbleibsel des Prozesses der „natürlichen" Auslese geblieben ist, durch den sich die Menschheit weiterentwickelte. Doch wäre die fortgesetzte Existenz des Neandertalers, könnte man sie beweisen, eine jener „unordentlichen" Tatsachen, die für das darwinistische Bild einer langsamen Weiterentwicklung der hominiden Spezies vom *Australopithecus* über den *Homo erectus* und den Neandertaler bis zu uns recht peinlich wäre.

Die konventionelle Theorie vermittelt oft den Eindruck, als hätten diese „Fossilienmenschen" in streng abgegrenzten Zeiträumen gelebt und ließen sich säuberlich in „Stammbäume" einteilen. Tatsächlich jedoch legt dieses peinliche Beweismaterial ein völlig anderes Bild nahe – nämlich das einer beinahe völligen Verwirrung. Möglicherweise war der *Homo erectus*, der angeblich vor einer Viertelmillion Jahre ausgestorben ist, noch wenige tausend Jahre vor Christi Geburt am Leben. Ein anderer Aspekt des Problems ist der unbeachtet gebliebene Beweis, daß der heutige Mensch bereits vor 3,7 bis 5,5 Millionen Jahren im Pliozän lebte. In dieser frühesten Stufe des Tertiärs aber soll sich der *Australopithecus* entwickelt haben, und manche Forscher glauben, daß er sich in dieser Zeit von den Affenwesen fortentwickelte, mit denen sowohl der Mensch als auch der Schimpanse verwandt ist. Und doch machte man im 19. und frühen 20. Jahrhundert eine Reihe von Entdeckungen, bei denen Überreste des *Homo sapiens sapiens* gefunden wurden, manchmal sogar ganze Skelette, und zwar in Erdschichten, die aus dem Pliozän stammen; bemerkenswert sind vor allem die Funde in Castenodolo in Italien, in Calaveras in Kalifornien und Foxhall in Suffolk. Ein weiteres halbes Dutzend vollmenschlicher Fragmente fand man in Europa in Schichten, die aus dem Pleistozän stammen, das unmittelbar auf das Pliozän folgte – wiederum zeitgleich mit dem *Australopithecus*. Die Funde waren Gegenstand heftigster Kontroversen. Sie ließen sich einfach nicht in das darwinistische Erklärungsmuster einordnen und wurden als Grabstätten viel späterer Zeitalter wegerklärt – trotz der Proteste der Ausgrabenden, daß die Fundstellen völlig unberührt gewesen waren.

Als die fünfziger Jahre anbrachen, hatte man die Vormenschen des Pliozäns wegdiskutiert. Schießlich datierte man den einen oder anderen Fund mit Hilfe der Radiokarbonmethode – wodurch ihr Alter mit Jahrtausenden, nicht aber mit Jahrmillionen angegeben wurde. Dennoch blieb eine gewisse Unsicherheit zurück. Sir Arthur Keith, der zu seiner Zeit als Autorität auf dem Gebiet der menschlichen Fossilien galt, war der letzte herausragende Gelehrte, der die Funde einigermaßen ernstnahm. 1925 erklärte er:

„Unsere Vorgänger waren größtenteils voreingenommen … die Geschichte des Schädels von Calaveras läßt sich nicht, auch wenn sie bereits schal geworden sein mag … übergehen. Dies ist das ‚Gespenst‘, das all jene heimsucht, die sich mit der Geschichte des Frühmenschen befassen."

Keith konnte an die Echtheit der Funde nicht glauben, und er bemerkte, daß sie zu akzeptieren gleichbedeutend damit gewesen wäre, wie die Echtheit eines Flugzeuges anzuerkennen, das angeblich seit Elisabethanischer Zeit in einem Kirchengewölbe eingemauert gewesen war. Und doch schloß er mit erfrischender Ehrlichkeit:

„Würden solche Entdeckungen jedoch mit unseren Erwartungen übereinstimmen,

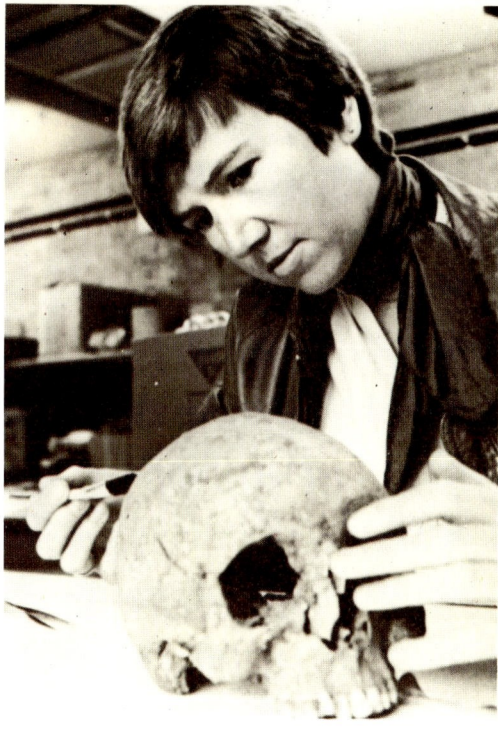

Oben rechts:
Dr. Myra Shackley, eine Archäologin, die nach sorgfältiger Untersuchung des Beweismaterials von der Existens des Almas überzeugt ist. Ihr Phantombild des Almas (links), anhand zahlreicher Augenzeugenberichte konstruiert, weist große Ähnlichkeit mit den Rekonstruktionen des Neandertalers auf, die auf Fossilienfunden beruhten. Ist es denkbar, daß der Neandertaler bis in die heutige Zeit überlebt hat – etwa als Almas?

trügereien und Fehlinterpretationen aufzuweisen. Trotz wichtiger Verbesserungen, sowohl was die Untersuchungsmethoden als auch was die Ehrlichkeit und Urteilsfähigkeit der beteiligten Wissenschaftler angeht, ist verläßliches Faktenmaterial, aus dem sich ein realistisches Bild vom Ursprung des Menschen aufbauen ließe, immer noch sehr rar. Ständig werden neue Theorien und Behauptungen aufgestellt, die auf erbärmlich lückenhaftem Beweismaterial fußen und noch immer läßt sich beobachten, daß darwinistische Wissenschaftler dazu neigen, die Fakten so zu verdrehen, daß sie sich mit den allgemein akzeptierten Theorien decken. Die Grundfrage „Woher kommen wir?" hat zu einigen der schlimmsten Auswüchse moderner wissenschaftlicher Forschung geführt. Solange wir noch keine neue Generation von Paläoanthropologen und eine neue Auffassung vom Ursprung des Menschen haben, wird jedes Nachdenken über den Ablauf der menschlichen Entwicklungsgeschichte weitgehend ins Reich der Spekulationen gehören.

stünden sie in Harmonie zu den Theorien, die wir hinsichtlich des Zeitpunkts der menschlichen Entstehung hegen, so würden sie von niemandem auch nur im Traum angezweifelt werden."

Wie immer die Wahrheit auch aussehen mag, es hat zumindest den Anschein, als sei der Fall des Pliozänmenschen inzwischen abgeschlossen, wenngleich man feststellen muß, daß die frühen Tests mit der Radiokarbonmethode, die man an einem Teil des Materials durchführte, so gut wie wertlos sind; denn das Alter versteinerter Knochen läßt sich auf diese Weise nicht genau bestimmen.

Als Wissenschaft hat die Paläoanthropologie, das Studium menschlicher Fossilien, eine unglückselige Geschichte der Stümpereien, Be-

Links: *Blitze schlagen ins Meer ein. Die ersten primitiven Lebensformen entstanden wahrscheinlich, nachdem Blitze Elemente der Erdatmosphäre miteinander verschmolzen, um dadurch das Potential des Lebens zu erschaffen.*

Oben:
Farnähnliche Kristalle der Aminosäure Tryptophan – einer der „Grundbausteine" des Lebens.

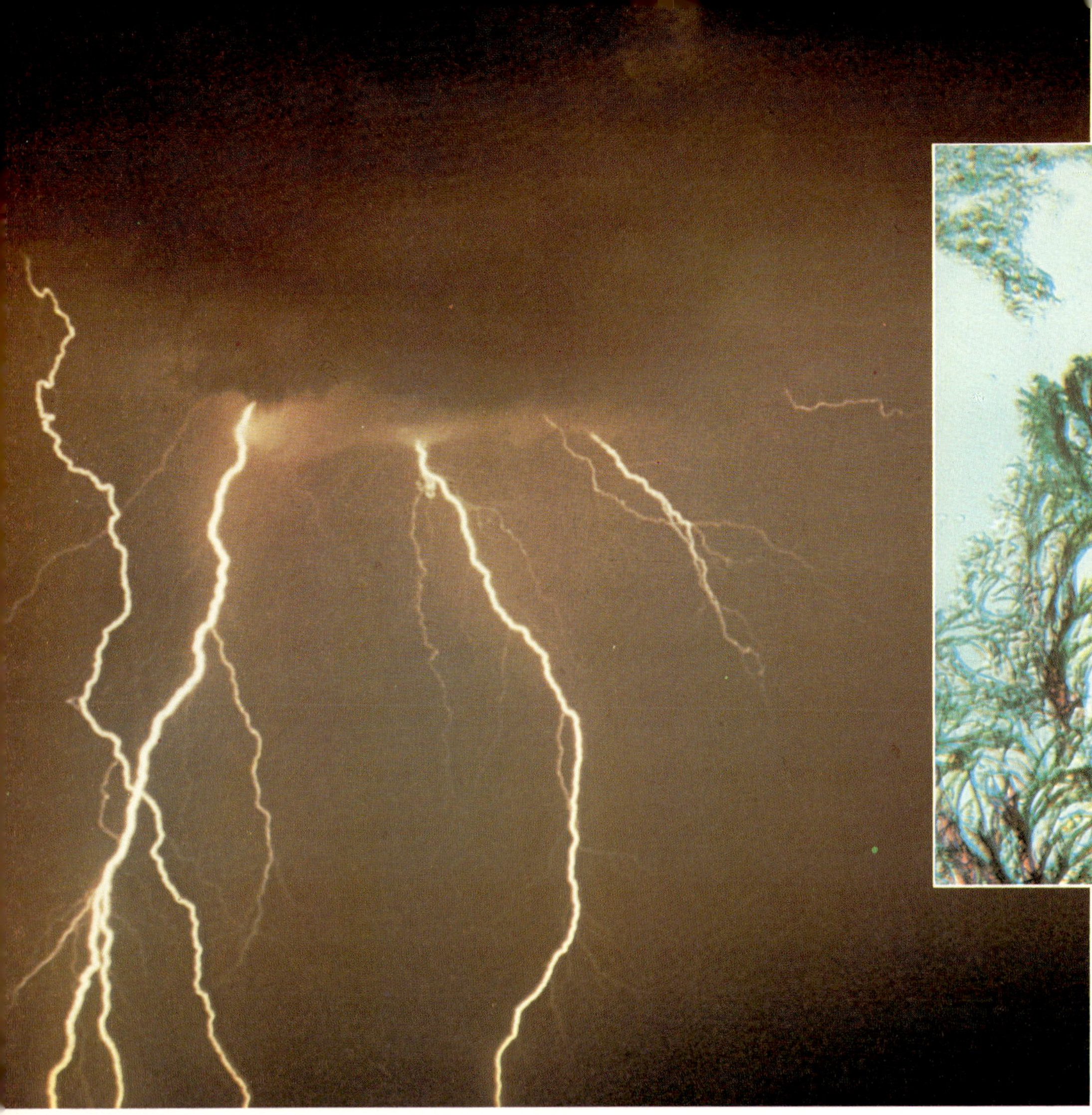

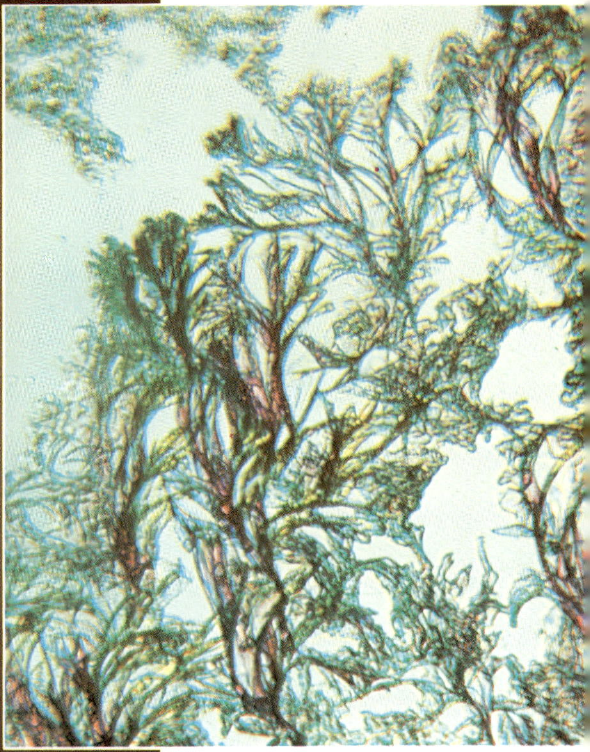

Das Wunder des Lebens

Die orthodoxe Wissenschaft glaubt, daß das Leben rein zufällig entstanden ist und sich dieser Vorgang durch die Gesetze der Physik und Biologie einwandfrei erklären läßt. Doch gibt es auch noch eine andere, aufregendere Möglichkeit. Könnte das Leben vielleicht eine Kraft sein, die von der Materie unabhängig ist und die mechanischen Prozesse irgendwie für seine eigenen Zwecke nutzt?

Den Theorien der modernen Astronomie zufolge entstand unser Universum vor ungefähr 10 Milliarden Jahren durch eine gewaltige Explosion. Nach etwa 1 Milliarde Jahren bildeten sich große Wolken aus dampfendem Gas zu Galaxien, und schließlich zogen sich die Wirbel und Strudel in diesem Gas zu Sonnen zusammen. Bis zu diesem Punkt hatte es im Universium nur die beiden „einfachsten" Gase gegeben: Wasserstoff und Helium. Doch als die Sonnen sich zusammenzogen, wurde der Innendruck so groß, daß diese einfachen Atome zermalmt wurden und Kohlenstoff entstand – der Grundbaustein des Lebens.

Doch kann das Leben nicht ohne verschiedene schwere Elemente, wie Eisen, Phosphor und Schwefel, existieren, und auch diese wurden in den Kernen der gigantischen Sterne eingeschlossen. Es mußten noch weitere Jahrmilliarden vergehen, bis die ursprünglichen Sonnen alt wurden, den größten Teil ihrer Energie in Form von Strahlung abgaben, zusammenbrachen und explodierten, bevor die wichtigsten Elemente frei umherschweben konnten.

Wie aber entwickelte sich nun das Leben? Die übliche Version ist, daß die verschiedenen Elemente – Kohlenstoff, Stickstoff, Phosphor, Sauerstoff, Wasserstoff, Eisen – irgendwie im großen Hexenkessel unseres sich abkühlenden Planeten zusammenkamen, durch Gewitterblitze miteinander verschmolzen wurden und komplizierte Moleküle ausformten, die man Aminosäuren nennt und die den Grundstoff aller lebenden Organismen bilden. Doch entdeckten im Jahre 1963 Astronomen Moleküle aus Sauerstoff-Wasserstoff-Verbindungen im interstellaren Raum; die Wissenschaft spricht von „Hydroxylgruppen". Wenige Jahre später entdeckten Radioastronomen außerdem Wasser, Ammoniak, Formaldehyd und Methylalkohol im Weltall. Zwar weiß

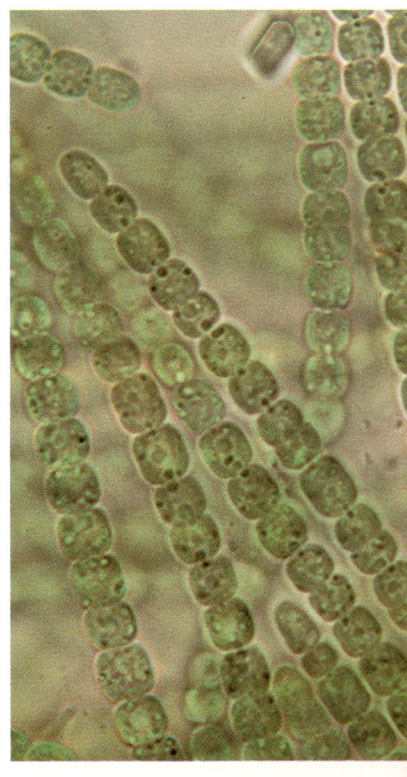

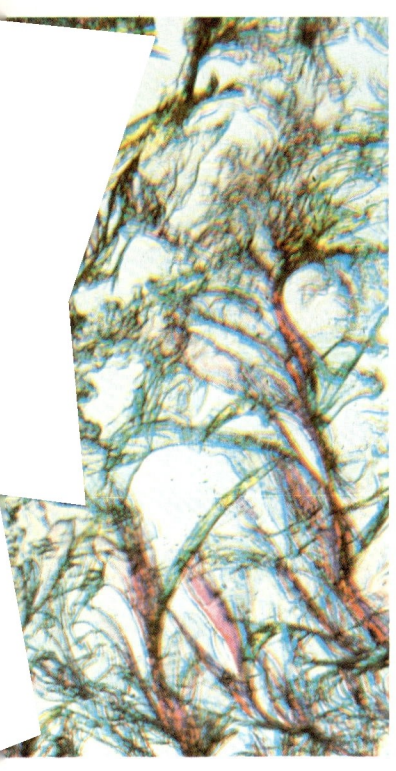

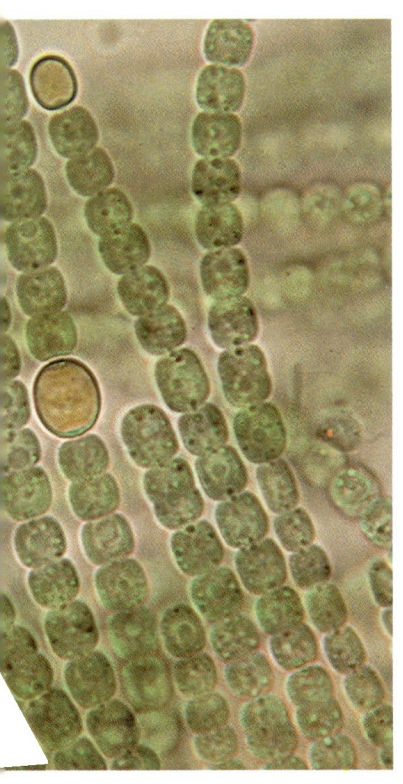

Das „mechanistische" Argument für die Evolution trifft auf Schwierigkeiten, wenn es mit primitiven Organismen wie der Amöbe (rechts: Saccamoeba limax, *500fach vergrößert) und mit blaugrünen Algen (unten:* Anabaena, *80fach vergrößert) konfrontiert wird. Niemand weiß, wie sich aus der einfachen Zelle der Alge die komplizierte Kernzelle der Amöbe entwickeln konnte.*

niemand genau, wie diese Atome entstanden sind, doch wäre es möglich, daß sie im interstellaren Raum zu existieren begannen und von Kometen auf die Erde gebracht wurden, wie Fred Hoyle vermutet. Nun kommt der schwierigere und kontroversere Teil der Geschichte: Wie hat sich diese tote Materie in Leben verwandelt? Die übliche Erklärung lautet, daß die organischen Moleküle in die Ozeane gelangten und sich im Laufe von weiteren Jahrmillionen durch zufällige Kollisionen jede nur erdenkliche Molekularform und -größe bildete. So soll schließlich ein Molekül entstanden sein, das die erstaunliche Fähigkeit besaß, sich selbst fortzupflanzen.

Diese Theorie wirft jedoch Probleme auf. Das Leben beginnt mit sogenannten „Proteinketten", die jede aus zahlreichen Aminosäuren besteht, welche pro Glied auf zwanzig verschiedene Weisen angeordnet sein können. In seinem Buch *Das Schicksal des Menschen* wies der französische Biophysiker Lecomte de Noüy darauf hin, daß selbst dann, wenn jede Millionstel Sekunde eine neue Kombination versucht würde, die Entstehung einer lebensfähigen Kette länger gedauert hätte, als unsere Erde überhaupt schon existiert. Die Wahrscheinlichkeit, die dagegen spricht, beträgt eine 1 mit 95 Nullen vor dem Komma zu 1.

Der Amerikaner Dr. Stanley Miller führte 1953 ein Experiment durch, bei dem er elektrische Ladungen durch eine Mischung aus Wasser, Ammoniak, Methan und Sauerstoff schießen ließ, durch jene Substanzen also, aus der die primitive Atmosphäre der Erde bestanden haben soll. Am Ende des ersten Tages war die Mischung rosa geworden, am Ende einer Woche stellte Dr. Miller fest, daß sich zwei der einfachsten Aminosäuren ausgebildet hatten. Spätere Untersuchungen haben ergeben, daß die frühe Atmosphäre der Erde tatsächlich aber nur aus Kohlendioxyd und Wasserdampf bestand. Als man Dr. Millers Experiment jedoch mit Wasser und Kohlendioxyd wiederholte, gelangte man zu ähnlichen Ergebnissen: wieder entstanden einfache Aminosäuren.

Eine andere Theorie des Lebens

Es scheint also, daß die ursprüngliche primitive Atmosphäre der Erde zusammen mit elektrischen Blitzen und dem reinen Zufall die Grundbausteine des Lebens hätte hervorbringen können. Damit ist jedoch Lecomte de Noüys Einwand immer noch nicht widerlegt, daß es Tausende von Jahrmilliarden dauern würde, bis diese Säuren eine Proteinkette bildeten. Dennoch können die Wissenschaftler beruhigt sein, daß es offensichtlich „Naturgesetze" gibt, welche die Ausbildung lebender Zellen begünstigen.

Im späten 19. Jahrhundert experimentierte der junge deutsche Biologe Hans Driesch (1867–1941) mit dem befruchteten Ei eines Seeigels. Er wartete, bis es sich geteilt hatte, dann tötete er eine Hälfte mit einer heißen Nadel ab. Zu seiner Überraschung wurde aus der überlebenden Eihälfte kein „halber" Seeigel, sondern vielmehr ein vollkommener, wenn auch kleinerer Embryo eines ganzen Seeigels. Offensichtlich enthielt jede Eihälfte die „Blaupause" des Ganzen.

Er versuchte es mit zwei Eiern, die er gegeneinander preßte und so miteinander vermischte. Sie wurden zu einem Embryo, der größer war als der normale.

Driesch behauptete einleuchtenderweise, daß man Organismen nur als lebendes *Ganzes* verstehen könne, nicht aber als Maschinen, die aus Einzelteilen bestünden. Dies erscheint uns heutzutage völlig akzeptabel. Was Drieschs Zeitgenossen jedoch empörte, war sein Argument, daß, falls Organismen ein „Ziel" hätten, dieses völlig losgelöst von ihren „mechanischen" Teilen sein müßte – also von ihren biologischen Einzelbausteinen. Mit anderen

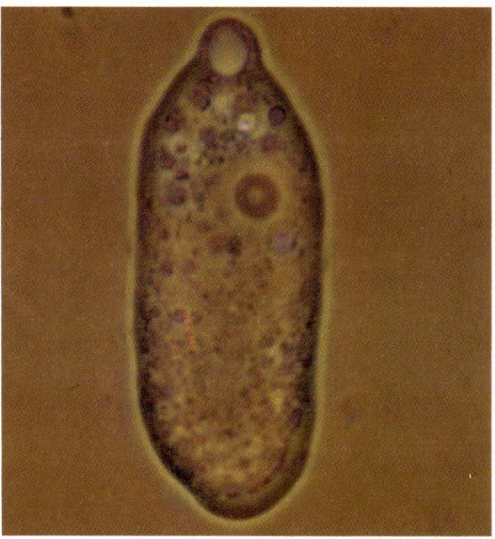

Worten, das Leben ist in einem Organismus völlig getrennt von seiner Chemie. Drieschs naturwissenschaftliche Zeitgenossen reagierten zornig und nannten ihn „Vitalist" oder „Mystiker".

Doch waren nicht alle von dem Gedanken besessen, die Natur auf rein mechanistische Weise deuten zu wollen. Jenseits des Atlantiks interessierte sich ein anderer Professor der Anatomie, Harold Saxton Burr von der Universität Yale, sehr stark für Drieschs Vorstellungen – vor allem für die Vermutung, daß die Zelle eine „Blaupause" enthält. Als erstes wollte er die elektrischen Kräfte untersuchen, die das ganze anscheinend in Bewegung setzen. Das Problem dabei besteht darin, daß diese Ströme so schwach sind, daß sie sich nur sehr schwer messen lassen. Burr ließ sich jedoch nicht entmutigen; zusammen mit einem Kollegen, F. S. C. Northrop, entwickelte er Methoden, einen Spannungsmesser an Bäume – wie auch an andere lebende Organismen – anzuschließen und ihre Werte beständig aufzuzeichnen. Die Bäume wiesen regelmäßige, jahreszeitabhängige Spannungsschwankungen auf, die auch mit der Aktivität der Sonnenflekken und den Mondphasen zusammenhingen;

als man den Spannungsmesser an den Eileiter eines Kaninchen anschloß, zeigte dieser beim Platzen des Follikels und dem darauf folgenden Eisprung eine Reaktion an. So entdeckte man die Möglichkeit, Frauen, die Mühe hatten, schwanger zu werden, zu helfen. Schloß man den Spannungsmesser an geistig gestörte Patienten an, zeigte dieser sehr deutlich, wer von ihnen am „gestörtesten" war. Er konnte auch die Hoch- und Tiefphasen körperlicher Erkrankungen anzeigen – so ließ sich dadurch beispielsweise Krebs im Frühstadium erkennen.

Burrs Experimente stützten seine Schlußfolgerung, daß alle lebenden Organismen von

Oben:
Semjon Kirlian, der russische Wissenschaftler, dem es gelang, etwas zu fotografieren, das möglicherweise das Lebensfeld lebendiger Organismen ist.

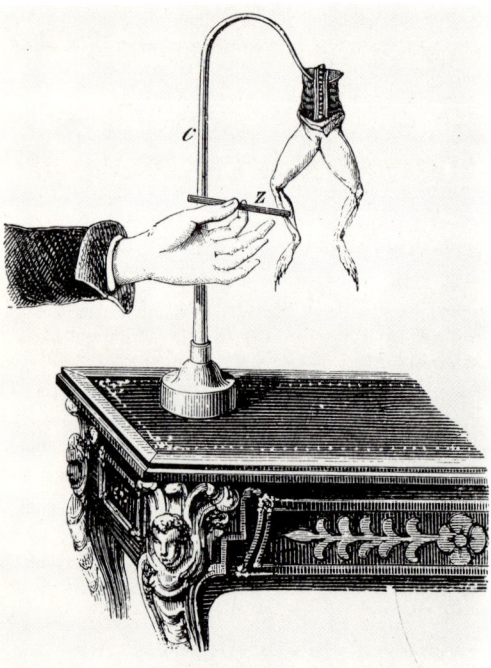

Oben links:
Luigi Galvani (1737–1798), dessen berühmtes Experiment mit den Froschschenkeln im Jahre 1762 (links) den Hinweis ergab, daß das Gehirn seine Befehle durch elektrische Impulse weiterleitet.

ihren elektrischen Feldern beeinflußt werden. Diese nannte er L-Felder (Lebensfelder). Legt man einen Salamanderembryo in eine alkalische Lösung, so trennen sich seine einzelnen Zellen voneinander ab; gibt man diese danach jedoch in eine schwachsaure Lösung, verbinden sie sich wieder und bilden gemeinsam aufs neue einen Embryo. Burr verglich dies mit der Wirkung eines Magneten, den man unter Eisenspäne hält, die auf einem Stück Papier

liegen – sie bilden Muster aus. Er folgerte, die „Blaupause" des Lebens ist in dem L-Feld enthalten, das die Zellen dazu bewegt, sich zu einer bestimmten Gestalt zusammenzuschließen. Ein Froschei weist verschiedene elektrische Kraftlinien auf; entwickelt es sich zu einer Kaulquappe, stellen sich diese Linien als sein Nervensystem heraus. Das elektrische Feld scheint also eine Art Gallertform zu sein, in welche die lebende Materie gegossen wird.

In den späten dreißiger Jahren machte ein russischer Professor, Semyon Kirlian, eine Entdeckung, die Burrs Theorie zu unterstützen scheint. Fotografierte man lebendige Materie – ob es nun die Hand eines Menschen war oder ein Pflanzenblatt – zwischen hochspannungsgeladenen Metallplatten, so zeigte die Aufnahme das Objekt umhüllt von einer leuchtenden Korona. Fotografierte man eine frisch geschnittene Blume, waren Funken zu erkennen, die aus dem Stamm oder Stengel strömten. Das alles sah sehr danach aus, als habe Professor Kirlian erfolgreich das L-Feld fotografiert – wenngleich skeptische Wissenschaftler nach wie vor dagegen einwenden, daß es sich dabei lediglich um willkürliche Effekte handele, die auf Schwankungen in der Hochspannung beruhen. Die vielleicht aufregendsten Experimente führte Kirlian mit einem abgerissenen Blatt durch. Das Foto schien in schwachen Umrissen sogar den *fehlenden* Teil des Blattes zu zeigen. Anders als Burrs Experimente werden die Kirlians noch immer kontrovers und heftig diskutiert; viele anerkannte Experimentatoren sind jedoch der Überzeugung, daß es Kirlian gelungen sei, die „Lebensfelder" zu fotografieren.

Natürlich *beweist* all dies nicht Hans Drieschs „Vitalismus", sondern lediglich seine Behauptung, daß das Leben auf „Ganzheit" abzuzielen scheint. Das umstrittene Wort dabei heißt „abzielen". Wissenschaftler mögen keine Begriffe, die einen Sinn oder ein Ziel nahelegen; sie ziehen es vor zu glauben, daß das Leben nur in dem Sinne auf Ganzheit „abzielt", wie eine Schneeflocke darauf „abzielt", den Boden zu erreichen. Doch werden ihre alten mechanistischen Modelle ständig durch neue Entdeckungen in Frage gestellt.

So konnten Daniel Perlmann und Robert Stickgold Mitte der siebziger Jahre bei Experimenten, die an der Universität Wisconsin stattfanden, eine merkwürdige Art von „Freiheit" demonstrieren. Sie züchteten Bakterien in einer antibiotikahaltigen Lösung, die diese normalerweise zerstört hätte; die verwendete Bakterienart besaß ein Gen, das ein Enzym herstellen kann, mit welchem das Antibiotikum vernichtet wird. Sie kann also tatsächlich überleben. Ginge es jedoch nach dem mechanistischen Weltbild, geschähe dies, weil sie ihr Abwehrsystem „anschaltet", um es dann wieder abzuschalten, wenn die Gefahr gebannt ist. Tatsächlich reagierten die Bakterien jedoch so, daß sie das schützende Gen in riesigen Mengen kopierten – als hätten sie sich dazu *entschlos-*

sen, eine verläßlichere Verteidigungspolitik einzuschlagen.

Professor C. H. Waddington hat eine Erklärung parat, die Burrs „vitaler Blaupause" sehr nahekommt – daß das Leben nämlich eine Sache von Rhythmen und Schwingungen sein könnte, wie die Schwingungsmuster, die sich auf einer Glasscheibe zeigen, die mit Sand bedeckt wurde und welche man mit einem Geigenbogen streicht. Er äußert sogar die Vermutung, daß das Leben sich wie eine musikalische Komposition entwickeln könnte – als geordnete Serie von Schwingungen. Demzufolge wäre Krebs eine Krankheit der Desorganisation.

Im Augenblick befinden sich all diese aufregenden Vorstellungen noch immer in einer Art Schmelztiegel; noch hat sich die Schlacke nicht unten abgesetzt, noch sind die Verunreinigungen nicht an die Oberfläche gekommen. Und doch zeichnet sich das mögliche Ergebnis bereits deutlich ab. Vielleicht ist das Leben doch nicht einfach nur ein „Produkt" der Materie, wie Hitze ein Produkt des Feuers ist; vielleicht ist es vielmehr ein Organisationsprinzip *jenseits* der Materie. Mit anderen Worten, als Zufall und die Naturgesetze die Grundbausteine des Lebens – die Aminosäuren – erzeugt hatten, schaltete sich das Leben ein, um sie zu komplizierteren Form zu organisieren.

Diese Auffassung kennt man unter der Bezeichnung *Vitalismus,* und die meisten seriösen Biologen erschauern bei dem bloßen Gedanken daran. George Bernard Shaw verlieh dieser Auffassung Ausdruck als er sagte, daß das Leben das Universum durchdringe und versuche, Fuß in der Materie zu fassen. Der Philosoph T. E. Hulme glaubte, der Evolutionsprozeß ließe sich als Einfügung von immer mehr Freiheit in die Materie beschreiben – so daß die Amöbe als kleines „Freiheitsleck" betrachtet werden kann, während der Mensch ein noch größeres Leck darstellt.

Die erstaunlichen Konsequenzen

Hier stoßen wir nun zum Kern der Sache vor. Die Naturwissenschaft kennt das Wort „Freiheit" nicht, sie befaßt sich mit mechanischen Vorgängen. Wenn man behauptet, man habe etwas aus freiem Willen getan, kann der Naturwissenschaftler tausend Gründe anführen, um zu beweisen, daß man es tun *mußte,* so wie ein Fluß bergab fließen muß. Entgegnet man darauf, daß man *selbst* entscheiden kann, ob man ihn widerlegen will oder man fortgehen und etwas Nützlicheres tun will, so wird er entgegnen, daß die Freiheit des Denkens ebenfalls eine Illusion sei. Weigert man sich, dies zu akzeptieren, so entscheidet man sich dadurch für die Weltsicht, daß das Leben – oder die Freiheit – irgendwie *über* der Materie und der Mechanik stehe.

Sollte diese ketzerische Auffassung wahr sein, so hätte dies erstaunliche Konsequenzen für die Wissenschaft. Wäre das Leben lediglich ein Produkt der Materie, dann ist das Leben zugleich ein Sklave der Materie. Existiert es

Hans Driesch (1867–1941), der Biologe und Philosoph, der erklärt, daß jeder Organismus als lebendes Ganzes verstanden werden muß und die antimaterialistische Auffassung vertrat, daß die Lebenskraft völlig unabhängig von der Chemie ist.

aber auf irgendeine Weise unabhängig davon, dann ist es ihr potentieller Herrscher. Dies würde bedeuten, daß das Leben (oder der Geist) die Naturgesetze überwinden könnte. Und dieser uralte Glaube hat auch einen Namen: Man nennt ihn Magie.

Dies ist die Frage, mit der sich die Wissenschaft eines Tages aussöhnen muß: Ist das Universum nämlich grundlegend „magisch". Manche Wissenschaftler sind bereit zuzugeben, daß dies wahrscheinlich der Fall sei. So hat beispielsweise der Kybernetiker David Foster eine Studie der „Programmierung" der DNS durchgeführt und ist zu dem Schluß gekommen, daß die darwinistische Biologie sich höchstwahrscheinlich irrt. Die Kybernetik ist die Wissenschaft der Kontrollsysteme – wie bei einem Thermostat, der die Wärme abschaltet, sobald im Zimmer eine bestimmte Temperatur erreicht wurde. Eines der Grundgesetze der Kybernetik besagt, daß ein Mensch, der ein solches System entwickelt, stets intelligenter sein muß als das System selbst; also muß ein Programmierer immer intelligenter sein als das System, das er entwirft.

Nun ist ein Gen tatsächlich ein Programm. Und es ist Fosters Überzeugung, daß die Kompliziertheit unserer genetischen Programmierung auf höhere Energien und höhere Intelligenzen hinweist als alles, was wir auf der Erde finden können. Was wiederum deutlich nahelegt, daß der Mensch nicht die höchste Intelligenz im Universum ist. Es *muß*, sagt Foster, „dort draußen" höhere Intelligenzen geben. Vielleicht ist das Universum selbst eine einzige riesige Intelligenz …

Wenn wir uns mit diesen Gebieten befassen, nähern wir uns sehr bedrohlich bestimmten Fragen, die von der Mehrheit der Wissenschaftler ignoriert werden – beispielsweise Fragen nach dem „Paranormalen", nach UFOs, nach anderen Dimensionen des Raums und der Zeit. Zu Beginn seines Buches *Lifetide* (Lebensflut) behauptet der Zoologe Lyall Watson, daß er mit angesehen hat, wie ein kleines Mädchen einen Tennisball streichelte und sich dieser plötzlich von innen nach außen stülpte, ohne daß dabei seine Oberfläche verletzt wurde. Unmöglich. Doch in einem Universum, das auch nur um eine einzige zusätzliche Dimension der Wirklichkeit verfügt, könnte dies so alltäglich sein wie das Umstülpen eines Handschuhs. Und wenn das Leben nicht nur das Produkt der Materie ist, sondern vielmehr „jenseits" von dieser existiert, so verfügt unser Universum *tatsächlich* über diese magische Stufe und läßt sich nicht ausschließlich physikalisch beschreiben.

Der Mann, der Leben schuf

In seinen Reagenzgläsern und Retorten soll Andrew Crosse lebende Wesen erschaffen haben, wodurch er die Welt des 19. Jahrhunderts in Aufruhr versetzte. In diesem Kapitel wird der Frage nachgegangen, ob dieser englische Gentleman und Wissenschaftler ein echter „Frankenstein" war.

Wie drohende Gewitterwolken hängt schwer und dicht die Furcht über dem Dorf. In der Ferne zeichnet sich vor den Hügeln ein großes düsteres Herrenhaus ab. Mattes gelbes Licht, das aus einem Fenster im Erdgeschoß hinausdringt, zeigt an, daß der Wissenschaftler zu Hause und bei der Arbeit ist. Donnergrollen hallt von den Hügeln wider. Ein Lichtblitz zerfetzt den Himmel. Plötzlich gleißt das Fenster des Herrenhauses von brennendem, blendendem Licht, die Angst schnürt die Kehlen der Dorfbewohner noch enger zusammen, als sie sich die dämonischen Aktivitäten vorstellen, die im Inneren der grauen, abweisenden Mauern des Herrenhauses stattfinden mögen.

Diese Beschreibung würde auf das beliebte Bild des Barons Victor Frankenstein zutreffen, wie er bei der Arbeit ist; ebenso ließe sie sich allerdings auf den wirklichen Gentleman-Wissenschaftler Andrew Crosse anwenden. Auch

er hatte eine Neigung zu unorthodoxen Laborexperimenten, und es heißt, daß er tatsächlich Leben aus unbelebter Materie erschaffen habe.

Andrew Crosse wurde am 17. Juni 1784 in eine reiche englische Familie geboren. Im Jahre 1793 schickte man ihn auf Dr. Seyers Festungsschule in Bristol, und hier soll er mit der Naturwissenschaft vertraut gemacht worden sein. Crosse, der von seiner zweiten Frau später als ein Mensch beschrieben wurde, der „sich von allem entzücken ließ, was merkwürdig und wundersam erschien", war ungefähr seit seinem 12. Lebensjahr wie besessen von der neuen Wissenschaft, der Elektrizität. Möglicherweise wurde sein Interesse durch seinen Vater geweckt, zu dessen Bekannten Benjamin Franklin und Joseph Priestley gehörten, zwei Pioniere dieser jungen Wissenschaft. Crosse selbst sah die Ursache in einem Vortrag über das Thema, den er hörte. Jedenfalls verbrachte er danach einen Großteil seiner Zeit mit entsprechenden Experimenten.

Im Juni 1802 ging er auf das *Brasenose College* in Oxford. Dort wurde er zu einem zügellosen Leben ermuntert und gab seine Experimente fast völlig auf. Nach dem Tode seiner Mutter erbte er die Güter und das Vermögen seiner Familie und war im begriff, ein typischer reicher Geldverschwender und Nichtsnutz zu werden, bis er auf einer Gesellschaft George John Singer traf. Dessen große Leidenschaft für elektrische Experimente entfachte Crosses eigene Begeisterung aufs neue. 1807 begann er auf Fyne Court, seinem Familiensitz, mit Experimenten auf dem Gebiet der Elektrokristallisation. 1837 führten seine Experimente zu einem Ergebnis, das die Wissenschaftler bis heute vor Rätsel stellt. Crosse erschuf Leben aus unbelebter Materie. Er berichtet selbst, wie dies geschah:

„Im Laufe meiner Bemühungen, künstliche Mineralien durch fortgesetzte elektrische

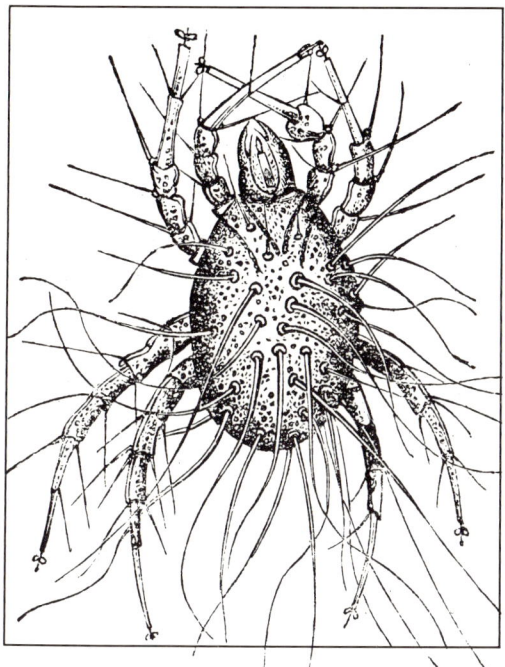

Das seltsame Insekt, das im Verlauf von Crosses Experimenten mit Elektrizität am Boden einer Schale zum Leben erwachte. Als die Existenz der „Acari" bekannt wurde, verurteilte die religiöse Gemeinschaft Crosse, weil er angeblich Gott ins Handwerk pfusche.

Rechts:
Fyne Court, Familiensitz von Andrew Crosse. Hier führte er viele seiner Experimente durch – lange Zeit im Geheimen – und geriet am Ort in den Ruf, wahrscheinlich ein böser Zauberer zu sein.

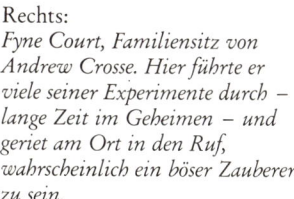

Links:
Benjamin Franklin, amerikanischer Politiker und Diplomat, Schriftsteller und Wissenschaftler. Crosse erfuhr wahrscheinlich über seinen Vater, der ein Bekannter Franklins war, von dessen elektrischen Experimenten.

Operation auf Flüssigkeiten auszubilden, in denen ich für meine Zwecke geeignete Substanzen gelöst hatte, bediente ich mich aller nur erdenklichen Gerätschaften; unter anderem konstruierte ich einen Holzrahmen, welcher einen Wedgewoodtrichter hielt, in dem eine Quartschale auf einem runden Stück Mahagoni ruhte. Als diese Schale mit einer Flüssigkeit gefüllt war, wurde ein mit derselben Flüssigkeit befeuchteter Streifen Flanell über die Seite des Gefäßes gehängt, der, als Heber wirkend, die Flüssigkeit tropfenweise durch den Trichter bewegte; diese Tropfen fielen in einen kleineren, unter dem anderen befindlichen Glastrichter, der ein Stück eines etwas porösen, roten Eisenoxids vom Vesuv enthielt. Dieser Stein wurde beständig elektrifiziert.

Am vierzehnten Tage nach Beginn dieses Experimentes bemerkte ich durch eine Linse einige kleine Auswölbungen oder Nippel, die um die Mitte des elektrifizierten Steines herum hervorragten. Am achtzehnten Tage vergrößerten sich diese und ließen sieben oder acht Fädchen hervortreten, von denen jedes länger war als die Halbkugel, auf der es wuchs. Am sechsundzwanzigsten Tage nahmen sie die Gestalt eines vollkommenen Insekts an, das aufrecht auf einigen wenigen Stoppeln stand, die seinen Schwanz bildeten … Am achtundzwanzigsten Tage bewegten diese kleinen Kreaturen ihre Beine … Wenige Tage darauf lösten sie sich von dem Stein und liefen nach Belieben umher."

Diese völlig unerwartete Entwicklung verblüffte Crosse. Verzweifelt suchte er nach einer rationalen Erklärung, doch es schien keine zu geben. Im Laufe der darauffolgenden Monate wiederholte er das Experiment. Nun schrieb er:

„Nach vielen Monaten des Tuns und der darauffolgenden Ausbildung bestimmter kristalliner Stoffe beobachtete ich ähnliche Auswüchse wie jene zuvor beschriebenen am Rande der Flüssigkeit in jedem der Zylinder, mit Ausnahme von zweien, die das Karbonat des Kaliums und das metallische Arsen enthielten; und nach einer Weile entwickelten sich die weißen Erscheinungen zu Insekten. Bei meinem ersten Experiment hatte ich Flanellwolle, Holz und einen vulkanischen Stein verwendet. Beim letzteren war keine dieser Substanzen vorhanden."

Einmal mehr gab es keine Erklärung für das Erscheinen dieser Acari oder winzigen Milben, und er wiederholte das Experiment ein drittes Mal. Diesmal beging Crosse einen Fehler, der, anstatt Licht auf das Rätsel zu werfen, dieses nur noch zu verfinstern schien:

„Ich hatte es unterlassen, innerhalb der Kugel der Retorte einen Ruheort für diese Acari (immer fallen sie der Vernichtung anheim, wenn sie in die Flüssigkeit zurückstürzen, aus der sie hervorkamen) einzurichten. Es ist seltsam, daß in einer stark ätzenden Lösung und in einer Atmosphäre aus saurem Wasserstoff und Gas ein einzelner Acarus erscheinen sollte."

Die Veröffentlichung der Entdeckung

Nun schrieb Andrew Crosse einen Bericht über seine „Entdeckung" und schickte ihn an die Elektrische Gesellschaft zu London. Man empfing ihn mit einiger Skepsis, doch immerhin mit genügend Interesse, um einen weiteren mit der Elektrizität experimentierenden Forscher darum zu bitten, Crosses Arbeit zu wiederholen. Der dazu auserwählte Mann war W. H. Weeks aus Sandwich in Kent. Die Ergebnisse wurden veröffentlicht in den *Annals of Electricity* (Oktober 1836–1837) sowie in

Unten:
Michael Faraday bei der Arbeit im Labor. Dieser berühmte Physiker und Chemiker verteidigte Crosse während der Kontroverse, die um seine Experimente entbrannte.

den *Transactions* der Londoner Elektrischen Gesellschaft (1838).

Weeks veröffentlichte zwar nur eine Zusammenfassung der Ergebnisse seiner Experimente, doch es geht daraus hervor, daß er eine Reihe von Vorsichtsmaßnahmen traf, um sicherzugehen, daß keine fremden Stoffe wie beispielsweise Insekteneier in die Geräte eindringen konnten. Weeks ging langsam und methodisch vor. Noch während er experimentierte, wurde Crosses Entdeckung allgemein bekannt. Wäre die Angelegenheit unter Wissenschaftlern geblieben, so hätte sie wahrscheinlich keinen solchen Sturm ausgelöst. Crosse jedoch sprach mit einigen Freunden über die Acari, denen er anscheinend das Leben geschenkt hatte. Einer davon war der Herausgeber der *Western Gazette*. Crosses zweite Frau Cornelia berichtete über das Ergebnis:

„… der Herausgeber eines Blattes im Westen Englands … veröffentlichte sofort, zwar ohne Autorisierung, doch auf sehr wohlwollende Weise, einen Bericht über das Experiment, der sich schleunigst über ganz England, ja ganz Europa verbreitete und gleichzeitig die Leichtgläubigkeit jener befriedigte, die das Wundersame lieben, wie aber auch eine Heerschar bitterer, aber ebenso törichter Angreifer empörte, deren persönliche Angriffe auf Mr. Crosse und die falschen Darstellungen seiner Ansichten zugleich albern und ärgerlich waren."

Als der Sturm losbrach und Andrew Crosse erfaßte, eilten viele zu seiner Verteidigung herbei. Darunter Michael Faraday, der in einem leidenschaftlichen Vortrag vor der Royal Institution jene verurteilte, die Crosse angriffen. Faraday behauptete auch, selbst Crosses Experiment durchgeführt und seine Ergebnisse bestätigt zu haben. Dies glättete die Wogen jedoch nicht, ebensowenig wie Weeks, der bestätigte, daß Crosses Experiment in der Tat den Acari „das Leben schenkte". Tatsächlich ließe sich sagen, daß Faraday und Weeks unbeabsichtigterweise die weitverbreitete Meinung schürten, daß Crosse ins Werk der Schöpfung eingegriffen habe, als ein Mensch, der sich zum Rivalen Gottes erhöhte.

Andrew Crosse war von diesem Aufruhr erzürnt, verletzt und wahrscheinlich auch verwundert, und er wich in die Zurückgezogenheit von Fyne Court aus. Dort mußte er erleben, wie seine Nachbarn ihn beleidigten und schnitten. Bei einer Gelegenheit leitete ein ortsansässiger Geistlicher, der Reverend Philip Smith, einen exorzistischen Gottesdienst auf den Hügeln oberhalb von Crosses Landsitz.

Im Jahre 1846 starben im Abstand von vier Tagen Crosses erste Frau und sein Bruder Richard. In seiner Trauer kehrte Crosse zu seinen Experimenten zurück. Sein Tagebuch und die Briefe an Freunde künden von seinen Hoffnungen und Zielen. Er teilte mit, daß er an der Konstruktion einer „Batterie, die sowohl billig als auch stark und haltbar" arbeite – vielleicht eine Vision der Trockenzellenbatterie, die 1868 von Georges Leclanch zum Patent angemeldet wurde. Er experimentierte ebenfalls mit der Haltbarmachung von Nahrungsmitteln und der Entsalzung von Meereswasser und anderen Flüssigkeiten mit Hilfe der Elektrizität.

Ein neues Leben

In den späten Vierzigern des 19. Jahrhunderts kehrte Andrew Crosse aus seiner freiwilligen Abgeschiedenheit auf Fyne Court zurück. Im Jahre 1849 begegnete er Cornelia Burns, die noch in den Zwanzigern war, und bald blühte die Liebe auf. Crosse widmete sich wieder dem Leben und begann sogar, Gesellschaften aufzusuchen. Am 22. Juli 1850 wurden die beiden getraut.

Im Laufe der folgenden fünf Jahre verschlechterte sich Crosses Gesundheitszustand, und am 26. Mai 1855 erlitt er eine Lähmung, von der er sich nie wieder erholte. Kurz vor dem Tod nahm er die Hand seiner jungen Frau und sagte: „Meine Liebe, auch das gewaltigste menschliche Wissen ist vergleichsweise bloße Unwissenheit."

Heute ist Andrew Crosse so gut wie vergessen, einer von vielen Amateurforschern, die auf bescheidene Weise die naturwissenschaftlichen Erkenntnisse bereicherten. Erinnert wird sein Name nicht etwa in Lehrbüchern, sondern vielmehr in Werken, die sich mit Rätseln und Geheimnissen befassen. Die Frage bleibt offen: Was waren die Acari? Es ist niemand in den letzten Jahren bekannt geworden, der Crosses Experiment wiederholt hätte, und es gibt auch keine allgemein akzeptierte Erklärung des Rätsels. Allerdings wurden mehrere Theorien vorgebracht. 1934 meinte Dr. A. C. Oudemans, daß es sich bei den Acari um *Glyophagus domesticus* gehandelt habe, ein weit verbreitetes Insekt, das sich unter allen nur erdenklichen Umständen ans Leben klammert. Es vermag auch trotz vieler Vorkehrungen in experimentelle Geräte einzudringen.

Eine weitere Erklärung besagt, daß die chemischen Bestandteile bei Crosses Experimenten eine Form annahmen, die Leben vortäuschte. Vielleicht stimmt eine dieser Theorien. Doch kann man sich nur schwer vorstellen, daß die Eier des *Glyophagus domesticus* bei allen Experimenten vorhanden waren, die von Crosse und Weeks und möglicherweise auch Faraday durchgeführt wurden. Ebenso schwer fällt es zu glauben, daß die Experimentatoren die Möglichkeit nicht berücksichtigten und überprüften, daß es sich bei dem Acarus in Wirklichkeit nicht um ein Lebewesen gehandelt habe.

Nimmt man alles zusammen, so wissen wir noch heute nicht, worum es sich bei Andrew Crosses Acari handelte – und auch der Mann selbst wirkt nach wie vor seltsam und außergewöhnlich.

In seinem Buch *The man who was Frankenstein* (Der Mann, der Frankenstein war) äußert Peter Haining die Vermutung, daß Crosse für Mary Shelleys Frankenstein Modell gestanden haben könnte. Er weist darauf hin, daß die

Shelleys im Jahre 1814 Besuch von dem Dichter Robert Southey erhielten, der Crosse persönlich kannte und auf Fyne Court beherbergt worden war. Die drei sprachen anscheinend über elektrische Experimente, und am 28. Dezember besuchten Mary und Percy Shelley einen Vortrag Crosses.

Die Beweise dafür, daß Andrew Crosse und seine Experimente mit der jungen Wissenschaft von der Elektrizität Mary Shelleys Einbildungskraft anspornte, sind bestenfalls indirekter Art. Doch entspricht dieser leicht exzentrische Gentleman-Wissenschaftler, der in seinem abgelegenen Landsitz in der Wildnis der nebligen Quantocks seine Experimente durchführte, zweifellos dem beliebten Bild vom Baron Victor Frankenstein.

Gewohnheitstiere

Erben wir das Wissen vergangener Generationen? Experimente scheinen darauf hinzu-
weisen, daß wir Zugang zu einem „Gedächtnispool" haben – zum Kollektivwissen unserer
gesamten Spezies. Welche Tatsachen stützen eine solche Vererbungstheorie?

Wenn sich Kaninchen paaren, bringen sie weitere Kaninchen hervor; Goldfische erzeugen Goldfische, und Kohlsamen werden zu Kohlköpfen. Gleiches erzeugt Gleiches. Die allgemeinen Merkmale der Spezies werden immer und immer wieder hervorgebracht, Generation um Generation; das gilt auch für besondere Eigenarten einer Rasse oder Variante und auch sogar für individuelle Merkmale, anhand derer wir Familienähnlichkeiten ausmachen können.

Diese Tatsachen sind so allgemein bekannt, daß wir dazu neigen, sie für selbstverständlich zu halten. Doch je mehr wir uns mit den hochkomplizierten Prozessen beschäftigen, durch die ein Embryo sich entwickelt und wächst, um so erstaunlicher erscheint dieses Erbe der Form und Struktur. Noch erstaunlicher ist die Vererbung des Instinkts. So weben junge Spinnen beispielsweise ihre Netze, ohne dies erst von älteren Spinnen lernen zu müssen oder von ihnen zu erfahren, wozu die Netze gedacht sind. In der Vogelwelt bildet der Kuckuck ein besonders herausragendes Beispiel: Die Jungen werden von Eltern anderer Arten ausgebrütet und aufgezogen und bekommen in den ersten Wochen ihres Lebens ihre Eltern nicht zu sehen, ja überhaupt keinen anderen Kuckuck. Gegen Ende des Sommers zieht der erwachsene europäische Kuckuck ins südliche Afrika, wo er sein Winterquartier nimmt. Ungefähr einen Monat später versammeln sich die Jungen und fliegen in die entsprechende Gegend Afrikas, wo sie sich der älteren Generation anschließen. Sie wissen instinktiv, daß sie wegziehen müssen und wann dies geschehen soll; instinktiv erkennen sie andere jüngere Kuckucks und scharen sich zusammen. Ohne jede Unterweisung ist ihnen klar, in welche Richtung sie fliegen müssen und wo ihr Ziel liegt.

Wie läßt sich dieses Vererbungsphänomen erklären? Der offensichtlichste Ausgangspunkt ist die Tatsache, daß alle Tiere und Pflanzen sich aus lebenden Zellen entwickeln, die von ihren Eltern stammen. Bei der sexuellen Fortpflanzung sind dies die Ei- und Samenzellen, bei der vegetativen Fortpflanzung sind es abgelöste Teile des Elternorganismus, beispielsweise Ableger bei Pflanzen. Diese Zellen besitzen eine komplexe mikroskopische Struktur, und im Kern einer jeden Zelle finden sich lange, fadengleiche Chromosomen, welche die chemische DNS (Desoxyribonukleinsäure) enthalten.

Eine der größten Durchbrüche moderner Biologie besteht in dem Nachweis, daß Erbunterschiede zwischen Organismen auf Differenzen an bestimmten Punkten ihrer Chromosomen, Gene genannt, beruhen und die DNS verschiedener Gene eine festgelegte, charakteristische Struktur aufweist.

Die DNS tritt in langen Doppelreihen auf, die sich spiralförmig ineinanderdrehen – die berühmte Doppelhelix. Auf diesen einzelnen Strängen finden sich vier verschiedene Chemikalien, die meistens durch die Buchstaben A, G, T und C dargestellt werden: Adenin, Guanin, Thymin und Cytosin. Sie können in verschiedener Reihenfolge angeordnet sein, um somit verschiedene chemische „Wörter" zu buchstabieren. Diese „Wort"-Sequenzen lassen sich in Reihen vergleichsweise einfacher Chemikalien übersetzen, in sogenannte Aminosäuren, die miteinander verkettet werden, um Proteinmoleküle zu bilden. Proteine sind jene komplizierten chemischen Verbindungen, die einen großen Teil des Protoplasma ausmachen und als Enzyme, als Katalysatoren der chemischen Reaktionen im Zellinneren, fungieren.

Diese Entdeckungen sind schon oft beschrieben worden, und so braucht hier nicht näher

Das komplizierte Muster eines
Spinnennetzes. Junge Spinnen
wissen instinktiv, wie sie Netze
spinnen – ohne es erst von älteren
lernen zu müssen. Wie werden
solche Instinkte vererbt?

darauf eingegangen zu werden. Die wichtige Frage lautet: Können diese chemischen Verbindungen *allein* das Problem der Vererbung lösen? Sind tatsächlich die Gestalt einer Blume oder die Instinkte eines Insekts mit den chemischen Verbindungen zu erklären, die diese enthalten?

Die Antwort lautet nein. In diesem Punkt sind sich die Biologen einig. Doch während die meisten von ihnen der Auffassung sind, daß dieses Unvermögen nur auf der Tatsache beruht, daß lebende Organismen hochkompliziert sind und man noch nicht genügend Einzelheiten über ihre chemischen Prozesse kennt, meinen andere, daß ein lebender Organismus niemals durch seine Chemie allein zu begreifen ist. Am Leben sind noch andere rätselhafte Faktoren beteiligt, und sie spielen eine große Rolle bei der Vererbung von Form und Instinkt.

Sogar orthodoxe Biologen geben die Existenz eines geheimnisvollen, nicht chemischen Faktors, der an der Vererbung beteiligt ist, zu. Sie verleihen diesem eine beeindruckende Bezeichnung: das „genetische Programm". So sagt man beispielsweise, daß die äußere Gestalt einer Glockenblume und die Instinkte einer Libelle „genetisch einprogrammiert" sind. Doch was ist eigentlich ein genetisches Programm?

Es ist nicht dasselbe wie ein Computerprogramm, weil dieses durch ein vernunftbegabtes intelligentes Lebewesen in den Computer eingespeist wird, nämlich vom Programmierer – während materialistisch eingestellte Biologen leugnen, daß lebende Organismen von einem bewußten Programmierer oder Designer zusammengesetzt wurden.

Ist das genetische Programm vielleicht dasselbe wie die chemische Struktur der DNS? Dies ist auch nicht die Erklärung, denn alle Körperzellen enthalten identische Kopien der DNS und doch entwickeln sie sich unterschiedlich. Nehmen wir einmal Arme und Beine: Die in ihnen enthaltene DNS ist die gleiche, dennoch haben sie verschiedene Gestalt. Es muß also etwas *anderes* dafür verantwortlich sein, daß sie sich im Embryo so unterschiedlich entwickeln.

Die übliche Erklärung lautet, daß diese Gestaltgebung auf hochkomplizierten chemischen und physikalischen Prozessen beruht, die ineinander eingreifen, und die man bisher noch nicht voll versteht. Doch was läßt dann die richtigen Prozesse einsetzen? Dies ist ein nach wie vor ungeklärtes Problem. Wenn man meint, es müsse auf einem genetischen Programm beruhen, so ist dies keine stichhaltige Erklärung; es erzeugt lediglich die Illusion des Verstehens. So könnten wir auch sagen, daß das Nervensystem einer Spinne genetisch programmiert sei, um das richtige netzwebende Verhalten hervorzubringen – doch haben wir damit das Problem lediglich in andere Worte gekleidet.

Aufgrund von umfangreichen Studien an Embryos sind Embryologen zu der Überzeu-

Oben:
Ein Rohrsänger füttert einen jungen Kuckuck in seinem Nest. Der Kuckuck wird von anderen Vogelarten ausgebrütet und aufgezogen und bekommt die ersten Wochen seines Lebens keine Artgenossen zu Gesicht. Gegen Ende des Sommers jedoch scharen sich die Jungvögel zusammen, ohne darin unterwiesen worden zu sein, und machen sich auf den langen Flug zu ihrem Winterrevier im südlichen Afrika. Sie wissen instinktiv, wann sie sich zusammenfinden müssen, wie sie ihre Artgenossen erkennen und auf der langen Reise, die keiner von ihnen jemals zuvor unternommen hat, den Weg finden. Wie läßt sich dieses Verhalten erklären?

gung gelangt, daß die sich entwickelnden Gliedmaßen und Organe durch etwas bezeichnen. Dieses Wort „morphogenetisch" ist gar nicht so ehrfurchtgebietend, wie es sich vielleicht anhört: Es bedeutet lediglich Felder, die Formen hervorbringen, also „Formfelder" (es stammt aus dem griechischen *morphe*, das Form bedeutet und *genesis*, was soviel bedeutet wie Entstehung.) Man kann diese Felder mit Magnetfeldern vergleichen, die eine bestimmte Gestalt haben, wenngleich sie unsichtbar sind. (Die Gestalt des Magnetfeldes läßt sich anhand der Muster aufzeigen, die Eisenspäne annehmen, welche man um den Magneten herum verstreut.) Die Formfelder prägen die entstehenden Zellen und Gewebe. So wird im Embryo ein sich entwickelnder Arm durch ein „armbildendes" morphogenetisches Feld geformt, ein Bein dagegen durch ein „beinbildendes" Feld.

Doch was sind diese Felder und woher kommen sie? Seit über 50 Jahren liegt ihr Wesen, ja sogar ihre Existenz, im dunkeln. Dennoch sind diese Felder ebenso real wie die Magnet- und Gravitationsfelder der Physik, doch handelt es sich dabei um eine neue Feldart mit bemerkenswerten Eigenschaften. Wie die bekannten Felder der Physik vereinigen sie ähnliche Dinge über den Raum hinweg, ohne daß zwischen diesen eine Verbindung zu bestehen scheint – doch darüber hinaus verbinden sie Dinge auch noch über die *Zeit* hinweg, so daß Lebewesen selbst dann von der Erfahrung früherer Mitglieder der gleichen Art lernen können, wenn es zwischen ihnen keinen direkten Kontakt gibt.

Man geht davon aus, daß die morphogenetischen Felder, die ein wachsendes Tier oder eine wachsende Pflanze formen, von den Formen vorhergehender Organismen derselben Art herrühren. Der Embryo „schwingt" sich gewissermaßen auf die Form früherer Angehöriger der Spezies ein. Der Prozeß, durch den dies geschieht, wird *morphische Resonanz* genannt. Ebenso stammen die Felder, welche die Aktivitäten eines tierischen Nervensystems organisieren, von früheren Geschöpfen derselben Art; in ihrem Instinktverhalten greifen Tiere auf eine Art „Gedächtnisspeicherbank" oder auf den „Gesamtgedächtnisspeicher" ihrer Spezies zurück.

Das Erlernen neuer Tricks

Diese Annahme, die auch als Hypothese der „formbildenden Verursachung" bekannt ist, führt zu einer Reihe überraschender Vorhersagen, mit deren Hilfe sie im Experiment überprüft werden kann. Wenn beispielsweise Tiere, sagen wir einmal Ratten, einen neuen Trick lernen, den keine Ratte jemals zuvor beherrscht hat, dann müßten andere Exemplare derselben Art auf der ganzen Welt dazu in der Lage sein, denselben Trick etwas schneller zu lernen, auch wenn zwischen ihnen und den ursprünglich trainierten keine erkennbare Verbindung oder Kommunikation besteht. Je größer die Zahl der Tiere, die den Trick erlernen, um so leichter müßte er späteren Ratten überall fallen.

Es gibt bereits Beweismaterial dafür, daß dieses Phänomen tatsächlich zu beobachten ist. Im Jahre 1920 begann der Psychologe William McDougall an der Universität Harvard mit einer Reihe von Experimenten, die dazu dienen sollten, herauszufinden, ob Tiere dazu in der Lage sind, Fertigkeiten zu erben, die ihre Eltern erworben haben. Er gab weiße Ratten, immer nur eine auf einmal, in ein Wasserbekken, aus dem sie nur entkommen konnten, wenn sie zu einem von zwei Laufstegen hinüberschwammen und diesen emporkletterten. Einer war hell erleuchtet, der andere nicht. Verließ die Ratte den beleuchteten Laufsteg, erhielt sie einen elektrischen Schlag. McDougall notierte, wie viele Versuche das Tier benötigte, um zu lernen, daß sie den anderen Laufsteg zur Flucht benutzen sollte.

Die erste Generation von Ratten erhielt jeweils durchschnittlich 160 Schocks pro Exemplar bis sie den beleuchteten Laufsteg mieden.

Unten:
Verschiedene Entwicklungsstufen des menschlichen Fötus. Mit 28 Tagen (oben links) ist er kaum mehr als ein kleiner Gewebeklumpen, der in der Gebärmutterwand ruht. Mit 33 Tagen (oben rechts) beginnen sich die Gliedmaßen zu zeigen; mit 49 Tagen (unten links) besitzt er erkennbar menschliche Züge – und schließlich, nach 340 Tagen im Mutterleib, ist der Säugling voll entwickelt (unten rechts). Irgend etwas hat die hochkomplizierte Entwicklung verschiedener Teile des Säuglingskörpers überwacht – doch da die DNS in jeder seiner Zellen identisch mit der seiner Urzelle ist, muß dieses „Etwas" sich von der genetischen Information unterscheiden, die in der DNS kodiert ist.

Doch die zweite Generation, die aus diesen erfahrenen Eltern gezüchtet wurde, begriff schneller, und die darauffolgende Generation wiederum noch schneller. Diese Verbesserung setzte sich fort, bis die Ratten nach dreißig Generationen durchschnittlich nur noch zwanzig Fehler machten.

McDougall glaubte, daß seine Resultate hinreichend Beweis für die Vererbung erworbener Eigenschaften böten. Diese Schlußfolgerung löste heftige Kritik aus; denn es war ein Schlag für die orthodoxe Vererbungslehre, die auf der Genetik beruhte, derzufolge dies unmöglich ist. Die führenden Biologen seiner Zeit unterzogen seine Experimente strengen Untersuchungen, konnten am experimentellen Ablauf aber nicht viel aussetzen; so behaupteten sie einfach, daß McDougall mit jeder fortschreitenden Generation immer nur die intelligenteren Ratten zur Zucht benutzt habe, obwohl er die Eltern tatsächlich willkürlich aussuchte.

Er konterte mit einem neuen Experiment. Diesmal suchte er sich nur die *dümmsten* Ratten einer jeden Generation als Eltern für die nächste aus. Der Theorie der konventionellen Genetik zufolge hätten spätere Generationen immer langsamer lernen müssen. Tatsächlich jedoch geschah das genaue Gegenteil, und schon nach 22 Generationen begriffen die Ratten zehnmal schneller als die erste ihrer dummen Vorfahren.

Diese Ergebnisse waren derart revolutionär, daß andere Wissenschaftler sich nun beeilten, das Experiment zu wiederholen. Dr. F. A. E. Crew in Edinburgh und Professor W. E. Agar und seine Kollegen im australischen Melbourne konstruierten ähnliche Becken und benutzten weiße Ratten aus derselben Zucht. Doch aus Gründen, die niemand erklären konnte, begriffen ihre Ratten *sehr viel schneller,* was hier gespielt wurde, als die früheren Generationen von McDougall. Dieser Effekt war so deutlich, daß einige der ersten Tiere, die Crew testete, auf der Stelle „lernten", daß sie stets nur den unbeleuchteten Laufsteg nehmen sollten, ja sie machten keinen einzigen Fehler!

Agar und seine Gruppe untersuchten nicht nur die Veränderungen der Lerngeschwindigkeit nachfolgender Generationen von Ratten, die von trainierten Eltern abstammten, wie McDougall dies getan hatte; sie beschäftigten sich auch mit einer Parallelzucht, die von untrainierten Eltern abstammten. In dieser Kontrollgruppe wurden einige Tiere im Wasserbekken getestet und dann durch andere ersetzt, die man nicht getestet hatte, und die nun die nächste Generation Kontrolltiere hervorbrachten.

Bei Experimenten, die sich über 25 Jahre hinzogen, beobachteten diese australischen Forscher, so wie McDougall es getan hatte, daß die späteren Generationen der geschulten Zuchtlinie immer schneller zu lernen begannen. Doch das gleiche geschah auch mit den Tieren der Kontrollgruppe!

Bei Ratten, die von trainierten Vorfahren abstammten und auch bei Ratten, deren Vorfah-

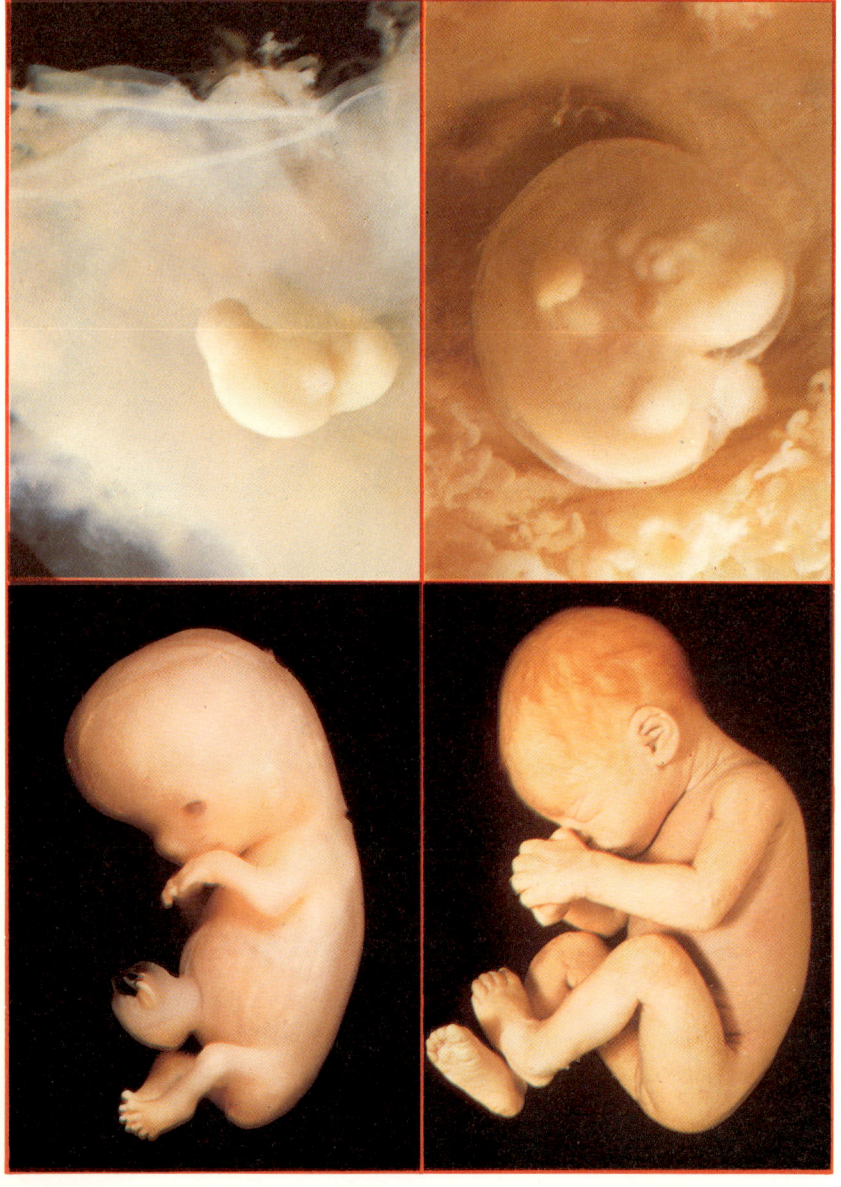

ren nicht trainiert wurden, traten dieselben Verbesserungen auf und zeigten, daß dies nicht an der Übertragung besonders modifizierter Gene von Eltern auf Nachkommen liegen konnte. McDougalls Schlußfolgerung war also widerlegt. Als Agars Gruppe 1954 ihren Abschlußbericht veröffentlichte, schien der letzte verbliebene Beweis für die Vererblichkeit erworbener Eigenschaften endgültig beseitigt worden zu sein. Doch immerhin wurden McDougalls beachtliche Resultate bestätigt, und bis zum heutigen Tag hat die orthodoxe Naturwissenschaft sie nicht erklären können. Wenn man in ihnen lediglich eine Widerlegung von der Theorie der Vererbbarkeit erworbener Eigenschaften sieht, so entgeht einem dadurch der Blick auf eine möglicherweise viel revolutionärere Entdeckung. Denn sowohl Agars als auch McDougalls Forschungsergebnisse fügen sich hervorragend in die Hypothese der formbildenen Verursachung ein.

Was den Menschen betrifft, so legt diese Hypothese den Schluß nahe, daß es danach immer leichterfallen müsse, Fahrradfahren zu erlernen oder Schreibmaschineschreiben oder Schwimmen, und zwar einfach deshalb, weil bereits immer mehr Menschen vor ihnen dies erlernt haben. Stimmt dies tatsächlich? Leider ist nur schwer an hinreichendes Datenmaterial heranzukommen, wenngleich anekdotische Berichte nahelegen, daß solche Verbesserungen tatsächlich stattgefunden haben. Doch selbst wenn dem so sein sollte, lassen sich Veränderungen in der durchschnittlichen Lerngeschwindigkeit nur schwer interpretieren, weil

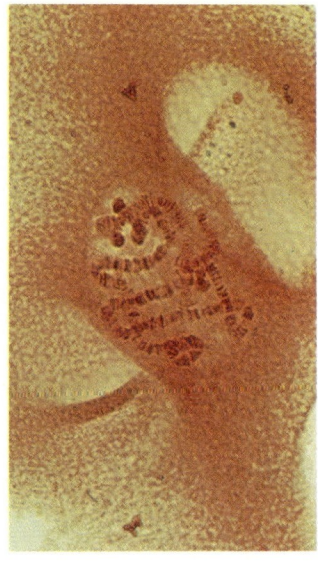

Oben:
Durch ein spezielles Färbemittel deutlich erkennbar gemachte Chromosomen in den Speicheldrüsen der Fruchtfliege Drosophila, 120fach vergrößert. Chromosomen finden sich in Doppelsträngen im Kern der Geschlechtszellen und enthalten die Gene, welche Erbinformation übertragen. Pflanzen sich zwei Lebewesen sexuell fort, so enthält der Nachkomme von jedem Elternteil einen Satz Chromosomen.

sich mit der Zeit auch andere relevante Faktoren verändern, beispielsweise Maschinenkonstruktion, Lehrmethoden und Motivation.

Das Prinzip der morphischen Resonanz läßt sich vielleicht mit Hilfe einer Analogie besser veranschaulichen. Stellen Sie sich einen intelligenten und wißbegierigen Menschen vor, der nichts über Elektrizität oder elektromagnetische Strahlung weiß. Zum ersten Mal zeigt man ihm ein Fernsehgerät. Zu Anfang mag er vielleicht glauben, daß sich im Fernseher tatsächlich kleine Leute befinden, deren Bilder er auf dem Schirm sieht. Doch nachdem er hineingeschaut und dort nur Kabel, Kondensatoren, Transistoren und so weiter vorgefunden hat, gelangt er vielleicht zu der etwas anspruchsvolleren Theorie, daß die Bilder auf dem Schirm irgendwie von komplizierten, miteinander verschachtelten Prozessen herrühren, die zwischen den Einzelbestandteilen des Geräts stattfinden. Diese Hypothese würde ihm als besonders überzeugend erscheinen, wenn er feststellte, daß die Bilder sich verzerrten oder sogar völlig verschwanden, sobald man Teile entfernte, und die Bilder wieder normal erschienen, wenn man diese wieder einsetzte.

Wenn man diesen Menschen nun die Erklärung anböte, daß die Bilder außerdem auf unsichtbaren Einflüssen beruhen, die von weit entfernt in das Gerät eindrängen, so könnte er dies mit der Begründung abweisen, dies sei eine unnötige und die Tatsachen verschleiernde Erklärung. Sein Glaube, daß nichts von außen in das Gerät käme, würde sich durch die

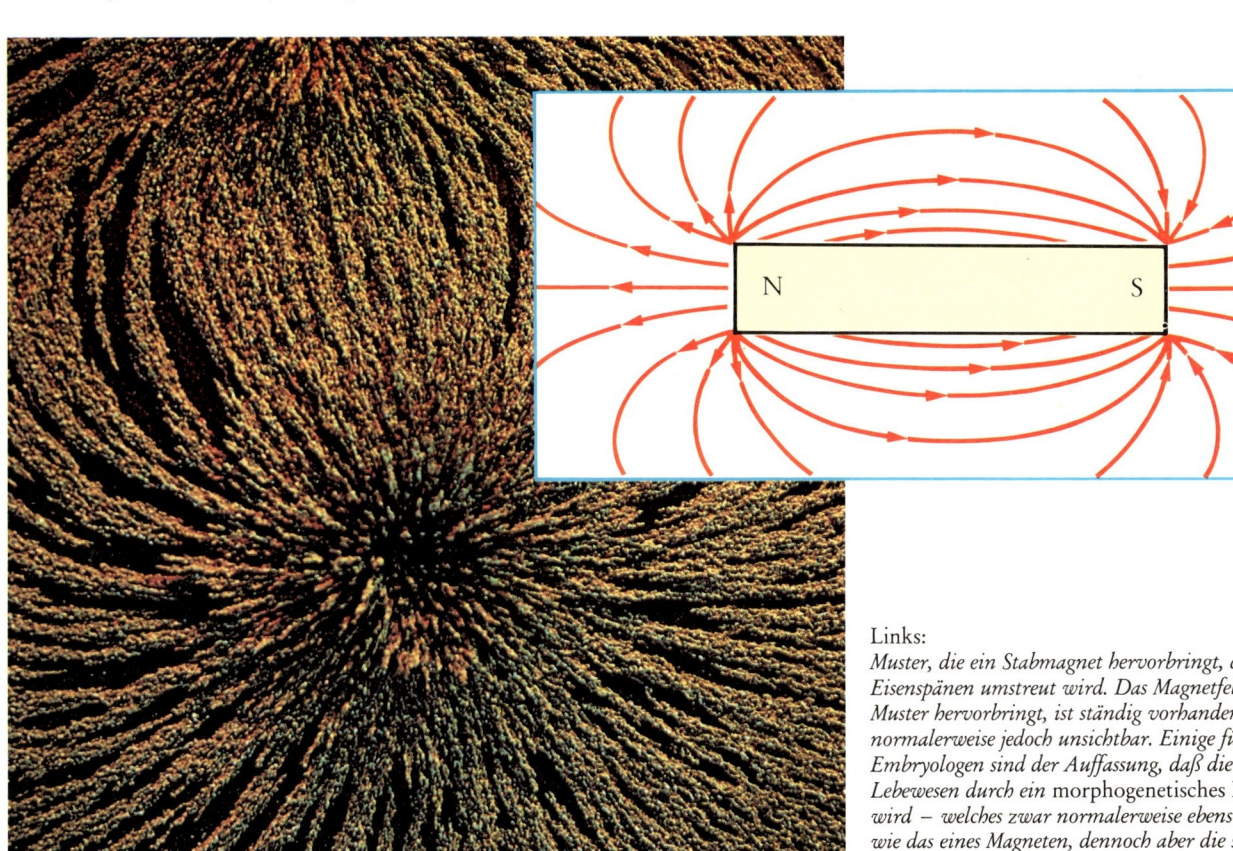

Links:
Muster, die ein Stabmagnet hervorbringt, der mit Eisenspänen umstreut wird. Das Magnetfeld, das diese Muster hervorbringt, ist ständig vorhanden (oben) – normalerweise jedoch unsichtbar. Einige führende Embryologen sind der Auffassung, daß die Gestalt von Lebewesen durch ein morphogenetisches Feld geformt wird – welches zwar normalerweise ebenso unsichtbar ist wie das eines Magneten, dennoch aber die sich entwickelnden Zellen und das Gewebe eines Organismus formen kann.

Entdeckung erhärten, daß das Gerät in eingeschaltetem Zustand ebensoviel wog wie im ausgeschalteten. Zwar könne er nicht in allen Einzelheiten erklären, wie die Bilder genau entstünden, doch sei eine solche Erklärung zumindest im Prinzip denkbar.

Diese Auffassung gleicht dem konventionellen Ansatz der Biologie. Um in unserem Bild zu bleiben, leugnet die Hypothese der formbildenden Verursachung dagegen nicht die Bedeutung der Kabel und Transistoren (was der DNS entspricht, den Proteinmolekülen usw.); sie erkennt aber zusätzlich die Rolle von Einflüssen an, die von außen auf das System zu kommen, wobei die „Sender" aus vergangenen Organismen derselben Art bestehen. Genetische Mutationen können die Vererbung von Form und Instinkt beeinflussen, indem sie die „Sendereinstellung" verändern oder „Empfangsstörungen" bewirken. Genetische Faktoren allein können jedoch niemals die Vererbung von Form und Instinkt erklären, ebensowenig, wie man die Bilder auf einem Fernsehschirm allein durch seinen Schaltplan erklären kann.

Die Hypothese der formbildenden Verursachung deutet die Vererbung als Wiederholung von Formen und Verhaltensmustern, die in der Vergangenheit auftraten. Sie kann jedoch nicht erklären, wie die Formen und Muster ursprünglich einmal entstanden sind.

ren, je öfter sie zuvor kristallisiert wurden.

Neue chemische Verbindungen, die zum ersten Mal synthetisiert wurden, lassen sich meistens nur schwer kristallisieren, und tatsächlich tun sie das mit der Zeit etwas schneller. Die herkömmliche Erklärung dafür besagt, daß winzige Fragmente früherer Kristalle durch die Kleidung der Wissenschaftler von Labor zu Labor verschleppt werden oder Kristall-Samen als mikroskopisch kleine Staubpartikel in der Atmosphäre um die Welt getrieben werden.

So klar wie Kristall?

In der Chemie sollten die eindeutigsten Überprüfungen der Hypothese der formbildenden Verursachung möglich sein. Dr. Sheldrakes Hypothese sagt beispielsweise voraus, daß die komplizierten Muster, zu denen sich Moleküle anordnen (wie der vollkommene Würfel des Natriumchlorid oder Tafelsalzes, oben und rechts), durch die Muster beeinflußt werden müßten, welche frühere Kristalle derselben Substanz einmal angenommen haben. Die Substanzen müßten sich also schneller kristallisie-

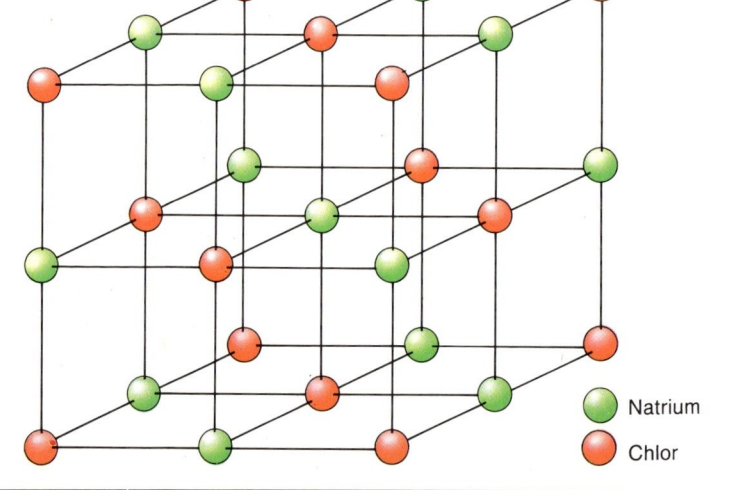

Natrium

Chlor

Wo irrte Darwin?

Widerspricht die neodarwinistische Theorie von der natürlichen Auslese tatsächlich dem biblischen Schöpfungsbericht? Kann sie die erstaunliche Vielfalt der Lebewesen erklären?

Die Evolutionstheorie besagt ganz allgemein, daß neue Arten, seien es Pflanzen oder Tiere, von vorhergehenden Arten abstammen. Dies nannte man früher Abstammungslehre oder Transformismus. Sie war weit bekannt und wurde viel diskutiert, schon zwei Generationen bevor Charles Darwin sein *Origin of species* (Vom Ursprung der Arten durch natürliche Zuchtwahl) im Jahre 1859 veröffentlichte. Eine Variante dieser Lehre wurde 1794 sogar von seinem eigenen Großvater, Erasmus Darwin, vorgestellt; eine weitere entwickelte der französische Wissenschaftler Jean Bapiste Lamarck im Jahre 1809.

Darwins Theorie widersprach der Auffassung der führenden Philosophen der Antike, vor allem der des Aristoteles, die besagte, daß die Arten auf ewige Zeiten festgelegt und unwandelbar seien. Im Lichte dieser klassischen Lehre interpretierte man den biblischen Schöpfungsbericht im Buch Genesis dahingehend, daß Gott alle verschiedenen Arten von Pflanzen und Tieren unmittelbar und einzeln erschaffen habe und sie sich danach nicht mehr verändert hätten.

Die Theorie der Evolution durch Abstam-

Das 19. Jahrhundert war Schauplatz eines heftigen Zusammenstoßes zwischen zwei einander widersprechenden Evolutionsauffassungen. Die christliche Lehre behauptete, daß die Welt und alles, was auf ihr lebt, von Gott in sechs Tagen erschaffen wurde – wie in diesem Bild von Tintoretto (oben). Charles Darwin (rechts) stellte eine revolutionäre neue Theorie in seinem Werk Vom Ursprung der Arten *vor, das 1859 erschien und in dem er die Auffassung vertrat, daß die Evolution durch den brutalen Prozeß natürlicher Auslese fortschreitet.*

mung begegnete im gesamten 19. Jahrhundert der Ablehnung biblischer Fundamentalisten, und dies ist auch noch heute der Fall. Unter Wissenschaftlern ist sie jedoch seit vielen Jahrzehnten anerkannt und gilt allgemein als gesicherte Erkenntnis. Anzunehmen, daß die Arten sich aus anderen Arten entwickelten – was oft als das „Faktum" der Evolution bezeichnet wird –, wirft allerdings die Frage auf, warum sich Arten verändert haben sollten und wie sie es taten. Dies ist nach wie vor ein sehr umstrittenes Gebiet.

In seinem berühmten Buch führte Charles Darwin eine eigene Theorie aus, die den Evolutionsvorgang erklärte. Dadurch machte er die Vorstellung von der Evolution durch Abstammung weitaus glaubwürdiger, als dies je zuvor geschehen war. Denn er konnte einen plausiblen Mechanismus – die natürliche Auslese – anführen, um die Transformation der Arten zu deuten. Jetzt wurden die allgemeine

Theorie der Evolution durch Abstammung und Darwins Theorie der natürlichen Auslese meistens in einem Atemzug genannt. Es ist jedoch wichtig zu erkennen, daß man die Vorstellung der Evolution akzeptieren kann, ohne sich zugleich Darwins Ideen zu eigen zu machen.

Zwar sind die Argumente, die für die Evolutionslehre sprechen, allgemein bekannt, dennoch scheint es sinnvoll, sie sich noch einmal ins Gedächtnis zu rufen. Das erste Argument beruht auf Fossilienfunden, durch die uns eine Vielzahl von Pflanzen und Tieren erhalten geblieben sind, oft in Bodenschichten, die einen Hinweis darauf geben, in welcher zeitlichen Reihenfolge sie existiert haben. Diese Fossilien zeigen, daß viele verschiedene Tiere und Pflanzen, die einmal die Erde bevölkerten, inzwischen ausgestorben sind. Das bestbekannte Beispiel dafür sind die Dinosaurier.

Da es in vielen Fällen neue Organismusarten gibt, die den vorher existierenden gleichen, leuchtet es ein, von der Annahme auszugehen, daß sie von diesen früheren Arten abstammen. So erschienen beispielsweise die Vögel und Säugetiere erst lange nachdem die Reptilien ihren festen Platz gefunden hatten. Sie weisen zahlreiche anatomische Übereinstimmungen auf, beispielsweise zwei Gliedmaßenpaare mit fünf Fingern oder Zehen, die trotz ihrer verschiedenen Ausformungen in den Flügeln von Vögeln, den Fingern oder Zehen von Menschen und den Flossen von Walen ein ihnen gemeinsam zugrundeliegendes Muster aufweisen.

Der zweite Grund für die Annahme einer Evolution wird durch die vielen verschiedenen Zuchten und die Artenvielfalt domestizierter Pflanzen und Tiere nahegelegt. Man denke beispielsweise einmal an die Unterschiede zwischen Hunden, etwa dem Windspiel und dem Pekinesen. Da beide durch Zuchtauswahl von ähnlichen Vorfahren abgeleitet wurden, wird deutlich, daß die äußere Form einer Spezies nicht streng festgelegt ist, sondern sich mit der Zeit verändern kann.

Drittens weist die geographische Verteilung bestimmter Pflanzen- und Tierarten darauf hin, daß sie sich durch Abstammung entwik-

kelten. Ein Beispiel dafür, das Darwin stark beeindruckte, waren die auf den Galapagosinseln vor der Küste Südamerikas heimischen Finken. Auf diesen Inseln finden sich in nur geringer Entfernung voneinander unterschiedlichste Arten, die auch ein sehr verschiedenes Verhalten bei der Nahrungssuche aufweisen; auf dem Festland dagegen gibt es eng miteinander verwandte Finken. Die einfachste Erklärung für diese Erscheinung ist, daß Finken vom Festland auf die Inseln auswanderten und sich dort einige ihrer Nachkommen zu neuen Arten entwickelten, die sich an die örtlichen Umweltbedingungen anpaßten. Es sind noch viele andere ähnliche Beispiele bekannt.

Schließlich wird die Abstammungstheorie auch von der Tatsache unterstützt, daß sich Tiere und Pflanzen in hierarchisch gegliederte Klassifikationssysteme einordnen lassen. So gehört der Mensch zusammen mit den Affen beispielsweise in die Gruppe der Primaten. Diese wiederum befinden sich in einer Gruppe mit anderen Säugetieren, die Säugetiere dagegen mit den Wirbeltieren. Die Ähnlichkeiten innerhalb jeder Gruppe lassen sich am leichtesten durch Abstammung von gemeinsamen Vorfahren erklären; je größer die Gruppe, um so weiter zurück liegt der gemeinsame Vorfahr.

Die einzige Alternative zur evolutionstheoretischen Deutung des vorliegenden Beweismaterials ist die Annahme, daß die Arten über lange Zeiträume hinweg aus nichtbelebter Materie eigens erschaffen wurden, und zwar auf eine solche Weise, daß neue Arten zuvor entstandenen glichen, und dies zudem in denselben geographischen Regionen.

Diese Erklärung erscheint völlig unplausibel, doch hängen manche Menschen ihr an, weil sie das vorliegende Material mit einer besonderen Interpretation der Schöpfungsgeschichte in der Bibel in Übereinstimmung bringen möchten. Dies ist jedoch unnötig, selbst wenn man sich auf die Autorität der Bibel stützen will. Tatsächlich gibt es überraschend wenig Gegensätze zwischen den modernen wissenschaftlichen Theorien von der Entwicklung des Universums und jener Ereig-

Oben:
Ein Bullterrier aus Staffordshire. Als die Stierhetze um 1835 in England ausstarb, gelangten Hundekämpfe zu großer Beliebtheit, und so züchtete man den Staffordshire Bullterrier, indem man Bulldoggen mit Terriern kreuzte. Diese Rasse ist das Ergebnis einer besonders skrupellosen Form der Auslese: Hunde, die keine guten Kämpfer waren, wurden einfach ertränkt.

Links:
Skelettmodell des Dinosauriers Tyrannosaurus rex. *Die Dinosaurier starben vor ungefähr 70 Millionen Jahren aus, doch ihre Fossilienüberreste sind erhalten geblieben. Sie sind eine mächtige Stütze der Evolutionstheorie.*

Lernen aus Erfahrung

Lassen sich erlernte, erworbene Eigenschaften vererben? Die Neodarwinisten leugnen dies kategorisch, doch gibt es experimentelle Beweise für das Gegenteil.

Zwischen 1903 und 1908 experimentierte der junge österreichische Biologe Paul Kammerer mit gefleckten Salamandern, *Salamandra maculosa*. Diese Lurche besitzen gelbe Flecken auf schwarzem Untergrund, und ähnlich dem Chamäleon verändern sie abhängig vom Hintergrund ihre Farbe.

Kammerer züchtete zwei Gruppen von Salamandern, die eine auf gelbem (obere Reihe links), die andere auf schwarzem Sand (untere Reihe links). Und tatsächlich veränderten die Salamander ihre Farbe. Sein nächster Schritt bestand darin, aus die-

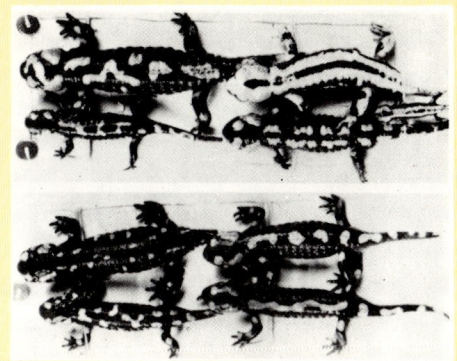

sen Tieren weitere zu züchten, um festzustellen, ob die nächste Generation ihre Farbanpassung erbte. Dies war erstaunlicherweise der Fall. Die Farbe der Nachkommen gelber Salamandereltern, die auf gelbem Sand gehalten wurden (obere Reihe rechts oben) war ein beinahe reines Gelb.

Oben und unten:
Zwei der vielen Finkenarten, die auf den Galapagosinseln vorkommen. Darwin nannte diese Vögel einen Beweis für die Evolution.

nisreihe, wie sie im ersten Kapitel der Genesis geschildert wird.

Die Physiker gehen im allgemeinen davon aus, daß das Universum durch eine gewaltige Urexplosion entstand. Als es sich nach diesem „Urknall" abzukühlen begann, kondensierte sich die Materie in Form von Atomen aus dem glühenden Plasma, und aus riesigen Gaswolken entstanden Sternengalaxien. Relativ kleine Himmelskörper aus heißer Materie wurden daraufhin von der Anziehungskraft der Sonnen ergriffen und entwickelten sich zu Planeten, die sie umkreisen. Einer davon war die Erde. Als sie sich abkühlte, kondensierte der Wasserdampf und ließ die Meere entstehen. Leben bildete sich im Wasser, und zu den frühesten Organismen gehörten Pflanzen, die zur Photosynthese fähig waren. Tiere entstanden zuerst in den Meeren und kolonisierten später das trockene Land. Aus diesen Landtieren entwickelte sich schließlich im Laufe der Zeit der Mensch.

Das erste Kapitel der Genesis beschreibt eine ähnliche Reihenfolge: Erst die Trennung des Lichts von der Dunkelheit – mit anderen Worten, der Strahlung von der Materie. Danach die Abtrennung der Erde als Einzelmasse aus dem All und schließlich das Erscheinen der Meere und des trockenen Festlandes. Dann entstanden die Pflanzen, es folgten die Tiere im Meer, als nächstes die Landtiere und schließlich der Mensch.

Diese beiden Beschreibungen vom Ursprung der Dinge unterscheiden sich darin, daß der wissenschaftliche Ansatz davon ausgeht, daß die fragliche Zeitspanne Milliarden von Jahren umfaßte, während die Bibel von den verschiedenen Entstehungsstufen als „Tagen" redet. Interpretiert man den Begriff „Tag" jedoch als „Zeitalter", so widersprechen sich die beiden Deutungen kaum. Der Hauptunterschied besteht darin, daß in der Genesis Sonne und Mond erst am vierten „Tag" auftreten. Doch

dies ist an sich bedeutungsvoll, zeigt es doch, daß der Ausdruck „Tag" nicht wörtlich genommen werden darf, denn er kann unmöglich so eng ausgelegt werden, wenn die Sonne, durch deren Aufgehen und Untergehen die Tage schließlich bemessen werden, vorher noch nicht existiert hätte. Außerdem machen andere Passagen in der Bibel deutlich, daß die menschliche Zeitmessung nicht dieselbe ist wie die göttliche. So heißt es, „daß ein Tag vor dem Herrn ist wie tausend Jahre und tausend Jahre wie ein Tag!"

Am Ende offenbart sich die ganze langwierige Auseinandersetzung zwischen biblischen Fundamentalisten und Evolutionisten, die so häufig als dramatische Konfrontation zwischen Naturwissenschaft und Religion dargestellt wird, als kaum mehr als ein Disput über die Bedeutung des Worts „Tag" innerhalb eines Kontextes, der keinerlei Hinweis darauf gibt, daß ein Tag unbedingt aus 24 Stunden bestehen muß. Es scheint also keine überzeugenden Gründe zu geben, nicht einmal religiöse, um die Theorie von der Evolution durch Abstammung abzulehnen.

Sobald wir diese Theorie jedoch akzeptieren, werden wir mit neuen Fragen konfrontiert. Einmal mehr handelt es sich bei vielen von diesen im Grunde um religiöse und philosophische Fragen, auch wenn sie oberflächlich betrachtet wissenschaftlicher Art zu sein scheinen.

Die wichtigste dieser Kontroversen rankt sich um die Bildung neuer Arten: Entstehen diese langsam oder als plötzlicher „Sprung"? Dies wird schon seit über 100 Jahren heiß diskutiert. Die beiden verschiedenen Schulen werden in der Regel als „Gradualismus" und als „Punktualismus" bezeichnet.

Darwin selbst war ein Gradualist, und das sind auch seine modernen Anhänger, die Neodarwinisten. Die Grundlagen ihrer Weltanschauung liegen eher im philosophischen als im naturwissenschaftlichen Bereich.

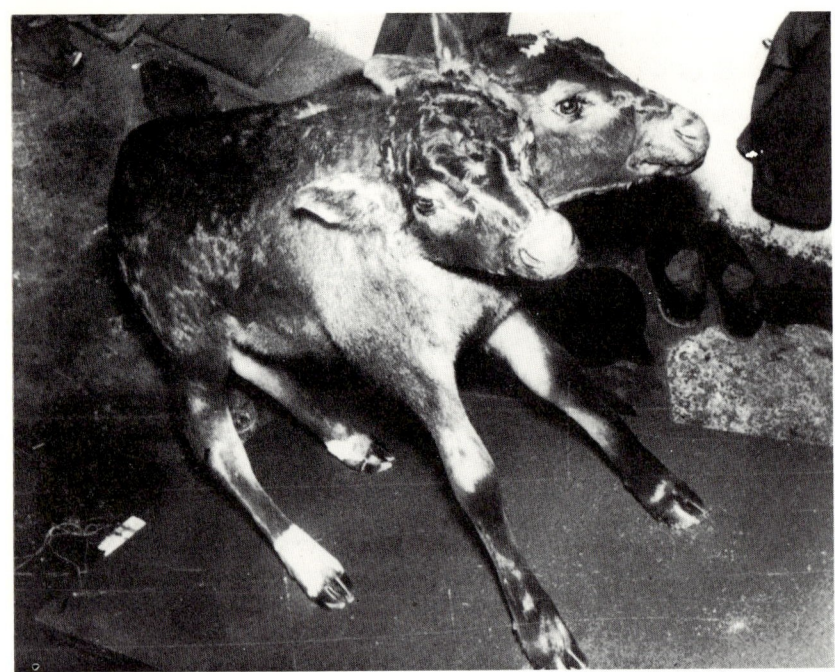

Schon vor der Veröffentlichung von Darwins *Vom Ursprung der Arten* wiesen zahlreiche Autoren darauf hin, daß die Evolutionstheorie nicht der Vorstellung einer Erschaffung der Arten durch Gott widerspricht. Denn Gott könnte eine neue Art ebenso durch die Veränderung einer existierenden erschaffen wie auch aus unbelebter Materie. Dieser Auffassung zufolge überwachte der Schöpfer ständig den Evolutionsvorgang und erzeugte durch ihn neue Arten. Ein Vorteil dieser Interpretation bestand in ihrer auf der Hand liegenden Erklärung für das plötzliche Auftreten neuer Tier- und Pflanzenformen.

Andererseits mußten jene, die der Philosophie des Materialismus anhingen, den Evolutionsprozeß durch die Gesetze der Materie allein erklären, und sie achteten peinlich genau darauf, alles abzulehnen, was irgendwie nach einem „Wunder" aussah. Darwin gab dem Gradualismus den Vorzug, weil er auf materialistischen Grundannahmen bestand, und er lehnte die Vorstellung von plötzlichen Veränderungen ab, weil sie, wie er in *Vom Ursprung der Arten* schrieb: „Mir erscheint, als würde sie das Reich des Wunderbaren betreten und jenes der Wissenschaft verlassen."

Obwohl solche philosophischen Auffassungen ungebrochen eine zwar verborgene, aber wichtige Rolle in dieser Auseinandersetzung gespielt haben, gibt es keinen echten Grund dafür, daß der Glaube an einen Schöpfergott die graduelle Evolution neuer Arten ausschließen müßte oder andererseits der Materialist plötzliche Evolutionssprünge verneinen müßte. Überraschenderweise lassen sich beide Konzepte miteinander versöhnen. So gibt es tatsächlich Theologen, die argumentieren, daß Gott die verschiedenen Lebensformen erschuf, indem er das Universum und die Naturgesetze entstehen ließ, einschließlich der Möglichkeit zufälliger genetischer Veränderungen. Die Evolution würde so stattfinden, wie die Neo-

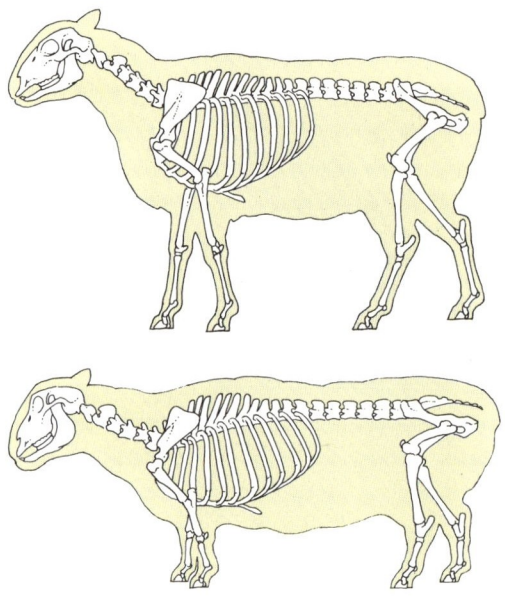

Ganz oben: *Dieses zweiköpfige Kalb war das Produkt einer genetischen Mutation. Es überlebte nur wenige Tage.*

Oben: *Mit Haaren bedeckter Junge, der 1977 im Nordosten Chinas zur Welt kam. Solche merkwürdigen Eigenschaften können durch Veränderungen der Genkombinationen entstehen, werden vom Gesetz der natürlichen Auslese aber nur selten begünstigt.*

Rechts: *Ein Ancon- oder Kurzbeinschaf im Vergleich zu einem normalen Schaf. Schon lange bevor man die Theorie genetischer Manipulation kannte, wurde sie praktiziert; die Anconspezies wurde aus einem Widder-Lamm gezüchtet, das 1791 geboren wurde.*

darwinisten es von ihr annehmen. Umgekehrt gibt es auch einige Materialisten, die die Vorstellung plötzlicher Evolutionssprünge bejahen, sie aber für zufällig halten.

Lassen wir nun diese philosophischen Fragen beiseite und wenden uns dem Tatsachenmaterial zu, das etwas über die Entstehung neuer Arten aussagt.

Darwins Hauptargument für den Gradualismus stützt sich auf eine Analogie zur Entwicklung neuer Zuchtrassen von Haustieren, beispielsweise Hunden, Tauben und Kaninchen, wie auch auf die Vielzahl kultivierter Pflanzen, etwa Kohl, Dahlien, Trauben, die durch den Menschen selektiert wurden. Er kam zu der Überlegung, daß so, wie Tier- und Pflanzenzüchter die besten Exemplare aussuchen, um auf diese Weise nach und nach die Zucht in eine bestimmte gewünschte Richtung zu lenken, dasselbe bei der natürlichen Auslese der Wildnis geschehen müsse, wenn nämlich gut an ihre Lebensbedingungen angepaßte Eltern mehr Nachkommen hervorbringen als andere.

Auf diese Weise müßte es eine fortschreitende verbesserte Anpassung der Rasse an ihre Umwelt geben.

Die eigentlich kontroverse Frage lautet jedoch nicht, wie sich örtlich aklimatisierte Rassen *innerhalb* einer Art entwickeln, sondern wie die Arten selbst ursprünglich entstanden. Ironischerweise ist eben dies das Problem, das Darwin nicht zufriedenstellend lösen konnte. Er ging einfach davon aus, daß dieser Prozeß, sofern er nur lange genug stattfindet, schließlich eine Abzweigung der Rassen in neue Arten herbeiführen würde. Nun leugnet zwar niemand, daß dies gelegentlich vorkommen mag, doch wenden die Gegner des Gradualismus ein, viele, wenn nicht sogar die meisten Arten, entstünden sehr viel schneller, und zwar durch relativ große und plötzliche Transformationen.

Wie Darwins Auffassung läßt sich auch diese anhand einer Analogie aus der Haustier- und

Pflanzenzucht veranschaulichen. Denn wenngleich man einige neue Varianten oder Zuchtstränge durch langwierige Auslese hervorbrachte, sind andere ganz plötzlich aus gelegentlichen Abweichungen entstanden. So erscheinen auf Obstbäumen beispielsweise manchmal merkwürdige Sprößlinge, die sich von allen anderen unterscheiden und aus denen man neue Varianten züchten kann. Auch in der Geschichte der Tierzucht sind Neuzüchtungen durch spontan auftretende Mutationen entstanden.

Wenn es im Laufe der Evolutionsgeschichte den von wilden Tieren und Pflanzen hervorgebrachten Abweichungen gelegentlich gelungen sein soll zu überleben und sich erfolgreich fortzupflanzen, wäre auf diese Weise mehr oder weniger plötzlich aus der vorhergehenden Art eine neue entstanden. So ist es beispielsweise wahrscheinlich, daß die fossile Nashornart *Teleoceras* sich so entwickelte. Diese kurzbeinigen Zwergnashörner gleichen Anconschafen und sind möglicherweise wie diese plötzlich als Ergebnis einer genetischen Mutation entstanden, was zu der ursprünglich nicht vorhandenen Bildung von Knorpeln an den Knochenenden führte, eine Störung, die man „Achondroplasie" nennt. Sollte das zutreffen, können wir nicht damit rechnen, zwischen dem *Teleoceras* und der Nashornart, aus der es sich entwickelte, ein breites Spektrum von Zwischenformen zu finden.

Es wurden keine fehlenden Bindeglieder gefunden. Als Faustregel kann man davon ausgehen, daß die Fossilien zeigen, daß neue Arten entstehen, manchmal mehrere Millionen Jahre relativ unverändert leben und danach aussterben. Es gibt nur wenige Beweise, welche die Auffassung der Gradualisten bestätigen. Darwin wandte ein, daß dies an Lücken innerhalb der Fossilienfunde liege, doch nach 120 Jahren weiterer Forschung erscheint dieses Argument reichlich schwach.

Darüber hinaus haben die Berechnungen des Tempos evolutionärer Veränderungen, wie sie auf Fossilienfunden von Pferden und anderen Tieren beruhten, gezeigt, daß diese viel zu langsam stattfinden, um das stufenweise Auftreten aller verschiedenen Organismen zu erklären; zumindest nicht in der Zeit, die dafür zur Verfügung gestanden hat. Die Neodarwinisten erwidern darauf, daß stufenweise Veränderungen in manchen Perioden viel schneller stattgefunden haben könnten, als in anderen. Doch indem sie dies eingestehen, bewegt sich ihre Position hart an den Rand der Annahme einer diskontinuierlichen oder plötzlichen Veränderung.

Einer der überzeugendsten Gründe für die Annahme plötzlicher Evolutionssprünge ist die Tatsache, daß viele heutige Arten sich von anderen mehr oder weniger eng verwandten Arten durch Zahl und Struktur ihrer Chromosome unterscheiden. Von solchen Veränderungen weiß man, daß sie gelegentlich während der Zellteilung, die man „Meiose" nennt, auftreten, bei der Ei und Samenzellen hervor-

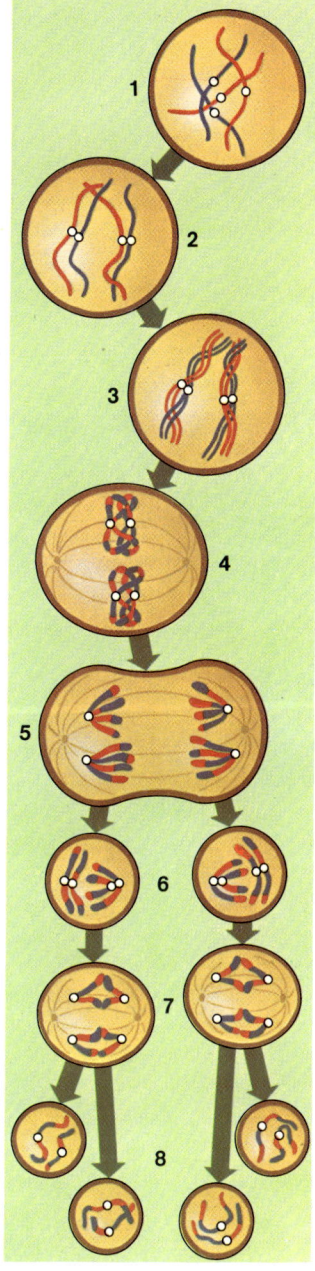

Oben:
Skizze, die den Vorgang der Meiose darstellt, der bei der Produktion von Geschlechtszellen stattfindet. Chromosomenpaare (1 und 2) werden doppelsträngig (3) und verdicken sich, wobei sie Teile ihrer Stränge austauschen, um die genetische Information zu vermischen (4). Die Paare trennen sich voneinander (5), und die Zelle teilt sich (6). Die zweisträngigen Chromosomen in jeder Zelle teilen sich, und die Zelle tut das gleiche (7). Die daraus entstehenden Zellen (8) besitzen nun die halbe Anzahl der Chromosomen der Elternzelle. Diese Zahl verdoppelt sich bei der geschlechtlichen Fortpflanzung.

gebracht werden. Die Chromosomen der Mutterzelle kommen zu Beginn der Meiose in der Regel zu Paaren zusammen, und normalerweise geht je ein Paar in je eine der beiden Tochterzellen über. Manchmal trennen sich die Paare jedoch nicht voneinander, so daß die eine Tochterzelle zuviele Chromosome erhält und die andere zuwenig. Folglich haben die Nachkommen dieser Zellen die falsche Chromosomenzahl. Oft sind sie sowohl abnorm als auch steril; wenn es ihnen jedoch gelingt, sich fortzupflanzen, sei es durch Selbstbefruchtung oder durch Kreuzungen mit ähnlich anormalen Organismen kann auf der Stelle eine neue Art entstehen; die unterschiedliche Chromosomenzahl verhindert Vermischung und sondert die neue Art von ihrer Ursprungsart ab. Andere Chromosomenveränderungen während der Meiose, etwa das Brechen von Chromosomen, die daraufhin falsch zusammenwachsen, können ähnliche Wirkungen zeitigen.

Vielversprechende Monster

Die Verfechter plötzlicher Evolutionssprünge leugnen nicht, daß die große Mehrzahl abartiger Organismen durch natürliche Auslese schon bald ausgemerzt wird. In der langen Zeitspanne der Evolution genügt es jedoch, daß nur sehr selten einmal ein „vielversprechendes Monster" überleben und sich fortpflanzen kann. Nicht einmal die Neodarwinisten können leugnen, daß dies passiert sein könnte. Die beiden Schulen unterscheiden sich hauptsächlich durch ihre Gewichtung, wobei die eine meint, daß plötzliche Sprünge in der Evolution neuer Arten nur eine untergeordnete Rolle gespielt haben, während die andere glaubt, daß sehr viele, wenn nicht gar die meisten neuen Arten, auf diese Weise entstanden seien. Zieht man Bilanz, so stützte das vorhandene Beweismaterial eher die zweite Auffassung, obwohl hier noch sehr viel Arbeit zu leisten ist.

Um diese Fragen geht es bei der gegenwärtigen Kontroverse zwischen den Evolutionstheoretikern. Auf den ersten Blick scheint es verwunderlich, daß diese Probleme solche stürmischen Gefühle auslösen können. Doch wie schon bei den früheren Auseinandersetzungen, kämpfen einige der Beteiligten dabei nicht nur für wissenschaftliche Theorien, sondern um ihre fundamentalen Glaubenssätze. Diesmal ist es allerdings der Materialist, der sich vor der Herausforderung der Orthodoxie fürchtet.

Nichts als Maschinen?

Die Theorie des Neodarwinismus wird von vielen Wissenschaftlern fast wie ein Glaubensdogma gehandhabt, dabei ist es keineswegs sicher, daß sich mit ihr die Vielfalt der irdischen Lebewesen erklären läßt.

Wie Darwins ursprüngliche Evolutionstheorie, weist die heute von der Wissenschaft allgemein angenommene neodarwinistische Theorie der natürlichen Auslese eine entscheidende Rolle zu. Dieses Prinzip ist an sich recht einleuchtend: Es besagt lediglich, daß Organismen verschieden sind und die Verschiedenheiten von ihren Nachkommen geerbt werden; Organismen in der Regel mehr Nachkommen hervorbringen, als jemals überleben könnten und jene Nachfahren, die am besten an ihre Umwelt angepaßt sind, in der Regel die Überlebenden sein werden, die sich selbst fortpflanzen können. Auf diese Weise gewährleistet die natürliche Auslese, daß sich in der Gesamtbevölkerung die nützlicheren Varianten sammeln.

Darwin glaubte, daß manche Erbveränderungen zwar zufallsbedingt seien, andere aber auf Anpassung beruhten, welche ihre Vorfahren an ihre Umwelt leisteten. So bilden beispielsweise Pflanzen, die an heißen, trockenen Orten wachsen, dickere Blätter als Pflanzen der gleichen Art, die unter kühleren und feuchteren Bedingungen aufwachsen. Intelligente Tiere, die man in einen neuen Lebensraum verpflanzt, entwickeln an ihre Situation angepaßte neue Gewohnheiten. Darwin meinte, daß solche angenommenen Eigenarten vererbbar seien. Er entwickelte sogar eine ausführliche Theorie, die er die „Theorie der Pangenesis" nannte, um dies zu erklären. Vom gesamten Körper sollten kleine Partikel in die Ei- und Samenzellen gelangen, um diese schließlich in Übereinstimmung mit den neugewonnenen Strukturen und Gewohnheiten des Organismus zu verändern. Diese Theorie wurde später widerlegt.

Wenn jedoch angeeignete Faktoren nicht vererbt werden, fällt es schwer zu begreifen, wie sich manche Eigenschaften lebender Organismen entwickelt haben. So weisen Kamele zum Beispiel verhornte Hautwulste an den Knien auf. Dies läßt sich zwar leicht als Reaktion auf die Hautabschabungen beim Hinknien des Tieres deuten; doch auch junge Kamele werden bereits damit geboren.

Die neodarwinistische Theorie unterscheidet sich von der reinen darwinschen Lehre dadurch, daß sie die Theorien der Genetik mitberücksichtigt, von der Darwin nichts wußte. (Gregor Mendel führte seine Pionierexperimente auf dem Gebiet der Genetik zwar bereits 1865 durch, doch wurden seine Ergebnisse erst 1900 bekannt. Charles Darwin starb 1882.) Der Genetik zufolge läßt sich die Vererbung durch die Gene erklären, die aus der chemischen Verbindung DNS bestehen und

innerhalb des Zellkerns in langen fadenähnlichen Chromosomen zusammenhängen. Die Gene der Geschlechtszellen werden nicht durch Veränderungen anderer Körperteile, die auf den Lebensbedingungen beruhen, modifiziert. Da die Genetik die Vererbung angeeigneter Eigenschaften nicht erklären kann, wird sogar die bloße *Möglichkeit* dieses Vorgangs von den Neodarwinisten aus theoretischen Gründen bestritten.

Die erblichen Unterschiede zwischen Organismen werden vom Neodarwinismus als willkürliche, zufällige Veränderungen der Gene erklärt, die man auch genetische Mutationen nennt. Danach werden Kamele also nicht etwa mit Kniewülsten geboren, weil die Gewohnheit des Sichhinkniens dies zur Erbanlage macht, sondern wegen zufälliger Mutationen, die ebenso zufällig diese Wülste an den richtigen Stellen hervorbrachten. Die einzige andere Quelle der Erbveränderung, die eingestanden wird, ist das willkürliche Vermischen von Genen beider Elternteile bei der geschlechtlichen Fortpflanzung.

Der Neodarwinismus besagt also, daß die Kreativität der Evolution auf nichts anderem

beruht als blindem Zufall, verbunden mit den durch die natürliche Auslese den Organismen aufgezwungenen Notwendigkeiten. Der Vorgang der Evolution folgt keinem Plan und keinem Ziel, und alle Lebewesen, der Mensch eingeschlossen, haben keinen anderen Lebenssinn als zu überleben und sich zu vermehren.

Die Apostel des Neodarwinismus stellen ihre Theorie meistens so dar, als handele es sich dabei um eine anerkannte naturwissenschaftliche Tatsache, die jeder vernünftig denkende Mensch akzeptieren muß, ob es ihm gefallen mag oder nicht. Dies ist jedoch ganz und gar nicht der Fall, und zwar aus vier Hauptgründen.

Zum einen filtert die natürliche Auslese zwar zweifellos jene Organismen aus, die nur ungenügend an ihre Umwelt angepaßt sind, so daß dies zur Entwicklung örtlich angepaßter Rassen *innerhalb* einer Art führt. Es gibt jedoch keinen Beweis dafür, daß durch die Selektion kleiner Varianten fundamental andere, neue Organismen entstehen. Anhand der Fossilienfunde können wir zum Beispiel nicht festmachen, wie sich komplizierte Strukturen, wie die Augen von Wirbeltieren oder die Federn von Vögeln, entwickelt haben. Es ist ebensogut möglich, daß sie sowohl durch plötzliche Evolutionssprünge entstanden als auch durch einen langanhaltenden Prozeß stufenweiser Modifikationen. Darwin und seine Anhänger ziehen die Theorie der stufenweisen Veränderungen vor, weil sie alles vermeiden wollen, was nach Wunder aussieht. Doch ist dies nichts mehr als ein intellektuelles Vorurteil. Ohrensesselspekulationen über hypothetische fehlende Bindeglieder können weder in dieser noch in jener Richtung irgend etwas beweisen.

Zweitens müßten , wenn die Entstehung der Arten tatsächlich unter dem Einfluß der natürlichen Auslese geschehen sein sollte, die Eigenschaften einer Art speziell an die Lebensbedingungen angepaßt sein. Viele Tiere und Pflanzen weisen jedoch Eigenschaften auf, für die es keinen bestimmten Grund gibt. So überleben im Pflanzenreich beispielsweise Arten mit vielen verschiedenen Blättern und Blüten gleichermaßen gut in ein und derselben Umgebung; wie hätte ein solcher Selektionsdruck da zu einer solchen Formenvielfalt führen sollen? Bei einer umfangreichen Untersuchung tropischer Wasserschnecken, der *Podostemaceae,* gelangte der Botaniker J. C. Willis zu dem Schluß, daß obwohl die unterschiedlichen Arten eine gewaltige Formenvielfalt aufwiesen, „sich kein Beweis dafür finden ließ, daß die natürliche Auslese etwas mit der Formenvielfalt all dieser Pflanzen zu tun hatte, denn sie wuchsen alle unter den gleichen Bedingungen". Dies führte ihn zu der Bemerkung, daß „es beinahe den Anschein hat, als müsse die Evolution in solchen Fällen, wenn nicht sogar in den allermeisten, einfach weitermachen, ob es nun dafür Gründe des Anpassungszwanges geben mag oder nicht".

Drittens erklärt die genetische Theorie die Vererbung nur unzulänglich. Sie berücksich-

Links: Die Impression eines Künstlers von der Erdlandschaft beim Abkühlen nach dem „Urknall". Das Leben entwickelte sich wahrscheinlich in einer „Ursuppe", die Aminosäuren enthielt, welche wiederum durch elektrische Gewitterblitze aus atmosphärischen Gasen entwickelt wurden. Doch bedeutet dies wirklich, daß alle Lebewesen nichts als komplizierte chemische Strukturen sind?

Ganz links: Ein Fuchs sucht in städtischer Umgebung in einer umgestürzten Mülltonne nach Nahrung. Ist es wirklich möglich, wie die Neodarwinisten behaupten, daß das Programm einer solch intelligenten Anpassung in den Genen kodiert ist?

Unten links:
Arabische Kamele. Erwachsene Tiere weisen harte Kniewülste auf. Der Schluß liegt nahe, daß es sich dabei um das Ergebnis von Hautabschürfungen beim Niederknien handelt – doch werden auch junge Kamele damit geboren.

Unten:
In einem erstaunlichen Tarnmanöver ahmen die Schmetterlinge auf der rechten Seite die auf der linken nach. In vielen Fällen fühlt sich der räuberische Feind von der nachgeahmten Art abgestoßen.

tigt nicht die Ergebnisse jener Experimente, die gezeigt haben, daß Organismen sich unter dem Einfluß vorhergehender Mitglieder ihrer Art entwickeln können, Einwirkungen, die unmittelbar durch morphogenetische Felder übertragen werden. Wenn sie sich tatsächlich einer Art von „Pool des Artengedächtnisses" bedienen sollten, dann könnten sich angeeignete Eigenschaften in der Tat ohne eine Modifizierung der genetischen Chemikalie DNS vererben. Tiere beispielsweise wären in der Lage, sich in die Erfahrung früherer Tiere „einzuschwingen", um von dieser zu profitieren.

Und schließlich fußt der Neodarwinismus auf einer sehr zweifelhaften Theorie des Lebens, nämlich der mechanistischen. Diese basiert auf der Annahme, daß lebende Organismen nichts als komplexe Maschinen sind, die nur von den bekannten Gesetzen der Physik und der Chemie beherrscht werden.

Aufgrund dieser Unterstellung lehnen die meisten Biologen auch die Existenz der Telepathie ab, ebenso die Präkognition, die Psychokinese, ja das gesamte Spektrum des sogenannten Paranormalen. Diese Haltung beruht nicht etwa auf einer Untersuchung vorliegender Tatsachen, sondern vielmehr darauf, daß nicht sein kann, was nicht sein darf, da sich diese Phänome im Augenblick noch nicht erklären lassen.

Nun gibt es natürlich keinerlei Grund zu der Annahme, daß wir bereits alle Grundgesetze der Materie und der Energie kennen; auch völlig unabhängig von der Existenz so vieler unerklärlicher Phänome weist schon die fortgesetzte wissenschaftliche Forschung darauf hin, daß dem so ist. Sollte sich die Hypothese von den morphogenetischen Feldern experimentell bestätigen, würde dies die Entdeckung einer Reihe neuer Naturgesetze mit sich zie-

hen, die von der Naturwissenschaft bisher noch nicht anerkannt wurden. Und es mag noch sehr viele weitere Naturgesetze geben, die erst in der fernen Zukunft entdeckt werden, und deren Existenz wir bisher nicht einmal ahnen. Die mechanistische Theorie des Lebens gründet auf einer Analogie zwischen lebenden Organismen und Maschinen; so vergleicht man beispielsweise das Auge mit einer Kamera, das Gehirn mit einem Computer. Zwar existieren derlei Ähnlichkeiten in der Tat, doch beweisen sie keineswegs, daß lebende Organismen *nichts als* Maschinen sind.

Sowohl lebende Organismen als auch Maschinen haben einen Zweck. Der Zweck der Maschine wird dieser jedoch von den Menschen gegeben, die sie entwerfen; so hängt die Funktion von Computern beispielsweise von der Art ab, wie sie konstruiert und programmiert werden. Doch wer tut das bei den lebenden Organismen? Die Mechanisten erwidern: Nichts, niemand. Alles geschieht als Ergebnis

Oben:
Eine Strandkrabbe, die eine Schere eingebüßt hat, läßt eine neue nachwachsen. Bisher konnte die orthodoxe Wissenschaft nicht detailliert erklären, wodurch diese Regeneration ermöglicht wird.

Links:
Pfau, der als Teil eines Balzrituals ein prachtvolles Rad schlägt. Wie kann die „Auslese der Stärksten" derart unnötige komplizierte Formen erklären?

Unten:
Die elegante Reißverschluß-struktur einer Feder, die dem Vogel eine wasserdichte Bedeckung beschert. Hat sie sich stufenweise entwickelt oder ist sie möglicherweise das Produkt eines plötzlichen Evolutionssprungs?

willkürlicher, zufälliger Mutationen und natürlicher Auslese. Doch das ist ein Kreisschluß. Die neodarwinistische Evolutionstheorie beruht auf der Annahme, daß die Maschinentheorie des Lebens richtig sei, und diese Theorie läßt sich nur durch die neodarwinistische Evolutionstheorie rechtfertigen.

Das wichtigste Argument der Mechanisten, mit dem sie ihre Position verteidigen, besteht in ihrem Einwand, daß lebende Organismen ja aus identifizierbaren chemischen Verbindungen bestehen und den bekannten Gesetzen der Physik gehorchen, demzufolge könten sie auch nicht mit Prinzipien zusammenhängen, die von der Wissenschaft noch nicht entdeckt wurden. Die leichteste Methode, diesen Trugschluß zu erkennen, besteht darin, die mechanistische Theorie vom Ursprung des Lebens zu betrachten. Allgemein glaubt man, daß die ersten lebenden Zellen vor 2,5 Milliarden Jahren in einer „Ursuppe" entstanden, die organische chemische Verbindungen enthielt, beispielsweise Aminosäuren, welche durch Blitzstöße aus atmosphärischen Gasen entstanden. Dies klingt einigermaßen einleuchtend, doch können wir natürlich niemals sicher sein, was in der fernen Vergangenheit tatsächlich geschah. Es wird immer eine Möglichkeit bestehen bleiben, daß das Leben an einem anderen Ort im Universum entstand und daß die Erde mit primitiven Organismen „besamt" wurde, die von außen kamen – oder die absichtlich geschickt wurden. Gehen wir jedoch um der Diskussion willen einmal davon aus, daß die ersten Zellen sich tatsächlich aus den ursprünglich unbelebten Aggregaten chemischer Verbindungen entwickelten. Nun behaupten die Mechanisten, dies zeige, daß es im Leben nichts gäbe, was nicht bereits in nicht belebter Materie vorhanden sei. Oft behaupten sie zudem, irgendwann müsse es möglich sein, mit Hilfe von chemischen Verbindungen künstliches Leben in der Retorte zu erzeugen und dies würde beweisen, daß die so entstandenen lebenden Organismen nichts als komplizierte chemische Systeme seien.

Will man diesen Trugschluß durchschauen, braucht man sich zum Vergleich nur einmal ein Transistorradio anzusehen. Das Gerät besteht aus Kabeln, Transitoren und so weiter, und es enthält eine Batterie voller Chemikalien. Bevor all diese verschiedenen Teile zusammengebaut wurden, funktionierten sie nicht als Radio, nahmen keine Wellen auf und wandelten sie in Töne um. Nachdem man sie jedoch auf richtige Weise zusammengefügt hat, tun sie es. Die chemische Zusammensetzung der Einzelteile verändert sich nicht, wenn sie zum Gerät zusammengebaut werden, und es nimmt auch nicht an Gewicht zu, wenn Sendungen empfangen werden. Dies bedeutet jedoch nicht, daß man das Gerät allein durch die Chemie seiner Bestandteile erklären könnte. Auf ähnliche Weise läßt die Tatsache, daß lebende Organismen aus Chemikalien bestehen und möglicherweise sich aus nichtbelebten

Unten:
Bienen bei der Arbeit im Stock. Einzelne Bienen verhalten sich instinktiv so, daß es dem Stock, dem Volk, nützt, auch wenn sie dadurch ihr eigenes Leben gefährden. Läßt sich dieses Verhalten auf rein mechanistische Weise erklären?

Ganz unten:
Ein Tiger lauert in hohem Gras. Tarnfarben können äußerst wirksam sein, und es leuchtet ein, daß sie durch einen Prozeß natürlicher Auslese als Reaktion auf Umweltdruck entstanden.

Komponenten entwickelten, nicht den Schluß zu, daß man sie allein von ihrer Chemie her begreifen kann.

Man stelle sich einmal einen Menschen vor, der sich weigert, dies zu glauben. Vielleicht versucht er seine Sache zu beweisen, indem er eine Replik eines Radiogerätes baut, mit Hilfe von Teilen, die er selbst mit einfachen Rohstoffen hergestellt hat. Gelingt ihm dies und bemerkt, daß die Replik ebenso funktioniert wie das Original, sieht er darin womöglich einen überzeugenden Beweis dafür, daß zum Ganzen lediglich die Teile gehören, die er zusammengesetzt hat. Trotz seiner technischen Leistungen würde er jedoch auf diese Weise immer noch nichts über Radiowellen erfahren. Selbst wenn es also gelingen sollte, auf künstliche Weise lebende Organismen zu

synthetisieren, würde dies noch lange nicht beweisen, daß sie ausschließlich chemische Systeme seien.

Die Rätsel bleiben

Abgesehen von ihren logischen Fehlern, besteht der größte Nachteil der mechanistischen Theorie darin, daß es ihr nicht gelungen ist, das Kernproblem der Biologie zu lösen. Nach jahrzehntelanger intensiver Forschung weiß man immer noch nicht, wie es Tieren und Pflanzen gelingt, ausgehend von Eizellen, die für ihre Arten charakteristischen Formen – man denke einmal an eine Orchidee, einen Pfau oder einen Tiger – anzunehmen. Ebenso wenig bekannt ist, wie sie sich nach Verletzungen regenerieren können: Man kann zum Beispiel einen Plattwurm in mehrere Teile schneiden, wodurch aus jedem Stück wieder ein vollständiger Wurm erwächst. Und die Instinkte der Tiere – etwa das Verhältnis von Ameisen – läßt sich trotz ausgedehnter Forschungsarbeit auf mechanistische Weise nach wie vor nicht erklären.

Die Mechanisten geben zu, daß sich diese Phänome im Augenblick nicht durch Physik und Chemie deuten lassen, doch dies läge nur an der Kompliziertheit der Vorgänge. Sie sind davon überzeugt, sie irgendwann in der Zukunft auf mechanistische Weise erklären zu können. Dies ist jedoch kein wissenschaftliches Argument, sondern ein mechanistisches Glaubensbekenntnis.

Obwohl die neodarwinistische Theorie also auf gutdokumentierten Tatsachen zu beruhen scheint und hinter ihr all die Autorität objektiver Naturwissenschaft stehen soll, stellt sich bei genauerer Untersuchung heraus, daß dem keineswegs so ist. Tatsächlich scheint sie hinter ihrer naturwissenschaftlichen Fassade in Wirklichkeit für viele ihrer Anhänger beachtliche Züge einer Religion angenommen zu haben. Dies ist wahrscheinlich auch der Grund dafür, weshalb sie ihre Dogmen so eifrig propagieren, sich so wachsam vor Ketzereien hüten und schließlich die Wahrheit anderer Glaubenssysteme so heftig abstreiten. Dennoch kann man durchaus die Evolution akzeptieren, ohne zugleich an die Doktrin des Neodarwinismus glauben zu müssen. Vielleicht ist die Evolution doch nicht blind und sinnlos – und vielleicht steht hinter der erstaunlichen Kreativität der Welt des Lebens noch weitaus mehr als bloßer Zufall.